Manual da Secretária

João Bosco Medeiros
Sonia Hernandes

Manual da Secretária

Técnicas de Trabalho

12ª Edição

Contém Capítulo sobre Novo Acordo Ortográfico

SÃO PAULO
EDITORA ATLAS S.A. – 2010

© 1985 by Editora Atlas S.A.

1. ed. 1985; 2. ed. 1986; 3. ed. 1989; 4. ed. 1990; 5. ed. 1992;
6. ed. 1995; 7. ed. 1999; 8. ed. 2003; 9. ed. 2004; 10. ed. 2006;
11. ed. 2009; 12. ed. 2010 (7 impressões)

Capa: Roberto de Castro Polisel
Composição: Lino-Jato Editoração Gráfica

Dados Internacionais de Catalogação na Publicação (CIP)
(Câmara Brasileira do Livro, SP, Brasil)

Medeiros, João Bosco
  Manual da secretária / João Bosco Medeiros, Sonia Hernandes. – 12. ed. – São Paulo : Atlas, 2010.

  Bibliografia.
  ISBN 978-85-224-5986-5
  ISBN 978-85-224-8159-0 (PDF)

  1. Prática de escritório 2. Secretárias I. Hernandes, Sonia. II. Título.

95-1661   CDD-651.3741

Índices para catálogo sistemático

  1. Secretariado : Serviços de escritório 651.3741
  2. Secretárias : Serviços de escritório 651.3741

TODOS OS DIREITOS RESERVADOS – É proibida a reprodução total ou parcial, de qualquer forma ou por qualquer meio. A violação dos direitos de autor (Lei nº 9.610/98) é crime estabelecido pelo artigo 184 do Código Penal.

Depósito legal na Biblioteca Nacional conforme Lei nº 10.994, de 14 de dezembro de 2004.

Impresso no Brasil/*Printed in Brazil*

Editora Atlas S.A.
Rua Conselheiro Nébias, 1384 (Campos Elísios)
01203-904 São Paulo (SP)
Tel.: (011) 3357-9144
www.EditoraAtlas.com.br

*Para os amigos que me incentivaram.
Para os colegas que me ajudaram a fazê-lo.*
João Bosco

*Para meus pais, Antonio e Therezinha,
exemplos de dedicação e amor.
Para a jovem profissional e amiga
Rosana Xavier.*
Sonia

"Não sejas muito justo; nem mais sábio do que é necessário, para que não venhas a ser estúpido."

(Eclesiastes, 7,16)

Sumário

Introdução, 1

Parte I – Comunicação Escrita e Oral, 3

1 Relações humanas, 5
   1 Conceito, 5
   2 Importância das relações humanas, 6
   3 Problemas que envolvem as relações de trabalho, 8
   4 *Status*, 10
   5 Frustração, 10
   6 Mecanismos de defesa, 10
   7 Timidez, 12
   8 Secretária e relações rotineiras de mando, 12
   9 Comunicação de ordens, 14
   10 Relacionamento com colegas, 14
   11 Relações públicas, 15
   12 Leitura, 16
   Exercícios, 18

2 Comunicação, 19
   1 Teorias da comunicação, 19
   2 Canal, 33
   3 Leitura, 36
   Exercícios, 38

3 Comunicações organizacionais, 39
   1 Introdução, 39
   2 Metáforas utilizadas nas organizações, 41
   3 Metáforas da comunicação, 43
   4 Leitura, 46
   Exercícios, 48

4 Eficácia nas comunicações administrativas, 50
  1 Introdução, 50
  2 Considerações sobre o processo de comunicação, 51
  3 Barreiras à comunicação, 55
  4 Bloqueios e distorções, 57
  5 Tendenciosidade na comunicação, 59
  6 Comunicação persuasiva, 60
  7 Eficácia da comunicação, 60
  8 Leitura, 62
  Exercícios, 65

5 Como escrever relatórios, 68
  1 Comunicações internas e externas, 68
  2 Leitura, 73
  Exercícios, 75

6 Como escrever cartas comerciais, 76
  1 Conceito e importância da correspondência comercial, 76
  2 Classificação e controle da correspondência comercial, 77
  3 Carta comercial, 77
  4 Espécies e formato, 78
  5 Introduções comuns na correspondência, 80
  6 Fechos de cortesia, 80
  7 Linguagem da carta comercial, 81
  8 Como escrever, 83
  9 Clareza e precisão, 84
  10 Pronomes de tratamento, 87
  11 Plural de modéstia, 92
  12 Leitura, 93
  Exercícios, 96

7 Estilo e técnicas de elaboração de cartas comerciais, 98
  1 Elaboração do texto, 98
  2 Técnicas de simplificação, 99
  3 Estética da carta comercial, 100
  4 Questões práticas, 103
  5 Leitura, 126
  Exercícios, 128

8 Mensagens eletrônicas, 130
  1 Mensagens eletrônicas, 130
  2 Como escrever um texto para veiculá-lo por *e-mail*, 131

3 Exemplário de mensagens eletrônicas, 135
4 Leitura, 136
Exercícios, 137

9 Atendimento telefônico, 139
1 Princípios básicos, 139
2 Seleção de telefonemas, 142
3 Realização de telefonemas, 144
4 Conversas prolongadas, 145
5 Despedidas telefônicas, 146
6 Cuidados com o aparelho, 146
7 Linguagem, 146
8 Chamadas particulares, 147
9 Ligações nacionais, 148
10 Ligações internacionais, 149
11 Leitura, 149
Exercícios, 152

10 Pontuação – Acentuação – Crase, 153
1 Introdução, 153
2 Pontuação funcional, 154
3 Acentuação gráfica, 159
4 Crase, 168
5 Leitura, 171
Exercícios, 172

11 Novo acordo ortográfico, 176
1 O que mudou na acentuação, 176
2 Uso do hífen em formação de palavras (com prefixos ou elemento formador de palavra), 177
3 Quadro comparativo: antes e depois do Novo Acordo, 181
4 Leitura, 186
Exercícios, 188

12 Serviços da empresa brasileira de correios e telégrafos, 189
1 Observação, 189
2 Serviços, 190
3 Impressos, 192
4 Proibições de despachos, 192
5 Transportadores, 192
6 Leitura, 192
Exercícios, 195

13 Formulários, 196
　1 Condições para que uma mensagem se torne informativa, 196
　2 Informação, 196
　3 Formulário, 197
　4 Leitura, 200
　Exercícios, 202

Parte II – Documentação e Arquivo, 203

14 Pesquisa, 205
　1 Pesquisa geral, 205
　2 Pesquisa em biblioteca, 207
　3 Uso da biblioteca, 208
　4 Leitura, 210
　Exercícios, 214

15 Documentação, 216
　1　Conceituação, 216
　2　Importância, 216
　3　Natureza, 217
　4　Finalidade, 217
　5　Características, 217
　6　Normalização, 218
　7　Era da informação, 218
　8　Informação a serviço da empresa, 219
　9　Fases do processo de documentação, 220
　10 Classificação, 220
　11 Leitura, 222
　Exercícios, 225

16 Arquivo, 226
　1　Introdução, 226
　2　Conceito, 226
　3　Importância, 227
　4　Organização, 228
　5　Arquivos de prosseguimento, 229
　6　Referências cruzadas, 231
　7　Transferência, 232
　8　Centralização ou descentralização?, 235
　9　Microfilmagem, 236
　10 Equipamentos, 238
　11 Acessórios, 242
　12 Regras práticas para manter o arquivo atualizado, 244

13 Leitura, 244
Exercícios, 246

17 Sistemas e métodos de arquivamento, 247
1 Sistema de arquivamento nas empresas, 247
2 Sistema de arquivamento em órgãos públicos, 248
3 Métodos de arquivamento, 248
4 Normas da ABNT para arquivo, 270
5 Leitura, 275
Exercícios, 280

Parte III – Atividades, 281

18 Organização do trabalho da secretária, 283
1 Introdução, 283
2 Atribuições diárias da secretária: rotina de trabalho, 284
3 Regras práticas para organizar o trabalho, 285
4 Atividades da secretária, 285
5 Eficácia profissional e administração do tempo, 286
6 Ambiente e particularidades do trabalho, 289
7 Procedimentos adequados quanto à correspondência, 289
8 Organização e utilização do material de escritório: de consumo e permanente, 292
9 Agenda-calendário, 292
10 Secretária como recepcionista, 294
11 Como registrar entrevistas, 296
12 Técnicas de entrevistas, 296
13 Expedição de convites, 298
14 Convocação de reuniões, 300
15 Reuniões: providências, 303
16 Preparação de viagens, 308
17 Relacionamento com chefe, clientes, visitantes e colegas da empresa, 309
18 Escrituração do livro caixa, 312
19 Leitura, 313
Exercícios, 315

19 Secretária moderna, 316
1 Que é ser secretária no mundo moderno, 316
2 Natureza da função e importância, 319
3 Antes de ingressar na empresa, 322
4 Currículo, 323
5 Entrevista, 329
6 Base para a prática do secretariado, 330
7 Atributos da secretária, 331

8 Apresentação pessoal, 332
9 Como alcançar objetivos, 332
10 Leitura, 333
Exercícios, 336

Parte IV – Secretária: Formação e Ética, 337

20 Identidade e variedade cultural, 339
1 Introdução, 339
2 Teorias, 340
3 Leitura, 342
Exercícios, 343

21 Formação educacional, regulamentação da profissão e código de ética, 345
1 Formação geral, 345
2 Regulamentação da profissão, 348
3 Secretária auxiliar, geral e executiva, 351
4 Ética profissional, 353
5 Recomendações a uma iniciante, 354
6 Leitura, 357
Exercícios, 364

Referências, 365

Índice remissivo, 371

Introdução

Esta edição foi revista e atualizada, tendo em vista apresentar um conteúdo adaptado à realidade contemporânea, que exige, particularmente, que a secretária exerça funções de apoio ao executivo, assistindo-o, assessorando-o, fazendo as vezes de parceira na execução das tarefas do negócio da empresa. Os textos de leitura colocados ao final dos capítulos objetivam desenvolver a comunicação oral tantas vezes esquecida, mas de fundamental importância para profissionais e cidadãos de modo geral. Devem ser lidos em voz alta e discutidos em classe ou em grupo. Assim, esperamos que a desinibição, a dicção correta e a argumentação consistente sejam aprimoradas e levadas em consideração na avaliação do curso.

Há livros que tratam de técnicas para aprimoramento e racionalização do trabalho de secretárias, cuja análise revela a preocupação em estabelecer regras. Este texto busca, antes que fixar normas rígidas, motivar a secretária para a pesquisa, para a busca contínua de conhecimentos que lhe proporcionem desempenho eficaz, mais apropriado aos tempos atuais. Não são as regras que devem prevalecer no desempenho de atividades, mas a reflexão, a aprendizagem no estabelecimento de prioridades de trabalho, o estabelecimento do modo de fazer corretamente. É dessa postura que partem as soluções para os problemas corriqueiros dos escritórios.

Em geral, a solução não está em repetir comportamentos, em seguir modelos de ação predeterminados, mas em criar novas formas de agir.

A busca incessante de novos conhecimentos, a observação permanente no laboratório dos escritórios, o espírito de pesquisa, o interesse pelas descobertas tecnológicas modernas podem determinar o sucesso profissional de secretárias.

O desinteresse pela leitura, pelo estudo, a acomodação profissional, a forma rotineira de encarar tarefas, o modo trivial de realizar e cumprir atividades, tudo isso conduz ao fracasso.

As promoções de profissionais de secretariado não acontecem ao acaso; além da oportunidade, dependem da competência da concorrente. Algumas secretárias, no entanto, acreditam na casualidade dos acontecimentos, preferem preocupar-se com dotes pessoais a interessar-se por dotes profissionais. Já não há lugar para profissionais que esperam grande oportunidade numa grande empresa.

Não há segredos.

O sucesso profissional é fruto de empenho, estudo, competência que se pode adquirir com as experiências do dia-a-dia nos escritórios.

Atualmente, já não se admitem secretárias da velha escola, capazes de cumprir tudo o que fora previamente estabelecido. Exige-se que esteja atenta para aliviar o executivo de muitas atividades rotineiras, que outrora faziam parte da pauta de serviços dele; pede-se que seja uma assessora do executivo.

Esta edição foi atualizada e revista considerando o Novo Acordo Ortográfico da Língua Portuguesa.

Meus agradecimentos a Carol Tomasi pelos cuidados dedicados a esta nova edição, sugerindo, corrigindo e complementando sempre que necessário.

João Bosco Medeiros

Parte I

Comunicação Escrita e Oral

1

Relações Humanas

1 Conceito

Relações Humanas é uma disciplina que tem por objetivo a investigação de fatos relativos ao estabelecimento de normas em vista de uma convivência melhor dos seres humanos na empresa, no lar, na escola. Vale-se sobretudo da Psicologia Humana para determinar as normas do bom relacionamento (DORIN, 1978, p. 246-247). Para Agostinho Minicucci (1984, p. 18), "o termo Relações Humanas tem sido empregado, com frequência, para referir-se a relações interpessoais".

Relações Humanas é o estudo do comportamento humano e não de normas de boas maneiras (como portar-se à mesa, como viver em comunidade).

Da secretária moderna exigem-se não só conhecimentos econômicos e técnico-financeiros, como também de comportamento interpessoal e compreensão das pessoas com quem se relaciona. Para bem compreender as pessoas, é necessário colocar-se dentro do mundo psicológico delas.

Para Williams (1972, p. 37),

> "a menos que façamos uma tentativa sistemática para compreender o comportamento humano, as ações das pessoas com as quais entramos em contato não terão frequentemente nenhum significado para nós. É importante conservar em mente, no entanto, que mesmo uma extensa experiência de relações humanas e um profundo conhecimento da mecânica do comportamento não possibilitarão a um indivíduo compreender a si mesmo e/ou seus companheiros, além de certo limite".

Minicucci apresenta como fator importante no trato com as pessoas o saber ser flexível, isto é, ter reação segundo os casos que se apresentam, conforme as pessoas.

Contribuem para desenvolver a flexibilidade de comportamento o conhecimento de si mesmo, a melhor compreensão dos outros, a boa convivência grupal, o desenvolvimento de aptidões para um relacionamento mais ameno com as pessoas. O conhecimento de si mesmo deveria levar à rejeição de defesas, que impossibilitam aceitar críticas. Se uma pessoa diz que você é egoísta e você retruca, afirmando que ela está com inveja, é chata ou coisa que o valha, esse mecanismo de defesa impossibilita-lhe compreender suas falhas e melhorar o relacionamento com ela.

Quando uma pessoa compreende e aceita seu mundo pessoal, ela torna-se mais tolerante com o comportamento das pessoas.

Para a compreensão das pessoas, Minicucci (1984, p. 30) considera indispensável observar o comportamento delas, dar-lhes oportunidade para que possam expor seus pensamentos, sentimentos e ações, no relacionamento com seus semelhantes.

2 Importância das relações humanas

Dentro de uma empresa, uma das principais qualidades desejáveis da secretária é sua capacidade de relacionar-se bem com executivos, auxiliares, colegas, visitantes. Em suma, é necessário promover boas relações no escritório.

O fluxo uniforme e harmonioso do trabalho depende da forma como a secretária trabalha com os outros e de como influencia os outros para que trabalhem com ela.

As relações humanas resumem-se em obter e conservar a confiança dos semelhantes. Cabe citar aqui um trecho de Motta (1973, p. 51):

> "A vida no campo psicossocial, com relação a pessoas integrantes de um grupo de trabalho, requer sempre um estado de alerta como preventivo a fim de evitar problemas e atritos, provenientes de complexos e temperamentos.
>
> Uma boa regra a seguir para evitar tais situações é não se envolver em discussões de aspecto pessoal, excluir expressões tais como 'eu acho que', 'na minha opinião', 'modéstia à parte, eu creio que só eu entendo', 'perdão, mas você não entende' e outras."

Há comportamentos que provocam, em geral, atritos ou indispõem as pessoas: reações agressivas, cortar a palavra de quem está falando, passar por cima de quem ocupa cargos superiores, a falta de modéstia e a presunção. Enfim, é necessário sempre deixar aberta a possibilidade de rever posições e aceitar que talvez o outro possa ter razão.

Para a secretária, relações humanas definem-se geralmente como a capacidade de se relacionar positivamente com as pessoas com quem ela trabalha. Um bom relacionamento humano com o executivo é, evidentemente, indispensável para o bom desempenho profissional dela. O primeiro passo para isso é compreender que o executivo é uma pessoa, é um indivíduo.

A secretária deverá também trabalhar harmoniosamente com os colegas, procurando não fazer distinção de qualquer espécie. Nesse tipo de relacionamento, deve demonstrar lealdade, confiabilidade e bom-senso.

Nosso comportamento resulta não só de nossa personalidade, mas sobretudo das expectativas do grupo a que pertencemos e do papel que aí desempenhamos.

Como primeiras etapas no estudo das relações humanas considerem-se: ouvir tão bem quanto falar; não interromper o outro quando está falando; não ser agressivo; não impor as próprias ideias; compreender as pessoas a partir do ângulo de visão delas. O aspecto mais importante, porém, é "sentir o que os outros pensam e sentem" (MINICUCCI, 1984, p. 26).

As Relações Humanas interessam-se sobretudo pelos seguintes aspectos do comportamento: atitudes, motivação, satisfação de necessidades, frustração, comportamento defensivo, estereótipos.

Atitude é a predisposição para reagir positiva ou negativamente com relação a pessoas, objetos, conceitos ou situações. "São padrões de raciocínio solidamente estabelecidos e altamente resistentes a qualquer modificação" (Williams, 1972, p. 66).

– *Não suporto a atitude desta secretária...*

Motivação é um conjunto de fatores que despertam, sustentam e/ou dirigem o comportamento. Motivação também inclui o incentivo, que é um objeto ou fato capaz de remover o estado de impulso, restabelecendo o equilíbrio da organização. Segundo Agostinho Minicucci (1984, p. 152), "as motivações podem ser entendidas como certos impulsos para certos tipos de comportamento que satisfaçam às necessidades pessoais, seus desejos e aspirações".

– *O desempenho da minha secretária é excelente porque ela se sente motivada continuamente!*

Satisfação de necessidade: a necessidade é um traço motivacional do indivíduo. Existe em forma de impulsos e pode ser definida como um estado de carência ou perturbação orgânica. As pessoas têm necessidades de alimento, repouso, segurança, autoestima, ar, calor.

– *Meu executivo está totalmente desmotivado para o trabalho: já alcançou tudo o que queria dentro da empresa.*

Frustração: é o bloqueio de um comportamento que tem como objetivo reduzir uma necessidade. Desejo impedido de realizar-se. A frustração manifesta-se como irritação, agressão, hostilidade, raiva, projeção, regressão.

– *Você parece frustrada com alguma coisa; cometeu um sem-número de erros de digitação, bateu a porta, atendeu mal aos clientes, bateu o telefone. Será que isso vai resolver seu problema?*

Comportamento defensivo: é o comportamento que visa defender o ego da ansiedade. É um ato de autoproteção.

– *Simone, vamos automatizar nosso escritório. Em primeiro lugar, vamos instalar um microcomputador, ligá-lo à Internet, comprar uma impressora, um fax, uma copiadora, e assim por diante.*

– *Ih! vocês com esta mania de grandeza... Isto aqui está ficando muito chato. Eu vou embora.*

O medo de adaptar-se ou o temor de não aprender a trabalhar com computador é que gera este tipo de comportamento defensivo.

Estereótipos: os sentimentos cristalizados, as ideias rígidas a respeito das pessoas, são chamados de estereótipo. Em geral, os estereótipos nascem das primeiras impressões e não são conhecimentos profundos que temos das pessoas.

É frequente ouvirmos conversas do tipo:

– *Mulher nenhuma sabe dirigir...*

– *Pessoas que fazem análise são muito complicadas...*

– *Pessoas que não nos olham nos olhos são falsas...*

Segundo Eva Maria Lakatos (1984, p. 286),

"estereótipos são construções mentais falsas, imagens e ideias, de conteúdo alógico, que estabelecem critérios socialmente falsificados. Os estereótipos baseiam-se em características não comprovadas e não demonstradas, atribuídas a pessoas, a coisas e a situações sociais, mas que, na realidade, não existem".

Os estereótipos consistem em atribuir determinado valor a certas características não comprovadas nem demonstradas. Segundo a mesma Lakatos, os principais estereótipos referem-se a classe social, etnia e religião. Um estereótipo tanto pode realçar qualidades quanto defeitos. Em geral, as generalizações são dos seguintes tipos: o japonês é trabalhador, o brasileiro é ocioso, o inglês é frio, o americano só pensa em dinheiro, o mineiro é pão-duro.

Resumindo, estereótipo é ideia pré-fabricada, não fundamentada em dados precisos, imposta indevidamente aos membros de um grupo social (DORIN, 1978:102).

3 Problemas que envolvem as relações de trabalho

Segundo Williams (1972, p. 40), "cerca de um terço das transferências de mão-de-obra e de absenteísmo (falta ao trabalho) está ligado a receios quanto à própria segurança".

A segurança emocional, num grupo de trabalho, pode advir do *status* que o indivíduo tem no grupo, especialmente quando a posição que ele ocupa é reconhecida e aceita e daí obtém prestígio.

A ameaça à segurança física, material, social ou emocional pode gerar ansiedade e forte sensação de medo. Tal fato gera o comportamento defensivo que, em geral, torna a pessoa agressiva. São comportamentos agressivos: a discussão, a reprimenda, o ridículo, o sarcasmo, o mexerico malévolo, a difamação.

O **conflito** é a presença simultânea de impulsos, desejos, interesses opostos ou mutuamente exclusivos. O conflito é caracterizado pela ansiedade.

O **fracasso** é a desgraça, a ruína que algo provoca em alguém. Os fracassos profissionais são sentidos como fato bastante grave, razão de preocupações e de crises de depressão. O medo de errar provoca inibição da capacidade criativa e diminui a eficiência. A secretária profissional, porém, não se deixa abater com medo de fracassos, porque sabe que é capaz de errar e acertar e que suas falhas não são vistas como incapacidade. Evita, portanto, quando erra, situações de lamúria, de manifestações de desequilíbrio emocional. Evita, sobretudo, fazer acusações e culpar alguém por seus próprios limites. Não se transformará jamais em vítima.

Podem causar-lhe fracasso profissional: mau estado de saúde, preguiça, falta de conhecimento técnico, instrução inadequada, sentimento de inferioridade, excesso de timidez, falta de interesse pela empresa, inadaptação ao ambiente, ausência de auxílio nos momentos de dificuldade, excesso de ocupações, instabilidade emocional.

O **medo** é uma forma de reação emocional que causa desprazer e é caracterizado por inibição e insegurança.

A **ansiedade** é outro fator que contribui para que a vida dentro de uma empresa se torne difícil; é uma experiência de desgosto intenso, que nem sempre está relacionada com a ameaça externa. Difere do medo por ser vaga. O medo é temporário.

Esses comportamentos, que, geralmente, são caracterizados por emoção excessiva e geram ira, ressentimento e hostilidade, reduzem a eficiência no trabalho. É de Williams (1972, p. 42 e 58) a afirmação:

> "Quando uma relação de trabalho se transforma em um veículo para a propagação da violência, o esforço de cooperação será mínimo." "Sempre que um indivíduo ou um grupo de pessoas estiverem em estado de ira ou tensão, o seu esforço no sentido de eficiência não será bem-sucedido."

A secretária, no relacionamento diário, estará sempre atenta às diferenças de personalidade de seu executivo, de seu superior imediato e das demais pessoas com quem trabalha. Não existem regras fixas e só a observação apurada lhe poderá indicar que tipo de comportamento adotar diante das situações concretas. A tendência geral é considerar as experiências passadas ao avaliar situações presentes. O controle emocional possibilita refletir e avaliar situação por situação e garante relações humanas mais duradouras e satisfatórias.

Quando uma secretária precisar modificar ou alterar atitudes de um grupo ou indivíduo, há um modo prático que muito a auxiliará: proporcionar uma atmosfera de liberdade de expressão, de troca de ideias, informações e pontos de vista. É condição básica ouvir as pessoas e dar-lhes oportunidades para expressar seus problemas, pois só assim elas se sentem seguras e, talvez, aceitem mudar de comportamento.

Em geral, as atitudes reforçam a imagem que pintamos de nós mesmos. E quanto mais insegura é uma pessoa, mais desejará saber o que as pessoas a seu redor pensam dela. Nossos comportamentos tentam vender uma imagem nossa que nos assegure que somos aceitáveis.

A secretária procurará de todos os modos buscar equilíbrio emocional e evitará comportamentos que manifestem insegurança, como protestar contra casuais observações desfavoráveis a seu trabalho, ficando ofendida ou ressentida; antes, não aceitará tais críticas como pessoais, mas relativas a uma parte de seu trabalho, a um momento de seu dia. Quem muito precisa de aprovação e reconhecimento dá provas de imaturidade profissional.

4 Status

O conhecimento de alguns conceitos de Sociologia pode ajudar a compreender comportamentos. As pessoas ocupam determinados *status* e gostam de ser reconhecidas pelo papel que desempenham em um grupo, e é normal que a preocupação com a posição que determinadas pessoas ocupam dentro de uma empresa possa gerar atritos, equívocos, angústias e aborrecimentos. Outros conceitos sociológicos relevantes são o de poder e o de autoridade. Em geral, as pessoas não se sentem bem quando são tolhidas em seus desejos de poder, em sua ânsia de conquistar determinadas posições. O conceito sociológico de estereótipo já foi visto na seção 2.

5 Frustração

Anteriormente, definiu-se *frustração* como um desejo impedido de realizar-se. O mundo em que vive uma secretária não é ideal em termos de satisfação de todas as suas necessidades. Ora, se for impedida em seus esforços para satisfazer a suas carências, ela tentará superar esses empecilhos. Se não puder sobrepujá-los nem atingir seus objetivos, terá um desses comportamentos:

- ❏ Tornar-se-á frustrada e atacará o obstáculo.
- ❏ Tornar-se-á frustrada e desabafará seus sentimentos sobre alguém ou sobre alguma coisa.
- ❏ Mudará suas metas e objetivos.

Evidentemente, o terceiro comportamento é mais racional, mas nem sempre aquele que as pessoas costumeiramente adotam.

6 Mecanismos de defesa

O mecanismo de defesa é um processo mental que nos possibilita livrarmos da ansiedade, da angústia e do desprazer. São eles: regressão, repressão, sublimação, conversão, fantasia, generalização, projeção, deslocamento, substituição.

Com frequência, a frustração revela falta de orientação e de um objetivo real, inflexibilidade, compulsão e irracionalidade. Como falta o raciocínio, tal tipo de comportamento não é capaz de resolver problemas. Comumente, o comportamento frustrado gera sérios obstáculos, que dificultam ainda mais atingir os objetivos estabelecidos.

Segundo Michael Williams (1972, p. 83),

> "a experiência parece demonstrar que as pessoas mais agressivas e rebeldes são aquelas que ainda não obtiveram êxito na realização de suas ambições e são, por essa razão, como personalidade, grandemente irrealizadas. [...] Uma pessoa que é tida como frustrada em suas tentativas de atingir o ideal de seu ego é geralmente mais 'esquisita', mais 'do contra' ou mais beligerante".

A seguir, são apresentados alguns dos mecanismos de defesa.

1. ***Regressão***: mecanismo de defesa em que a pessoa se vale da volta aos primeiros estágios de seu desenvolvimento para reduzir a ansiedade decorrente de alguma frustração. Afirma Williams (1972, p. 84):

> "O que precisamos lembrar é que nossos poderes de rememorar são seletivos e que eliminamos os espinhos que tornaram a vida muito menos cor-de-rosa do que lembramos em nosso retrospecto."

2. ***Repressão ou recalque***: consiste na tendência inconsciente de esquecer, de afastar ou de evitar que impulsos, desejos e lembranças desagradáveis se tornem conscientes. Ocorre como consequência de algum conflito e tem por finalidade evitar o aumento da ansiedade e proteger a auto-imagem.

Segundo esse mecanismo de defesa, proibimo-nos comportamentos que ameaçam nossos valores. Selecionamos valores para classificar as coisas e não termos de enfrentar o desconforto de tomar decisões objetivas em uma situação difícil.

Em geral, essa defesa aparece em colocações de secretárias inexperientes:

– *Eu não quero saber de nada a respeito disso.*

3. ***Sublimação***: a pessoa desvia certos impulsos para atividades socialmente mais aceitáveis.

4. ***Idealização***: processo mental de supervalorização das qualidades de um objeto pretendido ou possuído, sem que haja mudanças das propriedades desse ser idealizado.

5. ***Conversão***: é um tipo de reação em que a ansiedade se converte em sintomas palpáveis, como paralisia dos lábios e até perda da visão. Exemplo: a secretária tem de apresentar um relatório qualquer. Diante do fato, pode passar a sentir dor de cabeça de tal modo intensa que a impede de comparecer ao trabalho. Segundo Williams (1972, p. 85), "essas [...] dores de cabeça são reais. São auto-induzidas, já que a natureza interfere e alivia a pressão emocional, criando uma espécie de válvula de segurança, ainda que desconfortável". Ninguém precisa sentir-se envergonhado quando isto acontece. Reconhecida, porém, a causa e relacionada ao efeito, podemos nós mesmos superar o problema.

6. **Fantasia**: aparece nos estados de frustração e vem acompanhada de isolamento. É um sonhar acordado.

7. **Generalização**: consiste em atribuir a um grupo social verdades desagradáveis que não podem ser atribuídas a uma única pessoa. O indivíduo, ao generalizar, descarrega sua tensão e livra-se do desprazer.

8. **Projeção**: o indivíduo transfere aos outros características que são suas.

9. **Deslocamento**: agressividade dirigida a um indivíduo ou ser que não é causa da raiva.

10. **Substituição**: o indivíduo substitui o todo por uma de suas partes ou substitui uma situação por outra, como, por exemplo, a secretária que, não tendo obtido aumento salarial, chega em casa e extravasa seus sentimentos por meio de uma violenta discussão com sua mãe ou companheiro, filhos, ou chuta objetos que encontra a sua frente.

7 Timidez

A timidez invade também o mundo profissional de uma secretária e está ligada à insegurança, ao medo do desconhecido, de errar, de ser vista como intrusa.

Quando há timidez, em geral, ocorre medo de não sermos aceitos, tememos que o trabalho realizado seja rejeitado, tememos por nossa capacidade de executar determinado trabalho com eficiência. Retração de comportamento ou fugas não ajudam a vencer obstáculos.

Erros e falhas, se aceitos, facilitam superar entraves e aprender a executar determinadas tarefas.

O diálogo é outro procedimento eficaz para superar a timidez e encontrar o caminho da eficiência e do bem-estar.

8 Secretária e relações rotineiras de mando

As funções de uma secretária não se resumem no perfeito desempenho de suas tarefas. Sua posição proporciona-lhe certa liderança, e ela deverá conquistar, mediante esforço de participação, simpatia e cordialidade, a cooperação espontânea do grupo.

Em algumas organizações, a secretária exerce funções em que tem a obrigação de controlar certos comportamentos relacionados com as tarefas atribuídas a funcionários que estão sob sua responsabilidade.

No dizer de Lee Thayer (1979, p. 227),

> "ordens, diretivas, pedidos, procedimentos funcionam como mensagens de mando ou controle. Visam coagir a liberdade do subordinado de exercitar seu próprio julgamento a respeito dos parâmetros de sua tarefa especificados por essas mensagens".

Qualquer instrução que se transmite aos subordinados deve ser compreensível para o subordinado. Só será válida se for possível executar o que a instrução determina. É inútil, por exemplo, pedir a execução de um trabalho de digitação a quem não sabe mexer em microcomputador.

Um funcionário aceitará uma comunicação como autorizada apenas quando a entender, acreditar que não é incoerente com as metas da organização, considerar que é compatível com seu interesse pessoal, for capaz de agir de acordo com ela.

Uma comunicação incompreensível é desprovida de qualquer autoridade. Da mesma forma, uma comunicação considerada incompatível com a finalidade da organização poderá não ser aceita pelo receptor.

Se a secretária exerce funções de mando e deve transmitir orientações, deve evitar o excesso de pormenores, para não desencorajar a independência e a iniciativa do subordinado.

Para transmitir uma ordem ou explicar procedimentos para execução de tarefas são necessárias algumas habilidades como: admitir que o funcionário é capaz, inteligente e aplicado; ser claro e objetivo na comunicação; manifestar cortesia e pôr-se à disposição para qualquer dificuldade que surja (*"por favor..."*; *"por gentileza..."*; "será que seria possível..."); evitar o excesso de tarefas para uma mesma pessoa (prefira distribuir uma tarefa por vez); ser compreensiva e dócil com a pessoa que executou o trabalho; elogiar o trabalho feito; evitar críticas; motivar a pessoa de modo que encontre algum interesse no trabalho que será realizado; ter sempre presente que o excesso de tarefas complicadas e desagradáveis gera atritos pessoais e perda de eficiência no desempenho das tarefas.

Use canais apropriados para transmitir ordens. Você transmitirá a ordem por telefone, por escrito ou oralmente face a face?

Qualquer ordem, emanada de quem quer que seja, deve descrever apenas as ações mínimas indispensáveis. Daí evitarem-se justificativas desnecessárias. Para obter sucesso ao apresentar alguma ordem, é preciso especificar o começo e o fim das ações que devem ser empreendidas. Jamais deve haver dúvida sobre o que fazer, quem deve fazer e a que circunstâncias e comportamentos a ordem se aplica.

O excesso de obsequiosidade nem sempre é o melhor meio de dar ordens.

Quando, em uma circunstância, você tiver de transmitir alguma orientação ou ordem, lembre-se de que é necessário conhecer completamente o trabalho que deve ser executado; deve confiar o trabalho ao funcionário certo na hora mais adequada possível; a ordem deve ser clara. Certifique-se de que as ordens foram entendidas e, quando necessário, faça demonstrações sobre como devem ser realizadas as tarefas. Evite o excesso de ordens, de atitudes presunçosas, de quem manda pelo gosto de mandar. E lembre-se: o prazo para que o trabalho seja feito deve ser determinado com equilíbrio, com justiça.

O trabalho feito por pessoas inexperientes exige acompanhamento e orientações durante sua execução.

Ao transmitir uma orientação ou ordem, é necessário ser direto e inequívoco, bem como minimizar possibilidades de má interpretação; usar linguagem formal, denotativa.

Segundo Thayer (1979, p. 238),

> "*não* é a eloquência ou a forma de uma ordem que determinam o seu sucesso ou fracasso. Outras indagações são mais importantes: a ordem é *compreensível* (para o receptor)? É *válida* (para o receptor)? O receptor tem as necessárias aptidões para a execução?"

9 Comunicação de ordens

A eficácia de uma comunicação de ordens e a capacidade persuasiva da secretária dependem de seu conhecimento preciso daquilo que quer comunicar. A indecisão e a insegurança criam conflitos de confiança em quem ouve. É necessário considerar a capacidade do receptor, sua disponibilidade de tempo e de capacidade de ação. O comunicado deve ser escrito com palavras simples, frases curtas, pensamentos muito bem concatenados (apresentar o conteúdo do texto em sequência lógica); ajustar a linguagem ao nível do receptor; se a comunicação for oral, fazer em seguida um memorando com cópias. Muitas vezes, é preciso interrogar mais que falar; dar oportunidade para que o subordinado esclareça suas dúvidas.

Há ocasiões em que a comunicação da secretária se reveste de caráter especial: situações em que, para atingir seus objetivos, tenha de ser persuasiva. Nesses casos, deverá ter presente que é necessário merecer o respeito do receptor e inspirar confiança; apresentar fatos e argumentos relevantes (e não simples opiniões); refletir bastante antes de falar; prever objeções e estudá-las demoradamente; criar um clima de boa vontade e de expectativa positiva.

A persuasão exige que a secretária preste atenção ao que a outra pessoa está falando, pois, para persuadir, é imprescindível conhecer o que a outra pessoa pensa; por isso, dê-lhe oportunidade de ser persuasiva também; aprenda a escutar, faça-o com a mente aberta, pois sua posição final poderá modificar-se em virtude de alterações que resultam de uma comunicação aberta e genuína. E lembre-se de que impor não é bom caminho para persuadir.

10 Relacionamento com colegas

A posição da secretária dentro da empresa exige dela certa dose de habilidade no relacionamento com colegas, clientes e superiores. Ela deve tornar um hábito cumprimentar os colegas de trabalho sempre que os encontrar, bem como lembrar dos respectivos nomes, data de aniversário ou outro acontecimento que mereça uma comemoração. Tratar a todos com cortesia e procurar facilitar as relações humanas em seu meio.

Em caso de haver substituição de empregada na empresa, trate a eventual substituta como uma colega e não como adversária ou concorrente e, se possível, alivie toda a carga de tensão que possa haver no ambiente. Se necessárias instruções, faça-o com clareza e objetividade e evite juízos valorativos, como: *"Fulana é pouco preparada para a função..."*

11 Relações públicas

A secretária também desempenha algumas vezes funções de relações públicas, que compreendem contatos com o público, com o objetivo de influenciá-lo favoravelmente. São preocupações dessa atividade: inspirar simpatia, captar boa vontade, obter confiança, conseguir apreciação, buscar compreensão, esclarecer dúvidas, manter entendimentos, fortalecer o moral.

Segundo Motta (1973, p. 49),

> "embora a secretária executiva não seja profissionalmente um Relações Públicas, é preciso que se tenha em conta que, pela natureza de sua profissão, muitas vezes lhe são atribuídos encargos com as funções de técnico. Nas pequenas organizações, onde não comporta um especialista em Relações Públicas, essa tarefa cabe à secretária".

Relações públicas é uma atividade pela qual uma organização procura obter e manter compreensão, harmonia, relações amistosas de transações comerciais. Tal atividade deve ser permanente e organizada. Exige conhecimento da outra organização, interesse pela opinião alheia, adaptação de comportamento para obter a predisposição para a vida profissional e comercial.

A secretária pode estar fazendo o papel de relações públicas, entre outras oportunidades, ao receber visitas e ao atender a telefonemas.

Com as visitas inadequadas, saia-se com cortesia, evitando lugares-comuns e contradições:

– *Fulano não está...*

A simpatia conta muito nessas horas. Juntamente com o motivo que você apresentar, acrescente alguns pormenores:

– *O senhor não imagina o transtorno dessa situação. O Sr. Roberto teve de se ausentar com urgência e não pôde sequer cancelar sua entrevista!*

Analise os seguintes casos:

- ❏ equilíbrio emocional ao receber visitas inesperadas;
- ❏ capacidade para resolver problemas, como visitas inoportunas;

❏ jeitinho para cancelar entrevistas ou compromissos, sem denegrir a imagem de seu executivo;

❏ eficiência para conseguir entrevistas difíceis (valha-se de amigos ou de outros intermediários); use também de artimanhas, como ligar para a secretária da pessoa com a qual seu executivo deseja falar já sabendo o nome dela;

❏ ao tratar com clientes, evite elogios a outros clientes. Você pode cancelar uma venda ou prejudicar um negócio se elogiar outros clientes à frente de um que lhe está aborrecendo.

12 Leitura

Após a leitura do texto, discutir em grupos as ideias nele contidas. Um representante de cada grupo deve apresentar os comentários feitos.

"Podemos dizer que, basicamente, quem coleciona emoções positivas coleciona 'figurinhas douradas', e quem coleciona emoções negativas coleciona, 'figurinhas pretas'. Alguns autores preferem dar cores específicas às 'figurinhas', conforme a emoção colecionada ('figurinhas vermelhas' para raiva, 'azuis' para depressão, 'brancas' para pureza, 'verdes' para inveja etc.). Isso não nos parece necessário.

A relação entre 'figurinhas' e carícias está em que as pessoas procuram obter carícias que lhes proporcionem as figurinhas que colecionam. Por exemplo, uma secretária que colecione figurinhas pretas de culpa fará frequentemente coisas que levem os outros a considerá-la culpada; outra pessoa, que colecione sentimentos de bronca sempre encontrará pela frente um grande número de situações em que os outros de alguma maneira a colocarão à prova e ela se sentirá ofendida com isso; um supervisor, que colecione figurinhas de 'confusão' se verá metido num grande número de situações em que os outros o atrapalharão, e por causa disso as coisas não sairão bem feitas. O ponto importante aqui é que essas pessoas têm necessidade de colecionar tais tipos de figurinhas e, por isso, metem-se em tais situações: não são, portanto, situações formadas ao acaso, mas criadas pela própria pessoa, sem consciência disso!

Dorothy Jongeward e Muriel James mostram que, já na infância, as pessoas começam a estabelecer suas preferências por esta ou aquela coleção de emoções: 'As crianças não nascem com suas emoções já programadas, em relação a objetos e pessoas. Cada criança aprende em relação a quem e ao que pode mostrar afeição. Cada uma aprende em relação a quem e ao que sentir-se culpada; a quem e ao que deve temer; a quem e o que deve odiar. A criança aprende, portanto, a dar e a receber certas espécies de carícias.'

Embora a criança experimente todos os tipos de emoções, cada qual se adapta a uma ou mais emoções 'favoritas'. [...] Uma criança que ouve continuamente expressões como: 'Eu estou envergonhada de você!' ou 'Você não tem vergonha?' pode aprender a colecionar figurinhas de vergonha. Uma criança que ouve continuamente dizerem 'Espere até o seu pai chegar!' ou 'Não vá à rua que o homem mau pega!' pode aprender a colecionar figurinhas de medo. E assim por diante.

É por colecionarem certas emoções 'favoritas' que as pessoas buscam carícias que lhes proporcionem tais emoções. Para obtê-las, a pessoa manipula os outros para que a firam, a diminuam, fiquem irritadas com ela, a amedrontem, façam surgir sua emoção de culpa etc... Ela o faz provocando os outros, ou 'convidando-os' a desempenhar certos papéis, ou mesmo, salientam Jongeward e James, 'imaginando que a outra pessoa lhe fez alguma coisa'.

As pessoas trocam emoções, como as crianças trocam figurinhas. É frequente que uma carícia negativa recebida de alguém proporcione a alguém uma emoção negativa, que essa pessoa transmite a uma terceira, aplicando-lhe outra carícia negativa. Pode-se formar, dessa maneira, uma verdadeira 'cadeia' de troca de emoções [...].

O exemplo é hipotético, mas digamos que o diretor chame o gerente à sua sala e lhe diga algo como: 'Que é que há com o seu departamento? Você quer levar-nos à falência, com essa porcaria de produção que está apresentando este mês?' O gerente sai irritado da sala, com a 'bronca' do diretor e, tão logo chega à sua sala, desconta na sua secretária: 'Como é, minha filha? Esse relatório sai ou não sai? Ou você acha que posso ficar esperando o tempo todo até que você tenha vontade de trabalhar?' A secretária, por sua vez, 'descarrega' seu mau humor na datilógrafa que a auxilia: 'Trate de refazer esse serviço, porque ficou péssimo! Puxa, como você não 'dá bola' para o trabalho mesmo, não?' A datilógrafa vai para casa e encontra o marido dando de comer aos passarinhos no quintal: 'Ah! essa não! Eu trabalho como uma besta, chego em casa, vejo tudo que há para arrumar, e você o que está fazendo? Dando comida ao passarinho! O que você pensa que eu sou? Uma escrava, é?'

O marido se frustra com isso, e fica irritado. Joga sua irritação sobre o filho de 8 anos: 'Não mexa aí! Já disse: NÃO MEXA AÍ!' O menino, por sua vez, aproveita a presença do irmãozinho de 5 anos, e lhe dá um 'cascudo'. Se ele tenta reagir, dá-lhe outro! O irmão menor sai com a raiva atravessada na garganta. Encontra o cachorro dormindo na porta da cozinha e lhe dá um chute!

Em cada caso, uma carícia negativa proporcionou a cada personagem da historieta a aquisição de uma figurinha preta. Ao passar adiante a figurinha, o personagem fica com uma espécie de 'resíduo' dela, uma marca carimbada, como se tivesse 'colado a figurinha no seu álbum'.

Naturalmente, as coleções de figurinhas pretas ou douradas vão crescendo. Quando atingem certo volume de figurinhas, a coleção é trocada por um prêmio compatível com o tamanho da coleção. Dizem Jongeward e James:

'As pessoas adquirem coleções de diferentes tamanhos, e têm diferentes compulsões quanto a com quem, onde e como trocar suas coleções negativas. Algumas pessoas colecionam o equivalente a uma página de figurinhas, e as trocam por prêmios relativamente pequenos: ter uma dor de cabeça, errar um trabalho quase no final, deixar cair uma máquina de escrever, dar uma 'bronca' num empregado, colocar uma carta em envelope errado.'

'Para outras pessoas, entretanto, o prêmio é maior. Se elas tiverem completado diversas páginas de figurinhas pretas, podem sentir-se justificadas quando fazem coisas como quebrar uma máquina do escritório, ferir-se, ter uma aventura e sentir-se culpado

depois disso, roubar um pequeno objeto da empresa, despedir um empregado importante para a firma, ficar em casa 'doente', chegar tarde por diversas vezes ao trabalho e assim por diante.

'Ocasionalmente, as pessoas poderão trocar uma coleção ainda maior de figurinhas pretas por prêmios maiores: um colapso nervoso, ser preso, ser marginalizado pela sociedade ou perder o emprego'" (OLIVEIRA, Marco Antonio G. *Análise transacional na empresa*. 2. ed. São Paulo: Atlas, 1990. p. 87-89).

Exercícios

1. Que se entende por estereótipo? Dê exemplos.
2. Que é frustração? Dê exemplos.
3. Que entende por comportamento defensivo? Dê exemplos.
4. A ansiedade tem influência na execução de um trabalho? Por quê?
5. Quais mecanismos de defesa normalmente encontra no meio em que vive? Discorra sobre regressão, recalque, sublimação, conversão, projeção.
6. Que você acha de uma secretária que não admite falhas em seu trabalho?
7. O que é necessário para persuadir?
8. Como tratar uma funcionária contratada para substituir, na empresa, uma antiga amiga sua?
9. Quando a secretária faz papel de relações públicas?
10. No caso de cancelamento de uma entrevista em sua empresa, como você se sairia com o cliente, a pessoa que tinha entrevista marcada?

2

Comunicação

1 Teorias da comunicação

Para Maria Schuler, em *Comunicação estratégica* (2004, p. 11),

> "a comunicação está presente em todas as formas de organização conhecidas na natureza, tanto que se pode afirmar que a única maneira de haver organização é através da comunicação".

Putnam, Phillips e Chapman (In: CLEGG; HARDY; NORD, 2004, p. 110), por sua vez, afirmam que "comunicação e organização são coisas equivalentes".

Não há executivo de grande empresa que desconsidere a importância da comunicação. Talvez, porém, nada receba tão pouca atenção e reconhecimento como os profissionais que a ela se dedicam. As empresas ocupam-se de seu patrimônio, gastam fortunas contabilizando seus haveres, compram frotas de automóveis, imóveis, armazéns, investem milhares de reais em computadores, convenções, reuniões, viagens, mas pouco interesse têm com a comunicação externa e interna que circula em seu ambiente. Qualquer soma, por mais ínfima que seja, é considerada desperdício se estiver relacionada à área de comunicação. Se é preciso veicular uma informação: "Ó Fulano, veja se aquele seu amigo pode nos fazer um favor, no pé da página de sua coluna..." Se é para veicular um comunicado interno: "Ó Fulano, veja se falta alguma crase no meu texto..." Como se vê, a comunicação fica reduzida a favores...

Os estudiosos da linguagem reconhecem na comunicação um papel relevante. Esse papel, no entanto, nem sempre foi visto de forma positiva. Nem sempre se admitiu sem discussão que uma das funções da linguagem é a comunicação. Por exemplo, foi Saussure que afirmou que a língua é fundamentalmente um instrumento de comunicação. Anteriormente, a língua era vista como representação, como uma estrutura de pensamento. Como consequência do pensamento de Ferdinand de Saussure, Roman Jakobson e Bertil Malmberg introduziram a comunicação no quadro das preocupações linguísticas.

Nos anos de 1950, a teoria da informação exerceu forte influência nos estudos da Linguística. Diga-se, porém, que a teoria da informação examina a comunicação de uma perspectiva diferente dos estudos linguísticos e, naturalmente, com outros objetivos. Os estudos da informação ocupam-se, relativamente à comunicação, com as medidas de informação, ou seja, a quantidade de informação transmitida em uma comunicação. Também se ocupam da economia da mensagem, ao tratar de questões relativas à codificação eficiente, capacidade de transmissão do canal, eliminação de ruídos.

Vários estudiosos ocuparam-se da comunicação. Os modelos vistos a seguir mostram a contribuição de cada um deles.

O **modelo mecanicista** foi desenvolvido por C. F. Shannon e Weaver, em 1949. É um modelo físico, mecanicista, e não humano. Ele considera que de um lado da comunicação há uma fonte e do outro lado um destinatário. A fonte transmite um sinal que é captado pelo receptor. O sinal pode ser impedido por ruído e a mensagem chegar de forma distorcida ao destinatário. O modelo ocupa-se do ato de codificar e decodificar mensagens. A fonte transforma uma informação em sinal e o receptor transforma o sinal em informação novamente. Não se trata, pois, de um modelo que tem em vista explicar a comunicação humana, que é muito mais complexa e envolve muitos outros elementos, ou outras preocupações de ordem psicológica, sociológica, contextual. Vejamos graficamente o modelo:

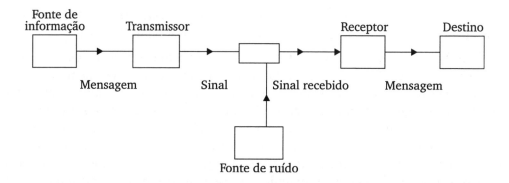

O esquema de comunicação visto comporta um emissor e um receptor, divididos em dois compartimentos estanques que separam a codificação e a decodificação da emissão e da recepção. Comporta ainda um canal, ou seja, um suporte material que serve para a transmissão de algo de um ponto para outro, e uma mensagem, que resulta da decodificação entendida como um conjunto de sinais. Os ruídos interferem em todo o percurso da informação e reduzem a eficiência da comunicação. São ruídos: barulhos, problemas relativos ao canal, desatenção, desinteresse, vocabulário, repertório cultural, crenças. Do ponto de vista que estamos examinando, não passa a comunicação de transferência de mensagens de um emissor a um receptor, organizadas segundo um código e transformadas em sequência de sinais. A preocupação do modelo é com o aprimoramento da transmissão de mensagens.

O modelo mecanicista considera a comunicação de um ponto de vista neutro; ela seria sem intencionalidade manifesta e sem relação com o contexto social em que é processada. Esse modelo também focaliza a fonte da mensagem como criadora da mensagem. A comunicação envolve duas ou mais pessoas que participam na criação de um sentido. Por isso é que se afirma que a informação que não causou nenhuma reação ou resposta no receptor não estabeleceu comunicação, isto é, essa informação não se tornou comum.

Segundo esse modelo, é passiva a posição do receptor. De certa forma, revela a superioridade da fonte sobre o receptor. Assim é que se pode afirmar que o modelo mecanicista é reflexo de determinadas sociedades em que alguns têm voz e vez e outros nem vez nem voz. Um ambiente organizacional em que uns falam e outros escutam e obedecem cegamente ao modelo mecanicista de comunicação.

Modelo circular de comunicação. Enquanto o modelo circular da comunicação ocupa-se da realimentação do processo, os modelos lineares de comunicação tratam da transmissão da mensagem de um emissor a um receptor, sem preocupar-se com a reciprocidade, característica da comunicação humana. O receptor tem possibilidade de tornar-se emissor e de realimentar a comunicação.

A reação aos modelos lineares de comunicação desenvolveu-se nos EUA a partir dos anos de 1950. B. Bateson, E. Hall e E. Goffman ocuparam-se de um modelo circular de comunicação. Surgiu então a noção de *retroalimentação*, ou *realimentação*. A comunicação não pode ser pensada como um fenômeno de mão única, mas como um sistema interacional. Nesse sistema, informa-nos Diana Luz Pessoa de Barros (In: FIORIN, 2003, p. 42), "importam não apenas os efeitos da comunicação sobre o receptor, como também os efeitos que a reação do receptor produz sobre o emissor". E continua mais à frente:

> "A reciprocidade da comunicação é a garantia da possibilidade, ao menos, de equilíbrio de poder entre os interlocutores de uma dada comunicação. Nos regimes autoritários não há direito de *resposta*. O patrão costuma dizer do empregado ou os pais ao filho, que ele é muito *respondão* ou, em outras palavras, que ele teve a ousadia de usar a reciprocidade característica da comunicação humana e de tomar a palavra, em resposta" (BARROS In: FIORIN, 2003, p. 42).

Nos estudos da interação ou do diálogo entre interlocutores, um dos primeiros estudiosos foi Bakhtin. Para o autor russo, a interação verbal é a realidade fundamental da linguagem.

Goffman estudou os procedimentos de preservação da face na comunicação. *Face* é a expressão social do eu individual, a imagem pública que constrói de si mesmo. Ao interagir, o indivíduo põe em risco sua face. Os procedimentos de atenuação do discurso são exemplos de proteção da face:

Vá embora! [Suma daqui!]

Deixe-me, por favor. [Vai andando, por favor.]

Você poderia me deixar? [Eu poderia ficar sozinha um instante?]

Será que você poderia me deixar sozinha, por favor? [Será possível um minuto de sossego, por favor?]

Na comunicação como interação, são relevantes os seguintes aspectos:

❏ no processo de comunicação, o texto é produto dos falantes que se constroem enquanto constroem juntos o texto;

❏ a imagem ou simulacros que os interlocutores constroem na interação (a imagem que o emissor faz de si, a imagem que o emissor faz do receptor, a imagem que o receptor faz dele mesmo, a imagem que o receptor faz do emissor);

❏ caráter contratual (aceitação das ideias do outro) e polêmico da comunicação;

❏ não é possível considerar a mensagem apenas como expressão de conteúdos;

❏ ampliação do dizer na sociedade (às vezes, nos dirigimos a uma audiência, mas outros também participam de uma comunicação, manifestando sua opinião; imagine-se o caso de alguém que repreende alguém na frente de outra pessoa e esta, embora não estivesse inicialmente envolvida na comunicação, faz observações de que não se deve falar assim...).

Os participantes de um processo de comunicação vão construindo-se, modificando-se e transformando-se. Assim, os sujeitos da comunicação não são dados previamente, mas se constroem enquanto se comunicam. Os sujeitos são constituídos por diferentes vozes que fazem deles sujeitos históricos e ideológicos. Mesmo quando pensam que são originais, repetem formulações (ideologias) sociais.

Barros (In: FIORIN, 2003, p. 44) afirma que

"é inegável que não falamos da mesma forma com aqueles em que acreditamos gostarem de nós, concordarem conosco e com aqueles de que estamos convencidos terem conosco sérias divergências. Igualmente, o receptor ao receber e interpretar a mensagem, levará em conta as imagens que constrói do emissor e de si mesmo".

Já os **modelos psicológicos de comunicação** consideram fonte e receptor como destinador e destinatário, como pessoas. É no íntimo das pessoas que ocorrem os processos de composição e de interpretação da mensagem. O receptor seria estimulado pela mensagem a processar uma interpretação.

Berlo, estudioso da comunicação, por exemplo, considera os aspectos da experiência, das atitudes, do conhecimento, da situação social e da cultura da fonte e do receptor. A interpretação é um complemento necessário da decodificação. Daí que é necessária a atenção do receptor, sua capacidade de dar significado aos sinais que recebe e disposição para aceitar e compreender as informações recebidas. De igual forma, é preciso considerar que o receptor avalia as informações e que esta avaliação tem participação na resposta que dá à comunicação recebida.

Um terceiro modelo de comunicação seria o **sociológico**. Para Riley e Riley (Apud Schuler, 2004, p. 15), as estruturas sociais exercem fortes influências sobre os indivíduos que se comunicam. O grupo social do qual o indivíduo faz parte é responsável pela construção de significados e sentidos.

O modelo **antropológico de comunicação** tem pelo menos dois expoentes à sua frente: Lévi-Strauss e Eduard Hall. A comunicação seria um sistema de mensagens que permite ser interpretado. A comunicação é um instrumento de organização dos componentes culturais. Os sujeitos da comunicação precisam ser considerados como sujeitos competentes, que têm qualidades que permitem que eles se comuniquem.

De acordo com Greimas, a tradição antropológica francesa (Lévi-Strauss) vê a comunicação como transferência de objetos de valor e como comunicação entre sujeitos. A comunicação entre sujeitos ocorre mediante objetos de valor que circulam entre eles e os constituem como sujeitos. Os sujeitos já não são caixas vazias de emissão e recepção de mensagens. Os sujeitos devem ser vistos como sujeitos competentes que têm certas qualidades que lhes permitem comunicar-se. De um lado, querem ou devem saber e podem realizar a comunicação. O processo comunicativo é visto de agora em diante como um fazer-saber do destinador e um adquirir saber do destinatário. Para aprender a saber é preciso que o destinatário queira fazê-lo. E isto nos leva a pensar o destinatário como um fazer-crer, um fazer-fazer (persuadi-lo). Comunicação, desse ponto de vista, se confunde com manipulação. O destinador elabora um fazer-persuasivo. Ele utiliza procedimentos para fazê-lo crer e para fazê-lo fazer. O destinador, implícita ou explicitamente, propõe ao destinatário um contrato em que oferece valores que o destinatário deseja ou teme. O destinatário realiza um fazer interpretativo para acreditar no destinador ou não. Vai verificar se o destinador é confiável ou não, se os valores que oferece são ou não desejáveis.

O destinador e o destinatário utilizam sua competência semântica, constituída de sentimentos, crenças, conhecimentos. Para persuadir e interpretar é necessário comparar conhecimentos, valores, crenças da competência semântica dos sujeitos que estão em jogo na comunicação. Por isso é que se diz que os sujeitos da comunicação não são caixas vazias, mas pessoas que têm aspirações, emoções, conhecimentos, valores, crenças. As estratégias de persuasão variam, pois, de cultura para cultura, de sujeito para sujeito, de classe social para classe social.

A *ideologia* é outro fator relevante na comunicação. Esta em nenhum momento é neutra ou ingênua. Todos os discursos são marcados por coerções sociais. Temas e figuras sofrem as determinações sociais. Enquanto tema é a representação abstrata da realidade, figura é a concretização de um tema. Assim, a figura de Chapeuzinho Vermelho concretiza o tema da necessidade de obediência; a figura do jovem tematiza a exuberância de vida e força, enquanto a do ancião a da experiência e do conservadorismo. O uso de figuras e de temas indica a ideologia presente no discurso, porque manifestam os valores de uma sociedade. As vozes cruzam-se e pode ocorrer tanto a concordância como a discordância, a polêmica, ou seja, um destinador pode usar determinadas figuras e temas para estabelecer um contrato de adesão aos valores expressos ou contestá-los.

A **Semiótica** também apresenta contribuições no estudo da comunicação, sobretudo por ocupar-se dos sistemas de signos, como sons, imagens, cores, objetos, posses, que formam uma linguagem compartilhada por grupos sociais.

O **modelo sistêmico de comunicação** ocupa-se de integrar a descrição dos elementos e dos processos da comunicação, procurando compreender sua funcionalidade em determinado contexto. É o enfoque sistêmico que traz a dimensão estratégica das comunicações humanas. Daí interessar-se pelos objetivos da comunicação e percepção das mensagens e dos resultados obtidos com os esforços de comunicação. Considera também a simultaneidade de fonte e receptor, atores envolvidos na comunicação.

Enfim, a comunicação exige a presença de um emissor (destinador), um receptor (destinatário), o canal e a mensagem. Além desses elementos, são necessários processos para que ela se estabeleça, e tais processos compreendem: composição, interpretação, resposta.

O destinatário pode ter comportamento passivo, ativo ou proativo.

A composição de uma comunicação envolve escolha dos signos, palavras, desenhos, sinais, ícones, símbolos, canal e outros. Os elementos reunidos em certa disposição compõem um sistema de signos que significam algo. Veja-se o caso de um aviso num hospital, num ônibus, à porta de um museu, no mural de uma empresa, no relógio de ponto.

Se o destinador é passivo, ele recebe a mensagem, mas não a utiliza; no ativo, o destinador recebe a mensagem e reage a ela. Por isso se diz que seu comportamento é reativo. No comportamento proativo, o destinador provoca uma mensagem da parte do destinador. Ele estimula o destinador a oferecer-lhe uma mensagem. Uma tosse, uma franzir de cenho, uma risada, todos podem ser estímulos provocadores da emissão de uma mensagem. Pessoas envolvidas em uma comunicação tanto emitem, como recebem mensagens. Assim, ora uma pessoa desempenha a função de emissor, ora de receptor. Da mesma forma, a função de receptor ou emissor pode não ser representada por uma única pessoa; às vezes, ela o é por um grupo, por uma empresa, por toda a sociedade.

A composição é o processo pelo qual o emissor transforma dados em mensagem, atribui signos ao conteúdo de sua intenção. É o processo que envolve a codificação de uma mensagem, que implica certa estratégia persuasiva, ou preocupação argumentativa para alcançar o objetivo que tem em vista. Todavia, é preciso ressaltar que a composição não se esgota na pura codificação, visto que envolve outros elementos, como escolha do canal, oportunidade da comunicação, complexidade da mensagem e outros.

A interpretação é o processo pelo qual o destinatário compreende a mensagem, atribuindo sentido aos significantes que percebe na mensagem. Aqui também entra em cena a estratégia de interpretação do receptor. Ele pode valorizar ou não determinados signos.

A mensagem deve estar adequada ao canal que a conduzirá ao destinatário. Daí que, para ser efetiva e alcançar o resultado que se espera, a mensagem deve ser veiculada adequadamente. De igual forma, deve ela estar adequada ao emissor: se ele inspirar credibilidade, sua mensagem poderá ser eficaz; caso contrário, a mensagem pode estar bem elaborada, mas não alcançará o objetivo porque o emissor não merece confiança. Esse é o caso de um vendedor mentiroso que engana seus clientes. Mesmo que afirme alguma verdade sobre determinado produto, sua mensagem não convencerá o cliente que já o conhece. O pai que muito promete ao filho e não cumpre nada do que diz também é exemplo de inadequação da mensagem ao emissor. Um professor que usa gíria ou expressões incompatíveis com o nível linguístico que dele se espera também pode constituir-se num exemplo de inadequação de emissor e mensagem. Se a secretária se dirige a seu diretor com expressões inadequadas ao lugar que ocupa na organização, as pessoas que com ela se relacionam podem identificar incompatibilidade entre sua mensagem e ela como emissora.

A escolha de um canal inadequado também pode comprometer a comunicação. Se uma secretária transmite um relatório administrativo por meio de quadrinhas de cordel, ou repentes, por exemplo, o canal escolhido pode constituir-se em sério entrave à comunicação. O canal, de igual forma, também deve estar adequado ao receptor. Uma mensagem escrita (não em Braile), por exemplo, se dirigida a um deficiente visual pode não alcançar resultado esperado, exceto se alguém ler a mensagem para ele.

Outra fonte de incompatibilidade pode residir na adequação de mensagem e receptor. Se a linguagem utilizada não está ao alcance do receptor, a comunicação não se efetiva. Um receptor formal exige linguagem formal; um receptor não formal exige mensagem não formal. O uso de vocabulário raro e sintaxe complexa numa mensagem endereçada a pessoa não letrada pode constituir-se em entrave à comunicação.

Todo receptor utiliza filtros próprios na interpretação de mensagens. Um desses filtros, o cultural, leva o receptor a interpretar apenas mensagens que reconhece, quer por ignorância, quer por preconceito, quer pela ideologia da sociedade de que faz parte e outros fatores.

Ainda é de salientar a existência de ruídos que impedem que a comunicação se estabeleça. Eles podem ser técnicos, organizacionais, semânticos, de atitudes e comportamentos. Os técnicos dizem respeito ao canal de transmissão e a seus defeitos. Exemplo: um aparelho telefônico com defeito. Os organizacionais são relativos ao estabelecimento de redes de comunicação, ou conjunto de canais de informação no interior de uma organização. Conforme a organização estabelecida, ela pode favorecer a existência de ruídos, entraves de comunicação. Os semânticos são originados de imprecisão ou ambiguidade das expressões utilizadas. Já os ruídos de atitudes e de comportamentos dizem respeito tanto a emissor quanto a receptor: influência sobre o que dizem e como dizem.

Dito isso, é preciso sempre ter presente que emissor e receptor têm características pessoais, culturais e motivação diferentes. E tais características são relevantes quando se examina detidamente a comunicação. Características pessoais, como aspectos físicos, temperamento, caráter, estilo, personalidade são fatores que não podem ser desconsiderados por quem deseja entender em profundidade o processo da comunicação.

A forma como interpretamos o mundo é muito limitada. Por mais consciência que temos de nossos limites, ainda assim é possível que em algum momento consideremos absurdo uma pessoa não entender determinado ponto de vista. Afirma Schuler (2004, p. 35):

"Rejeitamos, desprezamos e desrespeitamos pessoas por elas terem diferentes formas de vestir, de pentear o cabelo, diferentes pesos e posturas físicas, e fazemos isso nos ambientes mais ilustres, como nas escolas, nas empresas, nas organizações em geral. Como estudiosos e administradores de comunicação, não nos cabe julgar esta baixa consciência, mas constatá-la para poder tê-la em conta em nosso planejamento de comunicação."

A abordagem da realidade pode dar-se de três formas: analítica, sintética e intuitiva. Uma pessoa que aborda a realidade de forma analítica, detalhista, pode chocar-se com o tratamento rápido, aparentemente superficial e impreciso, que dá ao exame de tudo que lhe cai às mãos. Os intuitivos, por sua vez, podem desprezar o excesso de zelo lógico de analíticos e sintéticos. De toda forma, é preciso ter consciência de que pessoas com estilos cognitivos diferentes comumente apresentam problemas de comunicação.

A cultura e o contexto social exercem forte influência sobre o indivíduo e, consequentemente, interferem na comunicação das pessoas. A cultura manifesta-se no repertório de todo comunicador. Ele é composto de signos, de conhecimentos e de crenças. O repertório de signos é constituído sob a influência da interação social e forma de o indivíduo dar sentido ao que o circunda. O repertório de conhecimentos é composto pelo conjunto de aprendizagens do indivíduo, pela experiência que forma em contato com o mundo. O repertório de crenças é formado no meio familiar e convívio com vários grupos que influenciam seus julgamentos morais, éticos e estéticos.

Uma conclusão que se tira daí é que uma mesma mensagem enviada a pessoas diferentes não leva ao compartilhamento de seu significado.

Outro fator relevante no processo de comunicação é a percepção do indivíduo. Toda pessoa tem uma forma própria de perceber a realidade. Por isso, para que uma estratégia de comunicação alcance o efeito desejado, é preciso ter ao menos uma ideia da estratégia de recepção do outro, daquilo que ele pode tirar do que se diz a ele.

A seleção que fazemos de aspectos da realidade e da comunicação leva-nos a perceber certos pormenores e excluir outros. Além da seleção que permite uma percepção particular do mundo, há a distorção, que é o processo que nos possibilita introduzir mudanças na comunicação, bem como alterar a interpretação que temos do universo.

Sobre o lugar onde a comunicação ocorre, é de dizer que toda pessoa se sente mais à vontade e mais poderosa em seu próprio espaço. Quando está no domínio do outro, a vantagem troca de mão e passa a ser do interlocutor. Um território neutro pode neutralizar esse aspecto, ainda que seja difícil estabelecer uma real neutralidade, exceto se os protagonistas forem bem conhecidos.

O ambiente é rico em elementos que podem influenciar uma comunicação, como luz, cores, disposição dos objetos, higiene, ventilação. Suponhamos, por exemplo, uma luz que incida diretamente sobre o olho de uma pessoa. Evidentemente, tal fato perturba-a pela situação desconfortável, impede-lhe uma concentração adequada. Qualquer pormenor que roube a atenção de uma pessoa é prejudicial à comunicação, principalmente se ela estiver diante de outra. Outro exemplo: um *outdoor* em uma avenida disputa a atenção do destinatário com o barulho e o movimento dos automóveis e dos pedestres. Muitas vezes, as comunicações em *outdoor* são endereçadas aos motoristas que têm apenas alguns segundos para visualizá-los. Agora, imagine um *outdoor* com mensagens escritas em caracteres não legíveis a distância.

O clima interpessoal é outro fator decisivo na comunicação. Se os comunicadores se sentem como adversários, o efeito da comunicação será totalmente diverso do que se se considerassem amigos. O destinatário é influenciado pelas relações de poder e pela consideração que tem com relação a seu interlocutor.

Por isso, é importante numa comunicação primeiro conquistar a confiança do interlocutor, para depois comunicar-lhe algo. Uma pessoa tende a estar de acordo com outra que ela aprecia, e apreciará aqueles que com ela se parecem. O emissor que mais nos atrai é aquele que mais se parece conosco. A confiança recíproca é condição indispensável para que a comunicação seja eficaz.

Em relação à mensagem, os especialistas afirmam que, "para uma comunicação eficaz, é necessário ter informações sobre a pessoa ou pessoas para quem nos dirigimos" (SCHULER, 2004, p. 95). Suponhamos que seja necessária uma comunicação sobre o lançamento de determinado livro de língua portuguesa. O conhecimento que temos do público que consome esse tipo de informação é composto de professores, estudantes de qualquer nível, vestibulandos, pessoas que estejam preparando-se para participar de concursos. Suponhamos ainda que seja nosso desejo focalizar o público que se prepara para concursos. Se a mensagem apoiar-se em informações que não valorizam respostas precisas a questões linguísticas, se preocupar-se em salientar o elevado nível da pesquisa, ou dos avanços em relação à gramática tradicional, é possível que colha um grande fracasso; não alcance êxito, porque quem se prepara para concursos deseja textos de perguntas e respostas precisas, sem labirintos especulativos. É preciso descobrir o que o público-alvo valoriza na comunicação para oferecer-lhe justamente isso. Oferecer-lhe o que ele espera que lhe ofereçam. Também é de se perguntar: qual seria o melhor canal para atingir o público? Televisão, rádio, *outdoor*, revistas, jornais, folhetos a serem distribuídos à porta dos estabelecimentos que oferecem treinamento para tais concursos?

Entre os linguistas, sobressai, entre as propostas de ampliação dos modelos da teoria da informação, a de Roman Jakobson. Para esse autor, há na comunicação um destinador que envia uma mensagem a um destinatário; para ser eficaz, essa mensagem requer um contexto (ou referente) e uma conexão psicológica entre remetente e destinatário que lhes dão capacidade para entrar e permanecer em comunicação.

As contribuições de Jakobson são: a relação com o contexto, com a experiência comunicada e a representação do código e dos subcódigos.

O código é o estoque estruturado de elementos que se apresentam como um conjunto de alternativas de seleção para a produção da mensagem. Para que haja comunicação, é necessário um código parcial ou totalmente comum ao remetente e ao destinatário.

Os subcódigos introduzem no esquema da comunicação a questão da variação linguística.

Se os códigos são diferentes, não há comunicação, exceto se o emissor se vale de outros códigos, como, por exemplo, o não verbal, como gestos, sinais físicos. Um grego não se comunica com um brasileiro, se ambos desconhecerem o código utilizado para a comunicação (língua grega ou portuguesa). De igual forma, se não há intersecção de subcódigos, a comunicação fica prejudicada. O subcódigo envolve também o vocabulário. Por exemplo, em Portugal, *confeito*; no Brasil, *bala*; em Portugal, casa de banhos; no Brasil, banheiro; em Portugal, pastilha elástica; no Brasil, chiclete; bombeiro no Rio de Janeiro é o que se chama em São Paulo *encanador* (mecânico hidráulico).

É de considerar também que há variantes mais ou menos prestigiosas pelos usuários.

Há exceções às considerações expostas, como, por exemplo, um indivíduo pode ser bem-sucedido em sua comunicação mesmo utilizando um registro não apropriado a sua audiência, como era o caso de Jânio Quadros que utilizava uma modalidade linguística imprópria a seus receptores, mas, justamente por causar certa estranheza no uso de uma modalidade tensa num contexto distenso, acabava tornando sua comunicação eficaz. Também é possível ser malsucedido utilizando um subcódigo apropriado à audiência. Este é o caso de um professor que se vale de um subcódigo adequado a seus alunos, mas inoportuno pelo que dele se espera, ou seja, uso de uma modalidade linguística mais próxima do padrão gramatical. Imagine-se um professor de medicina utilizando termos da gíria para expor o conteúdo de sua disciplina. Os alunos podem sentir-se diante de um charlatão e a comunicação não se efetivar.

As propostas de Jakobson ampliam o modelo da informação, particularmente no que diz respeito aos códigos e subcódigos e à variação linguística. É relevante sua contribuição também em relação à variedade das funções da linguagem. Para o linguista citado, a linguagem deve ser examinada em toda a variedade de suas funções e não somente em relação à função informativa (referencial, ou denotativa, ou cognitiva).

Jakobson retoma as três funções da linguagem de Buhler: a expressiva, a apelativa e a representativa, e acrescenta outras três: a função fática, a metalinguística e a poética. As funções focalizariam um dos elementos do processo de comunicação.

A função emotiva está centrada no remetente. É caracterizada sobretudo pelo uso da primeira pessoa do discurso. A função referencial está centrada no contexto ou no referente (focaliza o fato, a coisa; uso da terceira pessoa gramatical, prevalência de uso de substantivo – verifique-se, por exemplo, uma notícia veiculada pela mídia –, uso de estratégias argumentativas). Essa função produz o efeito de objetividade e o de realidade (nomes próprios, qualidades objetivas). O sujeito distancia-se dos fatos e provoca o efeito de verdade. Textos que utilizam a função referencial são os que têm por fim a transmissão objetiva de informação. A realidade e a objetividade produzida são efeitos de sentido que decorrem dos procedimentos linguísticos utilizados. A função poética está centrada na mensagem (focaliza os jogos de linguagem, tudo o que pode chamar a atenção na linguagem; por exemplo, um trocadilho, uma rima, uma aliteração, uma figura de linguagem). A função conativa está centrada no destinatário. São seus elementos expressivos: imperativos, interrogações, vocativos, pronomes de segunda pessoa. A função fática está centrada no contato. Não se ocupa da comunicação, mas em testar o canal, verificar se o destinatário está atento (*você está me ouvindo?, sim, hum, sei, continua*, todas essas expressões são exemplos do uso da função conativa). A função metalinguística é a que focaliza o código. É a função que explica o próprio código. Uma legenda de uma foto, uma definição de uma palavra, a explicitação de um conceito, um verbete de dicionário são exemplos.

Dito isso, é preciso acrescentar que as mensagens não utilizam apenas uma função, mas várias. O que se observa é uma função dominante nos textos, uma função que sobressai.

Função referencial: função centrada no referente. Valoriza fundamentalmente o que se informa. É marcada pelo uso da denotação, de terceira pessoa, verbos impessoais, voz passiva, dados que exprimem objetividade, como números, nomes de lugares. A ciência, o noticiário jornalístico, as comunicações empresariais privilegiam essa função em seus comunicados. Exemplos:

> "Arroz mais nutritivo, tomates que combatem o câncer, doenças curadas com terapias certeiras, clones de animais. Essas são apenas algumas das façanhas produzidas pela moderna biotecnologia, herdeira direta dos conhecimentos que o homem passou a ter sobre os genes e seu funcionamento no último século. As possibilidades são muitas e as oportunidades de emprego crescem a cada dia tanto em universidades quanto nas empresas" (*Vida Executiva*, ano 1, nº 2, p. 78, jul. 2004).
>
> "O governo federal anunciou a finalização do primeiro sequenciamento genético mundial do cafeeiro. O objetivo é melhorar a qualidade do café.
>
> O trabalho, que envolveu Embrapa, Fapesp e outras 20 instituições, identificou 32 mil genes e permitirá a criação de um banco de dados" (*Folha de S. Paulo*, 11 ago. 2004, p. 1).

> Quais são os elementos que em ambos os textos produzem o efeito de objetividade, que permitem afirmar que no texto prevalece a função referencial ou informativa?

Função emotiva ou expressiva: está centrada no emissor da mensagem. Exprime essa função a atitude do destinador em relação ao conteúdo. A linguagem ganha características de subjetividade, revelando emoções e atitudes interiores. O emissor ocupa-se sobretudo consigo mesmo, deixando o receptor em segundo plano. São características dessa função: uso de primeira pessoa, de exclamações, de interjeições, de pronomes possessivos, de diminutivos afetivos, adjetivação farta, advérbios de modo, uso de modalizadores, como *eu acho que, eu considero que* e outros, prolongamentos de vogais, pausas, acentos enfáticos, hesitações. Esses procedimentos criam o efeito de subjetividade e de emotividade ou de presença ou proximidade do emissor. O sujeito não relata fatos, mas um ponto de vista sobre eles, os seus sentimentos e emoções sobre os acontecimentos. Exemplos:

"Nunca havia parado para pensar que, para as mulheres, chorar, por exemplo, tem um significado diferente do que tem para mim, porque, do ponto de vista hormonal, ela está muito mais propensa a isso. A chuva de lágrimas significa que esta criatura do sexo feminino perdeu o controle, em um determinado momento, mas vai retomá-lo e amanhã estará aqui trabalhando, perfeitamente centrada" (Julio Lobos em *Vida Executiva*, ano 1, nº 2, p. 53-54, jul. 2004).

"Tento ficar relaxado antes de competir. É importante estar focado, mas às vezes concentração demais traz ansiedade e se torna prejudicial. Tento equilibrar tudo" (Michael Phelps. Pingue-pongue. *Folha de S. Paulo,* 11 ago. 2004, Caderno Especial, p. 3).

Quais os procedimentos utilizados nos textos citados para constituir o efeito de subjetividade?

Função conativa: é a função que se orienta para o destinatário, constituindo o receptor o centro de interesse da mensagem. O conteúdo tem destino preestabelecido, deduzindo-se, portanto, daí, a necessidade de prender a atenção do receptor. As marcas linguísticas mais evidentes são os vocativos, os imperativos, utilização dos pronomes *tu, você, vós,* o uso do verbo *dever* e outros que transmitem essa mesma modalização, perguntas, respostas. Esses procedimentos produzem o efeito de interação com o destinatário, ao qual se procura persuadir, ou do qual se espera uma resposta, um comportamento, uma atitude. Exemplos:

Richard N. Bolles, autor de *As 5 melhores maneiras de conseguir emprego*, respondendo à pergunta "Como procurar emprego enquanto se está empregada? Quais os cuidados necessários para manter a ética?"

"Aproveite os fins de semana para fazer contatos por *e-mail* ou celular e o horário do almoço para marcar visitas. Nunca use o expediente de trabalho com esse objetivo, jogando no ar a desculpa de que vai ao médico..." (*Vida Executiva*, ano 1, nº 2, p. 13, jul. 2004).

"Você pode fazer um curso de Direito em outra faculdade, mas chega uma hora em que a verdade aparece. Mackenzie. A faculdade particular que mais aprovou alunos no exame da OAB" (*Folha de S. Paulo,* 11 ago. 2004, Caderno Folha Dinheiro, p. B1).

"Seu filho precisa de um professor que seja como ele: ligado na tomada. Aprendiz. O único computador que já vem com um ano de conteúdo exclusivo UOL" (*Folha de S. Paulo,* 11 ago. 2004, Caderno Folha Dinheiro, p. B1).

Quais os procedimentos utilizados para construir o efeito de interação com o interlocutor?

As três funções vistas já eram conhecidas quando Jakobson pôs-se a estudar outras três no quadro dos estudos linguísticos.

Função fática: está centrada no contato psicológico. Tudo o que numa mensagem serve para estabelecer, manter ou cortar o contato corresponde a essa função, que apenas aproxima receptor e emissor. Serve essa função para testar o canal, prolongar ou interromper uma conversa, um telefonema. São expressões características: *alô, é, então, aí, hein, entende?, evidentemente, hum, pois não* e outras que são vazias de significado, mas servem para testar o contato, fórmulas prontas para estabelecer ou interromper contato e verificar se o contato está ou não estabelecido. Produz essa função o efeito de aproximação e interesse entre destinador e destinatário. Para Jakobson, é a primeira função da linguagem que a mãe utiliza na conversa com o bebê (*gu, gu, gá, gá...*). Pessoas que têm necessidade mais de contato que de informação utilizam essa função. São outras manifestações da função fática: aperto de mão, sorrisos, inclinação do corpo, olhares trocados, uma pergunta muitas vezes repetida, que tem em vista fazer o interlocutor continuar falando, a repetição de algumas expressões do analista que tem em vista manifestar que está prestando atenção ao paciente. Exemplo:

Maruska Rameck estudou o que é "voz do poder". Um grupo de executivas foi convidado a ler um texto e a voz das pessoas foi gravada e avaliada por 80 pessoas. Maruska responde à pergunta sobre qual foi o resultado:

"**Maruska** – O resultado foi surpreendente. As que seguiam o padrão masculino de voz conquistaram notas mais altas.

VE – O que é padrão masculino?"

Maruska – É uma voz assertiva, com tempo de pausa menor. A entonação masculina é mais ríspida e as expressões, autoritárias, impositivas. E o mais engraçado é que a maioria dessas mulheres fala dessa forma exclusivamente no ambiente de trabalho" (*Vida Executiva*, ano 1, nº 2, p. 28, jul. 2004).

Em entrevista a Pedro Alexandre Sanches e Silvana Arantes, Gilberto Gil responde à seguinte pergunta:

"**Folha** – O projeto é radical?

Gil – Em que sentido? É uma tentativa de interpretação dos desejos e necessidades do conjunto do audiovisual, das relações entre o produto estrangeiro e o brasileiro. [...]

O combate a oligopólios, na comunicação, citado no projeto, lhe parece radical ao interferir no território das comunicações? [...]

Folha – Caetano Veloso já disse que Gilberto Gil é o Lula do Lula. O Sr. hoje está à esquerda de Lula?

Gil – Parece cada vez mais que ele tem razão. O governo Lula, todo ele, está à esquerda e à direita do Lula, o tempo todo, ele inclusive" (*Folha de S. Paulo*, 11 ago. 2004, p. A10).

> Qual o efeito que provocam as expressões que os interlocutores repetem nos textos?

Função metalinguística: está centrada no código e serve para dar explicações ou precisar o código utilizado pelo emissor. O efeito de sentido é o de linguagem que explica outra linguagem, ou seja, de circularidade da definição e da comunicação. Tem por objeto a própria língua. São exemplos os verbetes de dicionário, uma peça teatral ou filme que aborda o próprio teatro ou o próprio filme, um poema que se faz do poema. Exemplos:

> "O nome parece novo, mas o conceito é do tempo da carochinha. A gestão do conhecimento, que nos últimos cinco anos vem se tornando uma prática frequente nas companhias, consiste em arquivar o capital intelectual dos funcionários a fim de transformá-lo em patrimônio da empresa. A principal diferença é que os arquivos verticais com gavetas cheias de fichas foram substituídos por intranets, portais e outros sistemas de colaboração" (*Vida Executiva*, ano 1, nº 2, p. 20, jul. 2004).

> "Em situação de poço, a água equivale a uma palavra em situação dicionária" (João Cabral de Melo Neto, "Rios sem discurso")

> Qual o efeito de sentido que produzem os textos citados? Localize algum texto que possa servir de exemplo de uso de função metalinguística.

Função poética: utiliza procedimentos no plano da expressão, como reiteração de sons, ritmo, isto é, explora as possibilidades estruturais da língua; a *estrutura* da mensagem supera em importância o conteúdo das informações que ela veicula. A função poética promove rupturas: em vez de promover a transparência do conteúdo, chama a atenção para a expressão opaca. A intenção é produzir um texto que emocione, que fuja ao terra-terra da linguagem denotativa. Produz o efeito de sentido de coisa extraordinária, de novidade, de estranhamento, de beleza. Essa função não está presente apenas na poesia; ela ocorre no dia-a-dia, na publicidade. Exemplos:

> "Amor aos pedaços" (nome de uma loja de doces)
>
> "Lilica Ripilica" (nome de loja de roupas de crianças)

Neste último caso, ocorre reiteração do fonema *li*, lateral dental não fricativa, que produz o sentido de linguagem infantil e de prazer de executar e ouvir determinados sons. Já a reiteração de *ca*, oclusiva velar surda, novamente tem em vista reproduzir a fala infantil plena de interesse em sons velares.

A realidade é refeita todos os dias ou lida de formas diferentes, graças às novas relações que se estabelecem entre o plano da expressão e o do conteúdo. Efeito de recriação e de releitura do mundo é produzido, portanto, pela função poética da linguagem.

> Qual o efeito de sentido que produz o nome da primeira loja apresentada?

É relevante a contribuição de Roman Jakobson porque introduziu a questão da variação linguística no estudo da comunicação, como códigos e subcódigos e reconhecimento de que os homens se comunicam com diferentes fins, principalmente em vista das funções da linguagem. Estas não são excludentes, mas organizam-se hierarquicamente como função predominante ou não. Não obstante sua contribuição, sua teoria ainda tem caráter mecanicista, deixando de examinar adequadamente as relações sócio-históricas e ideológicas da comunicação, e não trata da reciprocidade na comunicação, que é característica da comunicação humana.

2 Canal

Entre os fatores de comunicação a que a secretária deve dar especial atenção, como fator estratégico relevante que é, está o canal. Sua comunicação poderá resultar inócua, sem efeito, se escolher mal o canal que utilizará para estabelecer comunicação. Schuler (2004, p. 105) afirma:

> "O meio, o canal físico para veicular a mensagem, representa papel determinante no processo de comunicação. Ele é que possibilita que a mensagem *chegue* ao receptor-alvo no *momento* oportuno, com a *intensidade* e *frequência* desejadas."

Escolhido o canal, a secretária poderá escolher a linguagem mais adequada. Um canal pode exigir contenção da linguagem, outro pode pedir a distensão.

Apenas para citar alguns exemplos, o código Morse usado no tempo do telégrafo restringia as possibilidades formais. Hoje, o *e-mail*, para não ser descartado, também exige alguns cuidados com a linguagem: contenção de palavras, sintaxe simples (coordenação sobretudo), palavras de fácil compreensão. A carta comercial, que vai aos poucos perdendo seu *glamour*, exigia certas formalidades de tratamento, disposição gráfica, cuidado gramatical, papel e envelope adequados e outros. A mala direta, outro poderoso instrumento de comunicação, é um canal que também exige atenção com relação a alguns pormenores. *Layout* inadequado, impressões malfeitas, cores desarmoniosas, excesso de palavras, vocabulário desconhecido, todos esses fatores podem impedir a comunicação de uma mala direta.

Agora, considere um telefonema. Esse canal exige também linguagem apropriada. Não basta dizer ao telefone para que a comunicação se estabeleça. Por exemplo: a secretária fala mais do que ouve, ou ouve mais do que fala ao telefone? Usa muita gíria, palavras picadas (incompletas), palavras estrangeiras? Faz checagem de sua comunicação? Interessa por saber o que o intercomunicador entendeu da mensagem? Quando faz seus telefonemas, tem um objetivo claro que deseja atingir? Sabe qual é o objeto de sua comunicação, o que focalizará? Tem consciência de que o canal telefônico não é adequado para resolver determinados problemas? Tem consciência dos limites do canal para o estabelecimento de uma comunicação eficaz?

Quando a secretária analisa o canal a ser utilizado para sua comunicação não pode deixar de considerar pontos relevantes, como:

- rapidez da transmissão;
- volume de informações a serem transmitidas;
- complexidade das informações a serem transmitidas;
- flexibilidade da linguagem a ser utilizada;
- número de receptores a serem atingidos;
- economia de recursos (tempo, esforço, dinheiro);
- possibilidade de diálogo (interatividade);
- necessidade de confidencialidade;
- rastro das informações veiculadas.

Como são muitos os canais à disposição da secretária para estabelecer uma comunicação, cabe-lhe a análise do canal mais adequado às suas necessidades. A decisão sobre que meio utilizar para suas comunicações é uma das mais complexas de todo o planejamento de comunicação.

Suponhamos que a secretária seja chamada a opinar, ou até mesmo a decidir sobre a melhor estratégia de comunicação. Admitamos que determinada informação deva ser veiculada internamente: utilizar o *e-mail*, o telefone, o fax, ou o mural da empresa? Se a comunicação for com o público externo à empresa e a escolha tenha sido do canal revista, que revista escolher? De variedades (*Veja, Isto é, Época*) ou específicas (*Exame, Carta Capital*)? Feminina ou masculina? E assim por diante. Deverá também decidir sobre a oportunidade da comunicação, sobre o melhor momento e o local onde a comunicação deve chegar.

A estratégia para a escolha do canal implica:

- conhecimento dos receptores da comunicação; quem são? Que fazem?
- estabelecimento dos objetivos da comunicação;
- veículos a serem utilizados: telefone, fax, *e-mail*, jornal, revista;
- recursos financeiros disponíveis para utilização do canal escolhido.

Definir o receptor de uma mensagem não é tarefa simples. Se ele está disperso, aumenta a dose de complexidade para sua definição precisa. Um comunicador consciente e cuidadoso evita a exposição de sua mensagem a pessoas que ele não tem interesse em atingir. Para definir a audiência, levam-se em conta fatores como:

estilo de vida, localização, classe social e outros. Por exemplo: as pessoas que deseja atingir são jovens, adultos ou senhores acima de 60 anos? São homens ou mulheres? São pessoas de renda alta ou baixa? São pessoas conservadoras ou não? Gostam de novidades? São consumistas? Se a secretária sabe com precisão quem é sua audiência, pode escolher melhor o canal a ser utilizado. Se ela precisa comunicar-se com o garoto que lhe presta serviços de correio, agirá de determinada forma; todavia, se precisar fazer-se compreender pelo presidente de sua empresa, os cuidados com sua comunicação serão outros.

Para a análise do alcance de sua comunicação, deve considerar o número de receptores que pretende atingir, quantas vezes e em que período. Quantas vezes a audiência precisa estar exposta à mensagem em determinado período? Essa questão está diretamente relacionada com a frequência.

Com relação à continuidade, deve ocupar-se dos períodos convenientes para expor a mensagem à audiência.

Também não é descabida, antes é relevante, a consideração sobre o custo da comunicação. Para atingir um objetivo limitado não se pode gastar uma soma enorme de recursos. Para eliminar um inseto, não se vai despejar uma tonelada de inseticida sobre ele. Em propaganda, por exemplo, "existe a máxima de que, num período determinado de campanha, menos de três exposições é uma medida inefetiva, e mais de dez exposições é desperdício" (SCHULER, 2004, p. 111). Evidentemente, trata-se de uma generalização que deve ser admitida com reserva. Considere-se também que, para atingir determinados objetivos de comunicação, é necessário valer-se de vários canais. Com uns se conquista o alcance, com outros a frequência. Por exemplo, como deve ser a comunicação de um produto consumido apenas no verão? Se não considerar a estratégia de pico, o comunicador pode sair-se muito mal e não atingir seus objetivos.

Finalmente é de considerar a **avaliação da comunicação**. A resposta do destinatário depende do resultado de sua avaliação: dará uma resposta positiva se perceber que a mensagem é capaz de contribuir na perseguição de seus objetivos.

A comunicação nem sempre se passa como os interlocutores esperam. Nem sempre ela é agradável ou está em harmonia com as metas estabelecidas. O destinatário pode demonstrar tendência à tensão ou à frustração, ou à flexibilidade ou à criação. No estágio de frustração ou tensão, suas reações podem ser: de regressão, fixação e resignação. Uma reação regressiva leva o destinatário a um comportamento infantil de reter informações ou procurar distrair a atenção dos interlocutores para melhor chegar a seus objetivos. A fixação leva a manter comportamentos que já percebeu que não funcionam. Entra em bloqueio e por isso não consegue mudar de direção. Se reage com resignação, abate-se sobre ele a apatia, ou sentimento de nada haver para fazer, sentimento de perda de tempo.

A reação a uma comunicação apoia-se na repressão de sentimentos reprimidos no subconsciente. Sentimentos reprimidos muitas vezes determinam reações a determinadas comunicações. Outra reação possível é a projeção, que é comportamento em que se atribui a outra pessoa nossos próprios motivos. Pela projeção, fugimos de nossas responsabilidades e do resultado de nossos atos. Schuler (2004, p. 122) afirma:

"Na maior parte das vezes, quando interpretamos nosso interlocutor, em conteúdos que não ficaram muito claros para nós, estamos na verdade projetando no outro nosso modo de relacionamento com o mundo, achando que 'sabemos o que ele queria dizer'. [...] Grande parte das vezes nossa interpretação não tem nenhuma relação com a intenção do outro, isso causando grandes desentendimentos."

Se o indivíduo não se perde em mecanismos de defesa, ele pode analisar a situação, pode localizar seus limites e suas fraquezas, e alcançar mudança de comportamento. O comunicador deve prever reações não favoráveis a seus objetivos. A resposta do destinatário é um dado importante para o controle da eficácia da comunicação. Por ela podemos avaliar a qualidade das estratégias utilizadas.

3 Leitura

Reunir-se em grupos de cinco pessoas, para discutir as ideias do texto seguinte:

"Falar diante de uma plateia, apresentar projetos e até conduzir uma reunião com oito ou dez pessoas são situações capazes de provocar insegurança não apenas nas mais tímidas. Até as mais desinibidas costumam tremer perante os desafios impostos pela boa comunicação. As empresas já se deram conta disso. Habilidade cada vez mais presente na lista de exigências, a capacidade de comunicação é uma ferramenta essencial para os profissionais alçarem o sucesso. 'Nossa experiência tem mostrado que 90% dos selecionadores dão preferência a quem sabe se comunicar melhor', diz Danielle Sarraf, diretora de recrutamento da Mariaca & Associates.

Mais do que competência, a comunicação é uma forma de demonstrar o conhecimento. 'Não somos valorizados pelo que sabemos, mas por como transmitimos o que sabemos às pessoas', diz Reinaldo Passadori, professor de comunicação verbal e autor do livro Comunicação Essencial *(Editora Gente). 'Não adianta nada ficar anos sentada no banco da escola se, na hora de demonstrar o que sabe, a pessoa não é capaz', questiona.*

É nas relações profissionais que as pessoas costumam identificar a dificuldade. 'Mas dificilmente os executivos do alto escalão admitem o problema', diz Passadori. Nesse caso, a própria empresa habitualmente sugere um treinamento, considerando a importância da competência.

Segundo Danielle, quanto mais alguém demora para tomar consciência da dificuldade, mais complicado se torna superá-la. 'Quando a pessoa sobe no organograma, passa a sofrer mais pressão dos subordinados e da chefia', diz. Para ela, um bom comunicador deve ter carisma, clareza de raciocínio e sensibilidade. 'Ao passar as informações de forma compreensível, até uma má notícia pode parecer mais amistosa', afirma Danielle.

O ponto de partida para uma boa comunicação é saber ouvir. O processo depende do interlocutor. 'É preciso se ver no lugar do outro para detectar o que ele quer ouvir', garante o jornalista e publicitário Álvaro Fernandes, autor de Quem Não Tem Problemas de Comunicação *(Matrix Editora).*

É nesse ponto em que as mulheres levam vantagem. Além de ter mais sensibilidade para identificar o público, escutam mais. 'Elas são menos autossuficientes que os homens e, na comunicação do dia-a-dia, costumam sair-se melhor', avalia. Em compensação, diante de uma plateia, se retraem. 'Para falar em público, a insegurança torna a mulher menos assertiva', afirma Fernandes, que realizou um estudo com 200 profissionais de recursos humanos. O resultado indica que a comunicação é uma habilidade decisiva na contratação de pessoas para 95% dos entrevistados, independentemente da área de atuação.

RESPEITÁVEL PÚBLICO

Não há quem enfrente uma plateia sem uma pontinha de ansiedade. 'Mesmo pessoas acostumadas sentem as mãos transpirar diante do público', diz Reinaldo Passadori. As principais dificuldades são timidez, insegurança, não saber onde pôr as mãos, gagueira, falar muito rápido ou devagar e o uso de vícios de linguagem. Preparamos uma lista de técnicas que vão ajudá-la a melhorar seu desempenho em público:

1. *Antes da apresentação, faça exercícios em voz alta. Valem historinhas, mas não basta ler, interprete-as. 'Procure dar um 'colorido' à sua fala', explica Reinaldo Passadori. Esse é um modo de aprender a controlar o tom e a velocidade da voz, enfatizar trechos importantes, dar as pausas necessárias, reduzir o volume para falar algo mais intimista. Articule com clareza cada som, sílaba e palavra.*

2. *Uma boa técnica para começar a apresentação é formular uma pergunta. De imediato vai gerar curiosidade sobre o assunto a ser debatido. Outra maneira é fazer uma citação ou contar uma história. Tão importante quanto o início do tema é o seu encerramento. Se você começou contando uma história, é o momento de resgatá-la. E faça uma conexão com o início.*

3. *Saiba para quem você vai falar. É importante adequar a linguagem que será usada, assim como o grau de profundidade dado ao assunto. 'Quanto mais conhecimento você tem do seu público-alvo, maiores são as chances de ajustar seu trabalho a ele e, por consequência, de ser bem-sucedida', esclarece Reinaldo Passadori.*

4. *Tome consciência do tempo exato que será destinado à apresentação. É a única forma de montar um cronograma com os principais tópicos e a duração de cada um. 'É muito comum as pessoas se excederem e perderem o momento preciso de falar a coisa certa', diz Fernandes.*

5. *Faça uma avaliação de suas competências e perceba seus limites. Para demonstrar segurança em uma apresentação, é necessário conhecer bem o assunto sobre o qual irá falar. Caso contrário, existe grande probabilidade de você travar e não conseguir expressar nada. Não se arrisque em situações nas quais prevê dificuldades.*

6. *Observe quais os movimentos que podem ser coadjuvantes na transmissão de sua mensagem. Para começar, pense em gestos que a ajudem a representar algumas ações e ideias como por exemplo: descer, afirmar, empurrar, todos vocês, todos nós, determinação, detalhe, dúvida, coerência, passo-a-passo, antecipar, prisão, simpatia, apatia, desânimo, dormir, abrir, evoluir, devagar, roubar, levantar, chamar, negar, rejeitar, deixar para lá, firmeza, integridade, adiar, liberdade, submissão, antipatia, empatia, entusiasmo, acordar, fechar. Crie, brinque e pratique em cima das expressões.*

7. O segundo exercício é encontrar expressões para algumas emoções: preocupação, tranquilidade, alegria, tristeza, malícia, medo, espanto, surpresa, reprovação, tentativa de lembrar, dor, ansiedade, raiva, entusiasmo e cansaço.
8. Fique atenta à expressão do seu corpo, em especial às mãos. Evite cruzá-las, colocá-las nos bolsos, atrás do corpo, na cintura, como um açucareiro. Também procure não ficar mexendo em anéis ou relógio, pois isso demonstra nervosismo.
9. Nada de procurar um ponto fixo no horizonte, muito menos olhar sobre a cabeça da plateia. Esforce-se para olhar nos olhos das pessoas para que aumentem a empatia e o impacto do processo de comunicação tanto para quem fala – pois recebe o feedback dos expectadores – quanto para quem ouve, que se sente privilegiado e motivado por conquistar a atenção do orador.
10. Faça um bom planejamento do discurso e organize as ideias. Estabeleça uma sequência lógica e coerente entre as três partes: começo, meio e fim. Procure distribuir o conteúdo da seguinte forma: 20% no início, 60% para o meio e os outros 20% para o final. Obedeça a uma estrutura de raciocínio cronológica baseada na sucessão dos fatos" (Vida Executiva, ano 1, nº 2, p. 25-28, jul. 2004).

Exercícios

1. Se você trabalha em algum empresa, comente o valor que é dado à comunicação em seu meio.
2. Que significa comunicação linear, comunicação que segue o modelo mecanicista?
3. Qual a crítica que se pode fazer ao modelo mecanicista de comunicação?
4. Que significa a expressão "comunicações neutras"?
5. Quais são as características do modelo circular de comunicação?
6. Diga com suas palavras o que entende por preservação da face.
7. Que é relevante numa comunicação como interação?
8. Qual a característica relevante dos modelos psicológicos de comunicação?
9. Que seria a comunicação para o modelo antropológico?
10. Qual a contribuição de Greimas no estudo da comunicação?
11. Que entende por ideologia?
12. Faça um comentário sobre o modelo sistêmico de comunicação.
13. Qual a importância da escolha adequada do canal para o estabelecimento da comunicação?
14. Qual a importância do contexto na comunicação?
15. Que é clima interpessoal e sua influência na comunicação?
16. Por que é importante ter informações sobre a pessoa com a qual estamos comunicando-nos?
17. Qual a contribuição de Jakobson ao estudo da comunicação?
18. Descreva as funções de linguagem.
19. Quais são os pontos relevantes na análise do canal adequado a uma comunicação?
20. Que envolve a estratégia de escolha do canal de comunicação?

3

Comunicações Organizacionais

1 Introdução

Até os anos de 1970, a comunicação foi tratada do ponto de vista da comunicação de negócios, com ênfase na habilidade dos interlocutores e na qualidade das mensagens escritas e orais. Os anos de 1980 ampliaram esses horizontes, e os estudos de comunicação passaram a ocupar-se da perspectiva estratégica. Comunicações organizacionais, portanto. Essa ampliação da disciplina é resultado da percepção das imbricações entre discurso, comportamento e simbolismo organizacional. A comunicação, por estar comprometida com o discurso e o comportamento humano, situa-se num espaço entre ciência e arte, por onde passam a Psicologia, a Sociologia, a Antropologia, a Filosofia, a Ética, a Linguística, a Semiótica. E um dos resultados dessa nova perspectiva é a reflexão crítica sobre o discurso organizacional e a análise de seu funcionamento e de seus resultados e efeitos no âmbito interno e externo das organizações. As próprias organizações passaram a ser compreendidas como discurso.

Dessa forma, comunicar já não é apenas transmitir informações, mas imprimir significados. Numa organização, as informações não devem circular desarticuladas e de modo caótico, mas sujeitas a uma hierarquia de cargos e funções. Elas, recebidas ou produzidas, devem caminhar por todo um sistema de redes e fluxos internos e externos. Podem então ser ascendentes, descendentes, horizontais.

Nesse complexo sistema de redes e fluxos, quantidade de informação não significa qualidade. Sem as condições básicas de entendimento, persuasão, resposta, a comunicação pode ser seriamente afetada, isto é, se houver desequilíbrio entre os mecanismos de produção e recepção, a comunicação poderá enfrentar problemas, como: sobrecarga de informações, ausência de entendimento da mensagem, falta de convicção, ausência de respostas ou respostas negativas e comprometimento da imagem e da identidade da empresa.

Ao estudar as organizações, um conceito geralmente presente é o da comunicação. Essa presença marcante, no entanto, faz com que o sentido da comunicação se torne impreciso. Torna-se também difícil distingui-lo de outros termos, como informação, canal.

Os estudiosos das organizações equipararam a comunicação a documentos escritos e à autoridade de comando (Weber), ao fluxo ascendente das mensagens e ao ato de persuadir os trabalhadores (Taylor), ao fluxo horizontal de informação (Fayol), à comunicação informal (Roethlisberger), aos canais formais de comunicação (Barnard). Modernamente, a comunicação tem sido vista como sinônimo de processamento da informação (Galbraith), participação (Likert). Tornou-se a comunicação uma espécie de curinga nos estudos organizacionais.

Há três maneiras de analisar a relação da comunicação com a organização: contenção, produção e equivalência. A *contenção* considera a comunicação como algo localizado dentro de uma estrutura organizacional material. Se essa estrutura não funciona, a organização desaba. A *produção* examina o modo como as organizações produzem comunicação, ou a comunicação produz a organização. Nesse caso, as organizações deixam de ser recipientes dentro dos quais as comunicações se estabelecem. Comunicação e organização podem produzir-se uma à outra. A terceira abordagem trata a comunicação e a organização como uma entidade só. Assim, comunicação é organização e organização é comunicação.

O dilema sobre a relação entre organização e comunicação põe em pauta as metáforas que são usualmente utilizadas para descrever as organizações. Nas metáforas utilizadas, a organização aparece em primeiro plano e a comunicação assume a posição de fundo ou assunto secundário.

Os trabalhos sobre comunicação organizacional ocuparam-se através dos tempos:

- 1920-1950: interesse em comunicação empresarial e industrial;
- 1950-1970: interesse pela influência da escola de relações humanas na comunicação organizacional. Inicialmente, a preocupação era com as estratégias de persuasão a serviço do alto escalão gerencial, com a precisão e a legibilidade dos relatórios, com a eficiência dos diferentes meios de comunicação.
- 1960: deslocamento da perspectiva para o estudo das mensagens que fluem nas organizações e para a forma como o clima organizacional influenciava a adequação e eficiência dessas transmissões. A comunicação era vista como uma variável que influenciava a *performance* individual e organizacional.

Considerando esse quadro de estudos, dois são os interesses dominantes: as habilidades que tornam os indivíduos mais eficientes na comunicação em seu trabalho e os fatores que caracterizam a eficiência da comunicação no sistema inteiro.

Essa orientação modernista dos estudos de comunicação compreende também estudos psicológicos que focalizam a interação superior-subordinado, o clima da comunicação, o processamento da informação. Também dessa época são os estudos sociológicos que focalizam redes de comunicação, a coordenação de grupos de trabalho, a adoção de novas tecnologias de comunicação.

Segundo a visão modernista, as organizações são entidades racionais e instrumentais. Dessa forma, a comunicação incorporava um viés utilitarista e instrumental. A comunicação e a organização eram realidades que podiam ser medidas e testadas sob condições controladas de pesquisa, segundo uma metodologia emprestada das ciências naturais.

- Nos anos de 1980: embora não tenha havido ruptura com o passado, houve reviravolta nos estudos de comunicação organizacional. A comunicação passou a ser definida como o estudo das mensagens, da informação, do significado e da atividade simbólica que constitui as organizações. Novos campos de estudos foram introduzidos, como sentido dos eventos organizacionais, linguagens, símbolos e cultura organizacional. Passou-se a estudar como os grupos dominantes tinham mais acesso à informação e mais oportunidades para construir interpretações mais abrangentes do que os demais grupos. Constatou-se então que as comunicações não eram neutras. O discurso e os símbolos utilizados eram os modos pelos quais a ideologia tornou-se legítima nas organizações. A comunicação era o meio pelo qual os grupos subordinados participavam de sua própria dominação.

2 Metáforas utilizadas nas organizações

Sete metáforas são usualmente motivo de pesquisa em comunicação organizacional: conduíte, lente, *linkage, performance*, símbolo, voz e discurso. Essas metáforas constituem modos distintos de ver as organizações

As metáforas utilizadas nos discursos organizacionais são mais que meros ornamentos de linguagem. A metáfora constitui-se num modo de ver a realidade. É uma expressão que estabelece uma ponte cognitiva entre dois domínios diferentes. Estabelece analogia entre duas realidades. Gareth Morgan, por exemplo (1996), estudou várias metáforas utilizadas para compreender as organizações, que ora são vistas como máquinas, ora como organismos, ora como cérebros, ora como culturas, ora como sistemas políticos, ora como prisões psíquicas, ora como fluxo e transformação, ora como instrumentos de dominação. Afirmam Cecília W. Bergamini e Roberto Coda, na Apresentação ao livro citado

> "As metáforas não são usadas como um artifício de linguagem para melhorar o discurso, mas como uma forma de pensar e de ver que determina como compreendemos nosso mundo organizacional. Morgan preocupa-se em caracterizar as principais metáforas que podem ser utilizadas para entender os processos organizacionais, enfatizando que é necessário lançar mão de várias delas e não de uma única para melhorar nossa habilidade compreensiva de 'ler e interpretar' os diferentes aspectos que coexistem e se complementam dentro da realidade organizacional, por mais paradoxal que esta possa parecer."

Em *Imagens da organização: edição executiva* (2002), de Morgan, o Capítulo 1 inicia-se com a afirmação de que "as organizações são muitas coisas ao mesmo tempo!" Elas são complexas, têm muitas facetas e são paradoxais.

Se a empresa é vista como máquina, significa que tem metas e objetivos, é planejada como uma estrutura racional de tarefas e atividades. As pessoas são contratadas para operar a máquina e todos os que pertencem à empresa devem comportar-se de maneira predeterminada.

No caso de uma empresa vista como organismo, a metáfora ajuda-nos a entender as organizações como conglomerados de seres humanos. Ela leva-nos a desenvolver sistemas orgânicos que permaneçam abertos a novas mudanças.

Empresas vistas como cérebros focalizam a capacidade de aprender e o processo que pode atrofiar ou aumentar a inteligência organizacional. Nesse caso, descobrimos como criar empresas que aprendem, como distribuir a inteligência dentro de uma organização.

Já as empresas vistas como culturas permitem perceber como varia o estilo de uma para outra segundo sua nacionalidade. Verificamos que as organizações são reflexos do que existe na mente das pessoas. As organizações baseiam-se em significados compartilhados que permitem que as pessoas se comportem de forma organizada.

Outra forma de estudar as organizações é vê-las como sistemas políticos. Identificamos diferentes estilos de governo e verificamos que as organizações se tornam politizadas em virtude de interesses divergentes de indivíduos e grupos. Constatamos que o conflito é uma característica de toda organização e que são muitas e diferentes as fontes de poder.

O estudo das organizações, vistas como prisões psíquicas, remete-nos à alegoria da caverna[1] de Platão, em *A República*. Assim, as organizações têm sempre um significado inconsciente. Há forças psíquicas que atuam ocultamente nas organizações, e essas forças encorajam ou bloqueiam a inovação. Por esse estudo, percebemos o poder e o significado do que parece irracional, e reconhecemos que podemos tornar-nos prisioneiros de nossas maneiras de pensar e como esse padrão pode ser alterado.

Organizações vistas como fluxo e transformação permitem verificar que forças sistêmicas profundas prendem as organizações ao *status quo*, ou dirigem sua transformação. Por meio dessa abordagem, podemos ajudar as organizações a mudar de um modelo de operação para outro.

Enfim, organizações vistas como instrumentos de dominação levam-nos a pensar na construção das antigas pirâmides ou atividades das empresas modernas. Nossa preocupação concentra-se no processo de dominação que dá sustentação ao processo de dominação. O vício de trabalhar, os acidentes, as doenças ocupacionais, o *stress* passam a ser vistos como o preço imposto a um grupo de pessoas para atender aos interesses de outras. Por meio da metáfora de instrumento de dominação, é possível ver o papel das empresas na exploração das pessoas e dos recursos.

---

[1] Na alegoria de Platão, uma caverna subterrânea tem sua entrada voltada para uma fogueira. Em seu interior encontram-se pessoas acorrentadas de modo que não podem mover-se. Enxergam somente a parede da caverna diretamente a sua frente. A claridade das chamas projetam a sombra de pessoas e objetos. Os habitantes da caverna tomam as sombras por realidades e atribuem-lhes nomes. Para os prisioneiros, esse universo sombrio constitui a verdade e a realidade, visto que não conhecem nenhum outro. Ao conhecimento verdadeiro só teriam acesso os que conhecessem o Mundo das Ideias.

3 Metáforas da comunicação

Retomemos agora o estudo da metáfora na comunicação organizacional. Sete metáforas interessam-nos nesse tipo de estudo: a do conduíte, a da lente, a de *linkage*, a da *performance*, a do símbolo, a da voz e a do discurso.

A metáfora do **conduíte** é relativa ao encaminhamento da comunicação. Por essa metáfora, as organizações são vistas como meros canais ou conduítes, contêineres para a quantidade, tipo, direção e estrutura do fluxo da informação. A visão mais comum da comunicação é a de um conduíte pelo qual as mensagens são transmitidas a toda a organização. A pesquisa que adota essa perspectiva vê a comunicação como transmissão e inclui estudos a respeito de sobrecarga e adequação da informação; comparação entre meios de comunicação; seleção de tecnologias de comunicação; comunicação como ferramenta para atingir os objetivos organizacionais. Palavras que indicam o uso dessa metáfora são: *enviar, intercambiar, transmitir, comutar*. Por essa metáfora, a comunicação é vista como um fluxo linear de mão única. Correções posteriores a essa forma de ver a comunicação acrescentaram o *feedback*, fluxo de mão duplo e processo. Contudo, permanece a centralidade desse tipo de comunicação. Por exemplo, segundo esse conceito, um executivo que se comunica com seu subordinado efetivamente transfere-lhe ideias com o mínimo de desperdício. As palavras contêm informação, a linguagem transfere pensamentos e sentimentos, e os interlocutores extraem ideias da transmissão. Essa metáfora do conduíte transmite a imagem de comunicação fácil, sem esforço e linear. Segundo essa metáfora, os receptores são passivos e reativos.

A imagem de comunicação que se encaixa nessa metáfora é a da ferramenta. Esta é um instrumento por meio do qual atingimos um fim. Nesse caso, a comunicação influencia a eficiência do trabalho, melhora o *feedback* para o desempenho, difunde inovações. A metáfora do conduíte e a da ferramenta vêem a comunicação como algo que flui de uma fonte para um receptor.

A metáfora da **lente** trata as organizações como olhos que esquadrinham o ambiente, filtram os dados, distorcem e retardam a informação; olhos que selecionam, encaminham mensagens, disseminam inovação e mudança. Lentes são um dispositivo que filtra, protege salvaguarda e guia a transmissão. Valendo-se desse enfoque, os estudos que focalizam a distorção, o bloqueio, a aquisição e o acesso à informação. Essa metáfora transmite a ilusória crença na transmissão de informação e transferência de ideias. Os emissores e os receptores, porém, são agentes ativos no processo. A distorção e a filtragem ocorrem de forma natural. As mensagens são alteradas à medida que viajam de indivíduo para indivíduo. A simplificação da mensagem, que introduz distorções, inclui: abreviações, resumos, condensações, perda de pormenores. Os estudos de comunicação segundo a metáfora da lente abrangem o fluxo de informação e a comunicação superior-subordinado, a aquisição de informação e a tomada de decisão. Também incluem a tecnologia de comunicação. Estudos recentes incluem a maneira como os empregados eliminam mensagens desagradáveis, distorcem e retêm informações. Tais estudos ocupam-se sobretudo com o que os emissores acreditam que os receptores querem ouvir.

Estudos que encampam a metáfora da lente verificam que a organização funciona visualmente para abrir e fechar o acesso à informação. A metáfora da lente leva ao pressuposto de que a informação é incompleta. Diferentes repertórios e metas de emissores e receptores aumentam a probabilidade de que a informação seja convertida, simplificada, reduzida. A metáfora da lente tem papel simbólico importante ao promover a vigilância, fomentando a legitimação e fornecendo evidência de racionalidade.

A comunicação pode também ser estudada por meio da metáfora de **linkage**, pela qual a organização é vista como redes ou sistemas de indivíduos interconectados. A metáfora de *linkage* desloca o foco da transmissão para a conexão. A comunicação age para conectar, construindo contratos relacionais. São comuns nesse tipo de estudo metáforas como: *ponte, liame, contratos, relacionamentos*.

Na metáfora da **performance**, a comunicação é projetada como interação social. As organizações emergem como ações coordenadas; elas legitimam suas próprias regras, estruturas e ambientes por meio da interação social. As organizações emergem de ações coordenadas. A interação social tanto é processo, como é produto do ato de organizar. São comuns nesse tipo de estudo metáforas como: *co-produção, drama, narração de histórias*. Performance diz respeito ao processo e à atividade e não à produtividade da organização. A comunicação consiste em intercâmbios conectados, como: mensagem-*feedback*-resposta, ação-reação-ajuste, ação-interpretação-reflexão e ação-atribuição de significado.

A metáfora do **símbolo** projeta a comunicação como interpretação de formas literárias. A comunicação funciona como criação, manutenção e transformação de sentidos. É comum nesse tipo de estudo a preocupação com: narrações, metáforas, ritos, rituais e paradoxos. Esses símbolos operam como meio de persuasão do público, como modo de conhecimento, como opções para administrar identidades e como controle político. Símbolos são sinais complexos, sugerem interpretações culturais; vão além de uma resposta particular. Não se trata de um sinal de trânsito cuja interpretação é única. Os integrantes de uma organização utilizam linguagens, interpretam ideias, revestem de sentido os eventos. Analogamente, uma organização é um texto escrito por seus integrantes. E são complexos os significados que os membros constroem. A vida numa organização é uma atividade de interpretação de símbolos que os próprios membros criam. Dentro de uma organização, as narrativas funcionam para socializar os novatos, resolver problemas, legitimar relações de poder, identificar compromissos interpessoais, reduzir a incerteza.

Um símbolo importante para entender a interpretação nas organizações é a metáfora. Ela ajuda os membros de uma empresa a estruturar suas crenças e comportamentos. São elas que permitem a expressão de imagens vívidas e fortes, a concretização de ideias abstratas. Suponhamos a metáfora: "Esse trabalho é um porre!" Ao decodificar *porre*, sobressaem significados relativos a descontração, relaxamento, ócio, alegria. Há também os significados negativos relativos à bebedeira, mas esses nem sempre vêm à tona, porque o fato foi considerado pelo lado positivo (eufórico). Portanto, a interpretação depende da valorização do fato. Se for considerado positivo, será eufórico; se considerado negativo, será disfórico. Quem está imerso na situação deve perceber como o fato é valorizado, para não interpretá-lo erroneamente.

Ao lado da metáfora, há nas organizações cerimônias, ritos e rituais. Os ritos são eventos públicos, como almoços e jantares de confraternização, integração de novos empregados, cerimônias de premiação. Os rituais são comportamentos menos normalizados, como aperto de mão, cafezinho, encontros. Tanto ritos como rituais são símbolos que merecem interpretação, são atos comunicativos desempenhados como parte do ato de organizar.

A metáfora da **voz** engloba vozes distorcidas, vozes de dominação por meio da ideologia e do controle, acesso à voz por meio das práticas participativas. A comunicação é expressão e a organização é um coro de vozes. A metáfora da voz leva a considerar a comunicação como expressão ou supressão de vozes dos membros da organização.

É de considerar que nem todos os membros têm voz igual, bem como nem todos cantam a mesma melodia. Essa metáfora permite considerar: é preciso ter habilidade para fazer-se ouvir e entender dentro de uma empresa; há uma linguagem apropriada para cada situação e há situações que não são apropriadas para a comunicação; disponibilidade e interesse do outro para ouvir; valores e práticas que suprimem a voz. Assim é que temos: vozes distorcidas, vozes de dominação, vozes diferentes. Às vezes, os membros são capazes de falar, mas não utilizam a expressão adequada para se fazerem ouvir. Também é de ressaltar a ideologia que prevalece numa organização, em que grupos poderosos utilizam a comunicação para controlar a organização.

A distorção e a supressão da voz caracterizam organizações não democráticas. Há empresas que silenciam vozes que discordam do ponto de vista da direção; outras silenciam vozes femininas, de negros, de estrangeiros, de pessoas não escolarizadas; de jovens, de idosos, de não técnicos, e assim por diante. Enfim, a melodia que as organizações cantam nem sempre é muito clara.

Na metáfora do **discurso**, evidencia-se a comunicação como conversação na qual as organizações são vistas como textos. Essa metáfora focaliza o diálogo entre parceiros, o contexto e os processos comunicacionais. As conversações são tanto a essência das organizações, como produto delas.

O discurso pode ser visto como artefato ou como estrutura e processo.

O estudo do discurso como artefato revela ser a linguagem algo que representa objetos e sinaliza significados particulares. Os significados estão nas palavras, na sintaxe, nas classes sociais refletidas no uso da linguagem. O estudo de códigos comuns revela sutilezas da vida organizacional, entendimentos tácitos desenvolvidos por meio de complexos sistemas de significado. A linguagem cristaliza sistemas sociais coisificados, tais como ocupações, departamentos, papéis administrativos. Suponhamos o uso de palavras técnicas ou de eufemismo em um hospital, para esconder situações pungentes ou provocadoras de fortes emoções.

No discurso como estrutura e processo, a linguagem reflete as intenções do que é dito e o sentido está na estrutura das conversações.

Uma terceira corrente trata o discurso como prática discursiva. Nesse caso, a linguagem é uma construção social. Segundo essa orientação, o discurso é a maneira como o entendimento organizacional é produzido e reproduzido.

As metáforas do conduíte e da lente, ao se preocuparem com a transmissão, a instrumentalidade e a fidelidade em relação à mensagem, destacam as imagens do contêiner das organizações, mas negligenciam o sentido, o contexto e a interação social.

A metáfora de *linkage* capta elementos que as metáforas do conduíte e da lente não o fazem. Ela concebe as organizações como relacionamentos e rompe com as barreiras físicas. A comunicação torna-se assim central à essência do ato de organizar.

A metáfora da *performance*, bem como a da rede, salienta padrões do ato de organizar. O significado e o fazer sentido são a base para as ações coordenadas.

A metáfora do símbolo acrescenta representação ao processo de organizar, mas comumente reproduz sentidos que servem às elites organizacionais.

A metáfora da voz ressalta o poder e o controle como fatores que influenciam tanto aquele que pode falar, como o que pode ser ouvido nas organizações. Todavia, essa metáfora não capta a forma como a resistência influencia os microprocessos que constituem o ato de organizar.

Muitos estudos negligenciam o papel crítico da comunicação não verbal e do silêncio no ato de organizar, bem como negligenciam o papel crítico de autores que escrevem e leem textos sobre as organizações.

Assim, podemos afirmar que cada imagem (metáfora) é parcial e salienta diferentes elementos da comunicação organizacional.

4 Leitura

Após a leitura do texto, discutir as principais ideias nele contidas. Para facilitar seus estudos, siga o seguinte roteiro:

1. Segundo o texto, o que é relevante para o sucesso profissional?
2. Comente a frase: "Quem assume a responsabilidade pela carreira já começa com vantagem."
3. Que significa ver no emprego possibilidade de pagar as contas? Qual o problema que tal perspectiva produz no futuro empregado?
4. Que considera relevante para planejar sua carreira profissional?
5. Você tem um objetivo profissional a alcançar?

6. Que significa um chefe que não quer concorrente?
7. Quais são seus talentos?
8. Quais são seus pontos fortes? Quais são seus pontos fracos? Que fazer com uns e outros?
9. Que significa "o essencial é segurar nas mãos a direção"?
10. Faça uma avaliação do texto.

"VOCÊ COMANDA SUA CARREIRA

Pode reparar: as pessoas que conseguem sucesso profissional não ficam esperando que a empresa, o sócio ou alguém mais indique o caminho a seguir. Assumir o controle da própria trajetória profissional é bem mais divertido, estimulante e dá resultado mesmo!

O chefe é ótimo, do tipo que incentiva talentos e reconhece todo esforço realizado. A empresa também dá a maior força, investe em você, estimula suas habilidades... Ótimo, a faca e o queijo estão na mão, mas nem por isso sua vida profissional caminha para o sucesso. Ele só chega se, primeiro, você descobrir o que é ser bem-sucedida para você (sim, é uma questão de ponto de vista). Depois, esforça-se para montar um projeto que a leve a esse ponto. 'Quem assume a responsabilidade pela carreira já começa com vantagem', observa Rubens Marques Gimael, diretor da Neo Consulting, especializada em aconselhamento profissional. 'As empresas gostam de pessoas com esse perfil.' Dá para entender. Alguém assim deve estar preocupado em se aperfeiçoar e vê no emprego uma oportunidade de mostrar competência, não apenas de pagar as contas. Além disso, quem planeja a carreira pensa muito bem antes de se candidatar a uma vaga ou a um cargo, pois eles devem ter relação com o que ele quer da vida. Trabalha mais feliz e, portanto, é mais produtivo.

Para você, esse planejamento traz ainda mais benefícios, pois tudo o que fizer será de olho no objetivo traçado. Saberá, por exemplo, se é hora de fazer uma pós-graduação ou estudar inglês no exterior. Atingir a meta não dependerá exclusivamente da sua vontade. Há o sobe-e-desce da economia, os cortes de custos, o chefe que não quer concorrente, entre outros incidentes. 'É como dirigir um carro: você sabe o seu destino e vai diminuindo a velocidade ou acelerando de acordo com o trânsito, as condições da estrada, o tempo', compara José Augusto Minarelli, presidente da Lens & Minarelli, especializada em aconselhamento de carreira.

Tudo no papel

Como ninguém senta ao volante sem ter pelo menos ideia de aonde pretende chegar, o primeiro passo para direcionar a vida profissional é parar e refletir de verdade. Que espaço o trabalho deve ter? Do que está disposta a abrir mão? Quais são seus talentos? O que faz que a deixa feliz? 'Um dos melhores exercícios é elaborar um currículo para si própria', recomenda a psicóloga Marianita Crenitte, da Novo Ser, consultoria voltada para a orientação profissional. Escreva num papel o que já realizou, as potencialidades que desenvolveu em cada lugar onde trabalhou, o que não deu certo. Também lembre o que lhe deu prazer, independentemente do salário ou do ambiente profissional. O mais importante é enxergar quais são seus pontos fortes, quais os fracos e o que precisaria desenvolver para chegar aonde quer. Depois, mãos à obra, sem descuidar de três pontos: manter-se atualizada, cultivar e expandir a rede de relacionamentos e desenvolver o marketing pessoal. Não significa fazer uma propaganda vazia ou arrogante de si mesma, mas deixar as pessoas lembrarem de seu nome com simpatia. Além disso, mantenha uma reserva financeira. 'Às vezes vale deixar um emprego para passar um tempo fora ou investir em um curso especial', observa Minarelli. 'Quem está pendurado no cheque especial não tem autonomia para isso.'

Sem medo de ser feliz

A propaganda ainda é a alma do negócio. De que vale só você saber o que deseja? 'Muita gente fica chateada por ter sido esquecida na hora de preencher uma vaga interna, mas nunca disse que queria aquele cargo', comenta Alessandra Zaccheu, gerente de treinamento e desenvolvimento da multinacional Monsant. 'Como poderíamos adivinhar?' A empresa é uma das que apoiam e estimulam os funcionários a terem um plano de desenvolvimento individual. Todos realizam uma avaliação periódica, analisam os pontos fortes e os que necessitam de mais atenção, determinam quais cursos seriam úteis e são incentivados a escolher até três pessoas com mais experiência, dentro da organização, para orientar o processo de crescimento. Ainda que o local em que você trabalha não tenha essa política, não se envergonhe de procurar alguém que você admire e pedir conselhos.

Por último, corrija as rotas sempre que precisar. Como fez a assistente social Cida O'Sullivan. Depois de casar e ter filhos, estava insatisfeita com as longas jornadas da vida de executiva. Foi montar o próprio negócio: criou o site ClicFilhos, com mais duas sócias. Hoje tem um horário flexível e se sente realizada. 'A vida muda e os planos precisam ser repensados', comenta Cida. Não importa quantas revisões você faça no caminho que traçou. O essencial é segurar nas mãos a direção em vez de deixar a tarefa para os outros. Afinal, ninguém fará isso melhor que você" (Cláudia, nº 2, ano 42, p. 122-124, fev. 2003).

Exercícios

1. Examine a frase "até os anos de 1970, a comunicação foi tratada do ponto de vista da comunicação de negócios, com ênfase na habilidade dos interlocutores e na qualidade das mensagens escritas e orais". Que falhas apresenta esse modelo linear de comunicação?
2. Por que numa organização as informações não devem circular desarticuladas e de modo caótico, mas sujeitas a uma hierarquia de cargos e funções?
3. Por que comunicação e organização andam juntas, constroem-se juntas?

4. *Qual a contribuição da Psicologia nos estudos de comunicação?*
5. *Qual é o enfoque da comunicação nos anos de 1980?*
6. *Quais as imagens mais comumente utilizadas no seu meio familiar? Se você está empregada, quais são as metáforas mais utilizadas na empresa em que você trabalha? Para que serve o estudo das metáforas, segundo o estudo realizado neste livro?*
7. *Que é a metáfora do conduíte? Explicite-a. Quais são as falhas que esse tipo de comunicação oferece?*
8. *Explicite a metáfora da lente.*
9. *Que entende pela metáfora da comunicação como performance?*
10. *Explique a metáfora da comunicação como símbolo.*
11. *Que são cerimônias, ritos e rituais nas organizações?*

4

Eficácia nas Comunicações Administrativas

1 Introdução

O objetivo deste capítulo é expor técnicas que auxiliem a secretária a desenvolver com efetividade suas atividades que envolvem comunicação.

As organizações necessitam, para sua sobrevivência, de canais de comunicação que proporcionem relacionamento agradável, harmonioso e eficaz com o ambiente interno e externo.

Comunicação administrativa é um sistema de informação estabelecido para favorecer aqueles que ocupam funções administrativas numa organização.

O termo *comunicação* é geralmente considerado evidente quanto a seu significado. E tal fato é talvez a causa por que alguns textos oriundos de empresas apresentem problemas de eficácia de comunicação. Determinadas falhas seriam facilmente sanáveis se não houvesse a pretensão de possuir conhecimento suficiente para nada ignorar ou poder aprender. A indisposição à aprendizagem de técnicas de comunicação oral e escrita gera barreiras a qualquer inovação sobre a matéria.

A eficácia de uma comunicação é determinada pela compreensão que se tem do processo de comunicação.

Etimologicamente, *comunicação* significa tornar comum, trocar opiniões, fazer saber; implica participação, interação, troca de mensagens. É um processo de participação de experiências, que modifica a disposição mental das partes envolvidas. O conhecimento desse processo proporciona à secretária maior segurança e eficiência na elaboração de textos significativamente básicos à atividade da empresa.

Processo é concatenação ou sucessão de fenômenos, de estados ou de mudanças.

Para bem comunicar, não basta desenvolver apenas a capacidade de comunicação, é necessário também aprender a ouvir. A compreensão da mensagem reclama aptidões que englobam o processamento de informações e o conhecimento da estrutura da língua e do mundo que a cerca.

O sucesso ou fracasso na comunicação não pode ser atribuído a um único fator, pois no processo de comunicação intervêm comportamento das pessoas, preconceitos, tabus. Se a secretária tem conhecimento do repertório cultural das pessoas a quem escreve e de seu ambiente, mais fácil se tornará compreender a mensagem delas.

Comunicar é tornar conhecido, é participar, é transmitir algo a alguém. Comunicação é ato de emitir, transmitir e receber mensagens por meio de processos previamente estabelecidos ou convencionados, quer por meio da linguagem falada ou escrita, quer mediante outros sinais, signos ou símbolos.

2 Considerações sobre o processo de comunicação

2.1 Fonte e destinador

Fonte é o elemento que dá origem à mensagem, que inicia o ciclo da comunicação.

Comunicações obtidas diretamente da fonte evitam distorções!

Destinador é um dos protagonistas do ato da comunicação: aquele que, em certo momento, emite uma mensagem para um receptor ou destinatário. Como o emissor tem em vista produzir uma reação sobre outrem, **a comunicação é eficaz quando atinge seu objetivo, ou seja, produz a resposta desejada.** Por isso, essa intenção obriga-o à escolha do melhor meio de se comunicar.

2.2 Código fechado

Código é um conjunto de signos relacionados de tal modo que formam e transmitem mensagens. Código é um conjunto de regras dispostas para a comunicação.

A precisão de uma mensagem advém do uso do código fechado e da escolha adequada dos vocábulos. É preciso buscar sempre o verbo, ou o substantivo mais apropriado, aquele que realmente transmite a ideia que desejamos.

Código fechado é o que permite apenas uma interpretação. Isto conseguimos evitando o uso de expressões genéricas, imprecisas. Código aberto é o que se caracteriza pelo uso de palavras vagas, ou de expressões que permitem mais de uma interpretação. Exemplo de código aberto:

– *Célia: envie carta para nossos clientes, segunda-feira.*

Enviar carta sobre o quê? Tratando de quê? Para quais clientes?

Exemplo de código fechado:

– *Célia, segunda-feira, 30-9-2002, responda à carta da Empresa Bom Jesus do Matozinho, de Congonhas do Campo (MG). Informe que nossos prazos de vendas são de 30 dias, fora o mês.*

Comunicar é transmitir informação, ordem, pedido, aviso; é participar. Exige, portanto, conteúdo significativo. A linguagem deve ser referencial, e evitar as metáforas, a polissemia e a conotação. A redação comercial não admite o código aberto.

Canal é o suporte material que possibilita veicular uma mensagem de um emissor a um receptor, através do espaço e do tempo. É o meio pelo qual a mensagem atinge o receptor, que a recebe e a interpreta. A escolha de um canal inadequado influencia negativamente na mensagem que queremos transmitir.

Quando não escolhemos o canal adequado, corremos o risco de não atingir os objetivos almejados.

As informações chegam ao receptor de vários modos: face a face, ou por cartas, telefonemas, *fax, e-mail*, telegramas e outros meios.

2.3 Mensagem

Mensagem é um grupo de elementos significativos tirados de um repertório e reunidos numa estrutura. É o resultado de uma reação do indivíduo diante do que acontece a seu redor, do que ouve, do que lê. É o resultado do processo de codificação; é o que esperamos comunicar ao receptor, é a sequência de signos que um emissor transmite a um receptor por meio de um canal. Assim entendida, a mensagem refere-se à forma e não ao sentido. Quando escrevemos, o texto é a mensagem; quando alguém olha alguém, a forma como se deu o olhar é a mensagem. Não está, pois, totalmente na mensagem o significado, mas no receptor. Varia o significado de uma mensagem conforme o repertório do receptor, as circunstâncias em que ocorre a comunicação.

Uma mensagem pode implicar diversos níveis de significado, conforme o repertório e o estado de espírito do receptor e as circunstâncias da comunicação. Assim, uma informação que parte de um bisbilhoteiro é encarada diferentemente daquela que parte de uma pessoa que goza de boa reputação. As palavras podem ser idênticas, mas despertam sensações diferentes.

Mensagem em sentido amplo é sinônimo de "conteúdo"; é o que é dito num texto, num discurso; o que passa de significativo na comunicação entre emissor e receptor. É a unidade básica da comunicação, porque gera reações e comportamentos.

2.4 Destinatário e ruído

Destinatário é uma das principais personagens da comunicação: a pessoa a quem dirigimos a mensagem; aquele que recebe a informação e a decodifica. A interpretação da mensagem depende da aptidão do receptor para decodificar. *O processo de comunicação exige, para que se complete, que a mensagem seja decodificada de modo que possa ser compreendida.*

Chamamos ruído todo sinal indesejável que ocorre na transmissão de uma mensagem por meio de um canal. É tudo o que dificulta a comunicação, interfere na transmissão e perturba a recepção ou compreensão da mensagem; o que possibilita a perda de informação durante o transporte da mensagem entre a fonte e o destinatário. São exemplos de ruídos: linha cruzada, uma pronúncia incorreta, emprego de palavras de difícil compreensão para o público a que destinamos a mensagem, mensagem mal estruturada, ambígua, obscura.

A pressa pode ser considerada uma espécie de ruído, visto que, às vezes, provoca mensagens incompreensíveis. Observemos que o ruído pode ocorrer a qualquer momento: os erros de grafia ou datilografia; os lapsos de pronúncia são formas comuns de ruído.

Todo sistema de comunicação está sujeito a erros ou falhas, que são denominados ruídos ou distúrbios. Se a ocorrência de ruídos é grande, também é elevada a taxa de distúrbios, e tal fato reduz a possibilidade de boa informação.

A secretária utiliza, por exemplo, ao telefone um vocabulário reduzido, pobre, de palavras breves e simples, e as repete durante toda a conversa, isto porque deseja superar o ruído do canal ou do ambiente e garantir a efetiva transmissão de sua mensagem. Ao escrever uma carta, no entanto, poderá ampliar o vocabulário e evitar a repetição, porque o canal possui menor taxa de ruído.

A revisão de suas cartas e o cuidado com a pronúncia das palavras ao telefone são atitudes profissionais recomendáveis a toda secretária que busca eliminar ruídos e atingir seus objetivos com suas mensagens. Jamais lhe poderá escapar frase como:

– *Nosso cliente será angariado.*

em vez de:

– *Nosso cliente será agraciado.*

2.5 *Contexto*

São as situações em que a mensagem ocorre. A palavra, por exemplo, só realiza (atualiza) sua potencialidade dentro do contexto. Uma mensagem torna-se compreensível quando há coerência entre a mensagem e o comportamento do emissor; quando há credibilidade quanto ao valor da fonte e aceitabilidade por parte do receptor; quando há clareza e precisão linguísticas.

O texto seguinte, escrito em linguagem conotativa, depende do contexto para seu entendimento:

"Era outro que ia sendo moído e que em breve estaria reduzido a bagaço" (PEREIRA, 1971, p. 135).

Trata-se de uma pessoa que se definhava com o tempo...

Contexto consiste no envolvimento circunstancial em que a mensagem é transmitida. Do contexto depende o sentido das palavras. Para que a mensagem possa afetar o receptor, é necessário:

- coerência entre mensagem e comportamento do emissor;
- credibilidade quanto ao valor das fontes e dos meios;
- aceitabilidade;
- compreensibilidade.

2.6 Feedback e repertório

Feedback é um processo mediante o qual se controla o resultado do desempenho de uma mensagem sobre o receptor. Com base nos erros verificados, podem ser feitas correções na elaboração da mensagem. Permite ao comunicador determinar se a mensagem foi recebida e se produziu a resposta desejada.

No processo de comunicação, o *feedback* possibilita o prosseguimento do fluxo de mensagens; auxilia a fonte a examinar os resultados obtidos na transmissão da mensagem, em relação a seus objetivos iniciais.

Repertório é o conjunto de elementos que possuem significação, de signos conhecidos ou assimilados por um indivíduo, uma espécie de reservatório ou estoque de experiência.

É indispensável algum campo de experiência comum para que uma mensagem, codificada por um emissor, possa ser compreendida pelo receptor.

Uma informação ainda não integrada ao repertório do receptor atua como ruído e pode não ser compreendida como deseja o emissor.

Para transmitir informações novas de maneira eficaz, ou seja, ampliar o repertório de seu público, o emissor deve trabalhar com uma medida adequada de redundância.

2.7 Redundância

Elemento utilizado numa mensagem para reduzir os riscos de ruído. É a informação que transmitimos adicionalmente para proporcionar compreensão. É a reiteração de determinadas frases, de explicações, de esclarecimentos adicionais.

Segundo Umberto Eco (1986, p. 97),

> "a redundância não significa apenas que posso repetir a mensagem para torná-la mais segura: significa também que o código, assim complicado, *poderia* permitir-me comunicar outros tipos de mensagem".

Cada canal exige determinada dose de redundância para que a informação seja transmitida com eficácia. Aumentamos, portanto, a compreensão de uma mensagem mediante a redundância. Um toque numa porta bastaria para comunicar a presença de alguém; no entanto, a secretária, antes de entrar em algumas salas, bate várias vezes na porta para superar o ruído ambiente e obter uma resposta. Uma carta de cobrança que não se limita a cobrar e relaciona vários fatos persuasivos é redundante, e tem maiores possibilidades de alcançar resultado positivo. Não podemos cair, porém, no extremismo de transformar a redundância em aborrecimento e falta de cuidado com a linguagem.

Dentro das empresas ocorrem situações de redundância a todo instante: você envia correspondência, telefona em seguida, torna a confirmar por telegrama, telex, *fax* ou *e-mail*. Às vezes, a secretária comunica uma viagem de seu executivo; telefona fazendo reserva de hotel; telegrafa, expede um *fax*, ou escreve cartas confirmando a reserva e, por fim, telefona comunicando a chegada do hóspede.

Redundância não deve, pois, ser entendida como pura repetição.

3 Barreiras à comunicação

Estudemos as barreiras, os obstáculos.

Se algum dos elementos do processo de comunicação falhar, não haverá compreensão e entendimento. Barreiras são ruídos, empecilhos à compreensão de uma mensagem.

A primeira barreira são as experiências diferentes das pessoas envolvidas na comunicação. As experiências diferentes de comunicador e receptor podem provocar distorções na comunicação. Se as necessidades, os valores, as atitudes, os comportamentos e as expectativas são diferentes, frequentemente ocorrerão distorções na comunicação. Em qualquer situação, os indivíduos escolhem parte da própria experiência passada que se assemelha à experiência atual e, a partir daí, formam juízos de valores. Daí os obstáculos à comunicação.

– *Li seu relatório de ontem. Estava péssimo. O de hoje não vou ver...*

A segunda barreira provém do bloqueio às novas informações, especialmente se estas novas informações conflitam com o que acreditamos. Observe a secretária que, se só ouvir o que gosta de ouvir, nunca sofrerá desapontamentos. Alguns conflitos ocorrem justamente porque há informações que se chocam com nossos valores. Suponhamos, por exemplo, uma secretária acostumada ao escritório antigo, repleto de papéis e arquivos, que tenha de se relacionar com um diretor interessado em renovar o escritório:

– *Célia, de agora em diante vamos eliminar papéis e fichas. Use o microcomputador!*

Nesse caso, a introdução de novas tecnologias no escritório choca-se com os valores de Célia, que pode passar a ver o executivo com antipatia e vir a desentender-se com ele, travando discussões dolorosas.

Em terceiro lugar, em toda comunicação há julgamento. A pessoa que recebe a mensagem faz alguma ideia de seu comunicador, com base em experiências prévias que teve com ele. Como a secretária recebe a reclamação de alguém que está sempre queixando-se de alguma coisa?

Por isso, podemos concluir que o juízo de valor que fazemos das pessoas é obstáculo à comunicação.

Em quarto lugar, o nível de credibilidade que o receptor atribui ao comunicador afeta diretamente os pontos de vista e reações do receptor em relação às palavras, ideias e ações do segundo.

A comunicação de um executivo a uma secretária é afetada pelo que ela pensa dele.

Em quinto lugar, as palavras podem ter significação diferente para diferentes pessoas. Por isso, recomendamos o uso de palavras denotativas e precisas, o uso do código fechado, que reduzem a possibilidade de ambiguidade.

Em sexto lugar, a filtragem de uma comunicação equivale a uma interferência, a uma forma de manipulação da informação para que seja percebida positivamente pelo receptor. Em geral, as secretárias escondem as informações desfavoráveis das mensagens que enviam aos supervisores e executivos.

Em sétimo lugar, o jargão técnico é obstáculo sério à comunicação. A linguagem técnica, no entanto, serve a muitos propósitos: proporciona aos membros do grupo sentimentos de coesão e autoestima.

Em oitavo lugar, a diferença de *status* às vezes é uma ameaça a quem ocupa posição hierárquica inferior dentro da organização; a comunicação só se estabelecerá, nesse caso, se houver um encontro antes ou se os inferiores hierarquicamente, depois de submeter o superior a um interrogatório minucioso, acreditarem que ele não se constitui numa ameaça.

Em nono lugar, os gerentes, de modo geral, não dispõem de tempo para falar com cada um de seus funcionários em particular; então, ocorre o que chamamos curto-circuito, uma falha no sistema de comunicação.

Em décimo lugar, podemos considerar as barreiras organizacionais, como a distância entre os membros de uma organização, a especialização dos funcionários; as relações de poder, a autoridade e o *status* podem impedir o fluxo normal de informações dentro de uma organização.

Em décimo primeiro lugar, há barreiras interpessoais, como clima da relação entre as pessoas envolvidas na comunicação (antipatia, simpatia), conflito de valores do receptor e do emissor e sobrecarga de informação.

Em décimo segundo lugar, consideramos os hábitos inapropriados à comunicação, como falta de aptidão para conceituar, manipular ideias, generalizar, extrapolar; inaptidão de uma pessoa para receber e transmitir informações. Maus hábitos de ouvir, falar, ler ou escrever podem impedir a comunicação.

Em décimo terceiro lugar, há barreiras econômicas e temporais: por economia, a captação e a preparação de uma parte dos dados podem ser feitas de forma apressada; daí pode resultar grande prejuízo à comunicação eficaz; a secretária ou o executivo podem receber uma mensagem e não ter tempo para lê-la adequadamente, compreendê-la ou agir em função da mensagem; a atenção insuficiente a uma mensagem pode representar obstáculo sério à informação comunicativa eficaz.

Em décimo quarto lugar, consideramos as barreiras de canal e meios: o canal deve ser escolhido cuidadosamente. Há mensagens que são mais bem comunicadas pessoalmente; outras o são por meio de memorandos, relatórios, telefonemas. Certas mensagens exigem canais formais; outras, informais.

4 Bloqueios e distorções

As comunicações nas organizações enfrentam problemas e estão longe da perfeição. Muitas vezes, as mensagens são transformadas ou alteradas à medida que correm do emissor ao receptor. Assim, o receptor recebe algo diferente daquilo que foi elaborado e enviado.

A transformação da mensagem ocorre por omissão ou por distorção. A omissão envolve cortes de alguns aspectos da mensagem e ocorre por falta de capacidade de o receptor apreender o conteúdo da mensagem. Ele recebe ou transmite apenas o que é capaz de apreender.

A distorção implica alteração do sentido da mensagem à medida que atravessa a organização e se distancia da fonte.

Esses fatos (omissão e distorção) são causados frequentemente por sobrecarga de informação ou inabilidade dos membros de uma organização.

Como soluções possíveis, recomendamos a redundância ou a duplicação de relatórios que, embora contribuam para aumentar o fluxo de papéis, permitem que maior número de pessoas veja uma informação e responda a ela.

Segundo Lee Thayer (1979, p. 52), grande parte de nossa intercomunicação é instrumental, isto é, esperamos alcançar algum objetivo, direta ou indiretamente. Por isso, não é demais repetir: *a comunicação é eficaz quando atinge o objetivo. E só alcança o objetivo quando se evitam bloqueios e distorções*.

A mensagem, ao ser captada pelo receptor, sofre sua interferência; podemos dizer que é um produto do receptor.

A comunicação só acontece quando as pessoas têm interesses comuns. Por isso, a comunicação humana exige encontro de pessoas. Se não ocorre comunicação perfeita, dizemos que houve bloqueios, ruídos. Se a mensagem só foi em parte percebida, houve filtragem.

Mensagem mal compreendida ou distorcida tem como causa ruídos.

Ocorre bloqueio quando a mensagem é interrompida, isto é, o receptor não recebe a mensagem.

Segundo Minicucci (1985, p. 205),

> "os bloqueios, as filtragens e os ruídos provocam ressentimentos que, às vezes, duram longo tempo, criando inimizades. [...] Nossas necessidades e experiências tendem a colorir o que vemos e ouvimos, a dourar certas pessoas e a enegrecer outras. As mensagens que não desejamos aceitar são reprimidas. Outras são ampliadas, engrandecidas e comentadas. [...] Em vez de ouvir o que as pessoas dizem, ouvimos apenas o que queremos ouvir, o resto filtramos, isto é, não deixamos passar".

Como exemplo de barreira podemos citar:

– *Por favor, não vamos falar de política, religião, moral, futebol.*

Exemplos de *filtragens* são:

– *Já estou imaginando o que ele quis dizer!*
– *Será que ele estava referindo-se a mim?*
– *Fulano faz rodeios em suas afirmações.*
– *Você percebeu como ele nos fitava nos olhos? Deve haver aqui algum dente de coelho...*
– *Mulher não entende de negócios financeiros.*
– *Secretária não entende de literatura...*

Quando lemos um relatório ou carta, carta-circular ou memorando, ou qualquer outro texto, tendemos a perceber em primeiro lugar o que confirma nossos pontos de vista.

Minicucci discorre, em *Psicologia aplicada à administração* (1985, p. 206), sobre o *efeito do halo,* que provoca distorção da mensagem justamente porque acreditamos que a pessoa é excelente, honesta, boa. Quando não acreditamos em nada que uma pessoa diz, por desconsiderarmos as qualidades da fonte, ocorre o *efeito do halo de espinho.*

– *Fulano é político. E os políticos são falsos, demagogos.*

Outro grande problema de comunicação ocorre em virtude da semântica. As palavras não têm significação igual para todas as pessoas.

– *Não suporto petulância de nacionalistas...*

A distorção também pode ser provocada por insegurança emocional, aborrecimentos, receios, preconceitos. Vejamos um exemplo:

– *Não acredite em vendedores de roupa. Estão sempre dizendo as mesmas coisas, que a roupa foi feita para nós, sob medida, que tudo ficou bem!*

A utilização dos vários meios para estabelecer uma comunicação depende do que temos em vista.

A comunicação face a face, por exemplo, é superior à comunicação escrita, porque nela o *feedback* é imediato.

– *Não entendi o que você quis dizer...*

O *feedback* é favorecido pelo tom da voz, atitudes, expressões faciais. A comunicação escrita, por sua vez, atende a outras finalidades: é mais agressiva, exige maior precisão dos vocábulos, a mensagem necessariamente deve estar explícita.

5 Tendenciosidade na comunicação

Ao receber uma mensagem, a secretária deve estar atenta ao aspecto da tendenciosidade do emissor e desenvolver suas próprias contratendenciosidades para se proteger de distorções.

Ao selecionar determinados conteúdos, ou determinados vocábulos, o emissor já está interferindo na mensagem. Portanto, não há comunicação neutra. Verifique os exemplos seguintes:

O jornal *O Estado de S. Paulo,* de 27-9-91, traz na primeira página a informação de que "estrangeiros desaparecem de Bolsas do país", chamando a atenção para o fato de que o cancelamento do leilão da Usiminas, na terça-feira (24-9-91) interrompeu os investimentos estrangeiros no mercado de capitais. Na página 3 (27-9-91) o editorial responsabiliza a CUT pelos problemas ocorridos.

A *Folha de S. Paulo* (27-9-91) publicou em primeira página a manchete: "Procurador aponta outra violação à lei em leilão de estatal". Chama a atenção para duas ilegalidades: uma referente à lei das privatizações e outra à Constituição. Para a *Folha de S. Paulo* é preciso "dissipar as dúvidas jurídicas e administrativas que contribuíram para adiar o início da privatização", conforme editorial da página 2 (27-9-91).

Um mesmo fato foi visto sob duas ópticas diferentes:

❏ do ponto de vista jurídico;
❏ do ponto de vista do "radicalismo" da CUT.

As organizações devem ter em seu quadro de profissionais especialistas em comunicação. Tal fato constitui solução de grande valor para os problemas de distorção e omissão de informações.

O controle, o *feedback,* também favorece a prática correta de comunicações eficazes.

Comunicações precisas não levam inevitavelmente à maior eficiência da organização. A chave para garantir comunicação eficaz é esforçar-se para que as pessoas certas recebam as informações certas, no momento mais oportuno.

6 Comunicação persuasiva

Numa organização, as mensagens servem como instrumento para influenciar clientes e funcionários.

Quando a secretária redige uma carta, elabora um relatório, faz um telefonema ou transmite um recado oralmente a um colega, ela está atuando não só sobre coisas, mas principalmente sobre pessoas.

O bom êxito de sua comunicação depende da mensagem que elabora. Ler, falar, escrever e escutar são necessidades básicas em qualquer comunicação persuasiva. Esse tipo de comunicação envolve: planejamento (apresentação de fatos); organização (de ideias e materiais); liderança (capacidade para ativar planos e influenciar pessoas); controle (verificação de resultados).

Ao realizar o planejamento de sua comunicação, estabeleça e anuncie os objetivos que tem em vista; admita reestudar conceitos e opiniões; reformule-os se for o caso.

Na fase de organização, é necessário estabelecer os meios para atingir os objetivos.

Relativamente à liderança, a secretária deve esclarecer que benefícios advêm de instruções e normas. Estas são sempre mais eficazes quando demonstram claramente que o empregado obterá vantagens se cumpri-las.

7 Eficácia da comunicação

A secretária começa a melhorar seu desempenho quanto à comunicação quando dedica maior tempo à elaboração de suas mensagens e se preocupa com a informação que deseja transmitir. Também proporciona melhor *performance* o fato de esforçar-se por compreender o que as pessoas estão tentando comunicar-lhe.

A comunicação é eficaz se atinge seus objetivos, e deixa de ser eficaz por vários fatores.

A timidez é um entre os fatores que têm o potencial de interromper a relação emissor-receptor. O prestígio, o *status*, a atração sexual, e assim por diante, podem influenciar positiva ou negativamente o que está sendo enviado ou recebido.

A secretária deve ter consciência de que a ocasião ideal para comunicar algo acontece quando o receptor deseja o que o emissor pretende comunicar-lhe. Tal situação, no entanto, não acontece com frequência. Por isso, é necessário reciprocidade e complementaridade entre necessidades e desejos de um e intenções e objetivos de outro.

São condições para a eficácia:

1. A comunicação é determinada pelo emissor, por sua posição, pelo *status* que ocupa na organização, pela credibilidade e reputação que desfruta, pelas experiências passadas de comunicação que proporcionou. Esses elementos influenciam sobremaneira a comunicação que se está transmitindo. Se a secretária, por exemplo,

não merece crédito pelo que diz, sua mensagem, por mais bem elaborada que seja, jamais alcançará crédito.

2. Há determinadas expectativas que devem ser consumadas quando uma pessoa entra em contato com outra. A efetividade da comunicação fica prejudicada se tais expectativas não se confirmam.

3. O emissor não pode dizer algo muito diferente daquilo que o receptor espera dele; caso contrário, não estabelece comunicação positiva.

4. O comportamento das pessoas indica como percebem o mundo em que atuam. A secretária não pode deixar de observar como as pessoas categorizam e classificam o mundo, como elaboram seus juízos de valor.

5. Tudo o que dizemos é também determinado pelo receptor. Emissor e receptor influenciam-se reciprocamente.

6. A mensagem é determinada pelas experiências passadas entre emissor e receptor. As pessoas nem sempre estão dispostas a repetir experiências malogradas.

7. A ausência de juízos de valor e de estereótipos por parte da secretária pode possibilitar-lhe uma abordagem consistente.

8. A comunicação é influenciada sobretudo pela oportunidade, pelo momento (*quando*) em que dizemos algo. Se a secretária, por exemplo, deixa de dar resposta a uma carta ela dá à pessoa que a escreveu motivo para duvidar do interesse da empresa por seus problemas.

9. Apresentar dificuldades próprias, problemas pessoais e emocionais, quando o receptor também tem os seus próprios, pode prejudicar o estabelecimento e a efetivação da comunicação, provocar reações negativas e não gerar nenhuma receptividade. Ambos ficam, receptor e emissor, monologando.

10. O sucesso da comunicação depende de adaptar as tentativas de intercomunicação à ocasião, situação, ao tema, às pessoas envolvidas, a um tom previamente escolhido. Um relatório humorístico, por exemplo, não será o tom mais adequado para uma análise de investimentos que envolve quantias elevadas. Também não se fará um relatório pormenorizado de uma situação simples, que não exige sequer uma análise superficial. A linguagem será precisa e apropriada. O modo como apresentamos uma mensagem pode determinar sua aceitação ou rejeição.

11. A secretária deve estar atenta quanto ao meio mais apropriado para a comunicação. Se o tempo é determinante, se é necessário rapidez, a comunicação face a face, ou por telefone, talvez seja a mais recomendável.

12. A secretária deve considerar com apuro os fatores que afetam a resposta a uma mensagem: deu resposta apressadamente, sem considerar todo os fatos? Expressou-se de forma lacônica ou ditatorial? Foi suplicante? Foi boazinha ou excessivamente cautelosa? Escreveu ou falou o suficiente? Argumentou?

13. Devemos acompanhar todo o processo da comunicação para verificar se a mensagem foi compreendida como desejamos. O uso do *feedback* possibilita à secretária determinar se a mensagem foi recebida e se produziu a resposta desejada. Suponhamos, por exemplo, que uma secretária distribuiu um importante memorando sobre estratégia de política de vendas ou de política organizacional; isto, porém, não quer dizer que tenha havido comunicação. Toda empresa necessita de um

bom sistema de comunicação de baixo para cima, se deseja que a comunicação no sentido inverso tenha bom êxito.

14. As secretárias sentem-se muitas vezes imersas num dilúvio de dados, informações, correspondência de toda ordem. Devem evitar, no entanto, a sobrecarga de informações. Seu superior deve receber informação selecionada, essencial e não qualquer informação.

15. A forma de qualquer informação da parte da secretária depende do que conhece sobre o receptor. Ela deve colocar-se no lugar dos receptores (empatia) para perceber como a mensagem provavelmente será decodificada. A empatia é a capacidade de a pessoa identificar-se com outra ou sentir-se na mesma condição psicológica que a outra; é a capacidade de se colocar no lugar de outra pessoa e de assumir os pontos de vista e emoções dessa pessoa. A empatia aumenta a possibilidade de a comunicação efetivar-se.

16. Outro fator que facilita a comunicação é uma atmosfera de mútua confiança entre os membros de uma organização.

17. Uma mensagem deve ser coerente. A incoerência reduz a probabilidade de que uma mensagem seja entendida. Não deve haver conflito entre pontos estabelecidos numa mensagem ou competição de informações.

18. Evitamos obstáculo sério à comunicação com o uso de linguagem simples; a complexidade de linguagem é a principal barreira à boa comunicação. Quando o receptor não compreende a mensagem, também não ocorre comunicação.

19. A secretária deve habituar-se a encorajar as pessoas a manifestarem seus verdadeiros sentimentos, desejos e emoções. Deve aprender a ouvir. Por isso, há de parar de falar quando alguém está falando; colocar-se à vontade e proporcionar clima agradável e motivador para o outro expor suas ideias; mostrar interesse em ouvir; fugir das distrações; a atitude deve ser de empatia; ser paciente; dominar o temperamento, a vontade e as emoções; perguntar ou procurar esclarecer sobre o que não entendeu; evitar juízos de valor, exposição de pontos de vista e opiniões; ouvir toda a história do emissor, para depois manifestar seu ponto de vista; reconhecer sentimentos e emoções; reavaliar a posição do outro; colocar-se no lugar do outro; perguntar com acuidade. Antes, porém, de seguir cegamente qualquer lista de normas, deve tomar a decisão de ouvir, ouvir, ouvir.

20. Observe a secretária que deve introduzir em suas mensagens repetições e redundâncias, pois tal fato assegura que, se uma parte da mensagem não for compreendida, haverá outras partes que transmitirão a mesma mensagem.

8 Leitura

Dividir a classe em dois grandes grupos. Após a leitura do texto, um grupo se posicionará favorável às ideias do autor, outro será contrário a elas.

"NAVEGAÇÃO ELETRÔNICA CONTRA A MARÉ

Desde os anos 70, tem sido formulada com numerosas variantes – das quais a mais emblemática talvez seja a Terceira Onda *de Alvin Toffler – a tese de que a informáti-*

ca e as telecomunicações gerariam revoluções tecnológicas comparável à introdução da agricultura ou à Revolução Industrial, acelerando enormemente o crescimento da produtividade e da economia em todo o mundo e criando oportunidades inéditas de desenvolvimento para os países periféricos: recursos muito mais abundantes, fáceis, rápidos e prontos para fluir onde os custos forem mais baixos e os mercados menos saturados, criando maiores perspectivas de crescimento e retorno. Essas especulações não se restringem ao aspecto quantitativo, nem ao puramente econômico: a tecnologia telemática e sua realização mais palpável, a Internet, têm alimentado esperanças de renovação radical dos mercados, da política e da cultura. Um recente artigo na Business Week louva o comércio eletrônico como a rota para um mercado realmente eficiente e até para uma 'democracia econômica infinita' que restauraria para o consumidor comum o poder de negociar preços e condições sobre qualquer tipo de mercadoria, até com os mais poderosos fornecedores mundiais. Tem-se difundido também a esperança de que o debate político e o voto eletrônico via Internet seriam capazes de restaurar no mundo de hoje a democracia direta ao estilo da Atenas de Péricles, em tempo real. Os mais exaltados desses profetas nem sempre são bilionários precoces do Vale do Silício ou escritores de ficção científica: o filósofo francês Pierre Lévy não se limita às possibilidades de uma ágora virtual, mas chega a esboçar uma 'alegoria da inteligência coletiva', fazendo do ciberespaço o verdadeiro céu, dos navegadores da Internet os novos anjos e do discurso intelectual coletivo produzido pela rede o novo deus.

Produtividade em baixa. Entretanto, a realidade parece mais prosaica. Nos Estados Unidos, os investimentos em computadores cresceram 20% a 30% ao ano em termos reais nos últimos 20 anos. Ao mesmo tempo, o capital investido em computadores, telecomunicações e software atingiu 12% dos ativos existentes, o mesmo que significavam as ferrovias no final do século passado. E a participação da tecnologia da informação no total dos investimentos em equipamentos passou de 7% em 1970 para 40% em 1996 – levando em conta também o software, já supera, tranquilamente, os investimentos tradicionais. Enquanto isso, o crescimento médio anual da produtividade do trabalho no conjunto do G-7 caiu de 4,5% ao ano no período 1960-1973 para 1,5% ao ano no período 1973-1996, enquanto o fator total de produtividade (combinação da produção por unidade de trabalho de capital) caiu de 3,3% para 0,8% ao ano. E, no entanto, certas pesquisas indicam que o investimento em computadores tem rendido um retorno de 50% ao ano, em média, para as empresas norte-americanas.

O avanço da informática na produção propriamente dita – por exemplo, o uso de robôs – tem sido muito mais lento do que imaginavam os escritores e futurólogos dos anos 50 e 60, que sonhavam com robôs fazendo todo o trabalho braçal e doméstico antes do final do século. Já o efeito dos microcomputadores sobre a comunicação e processamento de dados pegou de surpresa os mais ousados escritores de ficção científica e efetivamente criou novas oportunidades de lucro empresarial, embora tenha acrescentado relativamente pouco à riqueza material da sociedade como um todo. Por exemplo: ao permitir de forma mais rápida e precisa às solicitações dos clientes e às mudanças das condições do mercado, efetuar operações financeiras mais ágeis e complexas e acelerar o giro do capital, o computador pode oferecer uma vantagem competitiva decisiva sem afetar sensivelmente a eficiência da produção propriamente dita. Da mesma forma que o fato de uma grande loja abrir aos domingos aumenta pouco ou nada o volume das vendas do *comércio ou a produtividade da economia como um todo, mas lhe permite girar seu estoque mais rapidamente e ganhar mercado de pequenos comerciantes que não podem ou não querem fazer o mesmo.*

Agilidade. *Em outros casos, o computador aumenta lucros ao padronizar, automatizar e banalizar certos procedimentos, diminuir a exigência de qualificação, responsabilidade e experiência antes associada a muitas funções de nível médio (principalmente de caráter burocrático) e assim reduzir salários, sem propriamente aumentar a produtividade. Além disso, o aumento na padronização e na agilidade do processamento e da comunicação facilita a redistribuição operacional e geográfica de todas as operações, viabilizando sua terceirização ou sua alocação em países ou regiões onde a mão-de-obra é mais barata e criando novas economias de escala e escopo, mais uma vez aumentando os lucros sem necessariamente aumentar a produtividade.*

Parece haver numerosos casos em que a informatização reduz muito a necessidade de tempo para uma determinada tarefa, ou permite que uma só pessoa faça o mesmo trabalho que antes exigia a colaboração de muitos. Entretanto, a possibilidade de manipular informações cada vez mais rapidamente e estocá-las em maior quantidade tem produzido menos aumento de produtividade do que crescimento desmesurado dos bancos de dados e da quantidade de informação que precisa ser processada, para um resultado final nem sempre proporcionalmente superior.

Expectativa de revolução. *O pressuposto que na maioria dos casos fundamenta a expectativa de mudanças revolucionárias no mercado, na política e na cultura é o de que as redes de informação necessariamente tornarão essas esferas mais transparentes e diretamente acessíveis ao cidadão comum, que de alguma forma restaurarão a igualdade e reciprocidade nas relações humanas. Segundo Pierre Lévy, ninguém mais vai 'precisar de editor, produtor, difusor, intermediários de modo geral para divulgar seus textos, sua música, seu mundo virtual ou qualquer outro produto de seu espírito'. No limite, não seriam necessários empresários, empresas, ou empregos, substituídos pela organização, comunicação e negociação direta entre trabalhadores informatizados.*

Ora, quando surgiram as ferrovias e o telégrafo, houve quem acreditasse que a facilidade de movimento e comunicação que trariam tornaria novamente possível a democracia direta. Na realidade, os novos meios de transporte e comunicação tornaram as sociedades tão mais dependentes entre si e de uma infraestrutura cada vez mais complexa que o problema de como governá-las tornou-se mais intrincado do que nunca, e cada vez mais dependente de conhecimentos especializados, ao mesmo tempo que as massas tornaram-se manipuláveis de uma forma antes inconcebível.

Quando os automóveis começaram a ser produzidos em massa, imaginou-se que proporcionariam a todos imensa economia de tempo e enorme aumento da liberdade de movimento. No final das contas, sua generalização resultou no crescimento desmesurado das cidades e do tráfego urbano e em restrições crescentes à movimentação de veículos e pedestres. Pela experiência histórica, deve-se antes esperar que o crescimento acelerado das dimensões e da complexidade do ciberespaço aumente cada vez mais a necessidade de mediadores especializados em classificar, identificar, selecionar, interpretar e criticar a imensa massa de informação disponível.

Ciberlabirinto. *Quem leva ao pé da letra a metáfora do ciberespaço livremente navegável não tardará a se ver perdido num ciberlabirinto e, mesmo que consiga contornar os cibercongestionamentos, um dia descobrirá que, apesar da publicidade das empresas de telefonia, a simples facilidade de comunicação não cria melhor entendimento entre as pessoas, nem o crescimento dos bancos de dados cria necessariamente melhor conhecimento da realidade. Tudo o que pode servir para informar a verdade serve ainda mais facilmente para manipular consciências e difundir erros e mentiras.*

Consta dos anais do folclore da filosofia uma aula em que Popper – que defendia a necessidade de partir da mediação de hipóteses teóricas para analisar e criticar os dados da experiência – foi contestado por alunos empiristas radicais, que argumentavam que toda ciência deveria fundamentar-se em pura observação sem preconceitos. Popper disse: 'Pois, então, observem!' e cruzou os braços. Minutos depois, os perplexos alunos perguntaram: 'Mas, observar o quê?' 'Exatamente', respondeu o mestre. É o mesmo dilema de quem tenta obter qualquer tipo de informação por intermédio da Internet: há milhares e milhares de sites – dentro de alguns anos, provavelmente, milhões e milhões – com informações sobre qualquer tema medianamente interessante ou ofertas de qualquer serviço concebível. O que observar? Como selecionar? É possível escolher uma amostra aleatoriamente ou implantar software *para selecionar informações sob certos critérios – os chamados* bots, *que procuram o menor preço para determinado serviço em certo prazo, textos com palavras ou frases-chaves, currículos com determinadas qualificações, mas parece no mínimo arriscado fazer uma seleção exclusivamente com base em critérios tão simples quanto os que podem ser manipulados por esses programas. Como aferir a confiabilidade de um fornecedor selecionado pelo preço: a relevância e a profundidade de um texto selecionado por uma breve sequência de palavras?"* (LAFIS. Navegação eletrônica contra a maré. *Carta Capital*, ano 4, nº 82, p. 68-70, 16 set. 1998).

Exercícios

1. *Para que uma comunicação se torne eficaz, é preciso que o objetivo seja atingido. Quando não alcançamos o que planejamos, não houve comunicação. Assim entendendo, que precauções você toma ao redigir um texto, ou ao realizar um telefonema, para que o objetivo seja alcançado?*
2. *Considerando que comunicações obtidas diretamente da fonte evitam distorções, você consulta arquivos, lê cuidadosamente as cartas que lhe são enviadas, evita informações de terceiros? Por quê?*
3. *Qual a importância do contexto numa mensagem?*
4. *Escreva uma frase em código aberto e uma em código fechado. Qual a diferença entre ambos os códigos?*
5. *Como é que você encara uma informação que parte de uma pessoa que não goza de credibilidade?*
6. *Quais são alguns dos ruídos que ocorrem numa comunicação escrita? Como evitá-los?*
7. *Quando a redundância é positiva e quando é negativa?*

8. *O que você entende por repertório? Ao escrever, é necessário conhecer o limite do vocabulário do receptor? Uma mensagem pode não se efetivar se não levarmos em conta a capacidade de decodificação do destinatário? Por quê?*
9. *Quando a melhor alternativa é um telegrama?*
10. *Quando a melhor alternativa é enviar uma mensagem por meio de fax?*
11. *Comentar o seguinte fragmento quanto ao uso do código aberto:*
    "O Diretor de uma das filiais da Empresa Master visitará nossos escritórios durante a primavera."
12. *Quais são os elementos do processo de comunicação?*
13. *Comentar:*
    "Seu relatório da semana passada estava cheio de erros; não vou despender tempo e passar aborrecimentos com este de hoje... Você não sabe, Maria, que o escritório moderno segue moral antiga: o passado compromete o presente?"
14. *A secretária do departamento de vendas é muito cuidadosa. Antiga como é na empresa, faz de seus arquivos uma propriedade particular. É meticulosa com papéis, e tudo registra por motivo de segurança. Com a introdução de computadores na empresa, ela perdeu um pouco de prestígio. Recusou-se a aprender a digitar e continuou a encher os arquivos de documentos em papel. Seu diretor está aborrecido, buscando um meio de comunicar-lhe que a introdução dos novos métodos de trabalho é necessária. Ajude-o, construindo uma mensagem eficaz que será enviada à secretária.*
15 *Selecione de jornais diários notícias de um mesmo fato, mas que exploram perspectivas diferentes. Examine a neutralidade da linguagem. É possível uma comunicação neutra?*
16. *O que envolve uma comunicação persuasiva?*
17. *Resuma as 20 condições para o estabelecimento de uma comunicação eficaz (seção 7).*
18. *Qual informação a secretária deve passar para seu diretor, ou gerente?*
19. *Qualquer canal de comunicação serve para transmitir uma informação? Quando a comunicação face a face é a mais indicada?*
20. *Adicionar problemas da vida particular favorece o estabelecimento de uma comunicação eficaz? Por quê?*
21. *O desempenho de um empregado é considerado pela diretoria insatisfatório. Qual a melhor forma para informar-lhe: por meio de comunicação formal, ou informal? Justifique sua resposta.*
22. *Redija um memorando e um relatório.*
23. *Um sistema de comunicação deve compreender predisposição, moral e linguagem. A impropriedade vocabular está ligada a qual desses princípios? Faça comentários sobre o seguinte texto:*
    Não obstante nossa cautela com relação aos últimos eventos relativos à elaboração dos relatórios de vendas, verificamos que se trata de material confeccionado às pressas, sem o mínimo carinho, feito a toque de caixa, como se estivesse com o pai na forca, ou no pelourinho, e preocupado para daí retirá-lo. Sua desídia e incúria custou-nos dissabores grandiloquentes e aborrecimentos que fizeram entornar o caldo.

Por isso, informamos que estamos dispostos a uma reunião para conversas futuras sobre futuras confecções de relatórios.

No aguardo de suas breves notícias e pronto atendimento do que ficou aqui combinado, manifestamos ao ensejo nossa estima e gratidão.

Atenciosamente,

Jansenista Laranjeira

Retome o Capítulo 4 para responder às questões seguintes:

24. Identifique o problema de comunicação que ocorre na seguinte frase:

    "Se foi para isso que me chamou, não temos o que conversar."

25. Identifique o problema de comunicação em:

    "Espere aí, você quer dizer que já não é possível fazer o negócio. Eu já estou chegando onde você está me conduzindo. Você vem com o milho, enquanto eu já estou manjando a polenta!"

26. Identifique o problema de comunicação em:

    "Deve haver alguma falcatrua; caso contrário, ele não iria oferecer tão grande desconto."

27. Identifique o problema de comunicação em:

    "Os jovens são inexperientes para perceberem a riqueza das colocações do autor."

28. Identifique o problema de comunicação em:

    "Secretária deve ficar em seu lugar, arquivando, digitando, não dando palpite sobre economia, sobre política."

29. Identifique o problema de comunicação em:

    "Vendedor de enciclopédia perturba sempre. Estão sempre vendendo ilusões, engrandecendo a publicação, enriquecendo-a de informações que não contém."

30. Identifique o problema de comunicação em:

    "Não suporto o radicalismo da esquerda!"

5

Como Escrever Relatórios

1 Comunicações internas e externas

A organização de uma empresa depende basicamente do fluxo de informações relacionadas com as pessoas, interna e externamente, e sobre ela. A comunicação interna permite à empresa ter consciência de si mesma, adaptar-se ao ambiente. A comunicação externa permite a realização de negócios.

Uma empresa, para ser eficaz, depende de seus padrões de comunicação atuais ou passados, tanto internos como externos.

A comunicação externa é realizada da empresa para fora e vice-versa.

O sucesso de uma empresa depende em grande parte das transações de comunicação que deve haver entre seus membros e dos membros com o ambiente externo. O administrador que não transmite informações, que não comunica seus objetivos a seus subordinados, que não avalia a efetividade de sua comunicação não pode esperar desempenho positivo de sua empresa. A secretária deve auxiliá-lo nesta tarefa de busca e transmissão de informações. E a ela compete manifestar sempre interesse pela compreensão dos objetivos da empresa. Quando estes não forem explícitos, deverá procurar, através do diálogo, descobrir para onde a empresa está indo e ajudar seu executivo a manifestar-se claramente.

Dentro desse contexto de comunicações internas e externas, à secretária cabe avaliar seus conhecimentos sobre si mesma, pois, quando uma pessoa tem conhecimento de si, torna-se mais fácil ver os outros com menor subjetividade. Observemos que nossas características afetam nossa maneira de ver o outro, que a aceitação de nós mesmos favorece na verificação dos aspectos positivos das pessoas com quem convivemos.

Quando a secretária compreende as inter-relações pessoais, departamentais da empresa onde trabalha e tem noção do todo que é a organização, o desenvolvimento de uma comunicação eficaz torna-se mais fácil e, consequentemente, melhor será seu desempenho.

1.1 Comunicação interna (memorando)

A comunicação interna utiliza-se de linguagem que se aproxima de níveis informais. Não devemos, portanto, usar preciosismos e tampouco terminologia excessivamente técnica em memorandos (memo), ou CI (Comunicado Interno). Da comunicação interna deve constar:

- *Para:* nome ou cargo do destinatário.
- *De:* nome ou cargo do emissor.
- *Data.*
- *Mensagem.*
- *Assinatura.*

MEMORANDO

Para: *Depto. Vendas*
De: *Depto. Marketing*

Data: *28-9-2004*

Verificar percentual de desconto, condições de venda e prazos para cliente do interior de São Paulo.

André F. Silveira

São dispensáveis: saudação de abertura (*Prezado Senhor*); repetição do cargo abaixo da assinatura; saudação final: *atenciosamente*.

Por se tratar de comunicação rotineira e corriqueira, não é necessário o uso de siglas, elas não precisam ser explicadas; também não é preciso apresentar personagens envolvidas na comunicação.

Quando o memorando é distribuído em diversos departamentos, devemos evitar colocar apenas as siglas do Departamento emissor ou somente o primeiro nome do receptor das cópias. Outros procedimentos desejáveis: manter uma lista atualizada das pessoas envolvidas que devem receber cópias do mesmo; evitar chavões, frases-feitas, adjetivações inúteis.

O bom êxito profissional de uma secretária, na maioria das vezes, depende de sua habilidade em comunicar-se com colegas e com o público externo à empresa. A execução de seu trabalho diário, a coordenação e o controle serão prejudicados se a comunicação for falha.

1.2 Relatórios administrativos

Relatórios administrativos são comunicações produzidas pelos membros de uma organização, desde que requeridos ou utilizados pelos administradores. Eles podem ser uma simples carta ou memorando ou, ainda, uma conferência, um quadro, um gráfico, uma tabela. Se o relato do fato ocorrer em conversa, o relatório administrativo será oral.

O relatório menos frequente é o formal, ou seja, aquele que é digitado e impresso.

A importância de um relatório não consiste em seu estilo ou forma, mas em sua utilidade. Em relação à gerência e diretoria, os relatórios administrativos têm como objetivo: prestar informações quanto à situação dos planos estabelecidos, dos projetos concebidos e das operações que devem ser realizadas ou já o foram; proporcionar as informações necessárias para que o administrador possa tomar as decisões adequadas; informar sobre conflitos existentes na empresa, ou áreas problemáticas.

Em relação aos escalões inferiores, os relatórios administrativos proporcionam aos subordinados informações quanto aos planos da empresa a longo e a curto prazo; mantêm os empregados informados sobre a situação dos planos, operações e problemas da empresa; comunicam-lhes as informações de que poderão precisar para o desempenho de suas funções.

1.2.1 Técnica de elaboração

Para maior eficiência, ao organizar relatórios considere o assunto, o enfoque, as circunstâncias, o receptor e reúna todas as informações antes de começar a redigi-los.

A eficácia de um relatório resulta da habilidade do redator em escolher palavras apropriadas ao receptor, capazes de estabelecer uma comunicação e produzir a resposta desejada.

A secretária deve considerar que apenas as informações úteis para a tomada de decisão devem ser transmitidas ao administrador. Deve poupá-lo de informações de que ele não precisa.

Esfriar a mensagem; em vez de mil palavras, usar duzentas; em vez de vinte páginas, usar gráficos, tabelas e outras ilustrações que causam maior impacto que as palavras.

A secretária, além de habilidade para comunicar, deve ter capacidade para analisar as situações e inferir delas as reais necessidades dos administradores.

1.2.2 Competência estratégica e tática

A comunicação bem-sucedida depende de conhecimentos e habilidades técnicas.

A mensagem que a secretária dissemina pela empresa ou fora dela não é a que o receptor decodifica; a adquirida pelo receptor é a mensagem que ele pode processar. Por isso, recomendamos atenção quanto ao repertório do destinatário de uma mensagem e evitar palavras que ele não conhece.

A competência estratégica refere-se a seus conhecimentos, a suas aptidões de avaliar com precisão as relações dos fatos, a suas aptidões para pensar, a sua capacidade intelectual, a suas aptidões para compreender, a sua capacidade para processar e reproduzir informações.

A competência tática é composta por suas habilidades, técnicas e capacidades para transformar as informações que produz em formas consumíveis e para transformar os dados que adquire e deseja em formas rapidamente consumíveis.

Favorece a tática de uma comunicação o estabelecimento de um propósito específico, que, evidentemente, não garante a comunicação efetiva, mas serve para organizar o pensamento do emissor, produzindo aptidões e capacidades, de tal modo que o receptor possa mais prontamente compreender e reagir com mais propriedade.

A secretária também pode valer-se de outras táticas, como, por exemplo, tornar a mensagem mais persuasiva, mais suave, por meio do uso de expressões que manifestam gentileza, docilidade. Usar palavras simples e comuns, evitar a pomposidade e a prolixidade quando pode dizer tudo com apenas alguns vocábulos.

Relatar é contar, é narrar, é responder às clássicas perguntas:

O quê? Qual a referência? O texto vai tratar de quê?

Quem? Quais são as personagens envolvidas nos acontecimentos?

Quando? Os fatos ocorreram em que data?

Como? De que forma se deram os acontecimentos?

Onde? Local, espaço físico em que os fatos ocorreram.

Por quê? Razões, causas dos acontecimentos.

A seguir, um exemplo de relatório, transcrito de *Relatório Reservado 1246,* de 7 de janeiro de 1991.

"Caraíba: divórcio que inviabilizou o futuro

A inclusão da Caraíba Mineração na lista preliminar de 18 empresas a serem privatizadas tem um vício de origem, que foi a venda isolada da Caraíba Metais, realizada na administração Sarney. Essa é a avaliação dos parlamentares, que sugerem sustar a privatização, hoje considerada quase impossível, da Caraíba Mineração, que antes integrava o complexo controlado pelo BNDES. Na época, o RR denunciou as dificuldades criadas pelo desmembramento (ver edição nº 1.130).

De acordo com o relatório do Congresso, a separação criou situação insólita (e delicada) para a empresa ainda controlada pelo governo: como seu projeto foi originariamente concebido para fornecimento de insumos à Caraíba Metais, hoje isolada, não tem como transportar o cobre extraído em Jaguari, interior da Bahia, para os portos. Como a Caraíba Metais é o único comprador no mercado interno, tornou-se também cliente exclusiva da Caraíba Mineração.

Destino. Segundo análise dos parlamentares, a Caraíba Metais vem usufruindo dessa vantagem para impor condições de preços e prazos que estão prestes a sufocar sua ex-associada. Esse quadro de dificuldades agravou-se ainda mais com a abertura econômica determinada pelo governo, que reduziu a alíquota de importação. Como consequência, aumentou o poder da barganha da empresa compradora, que tem preferido importar o produto.

Nos últimos dois meses, a Caraíba Metais comprou 50% da produção de concentrado Caraíba Mineração, com pagamento em 180 dias. Os outros 50% terão de ser vendidos no mercado externo e a empresa terá ainda de obter linha de crédito para capital de giro a juros baixos – hipóteses remotas, de acordo com o documento do Congresso. Se não conseguir equacionar esses dois problemas, a Caraíba Mineração 'caminhará rapidamente para total inviabilização'.

Os parlamentares lembram que a mina tem apenas mais quatro anos de reservas a serem exploradas, conforme avaliação de técnicos do governo, e isso torna incompreensível sua inclusão na lista de privatizáveis, já que não oferece qualquer atrativo ao empresariado privado.

Nas opções que o relatório apresenta para o desfecho, está incluída a hipótese de sustar a privatização. Neste caso, a BNDESPar (subsidiária do banco que detém a participação acionária da empresa) terá que decidir entre manter a empresa operando de forma deficitária ou fechar a mina e extinguir a Caraíba Mineração. Manter funcionando, lembram os parlamentares, significa subsidiar a Caraíba Metais à custa do erário, caso a Mineração não consiga estabelecer esquema rentável de exportação de concentrado de cobre."

1.3 Comunicações ascendentes

A comunicação nas organizações pode ocorrer de cima para baixo, de baixo para cima e lateralmente, ou horizontalmente.

É pela comunicação que a secretária toma conhecimento do que o dirigente deseja que seja feito e ele, por sua vez, fica inteirado das informações e queixas de seus empregados.

A comunicação ascendente reduz-se ao que as pessoas dizem sobre outras pessoas e seus problemas, sobre a política da empresa, sobre o que precisa ser feito e como pode ser feito.

As comunicações ascendentes variam em sua forma: às vezes são simples reclamação pessoal, outras vezes são sugestões elaboradas para aperfeiçoamento da organização; podem ter consequências positivas (promoção) ou negativas (demissão).

As comunicações ascendentes são as que transitam da base para o vértice. Permitem à administração conhecer o que se passa nos diferentes níveis de hieraquia. Têm grande importância psicológica, uma vez que os empregados ficam satisfeitos ao terem conhecimento de que suas opiniões são ouvidas. Desse modo, pode até haver influência no desenvolvimento da empresa.

A caixa de sugestões é uma das formas de comunicações ascendentes. Outras formas são: encontros grupais, reuniões de barzinho, rodinhas.

1.4 Comunicações descendentes

São comunicações que transitam do mais alto ponto da organização até a base, unindo dois ou mais níveis de hierarquia. Pode ser feita por meio de memorando, telefonema, regulamento da empresa, nota de serviço, instruções para tarefas, comunicados de política de vendas, manuais da empresa.

As comunicações descendentes são pormenorizadas e específicas, as ascendentes precisam tornar-se condensadas e resumidas.

A instrução, uma forma de comunicação descendente, permite dizer a um subordinado o que ele deve fazer. Você pode optar por ordens diretas, sessões de treinamento, descrições de cargo ou outras formas de interação. O objetivo dessas instruções é assegurar desempenho positivo.

1.5 Comunicações horizontais

Comunicação horizontal é a que se estabelece entre iguais ou pessoas de níveis semelhantes dentro da estrutura da empresa, de um chefe de departamento para outro chefe de departamento, por exemplo. É importante e indispensável para a coordenação e integração das diversas funções organizacionais.

2 Leitura

Após a leitura do texto, discutir em classe os conceitos de atenção seletiva, distorção seletiva e retenção seletiva.

"A tarefa do emissor é levar a sua mensagem até o receptor. Existe considerável ruído no ambiente – as pessoas estão diariamente expostas a muitas centenas de mensagens comerciais, além de outras mensagens que recebem em seu ambiente. A audiência pode não receber a mensagem pretendida por qualquer uma destas três razões. A primeira é a atenção seletiva, pela qual ela não perceberá todos os estímulos. A segunda é a distorção seletiva, pela qual ela distorcerá a mensagem para ouvir o que quer ouvir. A terceira é a retenção seletiva, pela qual ela reterá, na memória, apenas uma pequena fração da mensagem que receber.

O desafio para o comunicador é projetar uma mensagem que ganhe a atenção apesar das distorções em sua volta. [...]

A atenção seletiva explica por que os anúncios com títulos pesados que prometem algo, como 'Como ganhar um milhão', aliados a uma ilustração atraente e pouco texto, têm uma grande probabilidade de reter a atenção. Com pouco esforço o receptor tem uma oportunidade de obter uma grande recompensa.

Quanto à distorção seletiva, os receptores têm um conjunto de atitudes que levam a expectativas sobre o que eles ouvirão ou verão. Eles ouvirão aquilo que se ajusta ao seu sistema de crenças. Em consequência, os receptores frequentemente acrescentam à mensagem coisas que não constam dela (amplificação) e não notam outras coisas que estão nela (nivelamento). A tarefa do comunicador é esforçar-se para criar uma mensagem que prime pela simplicidade, pela clareza, pelo interesse e pela repetição, para conquistar os pontos principais junto à audiência.

Quanto à retenção seletiva, o comunicador visa fixar a mensagem no subconsciente do receptor. Ele é o depósito de todas as informações que a pessoa processou ao longo da vida. Ao entrar no subconsciente, a mensagem tem uma oportunidade de modificar as crenças e atitudes do receptor. Mas, primeiro, a mensagem deve entrar no consciente do receptor que tem uma capacidade limitada para processar a informação que chega. A passagem do consciente do receptor para seu subconsciente depende do tipo e do número de vezes que a mensagem chega ao receptor. A repetição ajuda o receptor a captar a informação e a trazer para o consciente pensamentos afins anteriormente arquivados no subconsciente. Se a atitude inicial do receptor em relação à mensagem for positiva, ele aceita os argumentos e a mensagem provavelmente é captada e tem uma alta retenção. Se a atitude inicial do receptor for negativa e a pessoa rejeita os argumentos, é provável que a mensagem não seja aceita, mas permaneça no subconsciente. A rejeição dos argumentos inibe a persuasão por ser uma mensagem oposta. Grande parte da persuasão requer do receptor a aceitação de seus próprios pensamentos. Muito do que é chamado persuasão é autopersuasão. Se não existe aceitação de argumentos, mas simplesmente desconsideração da mensagem, 'Não acredito nisso', o receptor é ainda mais suscetível a influências subsequentes do que o receptor que rejeita o argumento.

Os comunicadores têm procurado descobrir os traços da audiência que se relacionam com o seu grau de persuasão. Acredita-se que os indivíduos com um alto nível de educação e/ou inteligência sejam menos persuadidos. Mas ainda não existe nenhuma evidência. Constatou-se que as mulheres são mais facilmente persuadidas do que os homens, mas isso é mediado pela aceitação da mulher a papéis femininos predeterminados. As mulheres que valorizam os papéis sexuais tradicionais são mais influenciáveis do que as que são menos receptivas aos papéis tradicionais. Os indivíduos que aceitam padrões externos para orientar seu comportamento e que têm um autoconceito fraco parecem ser mais persuadidos. Assim, também as pessoas que têm pouca autoconfiança. Entretanto, uma pesquisa de Cox e Bauer mostrou uma relação curvilínea entre autoconfiança e persuasão, com os moderados em autoconfiança sendo os mais persuadidos. O comunicador deve procurar os traços da audiência que se correlacionam com a persuasão e usá-los para orientar o desenvolvimento da mensagem e a escolha do veículo" (KOTLER, Philip. *Administração de marketing*: análise, planejamento, implementação e controle. 3. ed. São Paulo: Atlas, 1994. p. 652-654).

Exercícios

1. *Por que é importante a comunicação interna nas empresas?*
2. *Por que é importante a comunicação externa nas empresas?*
3. *Discorra sobre a necessidade de os membros de uma organização se comunicarem.*
4. *Por que é importante avaliar a efetividade das comunicações nas empresas?*
5. *Por que é necessário saber o objetivo de uma organização quando se trata de comunicação?*
6. *Por que é importante conhecer-se para ver os outros com menor subjetividade?*
7. *Quais são as condições para que se desenvolva uma comunicação eficaz no interior de uma empresa?*
8. *Do que depende na maioria das vezes o êxito profissional de uma secretária?*
9. *Por que é necessário escolher palavras do conhecimento do receptor de uma mensagem?*
10. *Comente a seguinte frase: "A mensagem adquirida pelo receptor é a mensagem que ele pode processar, e não aquela que é difundida na empresa."*

6

Como Escrever Cartas Comerciais

1 Conceito e importância da correspondência comercial

Correspondência é um ato que se caracteriza pela troca de *informação*, que, por sua vez, se caracteriza pela emissão e recepção de mensagens. Em sentido especial, correspondência indica todas as formas de comunicação escrita que ligam indivíduos distantes com a finalidade de manterem uma troca de ideias. Mais estritamente, significa a série de afirmativas transmitidas por meio de cartas, telegramas, radiogramas, fonogramas, *fax*, ou outros meios pelos quais as pessoas que se encontram em lugares diferentes transmitem, reciprocamente, seus pensamentos. É uma comunicação efetiva por meio de papéis, cartas ou documentos.

Sua carta será muito importante para o destinatário; poderá causar prazer ou desprazer, tornar seu cliente amigo, o que poderá proporcionar bons negócios para sua empresa. Você é sua empresa quando envia uma carta. Se o fizer mal, o receptor procurará outra organização para fechar seus negócios. Por isso, é necessário clareza, gentileza, precisão, ordem nas ideias, resposta, se possível, no mesmo dia às cartas que lhe são enviadas.

Sua carta é mais do que um punhado de termos e expressões. Ela desperta no receptor impressões e emoções. Use tipos atraentes, espacejamento adequado, ausência de rasuras, margens à direita e à esquerda, envelope de boa qualidade, endereço correto, selagem cuidadosa, evitando o excesso de cola.

A maior importância da correspondência comercial reside no fato de que não podemos considerá-la simples atividade que tem seus objetivos em si mesma. Ela serve como instrumento para fechamento de negócios. Deve propor negócios, levá-los a bom termo e criar uma imagem positiva da organização emitente. Não deve, portanto, ser usada como simples veículo de comunicação.

Segundo Enéas Martins de Barros (1983, p. 13),

> "a carta dirige-se a um público certo, com uma mensagem de recíproco interesse; impõe-se resposta e, com seu trânsito obrigatório, se bem redigida, se dotada de criatividade, promove a imagem do emitente e resulta, necessariamente, em lucro".

A carta comercial serve ainda como agente de Relações Públicas e, se vinculada à propaganda, é um meio para a empresa alcançar a venda de seus produtos ou serviços.

2 Classificação e controle da correspondência comercial

Após receber a correspondência, a secretária prepara-a (sublinha o assunto mais importante) de tal forma que seu executivo ou outra pessoa possa lê-la rapidamente. Em geral, a classificação é feita separando-se cartas, publicidade e revistas e/ou jornais.

Cartas confidenciais, particulares ou pessoais devem ser entregues fechadas ao destinatário.

Ao receber uma carta e verificar que do timbre dela não consta o endereço do emitente, escreva o endereço do envelope na própria carta.

É preciso cuidado especial quando a carta deve ser lida por mais de uma pessoa. Ao arquivá-la, verifique se foi rubricada por todos que deveriam lê-la.

O controle é feito por meio de números colocados ao expedir cartas:

DRH-10/04 (Carta nº 10, expedida pelo Departamento de Recursos Humanos, em 2004).

Ao receber cartas, o controle pode ser feito por meio de listagem cronológica:

Data	Referências	Empresa
10-4-2003	recebemos carta DV-7-4/2003	Editora Atlas
10-4-2003	recebemos carta DP-8-2003	Livraria Saraiva
10-5-2003	recebemos carta DE-13-4-2003	Editora América

3 Carta comercial

O conceito de *correspondência* abrange maior quantidade de pormenores caracterizadores que o de *carta*. Esta é a comunicação escrita, acondicionada em envelope (ou semelhante) e endereçada a uma ou várias pessoas.

A carta comercial é o meio de comunicação muito usado na indústria e no comércio. A linguagem deve ser clara, simples, objetiva, correta. Em sua redação, devemos observar um conjunto de normas que orientam a elaboração e a circulação de papéis e documentos necessários ao comércio e à indústria. Esses papéis visam criar e manter relações mercantis.

São documentos comerciais os papéis empregados em todas as transações de comércio, como carta, telegrama, cheque, pedido, duplicatas, faturas, memorandos, relatórios, avisos, recibos, fax.

Na carta comercial, cuja função é informar, persuadir e solicitar informações, o redator deverá ter estilo próprio, mas, em geral, há apenas dois modos de apresentar as ideias: um prolixo e outro conciso.

4 Espécies e formato

Quanto à espécie, a carta pode ser:

- *Particular, familiar ou social*: trocada entre particulares. Os assuntos são particulares, íntimos, pessoais.
- *Bancária*: enfoca assunto relacionado à vida bancária.
- *Comercial*: ocupa-se de transação comercial ou industrial.
- *Oficial*: tem origem no serviço público, civil ou militar.

A carta comercial segue as seguintes orientações:

- Papel de 21 × 29,7 cm (A-4), ou papel carta (216 × 279 mm).
- Impressão apenas em um lado do papel.
- 20 a 25 linhas por página.
- 60 a 70 toques por linha.
- Margens: direita (2 cm); esquerda (3 cm); superior (2 cm); inferior (2 cm). O espaço à esquerda é maior para permitir arquivamento.
- Espaços duplos ou 1 1/2. Entre os parágrafos é costume duplicar esse espaço interlinear.
- O vocativo de uma carta tem depois de si dois-pontos.

Como Escrever Cartas Comerciais 79

Timbre	**editora atlas s.a.**
	5 espaços (5 x 1)
Índice e número	DE/232-2004
	3 espaços (3 x 1)
Local e data	São Paulo, 26 de junho de 2004.
	5 espaços (5 x 1)
Referência	Ref.: Notícia sobre o lançamento do livro **Português instrumental**.
	3 espaços (3 x 1)
Vocativo	Sr. Reginaldo:
	3 espaços (3 x 1)
Texto	Meus livros anteriores – **Técnicas de redação, Correspondência, Comunicação escrita, Redação empresarial** – receberam de sua parte atenção que muito me envaideceu e você redigiu para sua gazeta resenha das mais agradáveis.
	3 espaços (3 x 1)
	Estou enviando-lhe um exemplar de meu livro **Português instrumental**, não para exigir-lhe elogios, mas como gratidão pelas sugestões que você sempre me apresenta.
	3 espaços (3 x 1)
	É um livro dirigido a estudantes de nível universitário e a profissionais que trabalham com redação de textos técnicos ou comerciais. Além de tratar de redação e criação de ideias, apresenta as normas gramaticais mais diretamente ligadas ao texto formal, particularmente dos escritórios. Um grande número de exercícios ao final dos capítulos permite uma aprendizagem sem maiores transtornos.
	3 espaços (3 x 1)
	Ficaria imensamente agradecido pela atenção ao *press-release* anexo e publicação de uma nota sobre o lançamento do livro.
	3 espaços (3 x 1)
Cumprimento final	Envio-lhe abraço, esperando revê-lo brevemente.
	3 espaços (3 x 1)
	Atenciosamente,
	3 espaços (3 x 1)
Assinatura	João Bosco Medeiros, Gerente Editorial.
	3 espaços (3 x 1)
Anexo	Anexo: *Press-release*.
	3 espaços (3 x 1)
Iniciais de redator e datilógrafo	JBM/MS
	3 espaços (3 x 1)
Cópia	c/c: Gerência de Comunicação Social.

5 Introduções comuns na correspondência

As introduções devem ser criativas e sempre estimular o receptor a continuar a leitura da carta. É possível, desde que feitas as adaptações necessárias, usar uma das seguintes fórmulas:

- Participamos-lhe que...
- Desejamos cientificá-los de que...
- Comunicamos a V. Sa. que...
- Com relação aos termos de sua carta de...
- Atendendo às solicitações constantes de sua carta...
- Solicitamos a V. Sa. que...
- Ao corrente das reclamações, apressamo-nos em levar a V. Sa. os devidos esclarecimentos.
- Com referência à carta de V. Sa. de...
- Em vista do anúncio publicado no...

6 Fechos de cortesia

É constituído pelo último parágrafo da carta; os mais comuns são:

- Atenciosamente.
- Com elevada consideração, abraça-o seu amigo.
- Cordiais saudações.
- Saudações.
- Saudações atenciosas.
- Com distinta consideração.
- Apreciaremos sua pronta resposta.
- Antecipadamente somos gratos.
- Cordialmente.
- Um grande abraço.
- Respeitosamente.

Eis alguns fechos antiquados:

- Aguardando suas notícias aqui vai meu abraço carinhoso.
- Sendo o que se apresenta para o momento.
- No aguardo de suas breves notícias, aqui vai meu abraço cordial e atencioso.
- Na expectativa de suas breves notícias, aqui vai meu abraço cordial e amável.

❏ Com nossos agradecimentos, renovamos as expressões de nossa elevada consideração e distinta amizade.
❏ Com as expressões de nossa elevada consideração, subscrevemo-nos prazerosamente.
❏ Com meus cumprimentos e renovando minhas felicitações, aqui vai meu abraço cordial e fervoroso.
❏ Aguardando com interesse..., renovamos ao ensejo.
❏ Sem mais para o momento...
❏ Permanecemos ao seu inteiro dispor.

7 Linguagem da carta comercial

Enquanto a comunicação formal é a que flui dos canais regulares estabelecidos pela empresa, a informal ocorre entre pares de um mesmo grupo. São informais as seguintes comunicações: o murmúrio, as pichações em muros (grafites), os textos passados "debaixo do pano", a transmissão de informações que a organização não fornece, a transmissão de informações que a empresa não deseja que sejam transmitidas, os boatos.

A comunicação informal afasta a sensação de rispidez da ordem emanada e proporciona ao receptor a ideia de grande responsabilidade que cada elemento deve assumir.

A informalidade de uma comunicação é capaz de criar impressões favoráveis no ouvinte.

Segundo Mattos (1973, p. 62),

> "quando a administração não oferece vias adequadas de comunicação, quer seja lateral, para baixo ou para cima, os próprios empregados estabelecem seus sistemas informais, constituindo-se os boatos".

A linguagem informal serve para momentos de descontração, nos meios familiares, nas rodas de amigos, nos grupos primários. A formal é mais apropriada para a correspondência comercial, exposição científica, comunicações administrativas, conferência, aula, para todas as situações em que a informalidade prejudicaria os objetivos da comunicação.

A comunicação formal caracteriza-se pelo tom de respeito e deferência, quer seja de cima para baixo, quer vice-versa.

Os meios de transmitir comunicações formais são: cartazes, boletins, circulares, relatórios, cartas, memorandos.

Um bom sistema de comunicação baseia-se nos seguintes princípios:

❏ *Predisposição*: estado adequado, para compreender uma comunicação. Procurar o momento mais oportuno para transmitir uma mensagem.

❏ **Moral**: estado de espírito de um grupo que esteja imbuído de entusiasmo para com o trabalho. Se o moral é baixo, não há bom humor, a comunicação não poderá ser bem recebida. À administração cabe corrigir as deficiências para que o moral se eleve.

❏ **Linguagem**: adequada escolha de palavras para transmitir uma ideia.

A linguagem comercial deve ser formal, isenta de declarações subjetivas (impessoalidade) e, sobretudo, gramatical. A gíria é inadequada no mundo dos negócios.

Em *Os cientistas precisam escrever*, Robert Barras (1979, p. 3) adverte que

"escrever ajuda-nos, acima de tudo, a pensar e a expressar nossos pensamentos – e quem quer que escreva mal leva desvantagem tanto no estudo como no relacionamento com outras pessoas. [...] Uma carta solicitando emprego, por exemplo, pode ser tudo que um empregador necessita para concluir que o candidato não serve para o trabalho".

A secretária deve procurar, de todas as maneiras possíveis, conhecer o poder das palavras que usa em sua vida profissional. Escrever é um processo criativo e seletivo em que deve haver fluência e afluência de ideias. Por isso, para que a seleção seja melhor, produza o maior número possível de ideias e registre-as tão logo ocorram.

O livro *Correspondência: técnicas de comunicação criativa*, de João Bosco Medeiros (1999, p. 21-56), trata exaustivamente do padrão da linguagem comercial. Aqui, basta lembrar que há vários tipos de linguagem e que a secretária deve cuidar de tudo o que escreve para evitar empecilhos às negociações de sua empresa. Busque sempre a melhor forma de expressão, substitua palavras imprecisas, reescreva suas frases até encontrar uma forma mais adequada e objetiva.

Na maioria das vezes, a redação utiliza uma linguagem profissional, que consiste no uso de vocabulário próprio ao negócio da empresa. Assim, o vocabulário de uma carta de uma empresa metalúrgica será adequado a seu meio, enquanto a de um banco se utilizará de expressões referentes ao mundo financeiro.

São linguagens profissionais a dos médicos, advogados, locutores de rádio e televisão, dos dentistas, dos cientistas.

De modo geral, a redação comercial deve:

❏ ser imparcial e impessoal (evitar o uso de opiniões e o excesso de pronomes pessoais);
❏ basear-se em pesquisa direta de informações (arquivos, cartas, relatórios, memorandos);
❏ selecionar informações úteis e adequadas;
❏ ser objetiva (restringindo o uso de adjetivos e advérbios, recusando o excesso de palavras e a repetição de ideias), breve, clara, coerente, concisa, correta (gramatical), lógica, específica;
❏ ter suas afirmações baseadas em fontes seguras.

A redação comercial deve ser exata, sem floreios, não visar à emoção estética. Sua função é comunicativa; por isso, a secretária deve deixar de lado todo enfeite estilístico e preocupar-se com a eficácia e exatidão da comunicação. O vocabulário deve ser preciso, os pormenores exatos, a linguagem simples.

A linguagem, quando adaptada ao receptor, produz melhores resultados. Não basta ser gramatical, é preciso ser compreensível pelo interlocutor. Recomendamos, por isso, que a secretária conheça o receptor de suas mensagens e tenha como modelo a redação jornalística, que é outro segredo da comunicação profissional eficaz. A secretária que lê diariamente jornais e revistas, com senso de observação da linguagem, amplia seus conhecimentos e melhora sua forma de expressão.

Um texto comercial deve transmitir uma mensagem inconfundível, porque sempre varia o objetivo que se tem em vista.

A eficácia de qualquer mensagem depende dos participantes, da situação, da oportunidade, de todas as condições de qualquer encontro comunicativo. **A comunicação é eficaz quando o que dizemos é compreendido por quem decodifica a mensagem.**

A mais comum de todas as receitas para a boa comunicação é: *seja clara*. Sua capacidade de apresentar fatos e sua habilidade em combinar frases e palavras podem favorecer a aceitação de uma mensagem, tornando-a menos ambígua e mais persuasiva.

8 Como escrever

Nenhuma secretária poderá vangloriar-se de que aprendeu a escrever apenas por meio da leitura de livros didáticos de redação ou somente pela leitura de escritores consagrados da literatura nacional. Aprender a escrever exige muito mais. Ensina Thayer (1976, p. 304):

> "O que atrapalha a maioria das pessoas é o fato de que elas estão sempre querendo descobrir o 'segredo', aguardando a 'inspiração', ou simplesmente tentando racionalizar a preguiça. Não há segredos nesse campo. Qualquer pessoa pode escrever de modo a ser prontamente entendida. Escrever é como jogar tênis ou xadrez: você pode ter a 'sorte do principiante', mas um desempenho continuadamente bom requer estudo e prática. Fazer bem qualquer coisa requer esforço. Redigir com eficiência, também."

Os problemas que uma redação inconsistente oferece são: falta de conhecimento completo do assunto, uso de estruturas frasais que obscureçam a mensagem e dificultam a captação da ideia principal, vocabulário inapropriado, insuficiência de argumentação, falta de lógica dos pensamentos.

Por isso, a primeira condição para uma secretária escrever adequada e convenientemente é que tenha aptidão para pensar claramente. Aprender a escrever é, antes de tudo, aprender a pensar.

Um curso, ainda que breve, de Lógica Formal pode ajudar a desenvolver um raciocínio livre de incoerências. Debates, discussões são outras fórmulas para aprender a encontrar argumentos, para aprender a pensar com coerência. Além disso, a secretária pode encontrar outras barreiras para se expressar com clareza, como o temor, que leva uma pessoa ao bloqueio emocional e a impede de escrever eficazmente. O temor de errar ou de não agradar induz muitas vezes aqueles que são redatores iniciantes a desistir da tarefa de escrever ou a fazê-lo de forma inadequada.

Uma mensagem é eficaz quando seu conteúdo é significativo para emissor e receptor. Interrogue-se antes de escrever:

– *Qual a responsabilidade ou autoridade do receptor sobre tal fato?*

Faça um levantamento dos interesses do destinatário e avalie a quantidade de informações necessárias. Suas informações devem ser precisas, exatas:

– *Segunda-feira, dia 22-7-2003, estive com o Sr. Paulinho de Andrade.*

O primeiro leitor de sua mensagem escrita deve ser você mesma. Seja rigorosa quanto ao significado, com a correção das palavras, com a pontuação, com as incoerências, com a ambiguidade. Se houver possibilidade, leia em voz alta o texto.

Se sua carta é resposta de uma carta enviada a sua empresa, certifique-se de que respondeu a todas as perguntas que lhe foram feitas, dê solução aos problemas apresentados.

9 Clareza e precisão

A clareza consiste em manifestar com precisão um pensamento. Para consegui-la, é necessário evitar a ambiguidade, a obscuridade, os anacolutos (frases que começam com uma ideia e terminam com outra), as inversões dos elementos de uma frase, os barbarismos, os circunlóquios, os períodos longos.

Um dos procedimentos básicos para alcançar clareza das ideias é fazer uso do código fechado, aquele que permite apenas uma interpretação. Em geral, as mensagens que se valem desse tipo de código são matemáticas, cronológicas e fazem uso de sistemas métricos. Por exemplo: (a) *a sala é grande*; (b) *a sala tem $3m^2$*; (c) *estarei no escritório à tarde*; (d) *estarei no escritório às 14h30 min*. Como podemos observar, a falta de clareza e precisão das expressões *a* e *c* é substituída pela exatidão das expressões *b* e *d*, que fazem uso do código fechado.

A redação comercial deve primar pela clareza, concisão e precisão vocabular. A preocupação deve ser com a informação e o receptor. Por isso é que recomendamos a frase curta (5 a 10 palavras), sem muitos adjetivos e advérbios, o uso de palavras do conhecimento do receptor, a ordem direta (sujeito + verbo + complemento). Evitar termos estrangeiros de toda espécie e o excesso de conjunções. A ligação de uma frase com outra deve ser feita por meio das ideias, como no exemplo seguinte:

Evite: O diretor não estará hoje na empresa, porque está participando do Congresso X.

Prefira: O diretor não estará hoje na empresa. Ele está participando do Congresso X.

A respeito de prolixidade, Odacir Beltrão (1980, p. 94) conta o caso do jurista Oliver Wendel Homes que permanecia em pé para escrever suas cartas. E o próprio jurista explicava: "Se me sento confortavelmente ao escrever cartas, então faço-as excessivamente longas e perco muito tempo."

9.1 *Expressões vazias – prolixidade*

Para tornar sua redação mais clara e precisa, evite as expressões seguintes: *aspecto, casualmente, circunstância, coisa, conjuntura atual, efetivamente, ensejo, então, eventualmente, fatores, mui respeitosamente, negócio, oportuno, oportunamente, outrossim, seu estimado favor, sobretudo, por outro lado, ao mesmo tempo, por sua vez, via de regra, verdadeiro caos, lacuna preenchida, por especial obséquio, para os devidos fins, motivos de ordem superior, chamo sua atenção, reportando-me a sua missiva.*

O uso desnecessário desses cacoetes de linguagem gera um texto plano, sem destaque, incapaz de provocar qualquer expectativa e motivar a leitura. Funcionam essas expressões como elementos que contribuem para a ineficiência profissional de qualquer secretária.

A linguagem prolixa, repleta de pleonasmos viciosos, redundâncias, perífrases intermináveis, figuras de linguagem, não corresponde à finalidade da carta comercial. Clareza no pensamento, clareza na redação! Quando o texto está obscuro, somente a reflexão sobre o assunto pode levar a encontrar uma expressão verbal adequada.

Outras recomendações são: evitar gerúndios, particípios, tempos compostos, voz passiva, excesso de adjetivação e advérbios.

9.2 *Gíria – laconismo*

A gíria é um obstáculo na redação comercial não transposto por redatores iniciantes ou de pouco conhecimento linguístico. Em virtude de o universo vocabular ter sido reduzido e muitas pessoas fazerem uso na maior parte do tempo de interjeições, como *uh, ui, hem, um, sei, pá, pum, aí, então, sabe como é*, a tendência atual é redigir cartas sem um objetivo claro, sem um assunto estruturado, cuja mensagem é incompreensível.

O laconismo tem contribuído para a perda de tempo e ineficácia da correspondência moderna. Às vezes, é fonte de equívocos, ambiguidades, incompreensão, perplexidades; daí ordens mal executadas, discussões ociosas que seriam evitadas com a precisão da linguagem e algumas palavras a mais.

9.3 Estrangeirismos

No passado, os puristas clamavam contra os galicismos que prejudicavam o entendimento dos textos; hoje, são os anglicismos que despontam em toda a parte. É comum redatores rechearem o texto com expressões inglesas imaginando que tal uso dará ao texto um sabor agradável e chamará a atenção para a competência do redator. Nada mais falso. Na linguagem técnica, contudo, quando não se dispõe na Língua Portuguesa de termo apropriado, é justificável empregar palavras estrangeiras.

9.4 Diversidade de estilo

Há várias formas de construir frases: às vezes, a secretária pode optar pelo estilo lento, em que estrutura a redação de tal forma que o clímax da mensagem se encontre no final da carta. Esse estilo supõe leitores que dispõem de tempo para examinar a carta, com a mente livre de distrações.

Outra forma seria adotar o estilo jornalístico, em que ela evita o uso de adjetivos e advérbios e diz tudo de modo direto e claro.

Os defeitos que em geral aparecem na carta comercial são: estrutura de frase precária (sujeito sem predicado, oração subordinada sem a oração principal, fragmentos de frases, *nonsense* [frase sem sentido], redundâncias, pleonasmos viciosos), ausência de ideia precisa e clara, falta de adequação da linguagem ao destinatário, gosto pela impressão que possa causar no destinatário (estilo "empolgante"; pseudoliterário).

Para o bom êxito de suas cartas, procure sempre empregar palavras cujo sentido você conhece e que são apropriadas ao momento. Ordene o assunto antes de escrever; organize seus pensamentos; não utilize palavras desconhecidas do destinatário. Coloque-se no lugar dele, reflita sobre o assunto, seja natural e corrija suas cartas antes de enviá-las. Depois de tudo isso, se perceber alguma palavra áspera, comece tudo de novo.

Faça rascunho de todas as suas comunicações escritas, emende-o, procure uma forma mais agradável, passe o texto a limpo com o mesmo cuidado que teria em caso de obra literária.

Tenha presente que não se aprende a escrever somente escrevendo, porque a prática também pode concorrer para o enrijecimento de hábitos que deformam o redator. Acostume-se a buscar o novo, a valer-se de técnicas novas que propiciam melhores resultados.

Aprender a escrever exige sobretudo o exercício do pensamento, a encontrar ideias e concatená-las com habilidade para evitar ambiguidade. Por isso, não é demasiado repetir que para aprender a escrever é preciso aprender a pensar. Conhecer regras gramaticais é o mínimo indispensável para que a pessoa adquira hábitos de estruturar frases.

É necessário que a secretária, ao redigir, sinta tudo quanto escreve, evitando lançar ao papel frases feitas e expressões decoradas. Deve ser criativa e original. Contribuem para o aprimoramento redacional a análise e a observação das cartas que chegam às mãos dela.

A redação profissional será tanto mais eficaz quando se diz tudo o que se pensa de tal forma que o leitor entenda o texto logo que acabe a leitura.

A secretária deve observar que, se, para alguns, aprender a escrever é atividade das mais difíceis, há técnicas que proporcionam resultados satisfatórios. O trabalho da secretária é também um ofício de escrever. Ela deve atualizar sua redação pela leitura insistente e contínua de jornais, revistas e livros; procurar parafrasear[1] determinados modelos (depois desse estágio deve, evidentemente, afastar-se dos modelos); refletir sobre o que quer comunicar; escrever com criatividade, procurando estabelecer comparações, contrastes, exemplificações. Em tudo o que escrever, o vocabulário será próprio.

A busca de uma expressão conveniente deve ser contínua, bem como constante a caça aos pormenores vulgares e indesejáveis.

A secretária que sabe redigir bem acaba por se distinguir dentro de qualquer empresa.

10 Pronomes de tratamento

Segundo a gramática, são denominados pronomes de tratamento certas palavras ou expressões que valem por pronomes pessoais, como:

- Você
- Senhor (Sr.)
- Vossa Excelência (V. Exa. ou V. Ex.ª)
- Vossa Senhoria (V. Sa. ou V. S.ª)
- Sua Senhoria

Embora os dicionários e gramáticas tragam a forma V. Ex.ª, V. Exª, V. S.ª, V. Sª, V. Rev.ma, V. Revma, com ponto ou sem ele, é comum o uso dessas abreviaturas sem a elevação de letras: V. Exa., V. Sa., V. Revma.

A concordância com esses pronomes se faz com o verbo na terceira pessoa, isto é, embora designem a pessoa a quem se fala (a segunda), esses pronomes exigem verbo na terceira pessoa. Exemplos:

V. Sa. não atendeu ao meu pedido... (E não *atendestes.*)

V. Exa. tem tido as melhores informações. (E não *tendes tido.*)

---

[1] Para parafrasear um texto, reescreva-o substituindo palavras. Outra forma de paráfrase é resumir textos; o comentário de texto é o estágio mais complexo dessa atividade. A paráfrase é um das técnicas mais eficazes para aprender a escrever.

Evite, portanto: *"comunicamos a V. Sa. que atenderemos o **vosso** pedido"*. O mais apropriado é: *"comunicamos a V. Sa. que atenderemos a **seu** pedido"*.

É necessário, para bem redigir uma carta, conhecer as seguintes formas de tratamento:

Abreviatura	Tratamento	Usado para
V. A.	Vossa Alteza	Arquiduques, cardeais, príncipes
V. Ema.	Vossa Eminência	Cardeais
V. Exa.	Vossa Excelência	Altas autoridades do Governo e das Forças Armadas
V. Maga.	Vossa Magnificência	Reitores de Universidades, bispos e arcebispos
V. Revma.	Vossa Reverendíssima	Líderes religiosos, principalmente sacerdotes e pastores
V. S.	Vossa Santidade	Papa
V. Sa.	Vossa Senhoria	Funcionários públicos, pessoas de cerimônia

O vocativo deve corresponder ao tratamento devido a cada um. Ao Presidente da República, escreve-se por extenso:

Excelentíssimo Senhor.

Às demais autoridades escreve-se:

Exmo. Sr.

Ao Reitor da Universidade:

Magnífico Reitor

A um Tribunal

Egrégio ou *Colendo Tribunal*

A um Juiz:

Meritíssimo Juiz

Na carta comercial, podemos usar diferentes formas de tratamento: *senhor, senhora, Vossa Senhoria*. A carta familiar admite o uso de *tu* e *você*. A utilização de *vós* dá ao texto ares pernósticos.

Empregar a forma de tratamento adequada e escrever mantendo a uniformidade de tratamento é questão de *atenção*. Não devemos misturar, numa correspondência, várias formas, variados pronomes. Exemplo:

Vou te dizer para você...

Para facilitar a consulta, apresentamos em ordem alfabética diversas autoridades e, em seguida, a forma de tratamento usada:

Arcebispos: Vossa Excelência Reverendíssima ou V. Exa. Revma.

Auditores da Justiça Militar: V. Exa.

Autoridades: Vossa Excelência ou V. Exa.
  Vossa Senhoria, V. Sa. ou vós

Cardeais: Vossa Eminência Reverendíssima ou V. Ema. Revma.

Chefe do Estado-Maior do Exército, Marinha e Aeronáutica: V. Exa.

Chefes do Gabinete Civil e Militar da Presidência da República: V. Exa.

Cônegos: Vossa Senhoria Reverendíssima ou V. Sa. Revma.

Deputados Federais e Estaduais: V. Exa.

Embaixadores: V. Exa.

Governador do Distrito Federal, Governadores de Estados: V. Exa.

Juízes de Direito: V. Exa.

Juízes de Tribunais Superiores: V. Exa.

Ministros de Estado: V. Exa.

Monsenhores: Vossa Senhoria Reverendíssima ou V. Sa. Revma.

Oficiais-Generais das Forças Armadas: V. Exa.

Padres ou pastores religiosos: Vossa Senhoria Reverendíssima ou V. Sa. Revma.

Personalidades eclesiásticas: Vossa Eminência Reverendíssima ou V. Ema. Revma.

Prefeito Municipal: V. Exa.

Presidente da Câmara dos Deputados e das Assembleias Estaduais: V. Exa.

Presidente da República: Vossa Excelência (sempre por extenso)

Presidentes dos Tribunais Superiores: V. Exa.

Procurador-Geral da República: V. Exa.

Procuradores-Gerais junto aos Tribunais: V. Exa.

Reitores: Vossa Magnificência (sempre por extenso). No vocativo epistolar, diz-se: *Magnífico Reitor.*

Sacerdotes ou pastores religiosos: V. Revma., ou V. Sa. Revma.

Secretário de Estado dos Governos Estaduais: V. Exa.

Senadores: V. Exa.

Vice-Presidente da República: V. Exa.

Transcrevemos a seguir um trecho de Cauby de Souza (1972, p. 25) sobre pronomes de tratamento:

"Os tratamentos de Vossa Senhoria e Vós variam de acordo com o grau hierárquico do signatário[2] e do destinatário. Assim, deve ser usado o tratamento Vossa Senhoria quando o destinatário for de hierarquia equivalente ou superior à do signatário e deve ser usado Vós quando o destinatário for hierarquicamente inferior ao signatário."

---

[2] *Signatário:* aquele que assina ou subscreve um documento.

10.1 Particularidades gramaticais

Uso de Vossa Excelência: só se usa essa expressão no Brasil para o Presidente da República, ministros, governadores, senadores, deputados, bispos e para as mais altas patentes militares (general, almirante, brigadeiro). Isto é, cabe tal tratamento apenas às altas autoridades civis, militares e eclesiásticas. Por polidez, pode-se usá-lo referindo-se a civis não investidos de funções públicas, mas de alta distinção.

Quando a correspondência é endereçada ao Presidente da República, devemos escrever *Vossa Excelência* por extenso. Também não devem ser usados os possessivos *seu, sua,* nem os pronomes *lhe* e *o*:

> Remeto a Vossa Excelência (e não *remeto-lhe*)
>
> Envio a Vossa Excelência (e não *envio-lhe*)
>
> Aviso a Vossa Excelência (e não *aviso-o*)

Uso de Vossa Senhoria: é tratamento adequado quando não se pode utilizar *Vossa Excelência*, ou seja, a correspondência não é dirigida às pessoas citadas anteriormente (Presidente da República, ministros, governadores...).

Uso de vós: esse tratamento é apropriado quando o referente é coletivo, e somente quando se utiliza *vós* é possível empregar o possessivo *vosso*. Se a forma de reverência incluir *vossa*, o possessivo será *seu, sua*:

> Restituo-vos vosso requerimento.
>
> Restituo a V.Sa. seu requerimento.

Associação de vossa, vós e senhor: às formas de reverência *vossa* e *vós* podem ser associados os vocativos *senhor, senhores*:

> Vossa Excelência, Sr. Presidente, chegará à conclusão de que...
>
> Vós, senhores senadores, sois prova de que...

Pronomes demonstrativos: um chefe de serviço pode dirigir-se ao cargo que o remetente exerce:

> Esse Ministério.
>
> Esse Comando.
>
> Essa Região.
>
> Esse Departamento.

O próprio titular do cargo, não querendo usar a primeira pessoa, dirá:

> Este Ministério determinou (e não *eu determinei*).
>
> Este Comando determinou (e não *eu determinei*).
>
> Esta Região providenciou (e não *eu providenciei*).
>
> Este Departamento providenciou (e não *eu providenciei*).

Concordância do pronome com o verbo: os tratamentos *Vossa Excelência, Vossa Senhoria, Vossa Eminência* e outros que incluem *vossa* pertencem à terceira pessoa do singular:

> *Receba V. Sa. meus protestos de consideração.*
> *V. Sa. não compreendeu minhas afirmações.*
> *V. Exa., na ocasião, informou-me que...*

É um erro gramatical escrever: *Recebei V. Sa.; V. Sa. não compreendestes; V. Exa. me informastes.*

O tratamento *Vossa Excelência* exige no vocativo interno e no endereçamento:

> *Excelentíssimo Sr. Deputado*
> *Digníssimo Sr. Deputado*

O pronome pessoal de tratamento é usado na introdução e no fecho de uma carta:

> *Solicitamos a V. Sa. enviar-nos...*
> *Receba V. Sa. nossos protestos de consideração...*

No desenvolvimento da carta, o redator preferirá as formas oblíquas:

> *Informo-o também de que não estaremos atendendo...*
> *Estamos enviando-lhe xerox do documento que nos pediu...*

Pronomes possessivos: os pronomes possessivos correspondentes a *vosso* são *seu, sua*:

> *V. Sa. alertou-me, em sua carta de 3-5-2003, para alguns fatos. Agradeço-lhe a fineza da linguagem e manifesto que suas observações são oportunas e serão levadas em consideração no despacho de seu pedido.*

Observe que o verbo está na terceira pessoa do singular: *alertou-me*, pois seria errado dizer *me alertastes*; *sua* carta e não *vossa* carta; *agradeço-lhe* e não *agradeço-vos*; *suas* observações e não *vossas* observações; *seu* pedido e não *vosso* pedido.

É permitido o emprego de *vós* se aparecer a expressão *senhor*:

> *Sr. Diretor, envio-vos o documento que o senhor me pediu.*

Concordância do adjetivo: quando o *vós* é dirigido a uma só pessoa, os adjetivos que se lhe referem ficam no singular e no feminino ou masculino, conforme o sexo do destinatário:

> *Vós sois eloquente...*
> *Vós que sois bom pai...*
> *Vós estais satisfeita* (mulher)
> *Vós estais satisfeito* (homem)

Em caso de impessoalidade, ou seja, escrever para uma repartição pública, departamento de um jornal ou, simplesmente, caixa postal, deve-se evitar o pronome pessoal de tratamento e empregar o pronome possessivo:

> *Em atenção a seu anúncio do Classifolha...*
> *Dirijo-me a esse Departamento...*
> *Recomendo a atenção desse banco...*

Segundo Odacir Beltrão (1980, p. 68), "nesses casos, não cabem os adjetivos *prezado, caro* etc. na invocação, nem os substantivos *apreço, consideração* etc. no encerramento, pela absoluta impessoalização do destinatário da mensagem".

Se a mensagem é dirigida a uma pessoa e família ou a uma empresa e a seu presidente ou diretor, a concordância é feita no plural, de preferência:

> *Sr. Prof.*
> *Agenor Elias e Exma. Família:*

Os pronomes, verbos e adjetivos vão para o plural:

> *Fico satisfeito por poder participar-lhes...*

Se o *vocativo* vier no singular, a *concordância* é feita no singular:

> *Sr. Prof.*
> *Agenor Elias e Exma. Família,*
> *Prezado Amigo:*
> *Fico satisfeito por poder participar-lhe...*

À *atenção de*: a recomendação *à atenção de* exige vocativo epistolar no plural:

> *Senhores:*
> *Prezados Senhores:*

Uso de prezados senhores dirigindo-se a uma empresa: pode-se empregar *Prezados Senhores* quando se dirige a uma empresa, sociedade anônima, sociedade limitada ou outras formas de organização?

A resposta é *sim*, porque se supõe que a empresa seja dirigida por um corpo de diretores.

11 Plural de modéstia

Se por motivo de modéstia, o redator usar *nós*, em lugar de *eu*, os adjetivos e particípios que se lhe referem ficam no singular, masculino ou feminino, conforme o sexo de quem assina a correspondência:

Estamos contente...

Estamos satisfeito...

Somos grata por tudo o que foi feito...

É possível usar na carta comercial o plural de modéstia, ou seja, primeira pessoa do plural. Parece mais polido dizer:

- *resolvemos;*
- *determinamos;*
- *pensamos;*

do que dizer:

- *resolvo;*
- *determino;*
- *penso.*

No caso do plural de modéstia, mesmo quando se utiliza o pronome *nós*, o verbo vai para o número correspondente, mas o predicativo não acompanha essa concordância:

Ficamos ciente (e não *cientes*).

Estamos aborrecido (e não *aborrecidos*).

Modernamente, a tendência é pluralizar o adjetivo.

12 Leitura

Após leitura do texto, discutir suas ideias, acrescentando clichês atuais.

"Pérolas em telhado de vidro

Jornais, revistas, a televisão e o rádio estão cheios deles. Em cada página, cada coluna, em cada fala, lá estão eles espreitando o público, prontos para atacar com seus tentáculos que nunca mudam, mas que atingem o bom gosto, a inteligência e o intelecto como uma bomba. Na maioria das vezes, eles têm suas origens num passado remoto, velho, empoeirado e sem imaginação. Mas, de uns tempos para cá, a nova geração, quem diria, está sendo responsável por um sem-número de monstrinhos, tão insidiosos e cretinos como aqueles que já habitam há séculos o baú da falta de imaginação e da preguiça. Quem são essas sinistras entidades, esses duendes carcomidos e perigosos que nos atormentam diariamente, onde quer que se pegue um jornal, uma revista, sempre que se ligue a TV ou o rádio? São os clichês. São coisas como 'chovia a cântaros', 'aterissa na mesa do colunista', 'o árbitro trilou o apito final', 'assaltantes fortemente armados', 'os políticos trocaram farpas', 'tumulto generalizado', 'os preços praticados' e um dos mais recentes e mais assustadores, 'cidade ganha um novo espaço cultural'.

Enfrentar ao acaso clichês diariamente já é uma 'tarefa hercúlea', mas o que dizer do pesquisador Cláudio Tognolli, da Editora Abril, que há seis anos faz da coleta desses demônios uma ocupação sistemática, que ele acabou transformando num trabalho de pós-graduação na USP? Cláudio, lendo jornais e revistas durante todo esse tempo juntou mais de três mil clichês horripilantes e ganhou até uma reportagem do Jornal do Brasil, que numa singela autocrítica, intitulou a matéria 'Nossos Chavões'.

Jogar pedras no nosso próprio telhado de vidro não é tão estimulante ou divertido como apedrejar o do vizinho, mas é necessário e fundamental para que percamos o orgulho e nos conheçamos melhor. Que tal essa frase como contribuição ao mundo dos chavões? Por isso tudo, porque o pesquisador em questão é jovem demais (está 'na flor dos seus 23 anos') e não enfrentou alguns dos 'monstros do passado', e também porque os clichês e chavões abundam em todos os cantos, dia após dia, 'sem esmorecer', aqui está nossa contribuição a esse inesgotável filão. Como diria a turma da televisão, é nossa 'crítica e autocrítica' é, enfim, nosso próprio tijolo no nosso vasto telhado de vidro.

Fantasmas do passado

Entre os clichês indestrutíveis, que há anos se recusam a morrer, estão aqueles nascidos nos meandros das delegacias policiais e em seguida levados e conservados para sempre em formol por repórteres que há muito estão 'naquela vasta redação celestial', isto é, já morreram mas deixaram esses monstros vivos na memória e nas máquinas de escrever da nova geração.

Eis alguns dos mais terríveis: 'quatro elementos ocupavam um carro azul', 'não há novidades no caso da moça assassinada', 'caiu crivado de balas', 'desbaratada a quadrilha da droga', 'morto prematuramente', 'colhido pelo ônibus', 'teve morte instantânea', 'o destemido policial', 'a briosa corporação', 'os bravos soldados do fogo', 'com requintes de crueldade', 'preso em flagrante, confessou ao delegado', 'bateu a carteira do ancião', 'ateou fogo às vestes', 'conhecido meliante', 'gesto tresloucado', 'ingeriu o mortal veneno', 'o corpo estava em decúbito dorsal', 'assaltantes fortemente armados', 'indigitado matador', 'surpreendida pelo marido', 'a vítima apresentava várias perfurações a bala'. E, naturalmente, os três clássicos imorredouros da literatura policial: 'estão internados naquele nosocômio', 'morreram ao dar entrada no hospital' e 'fugiram para um matagal das proximidades'.

O esporte, o ágil e sempre renovado esporte, quem diria, é um dos repositórios mais assustadores de coisas velhas e empoeiradas. Não se deve botar a culpa em ninguém, claro, mas há quem diga que 'esse estado de coisas' é ainda herança dos heróicos tempos das transmissões de futebol pelo rádio, em que, para dar cor e emoção ao jogo, os speakers da época carregavam no gongórico e no folclórico.

Não existe quem, em 'sã consciência', não tenha tentado exorcizar horrores como 'um lance espetacular', 'a galera vibrou', 'tumulto generalizado', 'adentrou o gramado', 'o time perdeu preciosos pontos', 'sem abertura de contagem', 'partiu para cima do adver-

sário', 'apupos da torcida', 'joga suas últimas esperanças', 'cartada decisiva', 'ao apagar das luzes', 'defesa portentosa', 'o placar não se movimentou', 'fustigou o gol adversário', 'num lance duvidoso', 'Zezinho com suspeita de fratura', 'apenas uma distensão', 'sua senhoria deixou de marcar várias faltas', 'um pênalti que não houve', 'tapete verde', 'ao time só a vitória interessa', 'joga pelo empate', 'sentiu a perna', 'tem uma avenida pela frente', e por aí vai, num 'desfile incessante' de abobrinhas que nunca morrem. A obra-prima inconteste 'desse segmento jornalístico', o esporte, é, sem dúvida, esta: 'o árbitro trila o apito final'.

Os assuntos municipais, também conhecidos como Geral ou Cidade, têm na 'imprensa escrita, falada e televisada' um manancial que nunca termina de velharias e tolices talhadas em pedra, sempre em renovação. Clássicos como 'o precioso líquido', 'vítima de pertinaz doença', 'epidemia que grassa na região', 'a chuva que caiu ontem à tarde', 'local de um sem-número de acidentes', 'apelaram inutilmente às autoridades', 'local de difícil acesso', 'o aprazível bairro', 'íngreme subida', 'chovia a cântaros', 'um bairro cheio de problemas', 'moradores fecham rua em protesto', 'incêndio de grandes proporções' só podem ter como corolário o inesquecível chavão do setor: 'socorrido por populares que se encontravam nas imediações'.

A Nível Nacional

Outros ramos da chamada mídia que começam a se povoar de monstros e que até há 'poucos lustros atrás' pareciam imunes à epidemia são a Economia, a Política e a Variedades, esta última talvez a grande vítima dos jovens fabricantes de frases feitas. Quem não se abala com o assustador e 'cada vez mais encontradiço' terror conhecido como 'a cidade ganha um novo espaço cultural'? Ou que tal o horrendo 'aplaudido de pé pelo público que lá compareceu'? Ou então o 'foi uma verdadeira festa', ou o inevitável cantor baiano, velho ou novo, bicha ou não, garantindo 'estou reformulando a carreira', ou 'pesquisando novos sons'? E o que fazer para se livrar do artista plástico que diz que 'são formas que englobam toda a estrutura, toda a problemática, todo o arcabouço do envolvimento de cores, intelecto e o mais fundo do ser'? E que tal os recentes e talvez mais execráveis de todos 'adotou uma nova postura', 'no sentido de agradar o público' e 'a nível nacional'? São os chamados clichês elásticos ou modulares, que tanto podem destruir uma frase ou uma ideia, na Variedades, na Política ou na Economia. Mas é bom ficar de olho em duas pragas recentes, 'cujo ibope está subindo' e que atendem pelo breve e hediondo nome de 'pré' ou 'pós'.

Por falar em políticos e economistas, os primeiros voltaram ao sucesso com a Constituinte e com os repórteres, redatores, apresentadores e locutores que não se cansam de retirar do baú aqueles clichês que todos julgavam já mortos e sepultados. Pérolas como 'uma felpuda raposa política', 'corredores do poder', 'a comunidade de informação', 'saiu da reunião com semblante carregado', 'mineiramente', 'entreouvido em Brasília', 'o presidente da mesa fez soar a campainha' e 'na cidade não se fala noutra coisa', estão tão vivas e atuantes hoje como anos e anos atrás e tanto podem ser aplicadas à política como à economia. Por falar em economês, que tal 'preços praticados', o inevitável 'a nível nacional', 'no sentido de minimizar', 'a reunião varou a madrugada', 'rota de colisão', 'a notícia caiu como uma bomba' e 'crise se agrava com a saída de fulano'?

Mas um segmento de onde menos se esperava novidades, pela sua própria natureza, formação e tradição, o colunismo social, tem-se tornado nos últimos tempos outro manancial de clichês, chavões, 'lugares-comuns e incomuns' dignos de figurarem em qualquer coluna, em qualquer página, em qualquer rádio ou televisão que tenham nesses diabos indestrutíveis suas 'pieces de résistence'. Outra prova de importância 'reside no fato' de que todos eles são iguais em todas as colunas, são sempre os mesmos, não mudam nunca. São os clichês das chamadas notícias sociais que 'vão botar um ponto final' a esta nossa verdadeira galeria de horrores: 'Aterrissa na mesa do colunista', 'não convidem para a mesma mesa', 'por assim dizer', 'para quem não sabe', 'comandava animada mesa', 'Zé Mané (leia-se Zé das Garrafas)'. 'Quem viver verá' e o culto 'cumme il faut'. E vamos em frente que atrás vem mais clichês" (MORGADO, Fernando. Pérolas em telhado de vidro. *Folha de S. Paulo*, Caderno Show, p. 21, 13 abr. 1987).

Exercícios

1. *Que acha do uso da gíria na correspondência comercial?*
2. *Comentar a seguinte frase de Barras (1979, p. 3):*
   "Uma carta solicitando emprego, por exemplo, pode ser tudo que um empregador necessita para concluir que o candidato não serve para o trabalho."
3. *Qual sua opinião sobre o procedimento da secretária que lê a correspondência três dias antes de respondê-la e a ela não volta na hora em que está redigindo a mensagem?*
4. *Por que é que uma carta deve transmitir uma mensagem única, inconfundível?*
5. *Comentar a frase de Thayer (1976, p. 304):*
   "Escrever é como jogar tênis ou xadrês: você pode ter a 'sorte do principiante', mas um desempenho continuadamente bom requer estudo e prática."
6. *Existe algum problema em selecionar palavras raras para introduzi-las numa correspondência? Discorra a esse respeito.*
7. *Se aprender a escrever é antes de tudo aprender a pensar, quais são os mecanismos para desenvolver a argumentação lógica?*
8. *Como é possível ser claro numa carta comercial?*
9. *Quando a comunicação é eficaz?*
10. *Apresente uma fórmula de início e de final de carta comercial (uma fórmula introdutória e outra de fecho).*
11. *Que tem a dizer sobre a linguagem da carta comercial?*
12. *Quais são os pronomes possessivos correspondentes a vosso na carta comercial?*
13. *Explique a concordância verbal com os pronomes de tratamento Vossa Excelência, Vossa Senhoria, Vossa Eminência e outros que incluem vossa.*
14. *Que é plural de modéstia? Exemplifique.*
15. *Comentar a linguagem da carta da página seguinte.*

São Paulo, 19 de novembro de 2003.

Senhor Alex Silva:

Envie-nos, por favor, amostra de calçados de homem, referência H-0119 (a importância de recebermos essa amostra o mais rápido possível é muito grande, tal a possibilidade de colocação imediata no mercado; consequentemente, esse embarque deve ser por via aérea). Precisamos de preço para 1.500 pares de calçados de mulher, referência M-2253 – acreditamos ter conseguido ganhar uma concorrência junto a um importante órgão da administração estadual, que deverá fornecer calçados a seus empregados. Por favor, informe também o custo do frete aéreo e do frete marítimo, assim como a possibilidade de efetuar esse envio até um mês após o pedido.

Atenciosamente,

Adilson Gomes,
Gerente de Compras.

7

Estilo e Técnicas de Elaboração de Cartas Comerciais

1 Elaboração do texto

Nossos dias reclamam objetividade e rapidez. Por isso, mais do que nunca é preciso buscar clareza de pensamento, concatenação de ideias, vocabulário exato. A linguagem usada nas relações comerciais exige o conhecimento de certas fórmulas e praxes em que se deve exercitar o redator comercial.

Antes de iniciar a redigir, é necessário:

- ❏ ter um objetivo em mente;
- ❏ colocar-se no lugar do receptor;
- ❏ ter informações suficientes sobre o fato, e prestar informações precisas e exatas;
- ❏ planejar a estrutura da comunicação a ser feita;
- ❏ dominar todas as palavras necessárias. Dispor de vocabulário adequado;
- ❏ tratar do assunto com propriedade;
- ❏ selecionar fatos e evitar opiniões;
- ❏ refletir adequada e suficientemente sobre o assunto;
- ❏ ser natural, conciso e correto;
- ❏ usar linguagem de fácil compreensão; frases curtas, portanto;
- ❏ responder a todas as perguntas feitas anteriormente pelo destinatário, no caso de resposta a uma carta dele;
- ❏ calcular antecipadamente o tamanho do texto para evitar cartas espremidas;
- ❏ observar que numa carta o espaço branco é muito importante. A boa estética transfere ao leitor sensações agradáveis;
- ❏ evitar a separação silábica se prejudicar a leitura;
- ❏ usar espaço maior em cartas de texto pequeno.

Observe sempre as qualidades da redação, como:

- **Exatidão**: evite palavras vagas, compridas, difíceis, além da capacidade do receptor. Fuja sobretudo de *alguns, quase todos, muitos, poucos, há dias...* Para evitar dissabores, acostume-se a ler e a revisar suas cartas depois de digitadas.
- **Coerência de ideias**: os pontos-chaves foram enfatizados convenientemente? Há transição natural entre uma frase e outra? Todas as frases têm sujeito, predicado, complemento?
- **Clareza**: outra qualidade indispensável em qualquer carta comercial. Evite expressões ambíguas, e seja rigorosa na escolha do vocabulário. Há sempre um verbo ou um substantivo que transmitem com mais precisão e clareza uma ideia. O código fechado é uma necessidade; por isso, evite expressões genéricas, e seja exata. Em vez de *havia muita gente na reunião*, diga quantas pessoas participavam dela; em vez de *produto excelente*, diga as características do produto. Há sempre necessidade de refletir antes de qualquer comunicação, para evitar expressões vagas.
- **Concisão**: evite a prolixidade, o excesso de palavras.
- Se sua carta for cortês e o tom do texto for agradável, sua mensagem provocará reações positivas no receptor.
- O mais importante numa carta é o destinatário. Evite, portanto, excesso de pronomes pessoais, como *eu, nós*.
- Evite o suspense indesejável.
- Evite o uso excessivo de conjunções. Faça novas frases independentes, curtas. Utilize o ponto final como técnica para dar clareza a suas ideias e evite, sempre que possível, as orações subordinadas, recheadas de vírgulas.

2 Técnicas de simplificação

Você deve ser exigente quanto ao excesso de palavras. Restrinja sua redação ao essencial. Por exemplo, prefira as expressões da direita, apresentadas a seguir:

Acusamos o recebimento: *recebemos*.

Anteriormente citado: *citado*.

Segue anexo a esta: *anexamos*.

Sua correspondência datada de: *sua carta de*. Melhor é usar o índice da carta a que se faz referência (por exemplo: *DRH-10-2003*).

Será prontamente atendido: *será atendido*.

Na expectativa de: *esperamos*.

Um cheque nominal no valor de: *um cheque de*.

No decorrer do ano em curso: *durante...*

O corrente mês de julho: *neste mês*.

Consideram-se expressões-clichês cabíveis de rejeição total:

Agradecemos-lhe antecipadamente.

Ansiosamente aguardamos resposta.

Pedimos-lhe bondosamente que nos responda às perguntas formuladas.

Pela presente acusamos.

Lamentamos informar.

No devido tempo.

Rogamos notificar-nos quando do recebimento desta...

Rogamos acusar recebimento.

Permita-me dizer.

Serve esta para inteirá-lo.

3 Estética da carta comercial

A margem esquerda do papel deve ser de 3 cm e a da direita de 2 cm; para os parágrafos, contam-se dez toques. O espaço interlinear é 1,5. Os espaços em branco no alto do papel e abaixo do texto da carta formam a faixa de segurança do documento. O espaço maior à esquerda é necessário para o arquivamento da carta. Colocar entre os parágrafos dois espaços de 1,5.

A estética recomenda que as margens sejam uniformes. Se a carta for pequena, com apenas cinco ou seis linhas, os espaços apresentados anteriormente devem ser ampliados de tal modo que o resultado final resulte em um todo harmonioso e agradável.

Evitem-se rasuras, borrões, erros de qualquer espécie, pois uma carta representa uma empresa ou a pessoa que a escreveu.

Na invocação, alterar o *prezado senhor*, já tão batido, por outra fórmula menos comum:

- ❏ *Senhor Diretor:*
- ❏ *Prezado Colega:*
- ❏ *Prezado Amigo:*
- ❏ *Senhor Cliente:*
- ❏ *Senhor Empregador:*
- ❏ *Senhores:*

A secretária que dispõe do *software* Word do Windows deve ocupar-se como montar uma carta passo a passo (alinhamento do texto à direita, alinhamento à esquerda, uso de negrito, formatação de parágrafos, centralização do texto, salvamento, verificação da ortografia, visualização do documento antes da impressão, impressão do documento, busca de palavras para troca ou verificação, desfazer uma operação).

3.1 Estilo endentado ou semibloco

Varia a estética, ou seja, a distribuição do texto no papel conforme a empresa. Algumas exigem que se coloque à esquerda o destinatário, a saudação inicial (invocação), texto da carta, iniciais do redator e datilógrafo, e estabelecem como norma colocar a data e a assinatura com término na margem direita ou quase rente a ela. Recomendam ainda que os parágrafos iniciem a partir de dez toques do início da margem esquerda. Esse estilo é denominado *endentado* ou *semibloco*.

São Paulo, 14 de fevereiro de 2005.

Senhor Empresário:

Estamos iniciando, este ano, a comercialização de Cartões de Natal confeccionados pelas crianças abrigadas na Fundação Estadual do Bem-Estar do Menor.

Tal iniciativa se prende a uma postura de incentivo à criatividade infanto-juvenil, de integração do menor à sociedade por meio da arte e de auxílio mediante o trabalho.

Convidamos V. Sa. a participar desse processo de integração social, cumprimentando seus amigos, familiares e conhecidos com cartões da Fundação Estadual do Bem-Estar do Menor.

Agradecemos, antecipadamente, em nome dos menores, a preferência que V. Sa. nos dará.

Atenciosamente,

Ana Teodora Nery,
Diretora Social.

ATN/SM

A secretária, ao digitar o texto, deve tomar cuidado com o espacejamento, pois ele tem grande efeito sobre o receptor e proporciona boa aparência à carta.

Se o texto for breve, aumente as margens direita e esquerda, de modo que o conteúdo sobressaia dentro da página.

Se o conteúdo ultrapassar mais de uma página, repita logo ao início da segunda folha o índice da carta e o número da folha:

DE-10/2005
fls. 2-2

Não use papel timbrado na segunda folha (NEW WEBSTER'S, 1978, p. 95).

Antes de postar a carta, é preciso providenciar cópias impressas para arquivo, se na empresa ainda não prevalece o sistema de armazenamento eletrônico.

3.2 Estilo bloco

Outra forma de dispor os elementos de uma carta é colocar a data e a assinatura à direita do papel, iniciando-se os parágrafos na margem esquerda, sem dar nenhum espaço. A margem direita não é rigorosamente exigida. Para facilitar a leitura, deixar um espaço maior entre um e outro parágrafo.

São Paulo, 22 de setembro de 2003.

Senhor:

Há dez anos o IV Comar – IV Comando Aéreo Regional – vem dedicando esforços cada vez mais intensos à prevenção de acidentes. Isto é feito por meio de Seminários Regionais de Prevenção de Acidentes Aeronáuticos.

Este ano, como não poderia deixar de ser, discutiremos mais uma vez as técnicas dessa atividade.

O encontro se realizará em São Paulo, entre 10 e 13 de outubro, a partir das 9 h, no Palácio das Convenções do Anhembi.

Os assuntos abordados nesse Seminário interessam a todos aqueles que, direta ou indiretamente, lidam com a atividade aérea: pilotos, proprietários de aeronaves, mecânicos, instrutores, pessoal de pista, despachantes operacionais de voo, comissários etc., inclusive pessoas cuja participação possa ser eventual, como bombeiros, médicos, policiais.

Anexa ficha de inscrição do evento, inteiramente grátis.

Contamos com sua presença.

Traga-nos sua experiência.

Osório de Almeida,
Diretor Administrativo.

OA/SM

3.3 Estilo bloco compacto ou cheio

De acordo com um terceiro estilo, data, destinatário, invocação, assinatura, iniciais do datilógrafo e redator são colocados junto à margem esquerda, ou seja, todos os elementos começam na margem esquerda. A margem direita fica livre, mas isto não significa utilizar o papel até o fim, com prejuízo da estética do todo. Este estilo é conhecido como carta em bloco compacto.

> São Paulo, 15 de fevereiro de 2003.
>
> Ref.: Atualização de Língua Portuguesa.
>
> Senhores:
>
> Comunicamos a V. Sas. que estão abertas as inscrições para os Cursos Gil Vicente: Curso de Atualização de Língua Portuguesa para Executivos; Curso de Atualização de Língua Portuguesa para Secretárias; Curso de Língua Portuguesa para interessados em geral e Curso de Atualização de Língua Portuguesa para Tradutores.
> Os cursos são rigorosamente estruturados, de forma que atendam às necessidades desses profissionais no aperfeiçoamento e atualização da Língua Portuguesa, em horários compatíveis com as exigências dos interessados.
> Informações poderão ser obtidas pelo telefone. . . . . (ramal 1980), a qualquer hora, mesmo aos sábados, domingos e feriados.
>
> Atenciosamente,
>
> Bernardim Ribeiro,
> Diretor.
>
> BR/SC

4 Questões práticas

4.1 À atenção de – em mão – aos cuidados de

Indica a quem se dirige a carta, a pessoa que deve ser informada do conteúdo da carta. Várias são as suas formas:

> Com conhecimento de
> Em atenção de
> At. Fulano de Tal
> À atenção de

Coloca-se no envelope:

```
                                                      ┌──────┐
                                                      │ Selo │
                                                      └──────┘



              *Editora Atlas S.A.*
              *À atenção de Xavier de Maistre*
              *Caixa Postal 7186*
              *01064-970 São Paulo (SP)*




       ☐☐☐☐☐-☐☐☐
```

Internamente, na carta:

```
                                   Assis, 10 de março de 1999.

   Editora Atlas S.A.
   À atenção de Xavier de Maistre
   Caixa Postal 7186
   01064-970 São Paulo (SP)
```

Se a carta for dirigida a mais de uma pessoa, forneça cópias para que a carta chegue às pessoas desejadas.

Escreva *Em mão* ou *E/M* quando o documento é encaminhado ao destinatário mediante *office-boy* ou alguma pessoa que lhe faça as vezes.

Aos cuidados de, ou *A/c*, ou *a/c*: empregue essa expressão quando a correspondência for entregue por pessoa nominalmente referida.

4.2 Algarismos cardinais

Use o ponto numa sequência, numa divisão numerada:

"Para aprender a redigir é necessário:
1. Estudar gramática.
2. Consultar o dicionário sempre que necessário.
3. Observar a correspondência recebida.
4. Estudar continuamente a língua por meio de escritores e da observação da linguagem em todas as camadas sociais.
5. Redigir com a maior frequência possível."

É antiestético usar hífen ou traço depois de números cardinais, bem como parênteses: 1 - ; 1 – ; 1).

Recuse				Prefira
1 –	1)	1).	1. –	1.
2 –	2)	2).	2. –	2.
3 –	3)	3).	3. –	3.

Algarismos ordinais: não use nenhum sinal depois do ordinal:

1º ....
2º ....
3º ....

No caso de um relatório, ou de um texto em que apareça a combinação de letras, números cardinais, ordinários e romanos, é sempre conveniente a homogeneização, a uniformidade:

Usando pontos:

1.	a.	1º	I.
2.	b.	2º	II.
3.	c.	3º	III.

Usando traços:

1 –	a –	1º –	I –
2 –	b –	2º –	II –
3 –	c –	3º –	III –

Usando parênteses:

1)	a)	1º)	I)
2)	b)	2º)	II)
3)	c)	3º)	III)

Somente em caso de necessidade de quatro divisões, lance mão do que ficou exposto. Tratando-se de apenas uma divisão, dê preferência ou pela numeração arábica, ou pelo uso de letras. Assim, evite a mistura, ou seja, ora a divisão numérica cardinal, ora a divisão por letras. É justificável o uso das quatro subdivisões quando: *a* for subdivisão de 1; 1º for subdivisão de *a*; I for subdivisão de 1º.

Algarismos romanos: o alinhamento pode ser feito à esquerda (como na página anterior), ou com os números à direita:

    I –
    II –
    III –
    IV –
    V –

4.3 Anexo

Anexos são documentos que acompanham uma carta. Se for único, escreva, logo após o fechamento: *Anexo único*; se forem vários, no primeiro escreva: *Anexo nº 1* e no último *Anexo nº... e último*. Quando fizer referência a alguma página de um anexo, proceda dessa forma: *Anexo 1/2* (que significa: anexo nº 1, página 2); *Anexo 9/3* (anexo nº 9, página 3); *Anexo nº... e último/5* (anexo nº... e último, página 5). Quando são vários anexos, na carta coloque: *Anexos:* 6 (o que significa que os anexos são seis).

Evite o uso da expressão *em anexo*. Diga: *veja isto na carta anexa, veja isto no documento anexo* (e não *em anexo*).

A concordância é feita regularmente, conforme determina a gramática:

> *Anexo: Documento assinado, extraído de nossos arquivos.*
> *Anexas: Duplicatas.*
> *Anexos: Procuração e cheque.*

4.4 Aspas

Aspas: se as aspas abrangem apenas parte do período, frase ou expressão, os sinais de pontuação que encerram o texto ficam após as aspas:

> Machado de Assis escreve que "a vida é uma ópera bufa com trechos de música séria".

A parte transcrita completa o pensamento daquele que está citando, ou seja, suas palavras, sem a transcrição, não formam uma oração.

Se as aspas abrangem citações integrais, os sinais de pontuação que encerram o texto ficam abrangidos por elas:

> Buffon disse: "Para escrever bem é preciso conhecer perfeitamente o assunto sobre o qual se vai escrever."

Observe, ainda:

- *transcrição de apenas um parágrafo*: colocar aspas no início e no fim do parágrafo; se houver supressão de algumas palavras intermediárias, indicar com o sinal [...];
- *transcrição de diversos parágrafos*: colocar aspas no início do primeiro parágrafo e no final do último parágrafo. Exemplo (Pedroso e outros, 1983:29):

    "O conceito de formulário em si não é importante, porém queremos esclarecer nossa opinião, porque ela não está condicionada a todo o desenvolvimento do trabalho.

    Os formulários apresentam as mais variadas formas: memorandos, depósitos bancários, ordens de pagamento etc. Alguns deles devem ser arquivados por um tempo determinado, para servirem de elementos de consulta em operações já determinadas, para efeitos legais, fiscais e de auditoria."

As aspas no início do segundo parágrafo são facultativas.

Na citação dentro de citação, use aspas simples ou apóstrofo ('), quando um período entre aspas (citação direta) apresentar uma expressão que queira destacar. Como as aspas simples são sinais muito pequenos e podem passar despercebidas, alguns autores optam pela sublinha, ou grifo, ou itálico:

"Derramou-se-lhe no semblante a 'expressão' de sua derrota."

"Derramou-se-lhe no semblante a *expressão* de sua derrota."

Em citações diretas, recomendamos a transcrição fiel do original, apenas substituindo aspas duplas por simples.

4.5 Aposto

Após o nome (somente em maiúscula as iniciais de quem assina a carta), coloque a função ou cargo que a pessoa exerce na empresa. Gramaticalmente, essa qualificação recebe o nome de aposto:

Observe que após o nome segue uma vírgula que separa o fundamental do aposto:

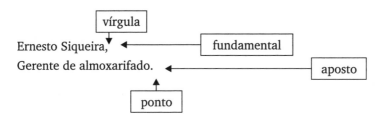

Não há necessidade de digitar o nome do cargo, ou função, ou do departamento em letras maiúsculas.

4.6 Assinatura

Coloque, sob o nome de quem assina a carta, o cargo ou função que ocupa na empresa ou repartição. Não faça traço para assinatura.

Se você assinar a carta por seu executivo, deverá fazer isso de modo que seu nome seja legível. Coloque *p/* antes do nome do executivo, o que significa *por Fulano de Tal* (isto é, "*na ausência de meu executivo, estou assinando por ele*").

Em caso de duas ou mais assinaturas na posição vertical, coloque em primeiro lugar o nome do executivo de posição hierárquica inferior e, embaixo, o nome daquele que lhe é superior. No caso de estarem ambos os nomes escritos horizontalmente, a esquerda será ocupada pelo inferior e a direita pelo superior.

4.7 Assunto ou referência

O *assunto* ou *referência* é quase um título dentro da carta, é o resumo do conteúdo. Evite sublinhar o assunto. Como técnica para fazê-lo sobressair, use uma mancha menor do papel (largura). Coloque o assunto, por exemplo, a 20 ou 25 espaços da margem esquerda do papel, antes do vocativo. (Veja tópico *Referência ou assunto*.)

4.8 Cabeçalho

O cabeçalho ou timbre são necessários e devem ser esteticamente elaborados. São os dizeres impressos na folha logo no início, no alto do papel da carta. O cabeçalho compreende o conjunto: data, endereço e invocação ou saudação.

Não escreva o nome da cidade abreviadamente:

S. Paulo; R. de Janeiro = São Paulo; Rio de Janeiro.

Veja outras informações sobre *data* na seção 14.4.14.

4.9 Caixa postal

Os números de caixa postal e de telefone não devem ser precedidos de vírgula, mesmo quando omitimos a abreviatura *n⁰*:

Caixa Postal n⁰ 1025

Caixa Postal 1025

Os números de caixa postal não levam ponto quando iguais ou superiores a 1.000.

Quando utilizamos caixa postal, não colocamos o endereço completo (rua e número).

Atualmente, a EBCT exige número de CEP específico da Caixa Postal.

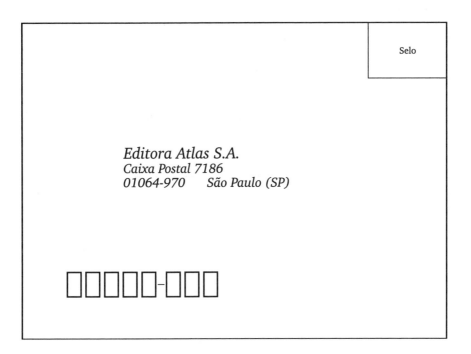

4.10 Cargos ou funções

Denominativo profissional: não anteponha qualquer título ao nome do signatário:

Errado	**Certo**
Dr. Tomé de Sousa,	Tomé de Sousa,
Diretor.	Diretor.

Cargo ou função de quem assina a carta: não usar caracteres maiúsculos para ressaltar cargos ou funções do emissor:

Paulo Malheiros,
Diretor.
(E não: *Paulo Malheiros,*
    DIRETOR.)

4.11 Código de endereçamento postal

O nome da cidade de destino, colocado após o CEP, deve vir separado, no mínimo, por seis espaços (15 mm), sem traço ou ponto a separá-los.

A última linha da qual consta o CEP deve distar no mínimo 3 mm da imediatamente superior (penúltima linha).

Os números do CEP não devem ser sublinhados ou separados: nem por um espaço em branco, nem por uma vírgula, nem por um ponto. Constatando tais irregularidades, a leitora óptica da EBCT rejeitará a passagem do envelope.

A palavra CEP, escrita antes dos números, também impossibilita a triagem pela leitora óptica e ocasiona a rejeição da carta.

A Companhia Brasileira de Correios e Telégrafos tanto admite a forma em que o CEP aparece junto com a localidade, como aquela em que o CEP aparece isolado na última linha. Exemplos:

Estilo e Técnicas de Elaboração de Cartas Comerciais 111

ou

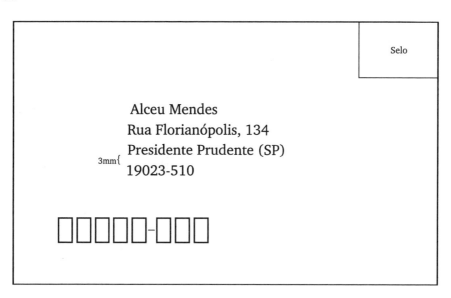

Quando escrito a mão, o CEP deve ser anotado nos retângulos do envelope, situados no canto inferior esquerdo, e os números não devem ser escritos com tinta de tonalidade avermelhada.

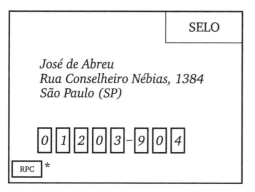

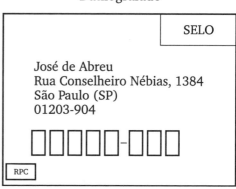

---

* RPC = recomendado pelo Correio.

MODELOS DE ENVELOPES COM CINCO QUADRÍCULAS

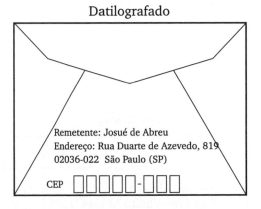

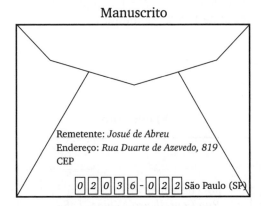

- Não escreva a palavra CEP antes dos algarismos.
- Não sublinhe nem coloque ponto entre os algarismos.
- Em caso de etiqueta ou digitação
  – coloque o CEP logo abaixo do endereço;
  – evite que o endereçamento fique inclinado.

Verso do envelope

4.12 Continuação

Se o texto de uma carta for muito extenso e ultrapassar uma folha, não escreva a palavra *continuação* na folha seguinte, mas repita a referência numérica. Em geral, é costume colocar, por exemplo:

DRH-10/2003

fls. 3-5

Tal prática indica que a carta tem cinco páginas, e essa é a terceira da série. Esse procedimento favorece verificar se um documento foi recebido inteiro ou não.

4.13 Correção de erros

No computador, o erro pode ser corrigido deletando-o.

No Brasil, há milhares de escritórios que ainda utilizam máquina de datilografia; nesses casos, é possível usar, para corrigir erro datilográfico:

- expressão "digo" após a palavra errada, quando se tratar de documento que não aceita rasuras nem pode ser fraudado. A expressão "em tempo" é usada no final do texto;
- borracha para tinta (com consequências negativas: maior tempo despendido, imperfeições, rasura, resíduos de borracha que prejudicam o funcionamento da máquina);
- fita corretora (algumas máquinas possuem esse dispositivo, apagando automaticamente o erro);
- uso de papéis corretores (Errorex® e outros);
- líquido corretor.

4.14 Data

Ao datilografar o cabeçalho de uma carta, observe:

- a data deve ser colocada três linhas abaixo do cabeçalho impresso;
- quanto ao ano, jamais serão usados dois algarismos: 03 para indicar 2003;
- coloque ponto final após o último algarismo da data;
- a data é de fundamental importância numa carta; dela consta o nome da cidade, dia, mês e ano. Os dias do mês, no cabeçalho, não são precedidos de zero: 3 de julho e não 03 de julho;
- o nome do mês é escrito por extenso e com inicial minúscula;
- *data*: após a data coloque ponto:

    São Paulo, 20 de outubro de 2003.

    Coloque ponto porque se subentende um verbo oculto:
    Carta que foi escrita em São Paulo, no dia 20 de outubro de 2003.
- deve aparecer na mesma linha do índice:

    DARH-852/99   São Paulo, 20 de outubro de 2003.
    (Departamento de Administração de Recursos Humanos, carta nº 852, de 2003);
- os números cardinais, quando designam *ano*, são escritos sem ponto e sem espaço: 2002, 2003, 3 não 2.002, 2.003;
- para separar os elementos de uma data, use o hífen que proporciona clareza gráfica e economia de tempo: 20-10-03 e não 20/10/03 (no primeiro caso, temos dois

toques a menos). A forma 20.10.03 (usada na contabilidade) traz às vezes obscuridade ao texto, ou ambiguidade;

❑ quando houver necessidade de evitar fraude, coloque um zero antes do número indicativo do dia (06, 05, 04, 03, 02, 01). Para os meses, em casos de documentos em que é possível a fraude, basta colocar zero antes de 1 e 2 (01 = janeiro, 02 = fevereiro). Para os demais meses não há necessidade desse procedimento, uma vez que nenhuma falsificação é possível.

4.15 Destinatário

É o elemento mais importante da correspondência. Daí a necessidade de rigor ao grafar o nome para quem o documento é enviado. O destinatário compreende: nome, cargo, departamento a que pertence e endereço:

```
                                              ┌──────┐
                                              │ Selo │
                                              └──────┘


        Sebastião Malheiros
        Diretor do Departamento de Materiais Elétricos
        Rua Conselheiro Nébias, s/n
        01203-904     São Paulo (SP)



        ☐☐☐☐☐-☐☐☐
```

4.16 Divisão silábica (translineação)

❑ Vogais isoladas: não deixar vogal no início ou no fim de uma linha:

"O Sindicado dos Metalúrgicos agraci-
ou o pessoal..."

"O Sindicato dos Metalúrgicos não entrou em *a-
cordo* com a diretoria da Fiesp."

"O Sindicato dos Metalúrgicos não gostou da históri-
a apresentada na reunião de 10-10-2003."

❑ Evite a divisão de palavras ridículas:

"Não se dirá que os após-
tolos Pedro e Paulo..."

"O Diretor da Associação Brasileira de Corredores acu-
mula diversas funções na entidade..."

"O jovem deputado *fede-
ral*, Francisco Bertolini, deixou Brasília..."

4.17 Endereço

O endereço no alto da página inicial é constituído do designativo do cargo exercido pelo destinatário, sem referência a seu nome civil:

Ao Sr. Diretor do Departamento de Administração de Recursos Humanos do Ministério da Educação

7047 Brasília (DF)

No envelope, quando é conhecido o nome civil:

Ao Sr. Edson Mineiro, Diretor do Departamento de Administração de Recursos Humanos do Ministério da Educação

Brasília (DF)

Há inconveniência, no entanto, em colocar o nome do titular, uma vez que constantemente ocorre mudança de pessoal.

"A correspondência oficial deve ser dirigida ao cargo e não ao indivíduo. Portanto, o correto é: 'Exmo. Sr. Prefeito Municipal da cidade de Campinas', sem incluir o seu nome" (CESCA, 1984, p. 84).

No envelope da carta comercial, logo depois do nome da pessoa física ou jurídica, aparecem: nome da rua e número, CEP, cidade, Estado.

O nome da localidade do destino da correspondência não é grifado ou destacado, usando caracteres maiúsculos:

Nesta Cidade ou NESTA CIDADE ou N/C   } Devem ser
Presidente Prudente ou PRESIDENTE PRUDENTE } evitadas estas formas

Atualmente, há preferência pela forma simples, ou seja, localidade grafada com caracteres minúsculos, sem nenhum destaque.

```
                                              ┌─────────┐
                                              │  Selo   │
                                              │         │
                                              └─────────┘



                    Sr. José Carlos
                    Av. Washington Luís, 2376
                    19023-450    Presidente Prudente (SP)



                    □□□□□-□□□
```

O endereço não deve ser sublinhado. O número e o nome da rua são separados com uma vírgula. Evite datilografar n^o, exceto quando se tratar de ruas numeradas: Rua 100, nº 10.

O *endereço interno* é o que aparece no documento. Alguns autores recomendam colocar ponto ao final dele:

```
                              São Paulo, 27 de agosto de 2003.
      Sr.
      Roberto Alvino
      Caixa Postal 500
      01203-904 São Paulo (SP).
```

O endereço interno aparece quatro espaços simples abaixo da data. Hoje, o endereço interno está tornando-se antiquado e raramente é usado.

Se você dispõe de informações precisas, indique o título profissional e o cargo da pessoa a quem se destina a carta:

```
                              São Paulo, 27 de agosto de 2003.
Sr.
Roberto Alvino
Caixa Postal 500
01203-904 São Paulo (SP).
```

O *endereço externo* é o que é datilografado ou escrito no envelope. Não colocar ponto ao final dele:

Sr.
Roberto Alvino
Caixa Postal 500
01203-904 São Paulo (SP)

O sobrescrito (envelope) é endereçado sempre no meio do papel em relação à altura; mais para a esquerda, em relação à largura. Colocar no envelope:

- ❏ fórmula de tratamento: *Exmo., Ilmo., Sr.* (na grande maioria, as empresas já dispensam esse elemento, e com justa razão, pois se trata apenas de gentileza forçada, acréscimo inútil);
- ❏ nome do destinatário: é necessário ser rigorosamente correto, inclusive quanto a acentos;
- ❏ cargo ou função do destinatário;
- ❏ rua e número ou caixa postal;
- ❏ cidade (somente a letra inicial em caracteres maiúsculos; não sublinhar nem usar todas as letras maiúsculas);
- ❏ vila ou bairro;
- ❏ estado (abreviatura);
- ❏ Código de Endereçamento Postal (não use ponto para separar as unidades nem as iniciais CEP antes do número).

Use espaço duplo no endereçamento do sobrescrito; evite, portanto, colocar todos os elementos muito abertos ou muito espremidos. Observe que a linha do CEP deve ser destacada do endereço, com espaço maior em relação à linha anterior.

Podem ser dispensáveis as fórmulas de tratamento *Ilmo. Sr.*, bem como a colocação de *à* ou *ao* antes dos nomes femininos e masculinos.

No verso do envelope, aparece:

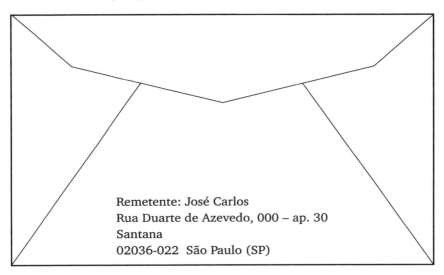

Remetente: José Carlos
Rua Duarte de Azevedo, 000 – ap. 30
Santana
02036-022 São Paulo (SP)

Quanto à digitação do envelope, observe, além do que já foi exposto:

- não sublinhe o endereço;
- o CEP deve ser a última linha;
- evite escrever CEP antes do número ou código;
- o número do CEP não leva ponto: 19100 e não 19.100;
- use caixa postal ou endereço completo (rua e número), jamais ambos ao mesmo tempo;
- coloque sempre, depois do nome da cidade, a sigla do Estado;
- se a carta for confidencial, coloque tal indicação abaixo do selo.

4.18 Fecho de carta

A tendência é reduzir ao mínimo as palavras de um fecho de carta.

Para economizar tempo e aumentar a eficiência, evite as formas complexas. Quando possível, use uma linha em vez de duas:

Evite:
- despeço-me,
  atenciosamente.
- despeço-me,
  Atenciosamente.
- despeço-me,
  ATENCIOSAMENTE.

Prefira: despeço-me atenciosamente.

4.19 Formas combinadas, simples e complexas

Usar parênteses em formas combinadas somente quando a leitura do novo grupo de letras resultar normal:

Autor(a)
Senhor(a)

Evite as seguintes combinações:

Protestarei(emos) – da qual resulta *protestareiemos*.
Recebi(emos) – da qual resulta *recebiemos*.
Prezado(a) – da qual resulta *prezadoa*.

Para esses casos, use:

Protestar$\frac{ei}{emos}$ Receb$\frac{i}{emos}$ Prezad$\frac{o}{a}$

As formas combinadas refletem excessiva preocupação com minúcias que, antes de manifestar rigor lógico e gramatical, comunicam posições extremadas que muitas vezes caem no ridículo.

Formas simples: o datilógrafo, a secretária ou o próprio redator devem procurar formas simples de digitação, isto é, quando possível, optar por uma linha digitada em vez de duas; evitar o uso de maiúsculas (exige sempre uns toques a mais); o uso de muita sublinha; o excesso de aspas etc. As formas simples reduzem o tempo despendido e o custo operacional:

Formas complexas	Formas simples
❏ Diretor-Presidente	– Diretor-presidente ou Diretor Presidente
❏ Ilmo. Sr. Prof. Fulano de Tal	– Prof. Fulano de Tal
❏ I.N.P.S.	– INPS
❏ S/A.	– S.A.

4.20 Grampeamento

Usar o grampeamento a máquina; as folhas são unidas no ângulo superior esquerdo, em diagonal.

4.21 Sinais de pontuação

Não deixar espaço entre o hífen e a última letra de uma linha:

Não há espaço entre a última letra da palavra e os sinais de pontuação: vírgula, ponto final, ponto-e-vírgula, interrogação e exclamação.

Não usar hífen, mas traço nos seguintes casos:

A estrada Santos – Jundiaí

A ponte Rio – Niterói

4.22 Importâncias

A grafia de importâncias segue as seguintes normas:

- ❏ se o número não couber na linha, usar a reticência:
Recebeu um cheque no valor de R$...
200.000, referentes ao pagamento de...;
- ❏ em documentos, é conveniente grafar, após o número, a importância por extenso, entre parênteses;
- ❏ quantias muito extensas podem ser grafadas pelo processo misto: 200 milhões de reais (em vez de 200.000.000).

4.23 Indicações e iniciais

Indicação de rodapé: iniciais do redator e do datilógrafo, separadas por barras oblíquas (diagonal).

AB/MAC = Almeida Brandão (redator); Maria Aparecida Cristina (datilógrafa)

Essas iniciais podem aparecer em letras minúsculas:

ab/mac

Iniciais do datilógrafo: colocar no rodapé, à esquerda, sob a assinatura e após as iniciais do redator:

Atenciosamente,

Josualdo Meireles,
Gerente.

JM/WB

Iniciais do redator: colocar no pé da página, à esquerda, sob a assinatura, antes das iniciais do datilógrafo.

Supondo-se que a carta tenha sido escrita por José Carlos e digitada por Maria Aparecida:

JC/MA

4.24 Índice (número de ordem) – emitente

As letras indicativas de Departamento podem apresentar outras letras que não as da abreviatura (DRH), isto é, pode ser adotada a abreviação: *Dpto. Rec. Hum.* A ordem numérica deve ser retomada todo ano. Se em sua empresa o papel de carta já traz impresso o nome do Departamento emitente, então coloque somente o número de ordem da carta e o ano. Preferencialmente, ele aparece à esquerda do papel, na mesma linha da data, mas há quem o use à direita sobre a data.

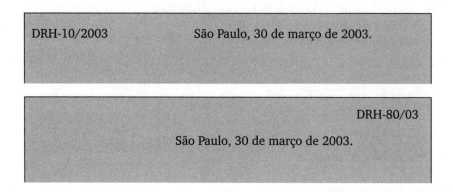

Emitente: DRH-80/03: esses índices indicam que a correspondência é proveniente do Departamento de Recursos Humanos; trata-se da octogésima carta do ano de 2003. Esse procedimento de colocar as iniciais do departamento, o número de expedição da correspondência e o ano proporciona ao destinatário facilidade em caso de entrar em contato futuro com alguém da empresa: bastará informar os números-índices.

Modernamente, já é pouco utilizado o número relativo ao ano: *DRH-80*

4.25 Itemizações

Numa sequência de letras, dispostas como divisão de algum assunto, é recomendável o uso do parêntese de fechar, ou traço, ou ponto (este último deve ser preferido):

"Para a redução do custo operacional, deve o datilógrafo:

a. eliminar a grafia com caracteres maiúsculos. Escrever, sempre que possível, com letras minúsculas;
b. não usar ponto nas abreviaturas;
c. usar hífen para separar datas: 10-10-03;
d. padronizar formalmente a correspondência."

(Veja tópico *Algarismos cardinais*.)

4.26 Maiúscula, itálico, sublinha

Para enfatizar ideias, use um dos seguintes procedimentos:

- Sublinhando-as:
O <u>documento</u> assinado pelo presidente...
- Usando grifo alemão (espacejando letras)
As n o t í c i a s são negativas
- Escrevendo em caracteres maiúsculos:
A RIQUEZA DAS NAÇÕES É O SEU POVO.
- Colocando aspas na expressão que deseja destacar.
O conto "Missa do Galo", de Machado de Assis...
- Usando itálico:
A orientação-chave para a secretária, relativamente à redação, é usar vocabulário do conhecimento do destinatário, ou seja, deve estar atenta ao *repertório* dele.
- Usando negrito (**bold**):
A expressão **qualidade total** faz parte do quotidiano da secretária.

Nota: evite o uso simultâneo de diversas possibilidades para realçar uma ideia: aspas e sublinha (grifo), ou caracteres maiúsculos e itálico, ou caracteres maiúsculos e aspas, ou itálico, caracteres maiúsculos e negrito.

As maiúsculas servem para destacar palavras. Não evite, no entanto, usá-las excessivamente, pois esse processo afeia e sobrecarrega a estética de uma página impressa.

Não são escritos com maiúsculas os termos da invocação ou fechos:

Errado	Certo
SENHOR PRESIDENTE	Sr. Presidente:
Saudações Atenciosas.	Saudações atenciosas.
Subscrevo-me	Subscrevo-me atenciosamente.
ATENCIOSAMENTE.	

4.27 Pessoas jurídicas ou físicas

Uma carta pode ser dirigida a uma pessoa física ou jurídica (razão social, empresa). Neste último caso, use preposição e artigo separadamente do nome da empresa:

À   Ao

Editora Atlas S.A.   Dias Martins S.A.

Em caso de *pessoa física*, você pode usar a expressão de tratamento acima do nome:

Senhor   Sra.

Roberto Medeiros   Lúcia Medeiros

Evite o uso de *Senhorita*.

O uso da preposição e do artigo antes dessas formas de tratamento é facultativo, bem como o uso da forma de tratamento:

Ao Sr.
Roberto Medeiros

Sr.
Roberto Medeiros

Roberto Medeiros
Av. Bosque da Saúde, XYZ
04142 São Paulo (SP)

4.28 Pontuação

Vírgula: a vírgula deve ser usada exclusivamente para separar a parte inteira da parte decimal.

2,3; 10,4%; 10,5 cm; 2,5 l.

Observação: não use vírgula para separar horas, mas dois-pontos:

2:00 ou 2h00 ou 2 horas

2h30 min e não 2,30 min

Dois-pontos: use este sinal na determinação de hora:

1:00 de segunda-feira

5:00 de terça-feira

6:30 min de sábado.

Nos vocativos de correspondência, ou invocação, também são usados dois-pontos em lugar de vírgula ou ponto:

Prezados Senhores:

Caro Senhor:

Cliente Amigo:

O sinal de pontuação, qualquer que seja ele, deve ficar colado à palavra que o precede (não há, entre ele e a última letra da palavra, espaço).

4.29 Referência ou assunto

É a ementa da carta. É um resumo do texto, escrito ao alto, à direita. Usar apenas quando se tratar de documento extenso. Deve aparecer de preferência após o vocativo epistolar, também conhecido por invocação:

São Paulo, 20 de março de 2003.

À
Editora Atlas S.A.
Caixa Postal 7186
01203-904 São Paulo (SP)

Ref.: Original para sua avaliação.

Prezada Fafá de Bilros:

_____
_____
_____
_____
_____

4.30 Telefone (número telefônico)

Os números telefônicos têm o prefixo separado por um hífen:

Tel.: (011) 3357-9144

Colocar entre parênteses o código de DDD.

4.31 Tratamento (formas)

Em caso de cartas formais, use Sua Excelência ou coloque no cabeçalho, no endereço:

Excelentíssimo Senhor

ou:

Sua Excelência Senhor
Josué de Almeida
Governador do Estado de Santa Catarina

O vocativo correspondente é *V. Sa.* e deve ser usado no corpo da carta.

Se você escreve S. Sa. (*Sua Senhoria*) no texto da carta, embora desaconselhável, pode usar (*Ilmo. Sr.*) (*Ilustríssimo Senhor*) no envelope e no cabeçalho (endereço do destinatário). (Em geral, as empresas dispensam o *ilustríssimo*, por se tratar de gentileza forçada.) Os vocativos do texto serão *V. Sa.*

O pronome de tratamento *V. Sa.* exige verbo na terceira pessoa do singular: *V. Sa. é digna dos maiores elogios.*

4.32 Vocativo

O vocativo numa carta deve ser seguido de dois-pontos:

Prezado Senhor:
Distinta Diretoria:
Senhores:

Se a correspondência é dirigida a pessoa jurídica, a saudação conveniente é *Senhores*, ou *Prezados Senhores*.

O *vocativo* deve corresponder à realidade. Evite os *muito digno, respeitabilíssimo, prezadíssimo, caríssimo* e outros.

Em vez de *Prezado Senhor*, use alguma outra forma como:

Senhor Diretor:
Professor:
Senhor Cliente:
Cliente amigo:
Senhores:

5 Leitura

Após a leitura do texto, discutir em grupo suas principais ideias, e apresentar o resultado para toda a classe. Como roteiro para seu estudo, considere as seguintes questões:

1. Você considera o estudo da gramática indispensável? Que outros meios indica para a aprendizagem da Língua Portuguesa? Você estuda gramática, lê jornais, revistas, livros? Quais?
2. Que regras considera básicas no estudo da gramática da Língua Portuguesa? Que entende por sintaxe? Que entende por morfologia? Que entende por fonética?
3. Comente a frase: "O importante é comunicar." Que é preciso para que possamos comunicar nossas ideias?
4. Com relação às palavras, o autor do texto diz: "Só uso as que eu conheço, as desconhecidas são perigosas e potencialmente traiçoeiras." E: "As palavras, afinal, vivem na boca do povo." Comente ambas as frases.
5. Que significa fazer da palavra uma patroa?

"O gigolô das palavras

Quatro ou cinco grupos diferentes de alunos do Farroupilha estiveram lá em casa numa mesma missão, designada por seu professor de Português: saber se eu considerava o estudo da Gramática indispensável para aprender e usar a nossa ou qualquer outra língua. Cada grupo portava seu gravador cassete, certamente o instrumento vital da pedagogia moderna, e andava arrecadando opiniões. Suspeitei de saída que o tal professor lia esta coluna, se descabelava diariamente com as suas afrontas às leis da língua, e aproveitava aquela oportunidade para me desmascarar. Já estava até preparando, às pressas, minha defesa ('Culpa da revisão! Culpa da revisão!'). Mas os alunos desfizeram o equívoco antes que ele se criasse. Eles mesmos tinham escolhido os nomes a serem entrevistados. Vocês têm certeza que não pegaram o Verissimo errado? Não. Então vamos em frente.

Respondi que a linguagem, qualquer linguagem, é um meio de comunicação e que deve ser julgada exclusivamente como tal. Respeitadas algumas regras básicas da Gramática, para evitar os vexames mais gritantes, as outras são dispensáveis. A sintaxe é uma questão de uso, não de princípios. Escrever bem é escrever claro, não necessariamente certo. Por exemplo: dizer 'escrever claro' não é certo mas é claro, certo? O importante é comunicar. (E quando possível surpreender, iluminar, divertir, comover... Mas aí entramos na área do talento, que também não tem nada a ver com Gramática.) A Gramática é o esqueleto da língua. Só predomina nas línguas mortas, e aí é de interesse restrito a necrólogos e professores de Latim, gente em geral pouco comunicativa. Aquela sombria gravidade que a gente nota nas fotografias em grupo dos membros da Academia Brasileira de Letras é de reprovação pelo Português ainda estar vivo. Eles só estão esperando, fardados, que o Português morra para poderem carregar o caixão e escrever sua autópsia definitiva. É o esqueleto que nos traz de pé, certo, mas ele não informa nada, como a Gramática é a estrutura da língua mas sozinha não diz nada, não tem futuro. As múmias conversam entre si em Gramática pura.

Claro que eu não disse tudo isso para meus entrevistadores. E adverti que minha implicância com a Gramática na certa se devia à minha pouca intimidade com ela. Sempre fui péssimo em Português. Mas – isto eu disse – vejam vocês, a intimidade com a Gramática é tão dispensável que eu ganho a vida escrevendo, apesar da minha total inocência na matéria. Sou um gigolô das palavras. Vivo às suas custas. E tenho com elas a exemplar conduta de um cáften profissional. Abuso delas. Só uso as que eu conheço, as desconhecidas são perigosas e potencialmente traiçoeiras. Exijo submissão. Não raro, peço delas flexões inomináveis para satisfazer um gosto passageiro. Maltrato-as, sem dúvida. E jamais me deixo dominar por elas. Não me meto na sua vida particular. Não me interessa seu passado, suas origens, sua família nem o que outros já fizeram com elas. Se bem que não tenha também o mínimo escrúpulo em roubá-las de outro, quando acho que vou ganhar com isto. As palavras, afinal, vivem na boca do povo. São faladíssimas. Algumas são de baixíssimo calão. Não merecem o mínimo respeito.

Um escritor que passasse a respeitar a intimidade gramatical das suas palavras seria tão ineficiente quanto um gigolô que se apaixonasse pelo seu plantel. Acabaria tratando-as com a deferência de um namorado ou com a tediosa formalidade de um marido. A palavra seria a sua patroa! Com que cuidados, com que temores e obséquios ele consentiria em sair com elas em público, alvo de impiedosa atenção de lexicógrafos, etimologistas e colegas. Acabaria impotente, incapaz de uma conjunção. A Gramática precisa apanhar todos os dias para saber quem é que manda" (VERISSIMO, Luis Fernando. O gigolô das palavras. In: LUFT, Celso Pedro. *Língua e liberdade*. 8. ed. Porto Alegre: L&PM, 1985. p. 14-16).

Exercícios

1. *Se você tem de escrever uma carta de cobrança, qual é seu objetivo?*
2. *Que significa colocar-se no lugar do receptor? Ao escrever, o redator deve levar em conta quem vai ler a carta? Deve preocupar-se com o grau de escolaridade dessa pessoa? Como será o vocabulário dessa carta?*
3. *Ao escrever uma carta comercial, uma secretária precisa de informações sobre o que será o assunto dela? Por quê?*
4. *Como é que você planeja a estrutura de comunicação de uma carta? Você tem o hábito de elaborar o plano de uma carta, considerando o que colocará na introdução, no desenvolvimento, na conclusão? Tem o costume de abordar todos os ângulos da questão: os positivos e os negativos? Por quê?*
5. *Uma secretária que busca no dicionário palavras que não conhece para utilizar numa correspondência comete algum engano? Que acha de ter como objetivo, numa carta comercial, buscar impressionar o leitor pelo uso de palavras difíceis?*
6. *Há duas formas de tratar um assunto: uma em que se é vago, em que se faz rodeios; outra em que se é direto e se utiliza de vocabulário preciso, usado dentro da própria empresa e conhecido do cliente. Uma secretária que usa em suas cartas palavras como: coisa, semana que vem, mês vindouro, ano que vem, mês passado, mercadoria e outras expressões vagas transmite com precisão suas ideias? Por quê?*
7. *Que significa uma secretária ter de previamente selecionar fatos e evitar opiniões quando está escrevendo?*
8. *Que significa ter de refletir antes de escrever uma carta?*
9. *Por que é que uma carta comercial deve ser escrita utilizando linguagem gramatical?*
10. *Frases curtas para ampliar a eficácia da mensagem é procedimento adequado na prática da redação comercial?*
11. *Você tem o costume de ler as cartas novamente, antes de respondê-las e dar resposta às perguntas nelas feitas?*
12. *Quando a estética de sua carta não agrada, que procedimento você toma?*
13. *Você utiliza muito pronome pessoal, como eu, ou nós? É preferível evitá-los? Por quê?*
14. *Como evitar o uso excessivo de conjunções?*
15. *Como escrever uma mensagem clara?*

16. Simplifique as seguintes expressões:
    a. Segue anexa a esta uma duplicata.
    b. Segue anexa a esta uma nota fiscal.
    c. Segue anexo a esta um boletim de informações gerais.
    d. Em maio próximo futuro do ano de 1999.
    e. Nós acusamos a chegada do documento que V. Sa. nos enviou no mês passado.
    f. Seu pedido que nos enviou semana passada será prontamente atendido assim que nossa produção voltar à normalidade.
    g. Estamos na expectativa de que o mercado venha a melhorar.
17. Relacione algumas expressões constantes da redação comercial que se tornaram desgastadas e antiquadas.
18. Que é estilo endentado ou semibloco?
19. Que é estilo bloco?
20. Que é estilo bloco compacto ou cheio?
21. Qual a diferença entre **à atenção de, em mãos, aos cuidados de**?
22. Como fazer a concordância com a palavra **anexo**?
23. Como grafar o nome do cargo ou função de quem assina uma carta?
24. Quais são as regras básicas para a utilização do CEP?
25. Como é que você abrevia hora? Abreviar 2 horas e 30 minutos.
26. Qual o sinal de pontuação que deve vir após um vocativo epistolar?
27. Qual a posição mais recomendada para a referência de uma carta?
28. Como fazer a concordância do verbo com o pronome de tratamento **Vossa Senhoria**?
29. Que entende por formas complexas e formas simples? Dê exemplos.
30. Que recomendações podem ser feitas para a elaboração de um cabeçalho?

8

Mensagens Eletrônicas[1]

1 Mensagens eletrônicas

A mensagem eletrônica é como outra qualquer mensagem escrita. Requer os mesmos cuidados de clareza, simplicidade, coerência, coesão entre as ideias, precisão. Se, ao redigir um *e-mail*, o redator ocupa-se em dar resposta aos seguintes elementos: **o que** (o objeto do texto, da comunicação), **para quem** (quem receberá a mensagem), **para que** (objetivo da comunicação), **quando ocorreu o fato**, ou a data em que deve ficar pronto um produto, por exemplo, **como** o leitor deve proceder, como foram realizados os trabalhos, por exemplo, e **por que** se está comunicando, por que ocorreu determinado fato, por exemplo.

Além dessa preocupação com a precisão da informação, o redator deve considerar aspectos relativos à persuasão: com gentileza poderá alcançar melhores resultados do que com rispidez. Assim, nunca é demais um *por favor, por gentileza, queira por gentileza, muito obrigado, obrigado por sua atenção, desculpe-nos por..., queira nos desculpar por...*

A preocupação em escrever abreviadamente nos *e-mails* não se justifica, e deve ser evitada. Muitas pessoas que escrevem *e-mail* acreditam que o efeito de sua mensagem está no número de abreviaturas que utiliza (*vc* = você; *rs* = risos; *u.u'* = ah...; *bj* = beijo; *bjs* = beijos). A tela está toda à frente do redator. Não deve, porém, escrever 30 linhas se a mensagem suficiente comporta apenas 3 para que as ideias fiquem claras.

Ao final do texto, é recomendável colocar o nome e sobrenome, para que o interlocutor possa identificar quem escreveu o *e-mail*. Não se esqueça de que uma pessoa pode utilizar o *e-mail* de outra para enviar sua mensagem.

---

[1] Publicado originalmente em *Correspondência*: técnicas de comunicação criativa. 15. ed. São Paulo: Atlas, 2002. p. 364 s.

2 Como escrever um texto para veiculá-lo por *e-mail*

Diante da tarefa de enviar um *e-mail* ou responder a algum texto que lhe foi enviado, considere que escrever é um processo que envolve variadas etapas. Inicialmente, faça uma coleta dos dados que deseja transmitir a seu correspondente e ponha-se a pensar sobre tais informações. Não seja apressado a pôr-se a escrever imediatamente. Controle seus impulsos, para que o texto que vai escrever seja resultado de suas reflexões. Lembre-se de que você não é um suposto literato experimentado, capaz de escrever sem considerar esta etapa inicial. Além disso, os grandes escritores sempre se dedicaram mais à reflexão que propriamente à redação, visto que um texto bem pensado pode alcançar melhores resultados que um escrito às pressas.

Concluída a etapa inicial, considere o fato mais importante que tem em vista comunicar e qual é seu objetivo. Se precisa dizer que viajará em 10 dias, diga simplesmente: "Estou viajando dentro de 10 dias" ou "Viajo daqui a 10 dias". Não se admita construir um texto complexo, com palavras difíceis, com os termos da oração invertidos. Nada disso. Evite fazer literatura, introduzindo em seu texto metáforas ou outras figuras de linguagem de difícil compreensão. O importante é comunicar um pensamento, tornar comum o que você deseja que seu correspondente entenda. Por isso, considere o nível de conhecimento de seu interlocutor e saiba que um texto não gramatical pode trazer inúmeros prejuízos a você, pois erros de grafia, de concordância verbal ou nominal, de regência verbal ou nominal, de conjugação verbal e outros transmitem uma imagem ruim de sua pessoa. Textos mal escritos não convencem ninguém e constituem um argumento de que foi escrito às pressas e seu valor é muito pequeno. Portanto, tenha presente que um dos argumentos mais fortes nas comunicações empresariais é o uso da linguagem gramatical. Não pense que o outro será compreensivo com suas falhas. Em geral, as pessoas com algum conhecimento prestam muita atenção aos erros gramaticais alheios.

Para escrever com segurança, além da competência linguística, que consiste em ler e entender textos alheios, bem como em produzir textos bem articulados e compreensíveis, é também relevante o conhecimento dos elementos do processo de comunicação: emissor, referente, mensagem, contato, código, destinatário.

Se você não conhece seu destinatário, maiores dificuldades terá para elaborar uma mensagem. É preciso saber qual o nível de conhecimento dele, amplitude de seu vocabulário (repertório); se dispuser de algumas informações sobre seu comportamento, melhor ainda. A comunicação para estabelecer-se necessita desses conhecimentos, e talvez o grande problema da maioria das pessoas que não são hábeis para elaborar uma mensagem resida na excessiva confiança de que para comunicar-se basta conhecer a língua. Há obstáculos que devem ser levados em conta, como preconceitos, preferências, que se constituem em ruídos na comunicação. Um comunicador de sucesso dedica-se a elaborar textos do mesmo nível linguístico de seu interlocutor.

Além disso, descubra as informações mais importantes a relatar, use uma linguagem respeitosa e gentil, bem como escolha um canal adequado para veicular sua mensagem. O melhor canal para estabelecer a comunicação que você tem em vista é o *e-mail*? Você tem certeza de que seu interlocutor gosta de receber *e-mail*? Um telefonema não seria solução mais conveniente? Você tem ideia da quantidade de mensagens eletrônicas que seu interlocutor recebe por dia e de que a sua não se perderá entre tantas? É possível um contato pessoal, uma conversa mais demorada? Enfim, use o canal adequado para transmitir suas informações.

Esses conhecimentos são relevantes, mas ainda não são suficientes. É preciso que você tenha necessidade realmente de estabelecer a comunicação. Já pensou na possibilidade de esperar mais um pouco, para juntar duas ou três informações para não precisar enviar meia dúzia de mensagens durante o dia?

Relativamente à redação do texto, alguns cuidados são elementares, como: evite a todo custo tentar construir uma mensagem literária, com muitas metáforas de difícil decodificação, vocabulário raro, períodos intermináveis e incompreensíveis pelo deslocamento do sujeito ou do predicado. Escreva com clareza, apresentando suas ideias em ordem direta: sujeito + verbo + complemento. Use poucos adjetivos e advérbios. É preciso transmitir ideias, e elas são transmitidas por substantivos.

Estruturalmente, o texto deve ter um vocativo (saudação inicial), a mensagem propriamente dita, uma despedida respeitosa e assinatura (nome do remetente).

A saudação inicial deve ser composta pelo nome da pessoa, seguido de dois-pontos:

Prezado Machado de Assis:

Quincas Borba:

Cecília Meireles:

Ao digitar seu texto, evite o excesso de destaque, como uso de letras maiúsculas, itálico, sublinha, negrito (**bold**), aspas e outros. Ocupe-se sobretudo com a coesão das ideias. Elas precisam estar relacionadas umas com as outras. Por isso, é recomendável o uso de frases curtas (de até 15 palavras), de orações coordenadas:

Estou enviando o livro que me pediu.

Aguardo sua resposta até 18 horas.

Saiba que a mensagem não pode ser excessivamente aberta, ou seja, composta de termos imprecisos, como: *semana que vem, mês que vem, depois do feriado, meados do mês, até o final do mês, de manhã, à tarde, depois do expediente, bom, ruim, feio, bonito, simpático.* Enfim, substitua todas as expressões que você perceber que podem gerar dúvidas. A comunicação é eficaz quando consegue alcançar seu objetivo. Por isso, a necessidade de dedicar bom tempo para aprender a escrever, a comunicar-se com segurança, a certificar-se de que o interlocutor entendeu o que você tinha em vista. Não pense que a comunicação é um ato que se possa produzir maquinalmente. Se você é desajeitado com as palavras e a elas não se dedica, possivelmente não aprenderá a redigir mensagens comunicáveis. Um dos segredos da comunicação está no uso das palavras: escolha-as como se fosse um cozinheiro selecionando produtos para fazer um prato delicioso. Examine as palavras, considerando seu perfume, as reações que podem provocar, sua cor, seu gosto, o som que estabelecem.

Do ponto de vista gramatical e do sentido, atente para a coerência das ideias, bem como de sua coesão. Relativamente a este último aspecto, cuidado com as conjunções, com a relação de uma parte das ideias com outras da mesma frase. Há expressões que exigem maior atenção, como: *apesar de, embora, ainda que, não obstante, mas*. Observe, por exemplo, como são destituídas de sentido frases como:

Apesar da alegria, ele pula carnaval.

Embora faça sol, ele é um aluno muito inteligente.

Ainda que nos falte dinheiro no bolso, gostamos de conversar.

Não obstante o acúmulo de tarefas, a secretária é muito simpática.

Ela é muito estudiosa, mas passou no Vestibular.

Além da atenção quanto ao uso dessas partículas que favorecem a relação adequada entre as ideias de uma mesma frase, é de rigor manter-se alerta quanto a algumas expressões que mudam de sentido conforme o uso da preposição. Entre elas destacam-se:

Fulano foi de encontro ao meu raciocínio. (sentido de chocou-se)

A expressão *ir de encontro a* cabe em orações em que há choque físico:

Fulano foi de encontro à parede.

Com o sentido de ter a mesma opinião, grafa-se:

O posicionamento de Fulano vai ao encontro de minhas ideias.

No campo da **paronímia** (palavras que apresentam certa semelhança de grafia e estrutura fonológica muito aproximada, mas que têm significação diferente), é de ressaltar:

Absolver (perdoar)	*Absorver* (assimilar)
Comprimento (extensão)	*Cumprimento* (saudação)
Deferimento (concessão)	*Diferimento* (adiamento)
Descriminar (absolver)	*Discriminar* (distinguir)
Despercebido (desatento)	*Desapercebido* (desprevenido)
Emergir (vir à tona)	*Imergir* (mergulhar)
Emigrar (sair de uma região)	*Imigrar* (entrar numa região)
Flagrante (evidente)	*Fragrante* (aromático)
Tráfico (comércio)	*Tráfego* (movimento)
Vultoso (de grande vulto)	*Vultuoso* (inchado)

Com relação à **acentuação**, use um dicionário sempre que estiver em dúvida. Da mesma forma, evite erros de grafia, passando o corretor ortográfico de seu computador.

A **regência nominal e verbal** é outro empecilho para quem não tem bom domínio da língua portuguesa. Para vencê-lo, dedique-se à leitura de autores reconhecidamente tidos como exemplares. Sempre que possível, é preciso ler e reler alguns romances e poemas, observando a construção das frases, o uso das preposições. Evidentemente, não se deve reduzir a leitura dos autores nacionais e portugueses a pasto filológico, ou à procura de solução de questiúnculas gramaticais. A leitura constante de autores consagrados, no entanto, torna mais fácil a aprendizagem da redação.

Deve-se dizer, por exemplo:

Amá-lo e não *amar-lhe*.

Pagar o aluguel ao dono da casa. (Observe que o verbo *pagar* exige dois complementos, um direto e outro indireto.)

Obedecer ao pai. Obedecer às leis.

Atender ao pedido e não *atender o pedido*.

Atender ao telefone e não *atender o telefone*.

Atendeu o cliente. (Quando se trata de pessoas, o verbo admite a regência direta.)

Assistir a um programa de televisão ou a um filme. Evite o *assistir um programa de televisão e um filme*.

A **concordância verbal e a nominal** são outros grandes obstáculos a vencer. Alguns verbos, como *fazer*, *haver* e *estar* exigem alguma atenção para não se cometer erros grosseiros. Por exemplo: não se deve dizer *haviam pessoas na sala*, mas havia pessoas na sala (o verbo *haver* é impessoal no sentido de existir, ou seja, não pode ser pessoalizado). Se o verbo *haver* vier acompanhado de outro verbo, sua impessoalidade é transmitida para esse verbo: *Deve haver muitas pessoas na sala* e não *devem haver muitas pessoas na sala*. O verbo *fazer* não admite o plural quando se refere a tempo: *Faz oito dias que não o vejo* e não *fazem oito dias que não o vejo*. Já o verbo *ser* admite a concordância com o predicativo: *Tudo são flores.*

Com relação ao uso dos verbos, cuidado com os verbos *pôr* e *querer*, que se escrevem com *s*:

Quis	Pus
Quiseste	Puseste
Quisera	Pôs
Quiséramos	Pusemos
Quiséreis	Puseste
Quiseram	Puseram

Os **verbos compostos** devem também merecer sua atenção, pois com muita facilidade levam a práticas não conformes com a gramática:

Eles detiveram-se a analisar o caso. E não: *Eles deteram-se a analisar o caso.*

Eles propuseram-se a verificar uma data melhor. E não: *Eles proporam-se a verificar uma data melhor.*

Os verbos *ver* e *vir* têm futuro do subjuntivo diferentes:

Quando eu vir refere-se ao verbo *ver*.

Quando eu vier refere-se ao verbo *vir*.

Também é de destacar a **conjugação** dos verbos *mediar, ansiar, remediar, incendiar e odiar*, que pedem um *e* antes de *i*:

Medeio

Anseio

Remedeio

Incendeio

Odeio

3 Exemplário de mensagens eletrônicas

Verificamos que ainda não recebemos sua resposta a nossas solicitações de 3-3-2004.

Por favor, queira enviar-nos sua proposta.

Gostaríamos de manter nossa boa relação comercial com sua empresa. Por isso, esperamos sua compreensão para os aumentos de preço de nossa tabela.

Pedimos-lhe que nos envie uma lista de preços atualizada.

Solicitamos-lhe uma descrição rigorosa da qualidade de seus produtos.

Gostaríamos que nos informasse sobre a garantia de seus produtos.

Para o andamento equilibrado de nossos pedidos, gostaríamos de saber o nível de seu estoque para o produto X.

Precisamos de algumas amostras de seus produtos.

Necessitamos de informações sobre suas condições de fornecimento.

Lamentavelmente, não dispomos dos produtos que nos pede.

O livro que nos pediu saiu de nosso catálogo e não podemos atendê-lo. Não há previsão para nova edição.

Nossa cotação tem validade de 30 dias.

Nossos produtos são embalados em caixas de papelão ondulado e despachados pela transportadora X.

Os livros sobre os quais nos pede informações podem ser despachados imediatamente.

A entrega dos produtos sobre os quais nos consultou pode ser feita segundo seu interesse.

As amostras que nos pede serão enviadas dia 3-6-2004.

A 6ª edição do livro Redação científica, *de João Bosco Medeiros, foi totalmente refeita. Nada há em comum com a 5ª edição.*

Nossas condições de fornecimento são as mesmas para toda a praça de São Paulo.

O produto constante de seu pedido está saindo de nossa linha de produção. Não poderemos atendê-lo.

Os pedidos mínimos a que podemos atender são de R$ 1.000,00.

Nossos descontos são os mesmos para toda a praça, ou seja, 30%.

Pedimos-lhe algumas informações sobre tais fatos...

São as seguintes as informações que podemos fornecer-lhe...

Já não dispomos de armazém para estoque de tão grande quantidade de mercadoria.

Queira, por gentileza, informar-nos o prêmio para a cobertura do transporte de nossas mercadorias.

4 Leitura

Considerando o texto adiante transcrito, focalizar as seguintes questões em sua discussão com colegas: (a) por que uma mensagem não funciona para todas as pessoas?; (b) qual o desafio da criação de uma mensagem?; (c) como se determina o melhor conteúdo de uma mensagem?; (d) quais são os tipos de apelo usados numa mensagem?; (e) como é um apelo racional?; (f) como são os apelos emocionais?; (g) que tem a dizer sobre apelos emocionais positivos?; (h) como são os apelos morais?; (i) quando as mensagens são mais persuasivas?

> *"O comunicador tem que imaginar o que vai dizer à audência-alvo para produzir a resposta desejada. Na era de marketing de massa, ensinou-se que uma mensagem funcionaria para todas as pessoas. Hoje, sabemos que pessoas diferentes procuram benefícios diferentes no mesmo produto. Elas estão prestando menos atenção à propaganda massiva em função da pressão de tempo e de suas crenças de que muitas marcas são iguais. Estão 'surfando' entre os canais de televisão e programando a sintonização de suas estações de rádio preferidas. Assim, o desafio é criar mensagens que atrairão a atenção de grupos-alvos específicos. Por exemplo, a Creative Artists, agência de propaganda da Coca-Cola, produziu um pool de comerciais destinado a diferentes segmentos de mercado. Os gerentes locais e globais da Coca-Cola decidem que comerciais funcionam melhor em cada segmento-alvo.*
>
> *Ao determinar o melhor conteúdo da mensagem, a administração busca um* apelo, ideia *ou* proposição única de venda. *Isto significa formular algum tipo de benefício, motivação, identificação ou razão por que a audência deve considerar ou investigar o produto. Há três tipos de apelos: racional, emocional e moral.*
>
> *Os* apelos racionais *atraem o autointeresse da audiência. Mostram que o produto proporcionará os benefícios anunciados. São exemplos as mensagens que demonstram a qualidade, economia, valor ou desempenho de um produto. Acredita-se amplamente que os compradores industriais respondem mais a apelos racionais. Eles possuem conhecimento sobre a classe do produto, são treinados para reconhecer seu valor e sua escolha é levada em consideração por outras pessoas. Os consumidores, quando compram certos itens de preços elevados, tendem também a reunir informações e a comparar alternativas. Responderão a apelos de qualidade, economia, valor e desempenho.*

Os apelos emocionais *tentam despertar emoções negativas ou positivas para motivar a compra. As empresas procuram encontrar a* proposição emocional de venda *correta. O produto pode ser similar ao do concorrente, mas possui associações únicas para os consumidores (exemplos são Rolls Royce, Harley Davidson e Rolex); as comunicações devem apelar para essas associações. Além disso, os comunicadores têm trabalhado com apelos negativos como medo, culpa e vergonha para que as pessoas adotem determinados hábitos (por exemplo, escovar os dentes, fazer* checkup *anual) ou evitem outros (por exemplo, fumar, abusar do álcool, usar drogas, comer em excesso). Os apelos de medo são eficazes, mas funcionam melhor se não forem muito fortes. Evidências de pesquisas indicam que nem os apelos extremamente fortes, nem os extremamente fracos são tão eficazes quanto os moderados para produzir adesão a uma recomendação. Ademais, os apelos de medo funcionam melhor quando a credibilidade da fonte é alta. O apelo de medo também é mais eficiente quando o comunicador promete atenuar, de maneira eficiente, o medo que ela desperta.*

Os comunicadores também usam apelos emocionais positivos como humor, amor, orgulho e prazer. Entretanto, não há ainda evidência de que a mensagem de humor é necessariamente mais eficaz do que uma versão direta da mesma mensagem. Provavelmente, as mensagens de humor atraem mais a atenção e criam mais simpatia e crédito no emissor. Cliff Freeman, o redator responsável pela personagem 'Pequeno Cesar' do anúncio de humor 'Pizza, Pizza' e da venerável campanha 'Onde está o bife?', da Wendy's, defende que 'o humor é um grande artifício para a aceitação inicial de um comercial. Quando você faz as pessoas sorrirem, e elas se sentem bem após ver o comercial, gostam da associação com o produto'. Entretanto, outras pessoas afirmam que o humor pode prejudicar a compreensão do anúncio, desgastar sua rápida aceitação inicial e ofuscar o produto.

Os apelos morais *são dirigidos para o que a audiência julga certo e apropriado. Frequentemente, são usados para exortar as pessoas a apoiarem causas sociais como manter o meio ambiente mais limpo, melhorar as relações raciais, direitos iguais para as mulheres e ajuda aos desafortunados. Um exemplo é o apelo da March of Dimes (Marcha dos dez centavos): 'Deus o fez completo. Ajude aqueles que Ele não fez assim.' Os apelos morais são menos frequentemente usados em associação com produtos cotidianos.*

Alguns comunicadores acreditam que as mensagens são mais persuasivas quando divergem moderadamente das crenças das pessoas. Aquelas que afirmam apenas o que a audiência acredita atraem menos a atenção e, no máximo, reforçam suas crenças. Entretanto, se as mensagens forem muito divergentes em relação às crenças da audiência, esta apresentará argumentos contrários e desacreditará delas. O desafio é desenvolver uma mensagem moderadamente divergente que evite os dois extremos.

As empresas que vendem seus produtos em países diferentes devem estar preparadas para variar suas mensagens. Por exemplo, na propaganda de produtos para cuidar do cabelo, a Helene Curtis ajusta suas mensagens. As mulheres britânicas da classe média, *por exemplo, lavam frequentemente seus cabelos, enquanto o oposto é verdadeiro para as mulheres espanholas. As mulheres japonesas também evitam lavar muito seus cabelos temendo a remoção dos óleos protetores"* (KOTLER, 1998, p. 533-534).

Exercícios

1. Quais são as etapas que um redator deve considerar ao escrever um e-mail?
2. Que é necessário para escrever com segurança, além da competência linguística?

3. Ao escrever suas mensagens, você leva em consideração o receptor? Sabe quem ele é? De que tipo de informação ele precisa? Qual seu grau de conhecimento linguístico e do objeto da comunicação?
4. Que significa repertório de vocabulário? Você considera correto usar em e-mail palavras pouco comuns na linguagem coloquial?
5. De que a comunicação precisa para estabelecer-se?
6. Quais são os obstáculos à comunicação?
7. Que são ruídos na comunicação?
8. Quais são as palavras que indicam gentileza na comunicação?
9. Você usa indistintamente e-mail para todas as suas necessidades de comunicação? Quando recomenda um telefonema? Quando recomenda a comunicação face a face?
10. Discorra sobre o que entende por escrever com clareza.
11. Que é uma mensagem aberta? Que é uma mensagem fechada? Dê exemplos.
12. Que recomenda do ponto de vista gramatical e do sentido, à elaboração de textos, como um simples e-mail?

9

Atendimento Telefônico

1 Princípios básicos

O atendimento telefônico envolve o conhecimento de princípios básicos como: cortesia, tranquilidade, atenção, modulação da voz.

Outras recomendações para o atendimento telefônico são: ter à mão papel e lápis para anotações; ao anotar, é conveniente repetir nomes e números; tomar nota de nomes inteiros (nome e sobrenome); tomar nota do número do ramal, se houver; deixar o nome de seu executivo quando falar em nome dele; soletrar nomes difíceis e usar palavras para transmitir determinados fonemas, como *b, d, p, t, c* (por exemplo, *b* de Bahia, *d* de ditado, e assim por diante). Finalmente, não há necessidade de exagerar a altura da voz.

Relembramos aqui o que nos diz Lélia K. Siqueira, em Eficiência Profissional (II Encontro Brasileiro de Aperfeiçoamento Profissional para Secretárias):

> "Nosso desempenho profissional nos coloca em contato direto com tarefas e pessoas. Nosso dia-a-dia pode ser traduzido em 80 a 90% de *comunicação* e 10 a 20% de atividades mecânicas. Observando percentagens, verificamos que tudo nos conduz a uma especialização em comunicações, se é que queremos ser consideradas especialistas no ramo. O campo da comunicação no desempenho secretarial indica que entre 70 e 90% da nossa comunicação é oral, através do contato direto ou telefônico, o restante é comunicação escrita."

Saber usar o aparelho telefônico, portanto, é uma habilidade indispensável à secretária. Se você souber utilizá-lo com eficiência, além de economizar dinheiro com ligações inúteis, inconvenientes e demoradas, transmitirá imagem positiva de sua empresa.

Há secretárias que são desleixadas no atendimento telefônico, esquecendo-se de fazê-lo rapidamente. Quando há necessidade imperiosa de se ausentar da sala, outra pessoa deverá substituí-la nessa tarefa, e a telefonista da empresa deve ser avisada para que seu telefone não fique tocando seguidamente.

Para aumentar sua concentração naquilo que estão dizendo para você no telefone, evite qualquer outra atividade.

Observe que os números telefônicos obedecem a uma regra para soletração:

(011) 3357-9144

zero, onze (pausa), três, três, cinco, sete (pausa), nove, um (pausa), quatro, quatro.

Jamais levante o telefone sem iniciar imediatamente o diálogo. Se você fizer a ligação, esteja pronta para falar. Saiba o que comunicar, o que deseja perguntar. Acostume-se a escrever o que vai falar; recomendamos fazer um esquema das ideias principais.

1.1 Tonalidade da voz

Sua voz, ao atender a qualquer chamada, deve ser segura, atenta, natural; o vocabulário deve ser correto, profissional; você deve ser agradável. Fale, portanto, devagar, claramente e evite o excesso de palavras como *alô, sei, sim, pronto, entendi, hum, oi, ahn, ahnrã*. E, ainda, tenha presente as seguintes recomendações: cumprimentar a pessoa que você chamou; chamá-la pelo nome; escutá-la com atenção; não fazer inimigos sequer por telefone; cumprir as promessas que fizer; pedir desculpas por falhas cometidas.

Um modo de falar apropriado é resultado de treino e prática. Varie o timbre conforme a situação; transmita suas informações de modo seguro, mas com simpatia. Evite também a meiguice que raia ao ridículo e estigmatiza sua carreira profissional (Poderia me fazer um favorzinho?).

Considere os seguintes fatores: pronúncia, articulação fonética, enunciação frasal, velocidade, altura, timbre e volume da voz. Ouça, sempre que puder, sua voz em gravações e faça as devidas correções se necessário.

A voz será natural; e deve haver esforço para segurar de modo firme o fone, mantendo-o afastado de 3 a 5 cm dos lábios.

Falar com calma e distintamente exige dedicação e treino na pronúncia das palavras. Falar rapidamente ou muito devagar é desagradável. A monotonia no tom da voz provoca desgaste no receptor; a variação do volume da voz, no entanto, desperta interesse no interlocutor; a ênfase nas palavras importantes, repetindo-as ou usando pausas, também é técnica indispensável.

1.2 Identificação do local

O atendimento telefônico é feito identificando-se a empresa:

– *Editora Alfa. Boa tarde.*

Se o telefonema já passou por uma telefonista, o departamento deve ser identificado:

– Departamento Editorial. Boa tarde.

Há pessoas que se enganam ao discar o número de sua empresa; não as atenda de modo brusco:

– É engano.
– Não é daqui.

Com delicadeza, responda:

– Houve engano de sua parte ao discar...

O telefone deve ser atendido assim que ouvir o primeiro toque. A demora em atender a uma chamada bloqueia uma linha, faz a telefonista perder tempo e transmite uma imagem ruim da empresa.

Se ocorrer atraso no atendimento ao telefone, desculpe-se com seu interlocutor.

Observar que do outro lado está alguém e não um aparelho! Usar linguagem precisa:

"O Sr. Roberto de Lavor poderá atendê-lo a partir das 10 horas."

Evite:

"O Sr. Roberto de Lavor está em reunião."

Usar sempre que necessário:

"Posso informar quem o procura?", em vez de: *"Quem deseja falar?"*...

Para cada situação é possível que você tenha pré-elaborado algumas frases. Quando for a primeira a falar:

– Empresa Tal, a suas ordens.

Se houve interferência da telefonista:

– Departamento Editorial, pois não.

Na sala de seu executivo:

"Sala do Sr. Carambola."

Em seu telefone:

"A secretária do Sr. Rubens de Assis."

Se você recebe telefonemas para empregados hierarquicamente mais simples, prestigie seus interlocutores e trate-os com toda a educação e polidez.

Quando há falta ao serviço de alguma colega e você tem de substituí-la no trabalho, não pretenda transmitir informações completas e evite complicar-se a si e a ela. Por isso, anote o recado para o profissional que você está substituindo.

Pessoas hierarquicamente superiores gozam do privilégio de serem esperadas ao telefone e não o contrário.

Toda secretária deve familiarizar-se com o produto de sua empresa, com as pessoas envolvidas no processo de produção, com os serviços que a empresa oferece; quanto mais informações dispuser, mais fácil se torna o atendimento telefônico.

Quando o interlocutor pede à secretária uma informação que demanda tempo, ela deve dizer-lhe quanto tempo se ausentará para obter a informação necessária. Ao voltar a falar ao telefone, dirá:

– *Obrigada por ter esperado.*

Ou:

– *Obtive as informações...*

Se a demora na busca de informações demandar cinco minutos, dirá que *demorará mais ou menos cinco minutos*. Você não deve exagerar no cálculo do tempo que será despendido para não deixar o cliente descontente. Lembre-se de que um minuto para quem tem de esperar é um longo tempo.

Quando não for possível esperar, ofereça-se ao cliente para telefonar-lhe oportunamente.

Se o telefone ficar fora do gancho e alguém estiver na linha, é preciso cuidar para que o isolamento de seu ambiente seja total, evitando-se, assim, que o interlocutor escute conversas que se passam no escritório.

2 Seleção de telefonemas

Se, na empresa para a qual você trabalha, a seleção de telefonemas é de sua responsabilidade, saiba antecipadamente com quais pessoas é possível contar quando das chamadas e transfira a ligação para a pessoa certa. Caso contrário, você despenderá tempo e poderá perder o cliente.

Quando o cliente não quer identificar-se, diga-lhe que a pessoa procurada não poderá atendê-lo se não lhe informar quem está telefonando.

Quando a pessoa não quer dizer o motivo do chamado, não se deixe influenciar por malandragens de quem diz que seu executivo sabe quem ela é, que o assunto é urgente e particular, ou que lhe peça que transfira a ligação rapidamente:

– *Por favor, transfira rapidamente a ligação para seu executivo. É assunto do interesse dele e é urgente...*

Responda que seu executivo a instruiu para informar-se sobre o que o cliente quer dele, ou diga simplesmente que seu executivo não está recebendo telefonemas no momento, que deixe o número e o motivo de sua chamada que a ligação será feita quando possível.

Receba de seu executivo as orientações sobre como proceder com as chamadas telefônicas. Se ele já estabeleceu que atende a determinadas chamadas, não se demore para lhe passar as ligações.

Aos superiores de seu executivo não pergunte o porquê do telefonema, os motivos da chamada; faça o que lhe pedem imediatamente (isto é, localize seu executivo).

Anote exatamente todos os recados por escrito. Tenha sempre à mão esferográfica e bloco de papel. Ao anotar, se não entender algo, peça que seu interlocutor repita a informação. Após as anotações, repita-as para que seu interlocutor as confirme.

Feita uma ligação para seu executivo, indique a seu interlocutor com quem seu executivo deseja falar. Assim que a pessoa procurada estiver pronta para atender, transfira a ligação, certificada de que entendeu quem vai falar com ele.

2.1 Chamadas para o executivo

Se procuram por seu executivo e ele não se encontra, responda:

– *O assunto que tem para tratar não poderia ser resolvido por outra pessoa? Gostaria de falar com alguém de outro departamento?*

Jamais são admissíveis respostas como:

– *Fulano está jogando sinuca e só volta às 16 horas.*

– *Ele não está; saiu para almoçar e não voltou ainda.*

– *Fulano não está; saiu para um cafezinho já faz duas horas.*

– *Não sei onde se encontra meu gerente neste momento.*

– *Foi ao bar tomar um aperitivo e volta brevemente.*

Na ausência do executivo, também é bom procedimento perguntar quem é o interlocutor, o que deseja. Se você não é capaz de dar solução para o caso, sugira a um funcionário de sua empresa para atender ao cliente. Se ele aquiescer, faça a transferência da ligação.

Observe que quem faz a chamada tem preferência para desligar o aparelho. Espere com paciência pelas despedidas, principalmente se a ligação foi a serviço. E ainda: atender rapidamente ao chamado telefônico revela disposição e correção organizacional.

Estude continuamente mensagens apropriadas para certas ocasiões e aja sempre profissionalmente, com discrição, para não comprometer sua imagem e também a da empresa. Prefira, por essa razão, um *até logo* em vez de um *tchau*.

Quando seu executivo não quer chamar um cliente que lhe deixou recado para ligar-lhe oportunamente, mantenha-se calma e lúcida. Pode também ter acontecido que ele não viu seu recado. Pergunte-lhe o que deseja que você responda ao cliente.

2.2 Transferência de ligações

Ao transferir ligações, forneça as informações que já possui; faça uso de vocabulário profissional; fale somente o necessário; evite assuntos pessoais. Não faça a transferência ligeiramente, sem dizer a seu interlocutor o que vai fazer. Ao encontrar a pessoa desejada, informe-a sobre o que já sabe sobre a pessoa que está ao telefone.

Não transfira uma ligação só para se livrar dela. Ofereça-se para anotar as perguntas do interlocutor e telefonar mais tarde. Após desligar o telefone, procure a pessoa que a possa ajudar a resolver o assunto.

Transferir um cliente para outro departamento quando a ligação já foi transferida várias vezes não favorece a criação de uma imagem positiva de sua empresa. Para evitar essas seguidas transferências telefônicas, anote a pergunta dele e responda-lhe numa ligação futura.

2.3 Mais de um telefone sobre a mesa

Se você tem mais de um telefone em sua mesa, é possível que mais de um aparelho toque ao mesmo tempo. Não titubeie nesse caso; desculpe-se e diga que há outro chamado telefônico e, então, peça a seu interlocutor que aguarde alguns instantes. É indispensável, porém, que a pessoa que está ao telefone concorde com sua proposta.

Um recado: quando você tiver muitos aparelhos em sua mesa, certifique-se de que está falando no aparelho que realmente a chamou. Se são duas as ligações, evite misturar assuntos de uma ligação e outra, especialmente para não revelar informações confidenciais.

3 Realização de telefonemas

Ao fazer ligação telefônica, passe-a a seu executivo apenas quando a pessoa chamada já estiver na linha; agindo dessa forma, você evita ratas e transtornos a você, sua empresa, ou seu executivo, que poderá, sem seu cuidado, estar falando com uma secretária em vez de estar falando com a pessoa que desejava falar. Certifique-se também, antes de fazer uma ligação para seu executivo, se ele pode atendê-la.

Se, após fazer ligações, não encontrar a pessoa procurada, informe-se quando poderá voltar a chamar.

A ligação deve ser feita no momento em que seu executivo estiver pronto para falar. Ninguém deverá esperar para ser atendido quando for você que chamou.

4 Conversas prolongadas

Abreviar a conversa ao telefone é uma necessidade; diga sempre:

- *Há uma pessoa esperando-me em outro telefone.*
- *Vou atender a outro chamado. Ligarei para você de minha casa.*
- *Vou interromper esse papo com você porque tenho uma reunião dentro de dois minutos.*
- *Conversaremos oportunamente; agora vou atender ao Sr. Fulano de Tal, meu executivo.*

Evite trocar ideias sobre transações comerciais e bisbilhotar sobre a vida privada de qualquer pessoa. Para não ter dissabores futuros ou preocupações do tipo: *será que falei demais?*, se seu executivo não estiver na empresa, diga, simplesmente, a quem o procurar:

- *O Sr. Fulano de Tal está ausente hoje. Deseja que lhe transmita algum recado?*

A vida profissional de seu executivo deve permanecer sob sigilo:

- *Fulano não chega antes das nove horas...*
- *Ele não chegou ainda. Está sempre atrasado.*
- *Ele saiu com Fulano. E quando saem juntos, não se sabe quando voltam!*
- *Foi à "boca" procurar carro para comprar...* (boca = comércio de carros usados em São Paulo).
- *Ele nunca está na sala, mas está em algum lugar da empresa, escondido...*
- *Pedi-lhe que ligasse para o senhor, mas sua memória não é grande coisa.*
- *Saiu para um cafezinho, no bar da esquina. Deve estar contando alguma piada de português ou de papagaio...*

Todas essas informações determinam o encerramento de uma vida profissional, por mais brilhantes que sejam as técnicas que você utiliza no desempenho de outras atividades.

Basicamente, o procedimento que mais convém diante de uma chamada telefônica é atendê-la brevemente. Escute tudo o que seu interlocutor tem para dizer e responda a todas as perguntas dele. Não vá além de respostas objetivas.

Não é de bom alvitre perguntar pela saúde ou sobre as férias de alguém que está telefonando para sua empresa. Lembre-se de que suas relações são apenas comerciais. Respeite, no entanto, a sensibilidade de seu interlocutor: há casos em que ele é que faz questão de que estas perguntas sejam feitas.

5 Despedidas telefônicas

Em qualquer despedida, cabem a polidez e a brevidade:

– *Estou agradecida por ter telefonado.*
– *Sou grata por seu telefonema.*
– *Se desejar outras informações, estaremos aqui para atendê-lo.*

Seu aparelho será desligado somente após certificar-se de que seu interlocutor desligou o dele.

Jamais despedir-se com um simples *tchau*.

6 Cuidados com o aparelho

Após realizar chamadas telefônicas, o fone deve ser colocado no lugar exato, para evitar interrupção da linha.

Não só o telefone, mas tudo o que sai de sua mão deve pousar suavemente em qualquer outro lugar. Evite as maneiras bruscas e grosseiras de jogar telefones, lápis, borrachas, réguas e outros objetos sobre a mesa. O controle emocional numa secretária é essencial em todos seus atos.

7 Linguagem

7.1 Uso de interjeições e de gíria

Nas chamadas telefônicas, não são admitidas expressões como a interjeição *hein!* (você pode substituí-la por *como disse?* ou *não entendi*). Devem ser evitadas: *meu bem, querido, meu nego, meu amado, fofo*. Os diminutivos são outras expressões a serem combatidas: *faz um favorzinho, pode dar um recadinho?, espere um poucochinho*, ou *bocadinho*.

O uso de gíria é inconveniente:

– *Pô, meu, é sacanagem pura o que fizeram com ela!*
– *O cara tava na maior... Se manca, cara, eu disse para ele.*
– *E num é que tava. Pior que é...*

Nos últimos tempos, têm aparecido expressões informais que devem ser repelidas pela secretária no ambiente comercial:

Foi *o maior difícil* resolver o problema.

É *o maior difícil* recusar convites grosseiros.

É o *maior da hora*, meu! (ou: *mó da hora*).

Esteja atenta com as expressões há muito incorporadas a nosso modo de dizer:

Falou!, Valeu!, Fique frio!, Bicho!, Beleza!, É limpeza!

A cordialidade, a alegria e, sobretudo, o senso profissional é que devem prevalecer em todo diálogo telefônico. Isto, entretanto, não deve levar à familiaridade, que deve ser banida, assim como a distração.

A polidez é regra vital no mundo dos negócios. Por isso, não interrompa abruptamente uma ligação. Evite responder grosseiramente: você poderá desagradar um cliente de sua empresa.

A secretária será esmerada com todo tipo de comunicação, oral ou escrita. Por isso, a necessidade de policiar-se com relação à mistura de pronomes, concordância verbal, flexões:

Vou *te* dizer uma coisa pra *você*.

Haviam dez pessoas na reunião.

Fazem dez dias que não aparece no escritório.

Havia *menas* tarefas a semana passada.

A *questã* não é esta, meu!

Tenho *uma* dó de Fulana!

7.2 Concordância nominal e regência verbal

A concordância nominal se dá de acordo com o sexo da pessoa. A concordância de *obrigado*, por exemplo, revela seu cuidado com a gramática:

Mulher: *muito obrigada* (*eu estou muito obrigada* ou *muito agradecida*).

Homem: *muito obrigado* (*eu estou muito obrigado* ou *muito agradecido*).

O cuidado com a regência também é necessário

– Atendi ontem *ao* telefone assim que tocou...

– Atender bem *ao* telefone é regra primordial à secretária.

– Respondi *ao* interrogatório e saí da sala.

– Paguei *ao* cliente a importância devida e retirei-me.

8 Chamadas particulares

Mesmo nas empresas em que não é proibido fazer chamadas particulares, a secretária deve desencorajar seus familiares e amigos a ligarem para ela, no escritório. Também deverá evitar ligar de sua casa para a empresa quando estiver em gozo de suas férias ou retornar a sua casa no final do dia. Evidentemente, assuntos de interesse da empresa justificam qualquer chamada.

Em nenhum caso você poderá dar maior atenção a uma chamada particular que a seu executivo. Peça à telefonista que tome nota dos recados toda vez que a situação não lhe permitir atender ao telefone (o que ocorre durante reuniões formais). Entre outras saídas ou formas delicadas de despedir ou cancelar uma ligação, salientamos:

– *Seu telefonema será conveniente mais tarde. Obrigada.*

9 Ligações nacionais

As listas telefônicas contêm informações precisas e preciosas sobre tais ligações. A secretária deve aprender a consultá-las e a buscar informações que aí se encontram.

As companhias telefônicas oferecem os seguintes serviços: chamadas de telefone para telefone (TT): você informa o número do telefone que deve ser chamado; chamadas para Determinada Pessoa (DPA): você informa o nome da pessoa com quem deseja falar. A ligação só é completada quando a pessoa é encontrada; chamadas com Serviço de Mensageiro: nesse caso, o contato é feito com o posto telefônico da cidade da pessoa com quem você quer falar. O posto encarrega-se de localizar a pessoa; chamadas com Aprazamento: você determina o horário mais conveniente para você falar; chamadas a Cobrar: você informa que a cobrança será feita contra o número chamado. A ligação só se completará com a aquiescência de alguma pessoa do telefone indicado.

Se a secretária deseja saber o preço de uma chamada, é necessário pedir a tarifa à telefonista antes de fazer a ligação, e não depois.

Quando a secretária precisa usar os serviços da telefonista, deverá informar: nome da cidade com a qual deseja falar; estado em que se localiza; número do telefone que deverá ser chamado; número de seu telefone; seu nome.

Se a pessoa chamada não estiver (e você usou o serviço de telefonista), a telefonista perguntará se você quer falar com outra pessoa ou se deseja que a ligação seja cancelada.

As chamadas desnecessárias despendem tempo e aumentam gastos; evite-as. Um telegrama ou uma carta, em alguns casos, são mais convenientes, principalmente se você sabe que o receptor vai demorar para reunir todas as informações de que você precisa.

Se a informação desejada não justifica demora e exige resposta imediata, use o telefone, mas seja breve para o bem de sua empresa e da outra.

Se você receber um telefonema interurbano, seja breve para que a ligação não seja dispendiosa. Evite segurar a linha enquanto procura seu chefe. Peça que a ligação seja feita daí a minutos ou devolva a ligação à telefonista de sua empresa.

Em caso de alguma pessoa ligar-lhe só para aborrecer ou tomar seu tempo, manifeste boa vontade em ouvi-la, desde que seja breve. Resposta costumeira:

– *Infelizmente não posso ajudá-lo(a). Desculpe-me, tenho de atender a outro chamado. Até logo.*

10 Ligações internacionais

Podem ser feitas direta ou indiretamente. No primeiro caso, você não faz uso da telefonista. No segundo, você pede a ajuda dela.

Tenha o máximo de cuidado, principalmente quanto ao número e quanto ao horário. Consulte lista de fuso horário.

FUSO HORÁRIO EM RELAÇÃO À HORA DE BRASÍLIA

África do Sul	+ 5
Alemanha	+ 4
Austrália	+ 13
Bolívia	– 1
Canadá	– 2
China	+ 11
Dinamarca, Suécia, Noruega	+4
Egito	+ 5
Espanha	+ 4
Estados Unidos	– 2 (leste); – 3 (centro); – 5 (oeste)
França	+ 4
Índia	+8:30
Inglaterra	+ 3
Israel	+ 5
Itália	+ 4
Japão	+ 12
Líbano	+ 5
México	– 3
Portugal	+ 3
Suíça	+ 4
Rússia	+ 6
Venezuela	– 1:30
Argentina e Uruguai têm o mesmo horário que o Brasil.	

11 Leitura

Após a leitura do texto (sempre em voz alta para treinar a dicção e a desinibição), discuta as ideias abordadas, em grupo, e apresente comentários para toda a classe (um comentarista de cada grupo). Leve em consideração para seus estudos as seguintes questões:

1. Quais as vantagens e desvantagens dos modernos aparelhos de telefone existentes nos escritórios?
2. Que comentários pode fazer com relação aos serviços prestados pela companhia telefônica de sua cidade?
3. Comente a frase: "As grandes empresas pagam funcionários para te manter esperando." Como secretária, que providências tomaria para evitar esperas?
4. Que diz do sistema que elimina a telefonista humana? Que considerações faz sobre a secretária eletrônica?
5. Considerando as ideias do texto e a realidade nacional, estabeleça algumas soluções que você poderia tomar como secretária.

"Graham Bell está-se revirando no túmulo

O telefone sempre foi, para mim, um misterioso objeto que fica só um pouquinho além do alcance de minha compreensão.

É difícil para mim passar por todos aqueles números de código e chegar à pessoa com quem quero falar, numa cidade distante. A pessoa do outro lado do número que eu chamo geralmente me fala, numa voz artificialmente simpática: 'Telesp avisa: este número de telefone não existe.'

Tenho saudades dos bons velhos tempos, quando tudo que você precisava fazer era tirar o enorme fone de ouvido preto (aparentemente feito de algum metal 'amigável ao usuário', como chumbo) do gancho e pedir a alguma operadora humana de verdade, de voz esganiçada, para te ligar com tua namorada, Filomena.

Nossas companhias telefônicas gastam bilhões de dólares de nosso dinheiro em publicidade cara para convencer o usuário do telefone que estão fazendo um ótimo trabalho. A ideia que as companhias telefônicas fazem de um ótimo trabalho é manter você numa lista de espera por um telefone até teus filhos ficarem velhos e morrerem, e até que você desista da ideia de ter um telefone próprio.

Às vezes alguma coisa dá errado nos planos da telefônica, e teu nome chega a aparecer na minúscula lista de pessoas que, num toque de mágica, são autorizadas a comprar um telefone. Quando isso acontece, o único problema é que o telefone agora custa mais dinheiro do que você consegue ganhar em muito, muito tempo.

Agora então você precisa vender tua casa para arrumar o dinheiro para comprar o telefone. Já que você vendeu a casa, não tem um endereço onde o telefone possa ser instalado, de modo que a telefônica não deixa você ficar com ele.

Nos bons velhos tempos em que telefones eram telefones, todos eles vinham numa só cor, o preto. Eram tão pesados que costumavam ser usados no cinema como instrumentos de assassinato.

'Bom-dia! Meu nome é Rodolf Hitler. Vim instalar seu telefone.'

(Você) 'Tarde demais, Sr. Hitler. Meus filhos já morreram, e eu vendi esta casa para pagar o telefone que pedi muito tempo atrás, em 1894. Agora a única coisa que eu quero *é vingança' (você arranca o instrumento preto pesado das mãos dele e desfere um golpe esmagador na cabeça de Hitler).*

Parte da mística do jogo que as telefônicas jogam é o chamado ato da instalação.

Antes da época dos celulares, o objeto era ligado permanentemente à tua casa, e apenas funcionários altamente qualificados da companhia telefônica podiam desempenhar a complexa tarefa de 'instalar' os telefones. Este ato envolvia fazer a ligação de dois fios – mas a telefônica fazia parecer que era algo tão complicado quanto uma cirurgia cerebral.

Se você ligasse para marcar uma hora para instalação, a telefônica dizia: 'Nosso instalador, o Sr. Hitler, estará em sua área entre 9 h do dia 1º de abril e a primavera seguinte. Haverá alguém em casa?'

Muito tempo atrás, na Pré-História da comunicação telefônica, tínhamos linhas 'de festa', ou party lines. *Eram vários telefones em casas diferentes, mas todos ligados a uma única linha. Todo mundo podia ouvir as conversas dos outros, incluindo quando você ligava para seu médico para descrever detalhes hemorroidais dos mais íntimos.*

O sistema party line *levou a muita confusão e muitas mortes desnecessárias, de modo que a telefônica instalou um sistema pelo qual você pode falar com uma só pessoa de cada vez, embora não necessariamente aquela com quem você queria falar.*

Quando você liga para uma grande loja de departamentos, uma companhia aérea ou um banco, nunca consegue falar de imediato com a pessoa que quer. As grandes empresas pagam funcionários para te manter esperando. Eles recebem por comissão: quanto mais pessoas mantêm esperando, mais ganham.

Existe uma nova tecnologia telefônica que está começando a pegar no Brasil. É o sistema de respostas automatizadas, e está se espalhando como câncer. É o sistema que elimina a telefonista humana e coloca em seu lugar um frio computador. Isso faz com que seja quase impossível conseguir falar com quem você precisa.

O inventor do telefone, Alexandre Graham Bell, deve estar-se revirando no túmulo. Se Bell estivesse inventando hoje, a anedota sobre sua descoberta teria sido diferente. Ele derruba um pouco de ácido na perna e quer chamar seu assistente para pedir ajuda.

Bell tira seu novo telefone do gancho e ouve: 'Se você sabe o nome de seu médico e está num telefone de dígitos, pressione a tecla 1. Se você não sabe o nome dele, mas gostaria de sair com a irmã dele, pressione a tecla 2. Se você deseja fazer uma viagem à Bósnia, pressione a tecla 3. Se esta é uma emergência, favor digitar seus números de RG e CIC e os nomes de dois avalistas, depois pressione a tecla 4. Se você realmente deseja falar com seu assistente, aguarde na linha enquanto Eleazar de Carvalho rege a Orquestra Sinfônica Nacional, apresentando as obras completas de Beethoven.'

Bell percebe, horrorizado, que em lugar de inventar o telefone, ele inventou a maldição de nossa época, o voice mail.

Mas estou reclamando demais de nossa supermoderna companhia telefônica. Se você ler os anúncios dela, ficará sabendo que, embora nosso sistema telefônico seja um dos mais sofisticados no mundo, é tão simples que até uma criancinha consegue usar.

Por exemplo: tenho uma amiga que tem um filhinho que mal consegue comer uma banana sem colocar mais banana no cabelo do que na boca, mas é perfeitamente capaz de ligar para Paris pelo DDD – e provavelmente liga mesmo." (ZINGG, David Drew. Graham Bell está-se revirando no túmulo. *Folha de S. Paulo*, Caderno Ilustrada, p. 5-6, 16 mar. 1995.)

Exercícios

1. *Que recomendações faria a uma iniciante sobre a tonalidade da voz e cuidados relativos à pronúncia das palavras ao telefone?*
2. *Quando buscamos uma informação pedida por um cliente, ao voltar ao telefone, como devemos agir?*
3. *A um desconhecido que lhe peça por telefone que transfira imediatamente uma ligação para seu executivo o que você diria?*
4. *Que comentários você faz sobre uma inexperiente secretária que diz ao telefone: "Meu executivo foi ao bar tomar um aperitivo, mas voltará imediatamente."*
5. *Como devemos agir ao transferir ligações?*
6. *Quais cuidados devemos tomar quando temos mais de um telefone sobre a mesa?*
7. *Que cuidados tomar para a realização de telefonemas para seu executivo?*
8. *Que acha de uma secretária que faz ao telefone comentários sobre seu executivo?*
9. *Que considerações você faz com respeito ao uso da gíria em chamadas telefônicas?*
10. *Redigir uma frase para cada um dos seguintes verbos: atender, responder, pagar.*

10

Pontuação – Acentuação – Crase

1 Introdução

A falta de observância das regras de pontuação prejudica o estabelecimento de uma comunicação rápida e eficaz. O comércio exige mensagens claras, de fácil compreensão. Cartas comerciais, relatórios administrativos que não observam com rigor os sinais de pontuação correm o risco de incompreensão.

Um leitor que não atenta para as vírgulas, pontos finais, ponto-e-vírgula, dois-pontos, exclamações, interrogações, reticências, parênteses acaba por fazer uma leitura malfeita, que não gera o entendimento do texto. Esse mesmo tipo de leitura, se feito em voz alta, frustra qualquer ouvinte.

Os sinais de pontuação indicam pausas e, para quem sabe ler, indicam a entonação da voz. Os sinais de pontuação ajudam a dividir o pensamento, aclarando-o, facilitando a compreensão. Embora sejam orientadores de leitura, sua razão de ser não se reduz a isto; eles são resultado da sintaxe. Assim, é possível dizer que aprende a pontuar quem conhece sintaxe gramatical. Por exemplo, as orações subordinadas são separadas das orações principais por vírgula.

Rui Barbosa ensina-nos:

> "Nos monumentos escritos da história, ou da lei, um ponto, ou uma vírgula podem encerrar os destinos de um mandamento, de uma instituição, ou de uma verdade."

E Vieira diz:

> "Bem é que saiba o nosso tempo quanto bastará para falsificar uma escritura. Bastará mudar um nome? Bastará mudar uma palavra? Bastará mudar uma cifra? Digo que muito menos basta. Não é necessário para falsificar uma escritura mudar nomes, nem palavras, nem cifras, nem inda letras; basta mudar um ponto ou uma vírgula. Perguntam os controversistas se, assim como na Sagrada Escritura são de fé as palavras, serão também de fé os pontos-e-vírgulas? E respondem que sim; porque os pontos-e-vírgulas determinam o sentido das palavras; e variados os pontos-e-vírgulas também o sentido se varia. [...] Ressuscitou; não está aqui. Com estas palavras diz o evangelista

que Cristo ressuscitou, e com as mesmas (se mudar a pontuação) pode dizer um herege que Cristo não ressuscitou: Ressuscitou? Não; – está aqui. De maneira que só com trocar pontos-e-vírgulas, com as mesmas palavras se diz que Cristo ressuscitou, e é de fé; e com as mesmas se diz que Cristo não ressuscitou: e é de heresia."

2 Pontuação funcional

A pontuação deve restringir-se ao mínimo necessário.

Tríplice é o destino da pontuação:

- ❑ assinalar a pausa e a inflexão de voz;
- ❑ separar palavras, expressões e orações;
- ❑ tornar claro o sentido da frase.

As partes do discurso que têm entre si ligação íntima não podem ser separadas por qualquer sinal de pontuação. Não devem ser separados:

- ❑ o sujeito de seu predicado;
- ❑ o verbo e seu complemento;
- ❑ o substantivo do adjetivo que o qualifica;
- ❑ os adjuntos adnominais quando ligados ao nome.

Os sinais de pontuação são colocados logo após as palavras, sem espaço entre eles e elas. Por exemplo, não há espaço entre um ponto de interrogação e a palavra que o precede.

2.1 *Vírgula*

1. Separa as frases coordenadas assindéticas:
    Fui ao supermercado, comprei verduras e voltei.
2. Separa os elementos de igual função sintática quando não ligados por conectivo:
    a) Orações:
        "Trabalhei em vão, busquei, catei, esperei, não vieram os versos." (M. Assis)
    b) Adjuntos adverbiais:
        Amanhã, todos voltarão às aulas.
    c) Objetos diretos:
        Comprei romances, dicionários, revistas.
3. Separa as orações alternativas:
    Ou estudas, ou não passas de ano.

4. Separa as orações independentes:

Maria dos Reis, disse o Correia dos Alfinetes, não se esqueça de sua bolsa.

5. Separa palavras continuativas, conclusivas, explicativas, corretivas:

Assim, não haverá mais condição de estudar o texto.
Portanto, felizes os que choram.
Corram até a frente do prédio, ou seja, atravessem a rua.
Fomos apenas ao teatro, aliás, ao cinema.

6. Assinala a ausência de um verbo anteriormente explícito (zeugma):

Guainumbi estudava português, inglês, francês; Luzia, matemática, física, química.

7. Assinala a inversão dos adjuntos adverbiais:

Ele tomou imediatamente o remédio.
Ele, imediatamente, tomou o remédio.

8. É facultativa quando o advérbio encabeça a oração:

Ontem saí de casa cedo.
Ontem, saí de casa cedo.

As frases adverbiais introdutórias, exceto se forem constituídas de uma ou duas palavras, são seguidas de vírgula. Não se coloca, porém, vírgula se a locução adverbial segue imediatamente verbo:

Enquanto esteve lúcido, o Presidente manifestou vigorosamente espírito de coragem diante de sua doença.
Após a conclusão do curso universitário, ingressou imediatamente no magistério.

Se o adjunto adverbial vem entre o sujeito e o verbo, devem ser colocadas as vírgulas:

Hugo de Carvalho, após escrever Tropas e boiadas, não teve condições de continuar sua carreira de escritor.

9. Para separar apostos e vocativos:

Sônia, irmã de Cláudia, inspirou ao Edson um belo poema.
Você, José, ficará sentado.

Um erro muito frequente em cartas comerciais aparece justamente no aposto ao nome de quem a assina:

Fulano de Tal,
Encarregado.

ou

Fulano de Tal,
Presidente.

A vírgula é obrigatória, pois separa o aposto do fundamental.

10. Para separar orações intercaladas:

"A morte, diz Guerra Junqueiro, é o prólogo da vida."

11. Para separar as orações adjetivas explicativas:

O fogo, que queima, destrói qualquer coisa.

12. Não devem ser separadas as orações adjetivas restritivas:

O homem que quebrou a perna não pôde voltar rapidamente.

13. Nas datas, depois do nome da cidade:

São Paulo, 20 de janeiro de 2003.

14. Para separar conceitos paralelos:

Cada terra tem seu uso, cada roca tem seu fuso.

15. Para separar os elementos paralelos de um provérbio:

Mocidade ociosa, velhice vergonhosa.

16. Depois do sim ou não no início de uma frase:

Sim, irei.
Não, vou pensar.

17. Para separar certas conjunções propositivas (porém, contudo, pois, entretanto, portanto):

As pessoas dedicadas, contudo, haviam desde a véspera abandonado a cidade.

2.2 Ponto e vírgula

O ponto e vírgula denota uma pausa maior que a vírgula. Empregue-a:

1. Para separar orações coordenadas de certa extensão:

   "Depois Iracema quebrou a flecha homicida; deu a haste ao desconhecido, guardando consigo a ponta farpada." (J. de Alencar)

2. Para separar os considerandos de uma lei, decreto:

   Considerando...;

   Considerando...;

3. Para separar as partes principais de uma frase cujas ideias já apresentam clareza:

   Santos, Campinas, Recife são cidades do Brasil; Madri, Barcelona e Sevilha, da Espanha.

2.3 Ponto final

O ponto final marca o fim da frase. Seu uso é peculiaridade do estilo. Atualmente, é moda o período curto, claro, incisivo, rápido. Aos redatores iniciantes recomendamos não rechearem o período com intercaladas e explicativas, demasiadas circunstâncias adverbiais, apostos e expressões parentéticas, cabíveis em parágrafos separados; ou seja, evite a frase longa.

Empregue o ponto final:

1. Para fechar o período:

    O único critério de escolha é a sequência do pensamento, segundo a pausa maior da elocução.

2. Nas abreviaturas;

    Sr., Sra., a.C., d.C.

3. No final da data de uma carta:

    São Paulo, 28 de março de 2003.

4. Após o aposto, da assinatura de uma carta:

    Fulano de Tal,
    Gerente.

O ponto final indica a conclusão de um período simples ou composto. Caracteriza o fim de uma sentença, quer esteja isolada, quer uma seguindo a outra. Nosso pensamento compõe-se de muitas declarações. Devemos distingui-las bem com o uso do ponto final e para evitar que elas se embaralhem e se tornem confusas.

Aproveitamos a oportunidade para recomendar o uso do período curto, em geral de cinco a dez palavras. Evite, portanto, orações excessivamente longas.

2.4 Dois-pontos

O sinal de dois-pontos é usado nos seguintes casos:

1. Após vocativo epistolar:

    Prezado Senhor:
    Senhor Cliente:
    Maíra:

2. Antes de uma citação direta:

    O velho olhou com ternura o filho e disse-lhe: "Não importa a direção em que o vento sopra; o que importa é como coloco as velas."

3. Antes de uma enumeração:

    Seus discursos dividiam-se em três partes: a beleza do lugar, a força física dos jovens, a experiência dos mais velhos.

2.5 Ponto de interrogação e de exclamação

1. Use o ponto de interrogação após uma pergunta direta:

   Você escreverá para José Carlos, hoje?

2. Não use ponto de interrogação depois de interrogativa indireta:

   Ela perguntou se devíamos ou não estar aborrecidos.

3. O ponto de exclamação é usado após interjeições e ao final de frases exclamativas: *ai!; ui!; hum!; apanhei-te, cavaquinho!*

   Como você pode afirmar isso! – exclamou Ana Terra.

2.6 Apóstrofo, aspas e reticências

O apóstrofo é usado em contrações. Indica a supressão de letras ou números omitidos:

É com esp'rança.

Vi esse acontecimento por volta de '03.

Não use apóstrofo em casos como:

Ela mora pra lá da ponte... (p'ra)

Aspas duplas são usadas em citações diretas:

Machado de Assis disse: "Deve ser um vinho enérgico a política."

Aspas simples são usadas para enfatizar palavras dentro de um texto que já se encontra entre aspas:

Angélica disse: "É necessário dizer 'bondoso' com bastante energia."

As reticências são usadas para indicar palavras ou ideias omitidas. Não deve fazer parte da linguagem técnica da correspondência comercial. Evite também sempre que possível o uso de *etc.*: é difícil adivinhar o que se esconde por trás de uma reticência ou de um *etc.*

2.7 Travessão, parênteses e colchetes

1. O travessão é usado para indicar quebra de pensamento:

   João – para alegria geral – escreveu dez linhas somente!

2. Para ressaltar uma expressão:

   Este é um procedimento de uma vida de político consciencioso e cumpridor de seu dever – dever pátrio – e não cumpridor apenas de sua agenda de inaugurações e festejos.

3. No discurso direto:

   Parece que não se machucou – disse ela.
   (Irrefletidamente, alguns escritores usam vírgula nos discursos diretos.)

4. Os parênteses são usados no caso de uma parte independente de uma sentença ou parágrafo, não diretamente relacionada com o restante da oração:

   "Os profissionais liberais (advogados, médicos, dentistas, engenheiros), quando exercem a profissão por conta própria, são considerados segurados autônomos."

5. São usados também em casos de siglas de Estado:

   Presidente Prudente (SP)

   Num envelope, também é possível usar traço ou a barra diagonal no lugar de parênteses, para separar localidade de abreviatura de Estado.

   Presidente Prudente – SP
   Presidente Prudente/SP

6. E ainda para incluir quantias ou números já expostos por extenso:

   Duzentos mil reais (R$ 200.000).
   Duas mil (2.000) secretárias.

7. Os colchetes são usados, em geral, para indicar comentário ou esclarecimento que não fazem parte do texto, datas supostas (é muito usado como técnica de editoração):

   "Eles se recusaram [o João e o José] a assinar o documento."
   Obra publicada pela Melhoramentos [2003].

Os colchetes indicam que a expressão por eles compreendida não faz parte do texto original ou que a data é apenas suposição do editor.

3 Acentuação gráfica

3.1 Sílaba

Considera-se sílaba a unidade fônica emitida em um só impulso expiratório, caracterizada pela presença de um centro de sílaba ou fonema silábico. Em português, a base de toda sílaba é uma vogal. Daí não poder haver sílaba sem vogal, nem haver mais de uma em uma sílaba.

O vocábulo, quanto ao número de sílabas, pode ser: monossílabo, dissílabo, trissílabo, polissílabo.

3.2 Acentuação

As palavras em português, em sua maioria, têm uma de suas sílabas pronunciada com maior força expiratória. Tal força é denominada acento tônico. Observe o acento tônico das seguintes palavras: **pra**zo, hipo**te**ca, **vi**da, **mo**la, nasci**tu**ro, **pú**blico, le**gí**tima, **côn**juge, Pa**rá**. Palavras sem acento tônico são chamadas de átonas: *me, te, se, nos, vos*. Um vocábulo átono apoia-se em outra palavra, formando com ela uma unidade fonética: Fulano **prometeu-me** [prometeume] pagar ao final do mês.

Algumas palavras em português possuem um acento gráfico para assinalar o acento tônico. As vogais *a, e* e *o*, se abertas, recebem acento agudo; se fechadas, recebem acento circunflexo.

Em português, o acento tônico pode ocupar três posições: cair na última sílaba [boa-**fé**, Pacaem**bu**], na penúltima [pa**gá**vel, ca**ne**ta], ou na antepenúltima [**gê**nero].

As palavras que têm acento tônico na última sílaba são chamadas de oxítonas, as que têm acento tônico na penúltima são chamadas de paraxítonas e as que têm acento na antepenúltima sílaba são chamadas de proparaxítonas.

Para verificar praticamente a necessidade de acentuação gráfica, utilize o critério das oposições:

Imagem armaz**ém** [paroxítonas terminadas em *m* não são acentuadas; já oxítonas terminadas em *m* são acentuadas]. Por isso, não se acentua **nuvem**.

Provem prov**ém** [terceira pessoa do plural do verbo *provar* do presente do subjuntivo; primeira pessoa do singular do verbo *provir* do presente do indicativo]. Por isso, não se acentua **nuvens**.

Jovens prov**éns**. Por isso, não se acentua **imagens**.

Cáqui caqui

Sai saí

Útil sutil

Coco cocô

Portanto, se a oxítona [terminada em...] tem acento, a paroxítona não o tem; se a paroxítona tem acento, a oxítona não o tem.

3.2.1 Oxítona

São as palavras com acento tônico na última sílaba.

1. As oxítonas terminadas em *a*, *as*, *e*, *es*, *o*, *os* são acentuadas:
   a   cajá, está, fubá, gagá, gambá, maracujá, nomeará, será, xará
   as ás, aliás, ananás
   e   até, café, pajé, jacaré
   es através, cafés, pajés
   e   bebê, dendê, Tietê, você
   es bebês, camponês, freguês, inglês, português, vocês
   o   avós, mocotó, seridó
   o   avô, metrô
   os avós, retrós
   os bisavôs, borderôs, propôs, trisavô

   Nesta regra incluem-se as formações verbais de infinito seguidos de pronomes oblíquos: *amá-lo, adorá-lo, vendê-lo, fê-lo, compô-lo, pô-lo.*

2. Os monossílabos tônicos:
   a: já
   as: hás
   e: fé, crê, vê
   es: pés, lês, três
   o: pó
   os: nós, sós, pôs

3. Seguem esta regra os infinitos seguidos de pronome:

   Aconselhá-lo   Promover-se-á
   Acusá-lo   Ter-se-á
   Ajudá-lo   Trá-lo-ás
   Chamá-lo   Atendê-lo
   Considerar-se-á   Conhecê-lo
   Cortá-los   Fê-los
   Dá-lo   Mantê-lo
   Desobrigar-se-á   Movê-las-ia
   Fá-lo-á   Sabê-lo-emos
   Far-se-á   Socorrê-lo
   Fixar-lhe-á   Vendê-lo
   Impugná-la   Compô-lo
   Nomear-lhe-á   Compô-lo-ia
                          Pô-los
                          Proceder-se-á

4. Os verbos *ter* e *vir* são acentuados no plural, mas não no singular:

   Ele tem   eles têm
   Ele vem   eles vêm

5. A terceira pessoa do plural do presente do indicativo dos verbos derivados de *ter* e *vir* leva acento circunflexo; a terceira pessoa do singular leva acento agudo:

   Ele contém   eles contêm
   Ele detém   eles detêm
   Ela obtém   elas obtêm
   Ela retém   elas retêm
   Isto convém   tais coisas não convêm
   Ele intervém   eles intervêm
   Ela provém   elas provêm

6. Acentuam-se as oxítonas de duas ou mais sílabas terminadas em *em* e *ens*:

   em: alguém, armazém, convém, também
   ens: conténs, parabéns, vinténs

7. Não são acentuados os vocábulos oxítonos terminados em *i(s)* ou *u(s)*, se antes da vogal vier consoante, ou não formar hiato:

   i: ali, aqui, Cajati, capivari, caqui, dividi-lo, feri-lo, gibi, jabuti, juriti, Morumbi, puni-lo, reduzi-lo, rubi, saci, si,
   is: caquis, gibis
   u: bambu, Botucatu, Caruaru, Itu, Pacaembu, rebu, urutu, zebu
   us: urubus, urutus

8. Se formar hiato, o *i* ou o *u* será acentuado:

   Aí   Jacareí
   Andaraí   Piauí
   Eu caí   Baú(s)
   Eu saí   Camboriú
   Itaú   Jaú

9. Para os verbos, se procederá da mesma forma: formando hiato, serão o *u* e o *i* acentuados:

   Atraí-los
   Instruí-los
   Restituí-lo
   Substituí-lo

10. Não se acentuam as oxítonas terminadas em *l* e *r*:
    Sutil
    Clamor

3.2.2 Paraxítona

As palavras cujo acento tônico recai sobre a penúltima sílaba são denominadas paroxítonas.

1. As paroxítonas terminadas em: *um, uns, i, is, us, l, n, r, x, ã, ãs, ão, ãos, ons, ps, ei eis* são acentuadas:

    i: beribéri, biquíni, dândi, júri, táxi, jóquei
    is: ágeis, Clóvis, lápis, miosótis, tênis
    ei: vôlei
    eis: devêreis, escrevêsseis, fáceis, faríeis, férteis, fizésseis, fôsseis, imóveis, lêsseis, quisésseis, tínheis, túneis, úteis, variáveis
    um: álbum, fórum, médium
    uns: álbuns, médiuns
    us: bônus, ônus, Vênus, vírus
    l: admissível, afável, anulável, cônsul, difícil, divisível, exequível, fácil, favorável, fungível, imóvel, impossível, incompatível, indivisível, inviolável, móvel, oponível, pagável, pênsil, restituível, suscetível, sucessível, túnel
    n: cânon, elétron, hífen [no plural não tem acento]. Nílton, alúmen, pólen [no plural não tem acento]
    r: açúcar, aljôfar, âmbar, caráter, César, éter, mártir, revólver, vômer
    x: córtex, Félix, Fênix, látex, tórax
    ã: ímã, órfã
    ãs: ímãs, órfãs
    ão: acórdão, bênção, órfão, órgão
    ãos: bênçãos, órfãos, órgãos
    nos: elétrons
    ps: bíceps, fórceps, tríceps

Para memorizar a maior parte da regra acima, use a palavra **rouxinol** (contém as consoantes **r, x, n, l**). Lembre-se: as paroxítonas terminadas em *r, x, n* e *l* são acentuadas.

2. É acentuada a sílaba tônica dos vocábulos paroxítonos [alguns autores consideram tais vocábulos proparoxítonos] em ditongo crescente, seguido, ou não, de *s*:

Acessório
Água
Ânsia
Árdua
Assitência
Ausência
Cerimônia
Cessionário
Ciência
Contrário
Correspondência
Critério
Decadência
Decência
Declaratória
Deficiência
Destinatário
Dispêndio
Divórcio
Domínio
Ébrios
Edifício
Eficácia
Espostâneo
Exercício
Existência

Fraudatório
Gávea
Hereditário
Hipotecário
História
Honorário
Ignorância
Imundície
Incumbência
Indício
Indivíduo
Ingênuo
Inventário
Lírio
Litígio
Mágoa
Mandatário
Mário
Ministério
Necessário
Nódoa
Notícia
Patrimônio
Perícia
Planície
Prédio

Preferência
Próprio
Providências
Provisório
Quirografário
Régua
Renúncia
Róseo
Sábio
Salário
Série
Serventuário
Signatário
Silêncio
Sócio
Solidário
Subsídio
Substância
Tênue
Território
Testamentário
Vício
Vigilância
Vitalício
Voluntário
Voluptuário

3.2.2.1 Algumas particularidades

1. Não são acentuadas as paraxítonas terminadas em *s*:

    Abdômen – abdomens (o plural *abdômenes* exige acento)

    Alúmen – alumens (o plural *alúmenes* exige acento)

    Éden – edens

    Líquen – liquens

    Pólen – polens

    Hífen – hifens

    Imagens

2. As paroxítonas terminadas em *em* não são acentuadas:
   Item – itens [sem acento no singular e no plural]
   Jovem – jovens [sem acento no singular e no plural]
   Nuvem – nuvens [sem acento no singular e no plural]

3. Se o *i* ou *u* antecederem *nh* ou formarem sílabas com *l, r, m, n* ou *z*, não serão acentuados:

Adail	Rainha	Ruim
Contribuinte	Tainha	Caindo
Demiurgo	Paul	Oriundo
Fuinha	Retribuirdes	Juiz
Lagoinha	Sair	Ventoinha

4. Acentua-se o *i* e o *u* tônicos dos hiatos, quando formam sílabas sozinhas ou são seguidos de *s*:

Balaústre	Saída
Egoísta	Saúde
Faísca	Viúva
Heroína	

5. Não se assinala com acento agudo a base dos ditongos tônicos *iu* e *ui* quando precedidos de vogal:
   iu: atraiu
   ui: contribuiu
   uis: pauis

3.2.3 Proparoxítona

As palavras cujo acento tônico recai sobre a antepenúltima sílaba são denominadas proparoxítonas.

Todas proparoxítonas são acentuadas:

Acréscimo	Cirúrgico	Depósito
Altruístico	Cláusula	Déssemos
Amássemos	Código	Devêssemos
Anônimo	Colocássemos	Dívida
Árabe	Cônjuge	Eletrônico
Binóculo	Débito	Específico
Cálculo	Décimo	Esplêndido
Capítulo	Décuplo	Estômago
Científico	Demográfico	Exército

Extrínseco	Lêmures	Quilômetro
Físico	Lêssemos	Recíproco
Fôlego	Lícito	Recôndido
Fôssemos	Límpido	Satírico
Fotográfico	Lógico	Sílaba
Gênero	Louvaríamos	Sôfrego
Gótico	Médico	Sonâmbulo
Histórico	Mínimo	Término
Índice	Óbitos	Tomográfico
Inequívoco	Parágrafo	Tóxico
Íntimo	Pêndulo	Triângulo
Intrínseco	Periódico	Úmbrico
Inúmeros	Pêssego	Úmida
Jurídico	Polígono	Unânime
Lágrima	Próximo	Válido
Lâmina	Pseudônimo	Xícara
Lâmpada	Público	
Legítimo	Queríamos	

3.2.4 Monossílabos

São acentuados os monossílabos tônicos terminados em: *a, as, e, es, o, os, éis, éu, ói, óis*:

a: há, má, pá

as: más, pás

e: fé, dê, pé, vê-lo-[lo], [por] quê? [Em fim de frase ou quando segue qualquer tipo de pontuação, deve ser acentuação o **quê** tônico]

es: dês, pés, mês, três

eis: réis

eu: céu, léu

eus: céus

o: nó, dó, pô-[lo]

os: nós, dós, pôs

oi: dói, mói, rói, sói

ois: sóis, móis

3.2.5 Hiato

1. Acentuam-se o *i* e o *u* que formam hiato com a vogal anterior, desde que tônicos e isolados na sílaba ou seguidos de *s*:

i: aí, ateísmo, cafeína, caí, caía, caís, caraíba, constituído, contraí-lo, construía, distribuí-lo, egoísta, extraído, faísca, heroína, juízes, juízo, país, saía, saída, saímos, saíram, saíste, uísque, Xuí

u: balaústre, baú, Grajaú, Itaú, peúga, saúde, viúva, viúvo

3.2.6 Ditongos

1. Acentua-se a base dos ditongos abertos tônicos *éu, éus*:

   Chapéu   chapéus
   Troféu   troféus

3.2.7 Acento diferencial

1. São acentuados os seguintes vocábulos (para diferenciá-los dos homógrafos átonos):

   Pôr [verbo] para diferenciar da preposição *por*

   Pôde (pretérito perfeito)

   Porquê (substantivo) [a conjunção *porque* não é acentuada)

   Quê (substantivo)

   Ás [carta do baralho, piloto exímio] [o artigo feminino plural *as* não é acentuado]

   [ver página 176]

3.2.8 Prefixo

1. Não se acentuam os prefixos terminados em *i* e *r*:

   Semi-histórico

   Super-homem

   Inter-helênino

2. São acentuados os prefixos *pré, pró, pós*:

   Pré-nupcial

   Pré-vestibular

   Pró-ciência

   Pós-graduação

   Pós-escolar

   Pós-parto

   Pós-doutoramento

3.2.9 Til

Usa-se o *til* para indicar nasalização:

Afã
Capitães
Coração
Devoções
Põem

3.2.10 Palavras que oferecem dificuldade de pronúncia

Assinalamos a sílaba tônica para dirimir dúvida:

Acro*ba*ta	*Flu*ido	Maquina*ri*a
A*va*ro	For*tu*ito	Pu*di*co
Ba*ta*vo	Gra*tu*ito	Ru*bri*ca
Cir*cu*ito	*I*bero	Ru*im*
Des*va*rio	In*tu*ito	U*re*ter
Filan*tro*po	Li*bi*do	

4 Crase

É a contração da preposição *a* com o artigo *a*, ou seja, fonemas iguais: *a* + *a* = *à*. Não é, portanto, acento. O acento grave apenas indica haver crase.

O uso da crase subordina-se a dois fatos: estilístico e regencial.

1. São condições essenciais para o uso do acento grave, indicador de crase: que a palavra exija preposição *a* e que a palavra admita o artigo feminino *a*. Portanto, só se coloca acento grave antes de palavra feminina.

2. Emprega-se o acento grave sempre que, substituindo-se o vocábulo feminino por um masculino, aparecer a contração *ao* antes do nome masculino: *Eu vou ao teatro. Eu vou à cidade.* O verbo *ir* exige preposição e a palavra *cidade* admite artigo.

3. Outra regra prática: coloca-se acento grave no *a* de uma frase quando pode ser substituído por: *para a, na, pela, com a*:

    vou para a escola, vou à escola; amor pela pátria, amor à pátria.

4. É livre o emprego do sinal da crase quando é livre o emprego do artigo definido:

    Ele sentou-se a sua direita, mas você se recusou a censurá-lo!

Diante de pronome possessivo, é livre o uso do artigo definido; portanto, tanto se pode dizer: *ele sentou-se a sua direita,* como *ele sentou-se à sua direita; manteve a sua disposição* ou *manteve à sua disposição.*

5. Quando há possibilidade de ambiguidade, pode-se utilizar o sinal da crase:

    Ensaio literário feito a mão (ou a máquina). – Não ambíguo.
    À Maria feriu Joaquim. – Com crase para evitar ambigüidade.

6. Os pronomes de tratamento iniciados por possessivos não admitem o artigo antes de si; portanto, não podem vir precedidos de *a* com o sinal da crase:

    Escrevi a V. Sa.; falei a V. Sa. que...
    Escrevi a V. Exa.

7. Não se coloca o sinal indicativo de crase antes de verbo ou de palavras que não admitem o uso de artigo *a, as*:

    Mais tarde a secretária veio a falar com o diretor.
    Ele foi a Roma.

8. Nas locuções adverbiais femininas no plural, aparece o sinal de crase: *às vezes, às expensas, às escondidas, às claras.*

9. Nas locuções adverbiais femininas no singular, nem sempre se coloca o sinal de crase: *a facada, a máquina, a mão, a navalha.* Se a clareza exigir, deve-se usar o acento grave. Exemplo:

    Ele cheirava à gasolina. (sentido de rescender)
    Ele cheirava a gasolina. (sentido de farejar)

10. Antes de possessivos, o sinal é opcional:

    O relatório foi enviado a sua secretária.

11. Não ocorre crase:

    ❑ antes de nomes masculinos: *andar a cavalo;*
    ❑ antes de verbos: *ela esteve a falar muito;*
    ❑ antes de artigo indefinido (uma): *ele foi a uma festa;*
    ❑ antes de expressões de tratamento: *referiu-se a V. Sa.* O pronome *senhora* admite a crase: *refiro-me à senhora;*
    ❑ antes de pronomes pessoais: *não diga a ela;*
    ❑ antes de pronomes indefinidos: *não me reporto a ninguém;*
    ❑ antes de pronomes demonstrativos: *chegou a esta cidade ontem.*

12. É obrigatório o sinal indicativo de crase antes de nome feminino que admite artigo:

    Vou à cidade.

13. Não ocorre crase antes de nome de cidade:

    Vou a Paris.

    Será obrigatório o sinal indicativo de crase se o nome da cidade vier determinado:

    Foi à Roma dos Césares.

    Vou à Paris eterna.

14. É também obrigatório antes de numeral quando indica horas:

    Cheguei à uma hora.

    Cheguei às dez da manhã.

15. Antes de nome masculino quando se subentende a expressão *à maneira de, à moda de,* o sinal de crase é obrigatório:

    Escreveu à Eça de Queirós.

    Vestiu-se à Pierre Cardin.

16. Antes de pronomes demonstrativos *aquele, aqueles, aquela, aquelas, aquilo,* quando regidos de preposição, coloca-se o sinal da crase:

    Fomos àquele sítio.

17. Não há acento indicativo de crase antes de substantivos repetidos, nas locuções adverbiais:

    frente a frente
    gota a gota
    cara a cara
    ponta a ponta

18. É facultativo o sinal da crase antes de nomes próprios, antes de possessivos e na locução *até a.*

    Referiu-se a Maria, sua esposa.

    A menina obedece a sua tia.

    Correu até a escola.

19. Usa-se o sinal da crase em locução adverbial como:

    Está à venda o automóvel do diretor.

20. Não se usa sinal de crase na expressão:

    Manter-se a distância.
    Se a distância for determinada, diz-se:

    Mantenha-se à distância de 50 m.

21. O conhecimento de regência verbal facilita resolver dúvidas quanto à utilização ou não de sinal de crase. Por exemplo, os verbos *obedecer* e *desobedecer* são transitivos indiretos:

    Obedeço às leis.

    Desobedeceu às normas estabelecidas...

22. Não ocorre crase antes de substantivo plural:

    Refiro-me a mulheres casadas, solteiras...

    Fulano vive a expensas de Beltrano.

23. A locução *à vista* é craseada em frases como:

    O professor, à vista de seus alunos, recomendou...

    No entanto, não será craseada em expressões como:

    Comprou um televisor a vista.

    Nesse caso, a expressão opõe-se *a prazo*. Como não há artigo nesta última, não se usa o sinal de crase na primeira. O *a* que aparece aí é simples preposição, portanto.

5 Leitura

Com base no texto a seguir apresentado, discutir em classe os seguintes assuntos:

1. Usar mal a língua é proceder como um operário inexperiente.
2. Ninguém tem o direito de usar mal a língua.
3. Em sentido amplo, a boa linguagem consiste "na boa formulação e na boa comunicação do pensamento".
4. Faz parte do conceito de boa linguagem adaptá-las ao ideal linguístico coletivo, ou seja, ela deve ser gramatical.
5. "O cuidado da correção gramatical evita que se afronte um sentimento linguístico enraizado [...] [e] deve ser atendido mesmo quando decorre de meras convenções mais ou menos arbitrárias."

"Cada um de nós tem de saber usar uma boa linguagem para desempenhar o seu papel de indivíduo humano e de membro de uma sociedade humana. Não se pode admitir que um instrumento tão essencial seja mal conhecido e mal manejado; mal utilizá-lo é colocarmo-nos na categoria dos operários que são canhestros e insipientes no exercício de sua profissão. Tal categoria tem, por princípio, de ser eliminada: ninguém tem o direito de conformar-se em ser esse tipo de operário, nem a fábrica social se pode dar ao luxo de aceitá-lo complacentemente em seu seio.

É, entretanto, a atitude implícita dos que fazem praça de não se preocuparem com questões de linguagem. Há quem assim se desculpe, quando o que diz ou escreve produz um resultado contraproducente: homem de atividade prática, sem aspirações oratórias ou literárias, quer agir bem, e não falar bem. Ora, a simples circunstância do resultado contraproducente prova que há qualquer coisa fundamentalmente errada no princípio incluso na suposta justificativa.

O erro está, a rigor, numa confusão de ideias.

A linguagem tem uma função prática imprescindível na vida humana e social; mas, como muitas outras criações do homem, pode ser transformada em arte, isto é, numa fonte de mero gozo do espírito. Passa-se, com isto, a um plano diverso daquele da vida diária. São duas coisas distintas o aspecto prático e o aspecto artístico da linguagem. Neste ela vem a constituir a literatura e deve ser boa no sentido de produzir em nós um alto prazer espiritual ou gozo estético. É uma excelência em sentido estrito, que não cabe confundir com o sentido amplo – qual se consubstancia na boa formulação e na boa comunicação do pensamento.

Apressemo-nos a ressalvar, porém, que o sentimento artístico é espontâneo e inerente nos homens e que, para ser eficiente, a linguagem tem de satisfazê-lo e não apenas se cingir a uma formulação seca, objetiva e fria. Assim, em toda boa exposição linguística entra, a bem dizer, um tal ou qual elemento literário.

É, até certo ponto, daí resultante a circunstância de que se cria em toda sociedade um ideal linguístico, por que temos de pautar-nos para as nossas palavras não provocarem uma repulsão, às vezes latente e mal perceptível, mas sempre suficiente para prejudicar-lhes o efeito.

Essas considerações nos possibilitam precisar melhor o conceito de boa linguagem em seu sentido lato. Vemo-la já agora por suas três faces. Uma é a adequação ao assunto pensado; outra, certo predicado estético que nos convida a encarar com boa vontade o pensamento exposto; a terceira, enfim, uma adaptação inteligente e sutil ao ideal linguístico coletivo, o que importa no problema da correção gramatical em seu sentido estrito.

Não são três aspectos equivalentes, e muito menos é substituível um pelos outros. É claro que a nitidez e o rigor da expressão do pensamento, ou, em outros termos, a precisão lógica da exposição linguística tem a primazia sobre tudo mais. A ela se adjunge, como elemento de atração, a qualidade que empolga ou seduz, predispondo a razão a se fixar no que lhe é exposto e a se deixar convencer; ou seja, o efeito retórico em última análise. Finalmente, o cuidado da correção gramatical evita que se afronte um sentimento linguístico enraizado, que o mais das vezes tem uma motivação profunda, mas deve ser atendido mesmo quando decorre de meras convenções mais ou menos arbitrárias" (CAMARA Jr., J. Mattoso. *Manual de expressão oral e escrita*. 5. ed. Petrópolis: Vozes, 1978. p. 12-13).

Exercícios

Pontuação

1. *Apresente três exemplos em que a pontuação esteja provocando ambiguidade, ou alterando o entendimento da frase.*
2. *Qual é a função da pontuação?*

3. Quais partes do discurso não podem ser separadas por vírgula? Dê exemplos.
4. Corrigir as seguintes frases:
   a) José da Cruz dirigiu-se ao caixa ao gerente ao entregador.
   b) Maria Aparecida, despediu-se das amigas à porta da faculdade.
   c) Sônia Maria recusou-se, a falar com o professor.
   d) Semana passada o diretor falou com sua secretária.
   e) Em janeiro de 1999 durante a festa da uva a secretária não compareceu ao escritório.
   f) São Paulo 31 de março de 1999
   g) No entanto suas conclusões são apressadas.
   h) Falou demoradamente porém não apresentou nenhuma solução para o caso.
   i) Trabalhava exaustivamente contudo na hora do almoço.
5. Pontuar o seguinte texto de Millôr Fernandes (1978:90)
   "Carnegie do célebre Carnegie Hall que não só tinha uma têmpera de aço como ganhou uma fortuna com isso Foi graças a ele que o aço substituiu a madeira em quase tudo no mundo exceto naturalmente nas árvores Mas a gente chega lá."
6. Quando se usa o ponto e vírgula?
7. Para que serve o ponto final?
8. Que acha do uso da exclamação na redação comercial?
9. Que acha do uso de reticências na redação comercial?
10. Há redatores que utilizam a todo instante etc. Que acha desse procedimento?

Crase – Colocar acento indicativo de crase onde for necessário

1. Ana Maria apresentou seus argumentos a vista dos fatos.
2. O desemprego brasileiro tende a cair: é o que dizem os jornais hoje.
3. As medidas tomadas servem de referência a todos os procedimentos.
4. Não há nenhuma referência a tomada de decisão da diretoria.
5. As aulas só reiniciarão daqui a um mês.
6. Solicitamos a V. Sa. que nos comunique os procedimentos que devem ser tomados.
7. Luís da Silva foi candidato a reeleição presidencial.
8. A correspondência enviada a Presidente Prudente deveria sê-lo a Sorocaba.
9. Iara se pôs a distância para não ser atingida pelas pedras.
10. Considero muito boa a solução apresentada quanto aquelas questões.
11. O montante de recursos aplicados na empresa são insuficientes para reerguê-la se comparados a dívida.
12. O diretor resistiu a transferir despesas a conta de publicidade.
13. A parte mais fraca cabe o custo social.

14. Referindo-se a esta situação, o diretor não disse nada.
15. Tratava-se então de um assunto referente a diretoria da empresa.
16. O diretor ficou frente a frente com o presidente.
17. A secretária não se submeteu a apreciação da banca examinadora.
18. O menino veio a luz num dia de setembro.
19. As compras foram realizadas a prazo.
20. O pagamento foi feito a vista.
21. A secretária esteve a ponto de deixar o escritório.
22. A resolução podia levar a completa destituição da diretoria.
23. As vezes a secretária chega atrasada ao escritório.
24. Os reajustes apresentados eram superiores a inflação.
25. Machado de Assis as vezes escrevia poemas.
26. Sílvia enviou uma carta a senhora Maria do Carmo.
27. Quando Sílvia falava a maneira de Anísio, o escritório caía na gargalhada.
28. Não se preocupe: o motorista levará você a qualquer lugar e a qualquer hora.
29. O sucesso das vendas está ligado a propaganda veiculada.
30. Refiro-me aqueles cidadãos, que votaram nas últimas eleições presidenciais.
31. O diretor referia-se a todas as tarefas indicadas na semana anterior.
32. A secretária estava sempre a disposição quando dela precisavam.
33. Todos os gerentes devem comparecer a reunião.
34. Joana ofereceu flores a senhora pelo seu aniversário.
35. Não diga isto a ninguém que entre no escritório hoje.
36. Helena nunca ia a festas nem a reuniões.
37. Prestaram obediência a célebre rainha da Suécia.
38. Teceram-se opiniões a respeito da arte Barroca.
39. O jantar foi servido a inglesa.
40. Regina emprestou o livro a Carlos.

Acentuação – Acentuar se necessário:

ateismo	album	autentico (adjetivo)	açucar
alcool	amago	armazem	amavel
area	almoço	alem	arcaismo
amiude	aguentar	alugueis	aquele
alias	aneis	atraves	antiquissimo
angulo	anhangabau	altruismo	agua
automovel	arco-iris	anfora	amavamos
eu apoio	assembleia	angelico	ateu
o apoio	aguarras	anzois	arruma-lo

bazofia	bebado	balsamo	carie
Bauru	balaustre	bebe	coronel
bebivel	buque	caiste	cortes (adjetivo)
bota	bigamo	caindo	raiz
bau	Bonifacio	conscio	raizes
benção	beduino	comodo	rainha
beneficio	bide	chapeu	rale
beneplacito	bramane	caires	zebu
bebesseis	benze-la	cafe	veemencia
bilingue	boca	cafezinho	telescopio
baia	Bocaiuva	crueis	recem
bachareis	burgues	chacara	rubrica
bangalo	bolide	caracol	ruina
boia	botanica	cachecois	responsavel
bibelo	bilis	cafezal	zoologico
bonus	banze	camara	uisque
bainha	bussola	ceu	unico

11

Novo Acordo Ortográfico

1 O que mudou na acentuação

1.1 Trema

Deixa de existir o trema, exceto em nomes próprios e seus derivados.

1.2 Acento diferencial

Não se usará acento para distinguir:

a) Para (flexão do verbo parar) de *para* (preposição)
b) Pela (flexão do verbo *pelar*) de *pela* (combinação da preposição com o artigo
c) Polo (substantivo) de polo (combinação antiga e popular de por e *lo*)
d) Pelo (flexão do verbo *pelar*), *pelo* (substantivo) e *pelo* (combinação da preposição com o artigo)
e) Pera (substantivo – fruta), *pera* (substantivo arcaico – pedra) e *pera* (preposição arcaica)

O *pôr* (verbo) continua com acento, assim como *pôde* (pretérito perfeito).

1.3 Acento circunflexo

Não se usará:

a) Nas terceiras pessoas do plural do presente do indicativo ou do subjuntivo dos verbos *crer, dar, ler, ver* e seus derivados (*descrer, reler*). A grafia correta será: *creem, deem, leem, veem, descreem, releem*.

Permanecem os acentos dos verbos *ter* e *vir* na 3ª pessoa do plural (eles têm, eles vêm).

b) Em palavras terminadas em hiato *oo*, como: *enjôo, vôo*. De agora em diante, devem ser escritas: *enjoo, voo*.

1.4 Acento agudo

Não se usará acento agudo:

a) Nos ditongos abertos *ei* e *oi* de palavras paroxítonas, como: *assembleia, ideia, heroica, jiboia*.

b) Nas palavras paraxítonas com *i* e *um* tônicos precedidos de ditongo: *feiura, baiuca*.

Observação: Piauí e Tatuí permanecem com acento, pois são oxítonas.

c) Nas formas verbais que têm o acento tônico na raiz, com *u* tônico precedido de *g* ou *q* e seguido de *e* ou *i*. Assim, algumas formas de verbos, como *averigue, apazigue, arguem* já não devem ser acentuadas.

2 Uso do hífen em formação de palavras (com prefixos ou elemento formador de palavra)

Regra geral, o hífen é usado depois de um prefixo ou elemento de formação de palavra se a palavra seguinte começa com vogal idêntica à vogal final do prefixo ou do elemento formador. Também é usado diante de palavras que começam com *h*. A lista seguinte objetiva oferecer um quadro prático. Em caso de dificuldades sobre o uso do hífen em determinadas formações de palavras, recomenda-se proceder por analogia, consultando a lista seguinte:

Aero: aeroespacial

Agro: agroindustrial

Além: além-Atlântico, além-mar, além-fronteiras

Ante: ante-espera, antemanhã, anteavante, anteâmbulo, anteato, anteaurora, anteboca, ante-histórico, anteprojeto, anterreal

Anti: antiaéreo, anti-higiênico, anti-ibérico, anti-inflacionário, anti-imperialista, antieconômico, antirreligioso, antissemita

Aquém: aquém-fiar, aquém-Pireneus

Arqui: arqui-hipérbole, arqui-irmandade, arqui-inimigo

Auto: auto-observação, autoestrada, autoaprendizagem, auto-ônibus, autoescola, autoestima, autoadesivo

Bem:[1] bem-aventurado, bem-estar, bem-humorado, bem-criado, bem-ditoso, bem-falante, bem-mandado, bem-nascido, bem-soante, bem-visto, benfazejo, benfeito, benfeitor, benquerença

Bio: biorritmo, biossatélite

Circum: circum-hospitalar, circum-escolar, circum-murado, circum-navegação

Co: co-herdeiro, coeditor, coeducação, coirmão, coobrigação, coocupante, coordenar, cooperação, cooperar,[2] cosseno

Contra: contra-ataque, contra-harmônico, contra-almirante, contrarregra, contrassenha, contrassenso, contraindicado, contraexemplo, contraoferta

Des: desumano, desumidificar

Eletro: eletro-higrômetro, eletro-ótica, eletrossiderurgia

Entre: entreaberto, entreadivinhar, entrechoque, entrecasca, entre-hostil, entrerriano, entresseio

Ex: ex-almirante, ex-diretor, ex-hospederia, ex-presidente, ex-primeiro-ministro, ex-rei

Extra: extra-humano, extrarregular, extraescolar, extrassolar, extra-oficial

Geo: geo-história

Grã: grã-duque, grã-fina

Grão: grão-cruz, grão-mestre

Guarda-chuva

Hidro: hidroelétrico

Hiper: hiper-requintado, hiper-reativo

In: inábil, inumano

Infra: infra-axilar, infrassom

Inter: inter-resistente, inter-relacionado, inter-helênico, inter-hemisférico

Intra: intraocular, intraoral, intra-arterial, intracelular, intracraniano, intra-hepático, intraósseo, intraoral, intrauterino

Macro: macroambiente, macromolecular, macrorregião, macrossísmico

Mal:[3] mal-afortunado, mal-estar, mal-humorado (mas malcriado, malditoso, malfalante, malmandado, malnascido, malsoante, malvisto)

Maxi: maxidesvalorização, maxissaia

---

[1] Emprega-se hífen nos compostos com os advérbios *bem* e *mal*, quando estes formam com o elemento que se lhes segue uma unidade sintagmática e semântica e tal elemento começa por vogal ou *h*. O advérbio *bem*, no entanto, pode não se aglutinar com palavras começadas por consoante.

[2] Diz a regra (base XVI do Novo Acordo Ortográfico da Língua Portuguesa): "Nas formações com o prefixo *co-*, este aglutina-se em geral com o segundo elemento mesmo quando iniciado por *o*: coobrigação, coocupante, coordenar, cooperação, cooperar."

[3] Ver nota 1.

Mega: mega-ação, megacomboio, megaoperação, mega-hospital, megarregião, megassociedade

Micro: micro-ondas, micro-organismo, microcirurgia, micro-hospital, microssistema, microrradiografia

Mini: mini-indústria, minievento, mini-hospital, minissaia, minissérie

Multi: multiangular, multiaresta, multicanal, multicolor, multidisciplinar, multi-habitação, multi-infecção, multiocular, multirracial, multissensório

Neo: neo-helênico, neorrepublicano, neorrealismo, neossalomônico

Pan: pan-americano, pan-helenismo, pan-africano, pan-mágico, pan-negritude

Para: paraquedas, paraquedista, para-choque, para-brisa, para-lama, para-raio[4]

Pluri: plurianual

Pós: pós-graduação, pós-tônico (mas pospor)

Pré: pré-história, pré-escolar, pré-natal (mas prever)

Pró: pró-africano, pró-europeu (mas promover)

Proto: protorrevolucionário, protossatélite

Pseudo: pseudo-operário, pseudoalimentação, pseudoliterário, pseudo-organização

Recém: recém-casado, recém-nascido

Retro: retroagir, retroatividade, retrocultura, retrorreflexivo, retrosseguir

Sem: sem-cerimônia, sem-número, sem-vergonha

Semi: semi-hospitalar, semi-interno, semisselvagem, semicírculo

Sobre: sobreimpressão, sobre-humano, sobreaviso, sobre-elevação, sobressubstancialidade, sobressolar, sobrerronda, sobressaia

Sota: sota-piloto

Soto: soto-mestre

Sub: sub-hepático

Super: super-homem, super-revista

Supra: supra-auricular, suprarrenal, suprassumo

Ultra: ultra-hiperbólico, ultrarromântico, ultrassonografia, ultrassensível, ultrassecreto

Vice: vice-presidente, vice-reitor

Vizo: vizo-rei

---

[4] Paraqueda e paraquedista serão grafadas sem hífen e sem acento. Todavia, *para-choque, para-brisa, para-lama, para-raio* são grafadas com hífen e sem acento. Demais dúvidas, em relação a esse prefixo, serão esclarecidas com a publicação do *Vocabulário Ortográfico da Língua Portuguesa* (Volp).

2.1 Quadro prático do uso do hífen

aero agro ("terra") alfa ante anti argui auto beta bi bio contra di eletro entre	extra foto gama geo giga hetero hidro hipo homo ili/ilio infra intra iso lacto lipo	macro maxi mega meso micro mini mono morfo multi nefro neo neuro paleo peri pluri	poli proto pseudo psico retro semi sobre supra tele tetra tri ultra	a) iniciado por vogal igual à vogal final do 1º elemento b) iniciado por *h*
ab	ob	sob	sub	iniciado por *b, h, r*
co ("com")				iniciado por *h*
ciber hiper	inter	super	nuper	iniciado por *h, r*
ad				iniciado por *d, h, r*
pan				a) iniciado por vogal b) iniciado por *h, m, n*
circum				a) iniciado por vogal b) iniciado por *h, m, n*
além ântero aquém ex êxtero (exceto exteroceptivo e exteroceptor)		recém sem sota soto súpero vice		sempre com hífen
pós	pré	pró		sempre que conservem autonomia vocabular (de caráter subjetivo)

3 Quadro comparativo: antes e depois do Novo Acordo

Antes do acordo	Depois do acordo
Formado por vinte e três letras: a, b, c, d, e, f, g, h, i, j, l, m, n, o, p, q, r, s, t, u, v, x, z.	Formado por vinte e seis letras: a, b, c, d, e, f, g, h, i, j, k, l, m, n, o, p, q, r, s, t, u, v, w, x, y, z
Nos países de língua portuguesa oficial, não há uma norma única que determina a ortografia das palavras com consoante "muda". *Portugal*: *acção* (c não pronunciado) *facto* (c pronunciado) aspecto (única ortografia, sendo o c pronunciado ou não) *Brasil*: *ação* (ortografia que respeita a pronúncia) *aspecto/aspeto* (dupla possibilidade de pronúncia e, portanto, dupla ortografia)	Nos países de língua portuguesa oficial, a ortografia de palavras com consoantes "mudas" passa a respeitar as diferentes pronúncias cultas da língua, ocasionando um aumento da quantidade de palavras com dupla grafia. *Países de língua portuguesa oficial*: *fato* e *facto* (dupla pronúncia e dupla ortografia) *ação* (única pronúncia e única ortografia) *aspecto* e *aspeto* (dupla pronúncia e dupla ortografia)
Os substantivos variantes de outros substantivos terminados em vogal apresentam terminação -ea e/ou -ia. *hástea* ou *hastia*, de haste *vestia*, de veste	Os substantivos variantes de outros substantivos terminados em vogal apresentam terminação uniformizada em -ia e -io. *hastia*, de haste *vestia*, de veste
Alguns verbos terminados em -iar admitem variantes na conjugação. premiar – *premio* ou *premeio* negociar – *negocio* ou *negoceio*	Alguns verbos terminados em -iar admitem variantes na conjugação. premiar – *premio* ou *premeio* negociar – *negocio* ou *negoceio*
São assinaladas com acento agudo as palavras oxítonas que terminam nas vogais tônicas abertas *a, e, o*, e com acento circunflexo as que acabam nas vogais tônicas *e, o*, seguidas ou não de *s*: *fubá mercês bobó* *cafés babalaô*	*Obs.*: As regras de acentuação dos monossílabos tônicos são as mesmas das oxítonas. São assinaladas com acento agudo as palavras oxítonas que terminam nas vogais tônicas abertas *a, e, o*, e com acento circunflexo as que acabam nas vogais tônicas fechadas *e, o*, seguidas ou não de *s*: *fubá mercês bobó* *cafés babalaô*
Obs.: O emprego do acento agudo ou circunflexo nas vogais tônicas *e, o* depende, em geral, da pronúncia culta nos diferentes países ou regiões de língua oficial portuguesa: *matinê matiné* *cocô cocó*	*Obs.*: As palavras oxítonas cuja vogal tônica, nas pronúncias cultas da língua, possui variantes (ê, é, ó, ô) admitem dupla grafia: *matinê* ou *matiné* *cocô* ou *cocó*

Antes do acordo	Depois do acordo
São assinaladas com acento gráfico as formas verbais que se tornam oxítonas terminadas em *a, e, o*, em virtude da conjugação com os pronomes *lo(s), la(s)*: dá-la sabê-lo amá-la-ás dispô-los	São assinaladas com acento gráfico as formas verbais que se tornam oxítonas terminadas em *a, e, o*, em virtude da conjugação com os pronomes *lo(s), la(s)*: dá-la sabê-lo amá-la-ás dispô-los
É assinalado com acento agudo o *e* das terminações *em, ens* das palavras oxítonas com mais de uma sílaba (exceto as formas da 3ª pessoa do plural do presente do indicativo dos verbos *ter, vir* e seus derivados, que são marcadas com acento circunflexo): *também* (eles) *contêm* *parabéns* (elas) *vêm*	É assinalado com acento agudo o *e* das terminações *em, ens* das palavras oxítonas com mais de uma sílaba (exceto as formas da 3ª pessoa do plural do presente do indicativo dos verbos *ter, vir* e seus derivados, que são marcadas com acento circunflexo): *também* (eles) *contêm* *parabéns* (elas) *vêm*
São assinalados com acento agudo os ditongos tônicos *éi, éu, ói*: *fiéis* *réu* *heróis*	São assinalados com acento agudo os ditongos tônicos *éi, éu, ói*, sendo os dois últimos seguidos ou não de *s*: *fiéis* *réus* *heróis*
Não se usa acento gráfico para distinguir oxítonas homógrafas: *colher* (verbo) *colher* (substantivo) *Exceção*: *pôr* (verbo) *por* (preposição)	Não se usa acento gráfico para distinguir oxítonas homógrafas: *colher* (verbo) *colher* (substantivo) *Exceção*: *pôr* (verbo) *por* (preposição)
São assinaladas com acento gráfico as paroxítonas terminadas em: a) *l, n, r, x, ps*: *lavável* *açúcar* *bíceps* *plâncton* *ônix* *Exceção*: Não são acentuadas graficamente as paroxítonas terminadas em *ens*: *hifens, liquens* b) *ã(s), ão(s), ei(s), i(s), um, uns, us*: *órfã* *fórum* *bílis* *órfão* *álbuns* *jóqueis* *vírus*	São assinaladas com acento gráfico as paroxítonas terminadas em: a) *l, n, r, x, ps* (e seus plurais, alguns dos quais passam a proparoxítonas): *lavável* *açúcar* *bíceps* *plânctons* *ônix* *Exceção*: Não são acentuadas graficamente as paroxítonas terminadas em *ens*: *hifens, liquens* b) *ã(s), ão(s), ei(s), i(s), um, uns, us*: *órfã(s)* *fórum* *bílis* *sótão(s)* *álbuns* *jóquei(s)* *vírus*

Antes do acordo	Depois do acordo
O acento será agudo se na sílaba tônica houver as vogais abertas *a, e, o* ou ainda *i, u* e será circunflexo se houver as vogais fechadas *a, e, o*. *Obs.*: O emprego do acento agudo ou circunflexo nas vogais tônicas *e, o* depende, em geral, da pronúncia culta nos diferentes países de língua oficial portuguesa: *fêmur (Brasil)* *fémur (Portugal)* *ônix (Brasil)* *ónix (Portugal)* *pônei (Brasil)* *pónei (Portugal)* *Vênus (Brasil)* *Vénus (Portugal)*	O acento será agudo se na sílaba tônica houver as vogais abertas *a, e, o*, ou ainda *i, u* e será circunflexo se houver as vogais fechadas *a, e, o*. *Obs.*: As palavras paroxítonas cuja vogal tônica, nas pronúncias cultas da língua, possui variantes (*ê, é, ô, ó*) admitem dupla grafia: *Fêmur* ou *fémur* *ônix* ou *ónix* *pônei* ou *pónei* *Vênus* ou *Vénus*
São assinalados com acento agudo os ditongos abertos tônicos *éi, ói* de palavras paroxítonas: *estréia* *paranóico* *idéia* *jibóia*	Não são assinalados com acento gráfico os ditongos *ei* e *oi* de palavras paroxítonas: *estreia* *paranoico* *ideia* *jiboia*
São assinaladas com acento circunflexo as formas verbais *crêem, dêem, lêem, vêem* e seus derivados: *descrêem, desdêem, relêem, revêem* etc.	Não são assinaladas com acento gráfico as formas verbais *creem, deem, leem, veem* e seus derivados: *descreem, desdeem, releem, reveem* etc.
É assinalado com acento circunflexo o penúltimo *o* do hiato *oo*(s): *vôos* *enjôo*	Não é assinalado com acento gráfico o penúltimo *o* do hiato *oo*(s): *voos* *enjoos*
São assinaladas com acento gráfico as palavras homógrafas: *pára* (verbo) *para* (prep.) *péla(s)* (subst.) *péla* (verbo) *pela(s)* (per+la(s)) *pêlo(s)* (subst.) *pélo* (verbo) *pelo(s)* (per+lo(s)) *pólo(s)* (subst.) *polo(s)* (por+lo(s)) *pôde* (verbo perf. ind.) *pode* (verbo pres. ind.)	Não são assinaladas com acento gráfico as palavras homógrafas: *para* (verbo) *para* (prep.) *pela(s)* (subst.) *pela* (verbo) *pela(s)* (per+la(s)) *pelo(s)* (verbo) *pelo* (subst.) *pelo(s)* (per+lo(s)) *polo(s)* (subst.) *polo(s)* (por+lo(s) e subst.) *Exceção*: *pôde* (3ª pess. sing. pret. ind.), *pode* (3ª pess. sing. pres. indicativo)
	Obs. 1: Facultativamente, assinalam-se com acento circunflexo: *dêmos* (1ª pess. pl. pres. do subjuntivo), *demos* (1ª pess. pl. pret. Perf. indicativo); *fôrma* (subst.), *forma* (subst.; verbo)

Antes do acordo	Depois do acordo
	Obs. 2: *Facultativamente*, assinalam-se com acento agudo as formas verbais do tipo: *amámos* (pret. perf. ind.) *amamos* (pres. ind.) *louvámos* (pret. perf. ind.) *louvamos* (pres. ind.)
São assinaladas com acento agudo as vogais tônicas *i* e *u* das palavras oxítonas e paroxítonas que constituem o 2º elemento de um hiato e não são seguidas de *l, m, n, nh, r, z*: *país ruins atraí-la* *saúde rainha possuí-lo-ás*	São assinaladas com acento agudo as vogais tônicas *i* e *u* das palavras oxítonas e paroxítonas que constituem o 2º elemento de um hiato e não são seguidas de *l, m, n, nh, r, z*: *país ruins saúde rainha*
	Obs. 1: Incluem-se nessa regra as formas oxítonas dos verbos em *air* e *uir* em virtude de sua conjugação com os pronomes *lo(s), la(s)*: *atraí-las possuí-lo-ás*
	Obs. 2: Não são assinaladas com acento gráfico as palavras paroxítonas cujas vogais tônicas *i* e *u* são precedidas de ditongo decrescente: *baiuca boiuna feiura*
	Obs. 3: São assinaladas com acento agudo as palavras oxítonas cujas vogais tônicas *i* e *u* são precedidas de ditongo: *Piauí tuiuiús*
Obs.: Não são assinalados com acento agudo os ditongos tônicos *iu, ui* precedidos de vogal: *distraiu pauis*	*Obs. 4*: Não são assinalados com acento agudo os ditongos tônicos *iu, ui* precedidos de vogal: *distraiu pauis*
É assinalado com acento agudo o *u* tônico de *gue, gui, que, qui*: *argúis argúi*	Não se assinala com acento agudo o *u* tônico de formas rizotônicas de *arguir* e *redarguir*: *arguis argui*
Obs. 1: Verbos como *aguar* (ou derivados), *delinquir* às vezes possuem duplo paradigma, dependendo do fato de os gramáticos aceitarem ou não a pronúncia popular: AGUAR: o rio deságua o rio desagua /gú/ (forma culta) DELINQUIR: tu delinqües	*Obs. 1*: Verbos como *aguar, apaziguar, apropinquar, delinquir* possuem dois paradigmas: a) com o *u* tônico em formas rizotônicas sem acento gráfico: *averiguo, ague* b) com o *a* ou o *i* dos radicais tônicos acentuados graficamente: *averíguo, águe*

Antes do acordo	Depois do acordo
Obs. 2: Verbos terminados em *-inguir* cujo *u* não é pronunciado e em *-ingir* possuem grafias regulares: *atingir distinguir* *atinjo distingo*	*Obs. 2*: Verbos terminados em *-ingir* e *-inguir* cujo *u* não é pronunciado possuem grafias regulares: *atingir distinguir* *atinjo distinguimos*
São assinaladas com acento gráfico todas as palavras proparoxítonas: *rápido* *cênico* *místico meândrico*	São assinaladas com acento gráfico todas as palavras proparoxítonas: *rápido* *cênico* *místico meândrico*
Incluem-se nesta regra as proparoxítonas aparentes (aquelas que terminam em ditongo crescente): *série amêndoa* *glória argênteo*	Incluem-se nesta regra as proparoxítonas aparentes (aquelas que terminam em ditongo crescente): *série amêndoa* *glória argênteo*
Obs.: O emprego do acento agudo ou circunflexo nas vogais tônicas *e*, *o* depende, em geral, da pronúncia culta nos diferentes países de língua oficial portuguesa: *cômodo* (Brasil) *cómodo* (Portugal) *gênio* (Brasil) *génio* (Portugal)	*Obs.*: As palavras proparoxítonas, reais ou aparentes, cuja vogal tônica, nas pronúncias cultas da língua, admite variantes (ê, é, ô, ó) e, portanto, dupla grafia: *cômodo* ou *cómodo* *gênio* ou *génio*
Assinala-se com trema o *u* dos grupos *gue*, *gui*, *que*, *qui* quando for átono e pronunciado: *delinqüir* *cinqüenta* *tranqüilo*	O trema é totalmente eliminado das palavras portuguesas ou aportuguesadas: *delinquir* *cinquenta* *tranquilo*
	Obs.: É usado em palavras derivadas de nomes próprios estrangeiros com trema: *mülleriano*, de Müller
Em compostos, locuções e encadeamentos vocabulares: a) Emprega-se o hífen em compostos em que a noção de combinação é clara: *guarda-noturno guarda-chuva* *pára-quedas manda-chuva*	a) Em compostos, locuções e encadeamentos vocabulares emprega-se o hífen.
	Obs.: São escritas aglutinadamente palavras em que o falante contemporâneo perdeu a noção de composição: *paraquedas mandachuva*

Antes do acordo	Depois do acordo
b) Nenhuma regra trata especificamente do uso do hífen em topônimos.	b) Emprega-se o hífen nos seguintes topônimos: • iniciados por *grã* e *grão*: *Grão-Pará* • iniciados por verbo: *Passa-Quatro* • cujos elementos estejam ligados por artigo: *Baía de Todos-os-Santos* *Obs.*: Os demais topônimos compostos são escritos separados e sem hífen: *Cabo Verde* *Exceção*: *Guiné-Bissau*
c) Nenhuma regra trata especificamente do uso do hífen em palavras que designem espécies botânicas e zoológicas.	c) Emprega-se o hífen em palavras compostas que designam espécies botânicas e zoológicas: *couve-flor* *bem-te-vi*
d) Emprega-se o travessão para ligar duas ou mais palavras que ocasionalmente se combinam, formando encadeamentos vocabulares: *ponte Rio-Niterói.*	d) Emprega-se o hífen para ligar duas ou mais palavras que ocasionalmente se combinam, formando encadeamentos vocabulares: *ponte Rio-Niterói*
Nas formações por prefixação, recomposição e sufixação é obrigatório o uso do hífen nos seguintes casos:	Uso do hífen nas formações por prefixação, recomposição e sufixação:

4 Leitura

Após a leitura do texto, considere e comente em grupo com os colegas as seguintes questões:

1. Que considerações você faz sobre o valor simbólico do Novo Acordo?
2. Comente a frase: "Não se pode unificar a língua. Já a ortografia é o conjunto de convenções que regula a representação dos sons da fala na escrita, é o conjunto de regras que determina como se escrevem as palavras. É isso que está sendo uniformizado."
3. Comente a frase: "Na verdade, a rigor, não se trata de uma reforma ortográfica, mas de um acordo de unificação ortográfica. Por isso, ela incide apenas sobre os aspectos divergentes das duas ortografias."
4. O que significa "A língua é um fato social intrinsecamente variável."

"Acordo tem valor simbólico e alcance político

O português é a única língua com estatuto de idioma oficial em vários países que tem duas ortografias reguladas por lei: uma utilizada no Brasil e outra, em Portugal e nos demais países lusófonos.

Línguas como espanhol e o francês, que são faladas em diversos países, têm uma única ortografia. Alguém poderia dizer que isso não é verdade porque, em inglês, também há dupla ortografia: por exemplo, centre e center; colour e color, analyse e analyze; catalogue e catalog. Entretanto, a situação do inglês é muito distinta da do português, porque ele não tem ortografia fixada em lei. Ela é regulada pela tradição, que está registrada nos grandes dicionários. Isso quer dizer que, embora existam grafias preferenciais em países como a Inglaterra e os Estados Unidos, as duas formas são consideradas corretas.

Para pôr fim a essa situação de duplicidade de ortografia, que tem raízes históricas profundas, foi assinado um acordo de uniformização ortográfica entre os oito Estados nacionais da CPLP (Comunidade dos Países de Língua Portuguesa). Após muita discussão, essa convenção foi ratificada pelos parlamentos de diversos países, entre os quais Brasil e Portugal, e entra em vigor em nosso país hoje.

A discussão sobre o Acordo tem-se baseado em diversos equívocos. Em primeiro lugar, não se trata de uma unificação da língua, mas da ortografia.

A língua é um fato social intrinsecamente variável: na pronúncia, no vocabulário, na morfologia e na sintaxe. Varia de uma região para outra (mesmo dentro de um país), de um grupo social para outro, de uma geração para outra, de uma situação de comunicação para outra. Não se pode unificar a língua. Já a ortografia é o conjunto de convenções que regula a representação dos sons da fala na escrita, é o conjunto de regras que determina como se escrevem as palavras. É isso que está sendo uniformizado.

Afirma-se que a reforma é tímida, é 'meia-sola', que seria necessário fazer uma mudança ortográfica profunda. Na verdade, a rigor, não se trata de uma reforma ortográfica, mas de um acordo de unificação ortográfica. Por isso, ela incide apenas sobre os aspectos divergentes das duas ortografias. Além disso, uma alteração de grande alcance não é mais possível, porque, como praticamente toda a população está alfabetizada e faz uso intensivo da escrita, seria um custo enorme levar todos a reaprender uma ortografia completamente nova. É preciso considerar ainda que uma modificação ortográfica radical condenaria, em pouco tempo, todo o material gráfico armazenado à obsolescência, pois seria preciso um preparo específico para lê-lo.

Diz-se que não houve de fato uma unificação, porque se aceita o princípio da dupla grafia em alguns casos: por exemplo, econômico/económico; caratê/caraté; facto/fato; concepção/conceção. Essa afirmação é um erro porque as duas grafias passam a ser corretas em todos os países lusófonos. Com muita sabedoria, unificou-se, respeitando-se diversidade de pronúncia refletida em formas históricas de grafar. Além disso, o princípio da dupla grafia não é invenção do acordo, pois ele já existe no sistema ortográfico brasileiro: aceitam-se como corretas, por exemplo, as formas contacto e contato, secção e seção, sinóptico e sinótico, cotidiano e quotidiano.

O acordo é tecnicamente imperfeito. Apesar disso, sou favarável a ele por seu alcance político. A língua, além da função comunicativa, tem funções simbólicas: representa a nação, é instrumento de resistência contra a dominação estrangeira etc. Como diz um de seus considerandos, o acordo 'constitui um passo importante para a defesa da unidade essencial da língua'. É nesse contexto que deve ser visto, em seu valor simbólico. Visa a afirmar, por meio da unificação ortográfica, uma unidade linguística de base, que emerge de uma grande diversidade e que é o símbolo da união dos povos da CPLP."

(José Luiz Fiorin. Acordo tem valor simbólico e alcance político. *Folha de S. Paulo*, 1º jan. 2009, p. C4).

Exercícios

1. Quais as mudanças para o uso do acento diferencial do Novo Acordo Ortográfico?
2. Quando não se usará o acento circunflexo, segundo o Novo Acordo Ortográfico?
3. As palavras **ideia**, **jiboia** perderem o acento agudo. Justifique.
4. Qual é a regra geral do uso do hífen?
5. O elemento **co** carregará hífen quando?
6. Como ficam as palavras a seguir na nova ortografia?

microondas	assembléia
eles lêem	Odisséia
antialérgico	super-homem
pólo sul	Européia
idéia	Cananéia
tranqüilidade	desumano
pára-lama	coabitar
Müller	co-edição
Ilhéus	cooperar
heróico	elas têm
feiúra	eles vêm
saúde	anti-social
saída	antiinflamatório

12

Serviços da Empresa Brasileira de Correios e Telégrafos

1 Observação

Para uso adequado dos serviços postais, é necessário que a secretária conheça os serviços que a Empresa Brasileira de Correios e Telégrafos (EBCT) oferece.

Em primeiro lugar, o endereço deve estar corretamente grafado: nome do destinatário, rua, número e CEP. Certifique-se ainda de que tudo foi selado de acordo com a tarifa estabelecida e de que todos os volumes estão acondicionados segundo normas dos Correios.

Para sua carta chegar mais rapidamente ao destino, observe as seguintes normas:

- selo no canto superior direito;
- se houver mais de um selo, utilize a parte lateral direita superior do envelope;
- endereço no centro do envelope, com uma informação em cada linha (na primeira linha, escreva o nome do destinatário; na segunda, a rua e o número; na terceira, a cidade e a sigla do Estado);
- número do CEP;
- não use cola em excesso;
- use envelope de tamanho padronizado.

O CEP possibilita a identificação imediata do endereço e a distribuição da correspondência com maior rapidez.

Cartas postadas durante o dia, dentro do horário comercial, são entregues no dia seguinte.

Como secretária, você deve ter sempre à mão a tabela de preços atualizada fornecida pela EBCT. Quando a selagem não é suficiente, os volumes ou cartas são devolvidos ao remetente.

2 Serviços

A seguir, apresentamos uma série de serviços oferecidos pela EBCT.

1. **Carta/cartão-resposta comercial**: a carta-resposta é usada em âmbito nacional e internacional, para obtenção de informações, recebimento de pedidos, pesquisa de mercado, questionários. O cartão-resposta é usado para obtenção de informações, recebimento de pedidos, pesquisa de mercado, questionários. Atende em âmbito nacional e internacional. O envelope encomenda-resposta é usado para recebimento de pedidos acompanhado de algum tipo de mercadoria: filmes para revelação, pequenas peças de reposição.

2. **Devolução garantida**: serviço que consiste na restituição de impressos ao remetente, não entregues ao destinatário. O preço do serviço corresponde a 10% do valor pago na postagem do impresso, conforme tarifa postal interna vigente.

3. **Diretório Nacional de Endereços (DNE)**: o licenciamento da base de dados do DNE é um produto destinado a empresas que atuam com *database marketing, CRM, call center, Internet, e-commerce* e marketing direto.

4. **e-Sedex**: foi desenvolvido esse serviço para atender ao comércio eletrônico. Está disponível para São Paulo e Grande São Paulo. São as seguintes modalidades: *standard* (entrega no dia seguinte ao da coleta ou no mesmo dia); *prioritário* (entrega no mesmo dia: objetos coletados entre 9:00 e 12:00); *express* (entrega noturna no mesmo dia).

5. **Franqueamento autorizado de cartas (FAC)**: serviço prestado mediante contrato, que permite o franqueamento prévio, por parte do cliente (pessoa jurídica), de correspondências simples e registradas (envelopes ou *data-maier* – autoenvelopável), acompanhadas ou não de Aviso de Recebimento (AR) e demais serviços adicionais.

6. **Impresso especial**: é o serviço de postagem, distribuição e entrega de periódicos, catálogos, peças promocionais comumente denominadas malas diretas, com apelo para oferta e divulgação de produtos e serviços, ou com a finalidade de prospectar ou fidelizar clientes.

7. **Mala direta postal**: serviço para postagem, encaminhamento e distribuição de periódicos e peças promocionais endereçadas. Em geral, contém oferta e divulgação de produtos e serviços.

8. **Mala direta postal domiciliária**: serviço que permite a distribuição de malas diretas não endereçadas, periódicos, catálogos, em âmbito estadual. Permite também a distribuição de outros tipos de materiais utilizados para divulgação, como fitas de áudio e vídeo, CDs, chaveiros, bonés, camisetas, amostras. Para o Correio, é uma alternativa de mídia.

9. **Malote serca convencional**: consiste na coleta, transporte e entrega de malotes (correspondência agrupada) pela ECT em locais e frequência predeterminados pelo cliente.

10. **PAC**: modalidade de serviço de encomenda não expressa, para remessa de pacotes de até 30 kg, com mercadorias com ou sem valor mercantil, com garantia de entrega de três a oito dias úteis, de acordo com a região de postagem e entrega.

11. **Proposta de serviços e venda de produtos a órgão público**: serviço prestado a órgãos públicos, mediante contrato de prestação de serviços postais telemáticos convencionais, adicionais, nas modalidades nacional e internacional, carga de máquina de franquia e venda de produtos postais.

12. **Reembolso postal**: serviço de postagem, encaminhamento e entrega de encomendas ao destinatário, mediante o contrapagamento da importância estabelecida: após a entrega do objeto, o valor recebido é repassado ao remetente, por meio de vale postal, ordem de pagamento ou depósito bancário. Serviço adequado para venda de produtos a distância.

13. **Sedex Compact**: serviço de encomenda expressa que abrange coleta e/ou recebimento, transporte e entrega domiciliar de CDs e CD-ROMs. Peso máximo: 1 kg. Atende a todo o território nacional.

14. **Sedex convencional**: serviço de encomenda expressa que abrange coleta e/ou recebimento, transporte e entrega domiciliar de cargas fracionadas com até 30 kg. A EBCT dispõe de infraestrutura própria, capaz de atender a todo o território nacional. Serviço que tem prioridade de tratamento em relação a todos os serviços dos Correios. Suas modalidades são: *convencional* (serviço de envio de encomendas, correspondências e documentos, em âmbito nacional com prioridade no tratamento e na entrega domiciliária. Disponível tanto para pessoas físicas, como jurídicas); *sedex vip* (modalidade de envio e entrega de encomendas/documentos no mesmo dia, com peso máximo de até 5 kg); *sedex hoje* (serviço de envio e entrega de encomendas/documentos no mesmo dia da postagem, com peso máximo de 5 kg); *sedex a cobrar* (serviço apropriado para venda de produtos com cobrança na contraentrega); *sedex pré-franqueado* (modelo padrão para remessa dentro do Estado. Há envelopes com capacidade de até 1 kg); *sedex destinatário único* (modalidade utilizada para postagem de encomendas, documentos ou correspondências, destinados exclusivamente ao endereço da empresa contratante do serviço Sedex); *disque Sedex 0800-570-0100* (serviço de coleta de encomendas em domicílio).

15. **Sedex livro**: serviço de encomenda expressa que abrange coleta e/ou recebimento, transporte e entrega domiciliar de cargas fracionadas com até 2 kg.

16. **Sedex 3 direções**: serviço de envio de encomendas, correspondências e documentos urgentes, com prioridade no tratamento e na entrega domiciliária.

17. **Sedex vídeo**: serviço de encomenda expressa que abrange coleta e/ou recebimento, transporte e entrega domiciliar de fitas de vídeo.

18. **Serviço especial de entrega de documentos: Seed correspondência/ Seed convencional**: destina-se ao envio de documentos, carnês, faturas, convites, correspondências simples ou registradas, com ou sem comprovante de entrega. Elimina a necessidade de selos e franqueamento. O Seed convencional serve para envio de correspondências destinadas ao perímetro urbano do município onde foi feita a

postagem ou coleta. O Seed correspondência admite a postagem de correspondências para distribuição em âmbito nacional e internacional, sem comprovante de entrega. Em ambos os casos, as correspondências podem ser coletadas no domicílio da empresa ou postadas em agência dos Correios.

3 Impressos

A secretária, para utilização dos serviços da EBCT, deve ter, ainda, conhecimento do que significa *impresso*.

Os Correios consideram impressos: livros e/ou publicações periódicas, fotografias, almanaques, anuários, anúncios comerciais, formulários não preenchidos, convites de empresas para o público, para utilização de serviços ou aquisição de produtos, cartão impresso, catálogos, circular, desenhos, figurinos, gravuras, jornais, lista de preços, moldes, música impressa, papel de carta, propaganda, cartão-resposta comercial.

4 Proibições de despachos

A EBCT proíbe o despacho de substância explosiva, deteriorável, fétida, corrosiva; objeto com dizeres obscenos; animal morto; animal vivo, exceto abelha, sanguessuga e bicho-da-seda; planta viva; entorpecentes, objeto para o qual exista proibição; objeto com apenas as iniciais do destinatário.

5 Transportadores

Em muitas cidades do Brasil, além dos serviços da EBCT, é possível contratar serviços de entrega imediata, realizados por empresas que utilizam motocicletas. Classificados das páginas amarelas ou sua observação ao andar pelas ruas podem fornecer-lhe o telefone ou endereço.

6 Leitura

Após leitura do texto, discutir suas ideias em grupo e apresentar o resultado para toda a classe, levando em conta as seguintes questões:

1. Considerando os quatro primeiros parágrafos, faça um comentário sobre as ideias neles contidas. Relate experiências próprias.

2. Qual sua reação quando, acompanhada de um homem, o garçom apresenta a conta a ele?

3. O que seria desejável, num hotel, para uma secretária? Que tipo de serviço você normalmente requisita num hotel?
4. Como você procede quando o garçom devolve seu cartão a um homem que está em sua companhia, ou quando oferece a prova do vinho a seu convidado?

"O homem e a mulher, hóspedes diferentes

Mulheres em viagens de negócios estão finalmente sendo tratadas como seus correlatos masculinos, e não mais como hóspedes inferiores ou não existentes.

Comparando-se a situação de hoje à de dez anos atrás, os hotéis estão respondendo mais positivamente à mulher que se hospeda – e frequenta o restaurante do hotel desacompanhada. A discriminação, contudo, ainda resiste, especialmente por parte dos empregados mais antigos. Mas os exemplos são raros nesta metade dos anos 90.

Foi uma longa jornada. Os serviços de hotel, específicos para mulheres, vêm gradualmente sendo aperfeiçoados. O cabeleireiro já é norma. Há uma iluminação melhor, roupão de banho, cabides para saias, tábuas de passar, trancas nas portas. (O que também beneficia o hóspede masculino.)

Mas o lobby feito pela 'irmandade' de mulheres viajantes não diz respeito unicamente a essas comodidades. Atitudes dos empregados do hotel e algumas condutas também foram criticadas. Uma das questões mais importantes é a segurança. Reservar às mulheres exatamente os quartos que ficam no final de corredores longos e escuros, por exemplo, ou citar o número do quarto, no balcão de recepção, em voz alta, eram duas preocupações. Avanços tecnológicos tais como cartões plásticos, sem número, computadorizados, apresentados em envelopes discretos – em lugar da tradicional chave – e o desaparecimento do painel de chaves detrás do balcão ajudaram a reduzir a preocupação com a questão da segurança.

Botões de pânico

No início, os poucos gerentes de hotel que se incomodaram, a ponto de tomar medidas, foram longe demais, oferecendo às mulheres produtos e tratamento especial que apenas serviram para afastá-las. (Ironicamente, os 'quartos femininos' do Crest (de Londres), chamados Lady Crest, eram requisitados com maior frequência pelos hóspedes masculinos do que pelas clientes-alvo.)

O Victoria and Albert, de Manchester (Inglaterra), oferece uma ala para mulheres, monitorada por câmaras de vídeo e equipadas com botões de pânico. As mulheres não querem ser distinguidas com tratamento especial, o que consideram paternalização. O que desejam é não serem ignoradas e receberem igual tratamento, quanto aos serviços e cortesias oferecidos pelo hotel, que recebem os hóspedes masculinos.

'O que realmente me aborrece nos hotéis é que sempre recebo o quarto mais distante do elevador e, no restaurante, quando tenho um homem como convidado, a menos que deixe claro que sou eu a hóspede, o garçom inevitavelmente apresenta a conta a ele', diz Julia Clark, consultora em relações públicas.

Finalmente, os hotéis estão descobrindo o que querem as mulheres quando viajam desacompanhadas. Após inúmeras pesquisas, chegou-se à conclusão de que as mulheres apenas desejam ser tratadas da mesma maneira como os homens – o que elas já vinham afirmando há tempo. Uma dessas pesquisas foi conduzida pelo grupo Hyatt Hotels and Resorts, no começo do ano. 'As mulheres não querem tratamento preferencial, desejam somente o mesmo reconhecimento que os homens', explica Jim Evans, vice-presidente de vendas e marketing do Hyatt Hotels Corporation.

A pesquisa menciona o fato de que segurança extra é importante, assim como serviços de quarto até tarde da noite, serviço de mordomo, ambientes informais em que as mulheres possam tomar um drinque sem se sentirem observadas, e o pedido de maior comodidade nos quartos. 'Muitos desses serviços também são apreciados pelos homens. Assim, serviços adicionais são oferecidos por causa das mulheres mas não especificamente para elas', diz a pesquisa.

O avanço feminino

Americanas em viagens de negócios, nos Estados Unidos, têm mais sorte; os hotéis americanos despertaram para este novo mercado anos atrás. As mulheres respondem por assombrosos 40% do mercado americano total de viagens (o Hyatt calcula uma cifra mais conservadora de 25%) e, em base mundial, por uma cifra de 25% – e em rápida expansão. Por volta do ano 2000, daqui a somente seis anos, estima-se que as mulheres representarão metade do mercado de viagens de negócios. No Reino Unido, o American Express computa a fatia de mercado feminina em quase 20% de todos os que viajam.

Os restaurantes, com frequente domínio dos empregados mais antigos, que passaram ao largo das transformações da sociedade, permanecem uma área de preocupação.

A maioria não está habituada a tratar as mulheres em pé de igualdade e se tem mostrado impermeável às mudanças. Ramon Pajares, gerente geral do Four Seasons Inn no Hotel Park, em Londres, diz que o pessoal mais antigo precisa de maior treinamento. É comum reservar às mulheres que vão jantar desacompanhadas a pior mesa da casa – próximo ao lavatório ou à porta da cozinha. Não é por acaso que a maior parte das mulheres pede o jantar no quarto e um filme, também no quarto, como entretenimento noturno.

O aparecimento dos andares executivos nos hotéis mitigou o problema até certo ponto; os melhores oferecem canapés, como cortesia, numa pequena e confortável sala de estar – uma opção bem melhor do que ser maltratado publicamente em um restaurante.

A conta ao homem

Os garçons que servem os vinhos são especialistas em tratar as mulheres com descortesia, oferecendo sempre o vinho para o hóspede masculino provar, ainda que tenha sido a mulher a pedi-lo. Da mesma forma, ainda há uma tendência em entregar a conta ao homem, ainda que tenha sido a mulher a pedi-la – e, finalmente, devolvem o cartão de crédito ao homem, ainda que o portador do cartão seja claramente uma mulher" (WILKINS, Sarah. O homem e a mulher, hóspedes diferentes. *Gazeta Mercantil*. São Paulo, Caderno Leitura de Fim de Semana, 10 mar. 1995, p. 1).

Exercícios

1. Que cuidados tomar para que uma correspondência chegue o mais rapidamente possível às mãos do destinatário?
2. Uma amiga sua perdeu alguns documentos. Que orientação daria você a ela com relação aos serviços da EBCT?
3. Como enviar imediatamente cópias de documentos para uma pessoa que não dispõe de aparelhos de fax em casa?
4. Se você mudou de endereço e deseja continuar recebendo a correspondência enviada para o endereço antigo, que fazer?
5. Seu diretor vai aos Estados Unidos e precisa de passaporte. Como você o providencia?
6. Para remessa de encomenda que deva chegar às mãos do destinatário o mais rápido possível, que serviço você indicaria?
7. Como enviar dinheiro a uma pessoa no exterior, utilizando os serviços da EBCT?
8. Que são formulários para a EBCT?
9. Há proibições para alguns despachos: quais são eles?
10. Que são caixas de encomenda?

13

Formulários

1 Condições para que uma mensagem se torne informativa

As organizações só se tornam viáveis quando possuem meios apropriados para adquirir informações a respeito de si mesmas e de seu ambiente. E subsistem quando há comunicação interna e externa bem estabelecida. Suas finalidades e seus regulamentos são cumpridos à medida que processos eficazes de comunicação impulsionam-lhes o movimento na direção de metas específicas.

Para que uma mensagem se torne informativa, são necessários alguns requisitos: estar fisicamente ao alcance do receptor; ser compreensível para ele; poder ser por ele comprovada; ser de alguma utilidade para o receptor.

A informação é indispensável ao administrador como base para atingir metas e para que possa descobrir e definir áreas problemáticas que impedem a organização de atingir seus objetivos.

É por meio da informação que o administrador avalia desempenhos individuais ou coletivos, pois a eficiência do trabalho em grupo depende de informações que permitam fazer os ajustamentos necessários.

2 Informação

A informação só é retida por um organismo quando for expressiva e tiver conteúdo significativo. Esse cuidado o redator comercial deve ter sempre: transmitir informações significativas. A mensagem poderá ser elaborada em linguagem gramatical, clara, precisa e não atingir seu objetivo se seu conteúdo não for significativo. Primeira preocupação do redator, portanto, é arrolar fatos que tenham significado para o destinatário.

Para a teoria da informação, tudo o que reduz a incerteza e elimina certas possibilidades é dotado de informação. Uma carta informa mais quando há maior incerteza acerca da escolha do conteúdo, da mensagem que se redige e envia. Exemplo: uma carta comercial, se não arrola fatos contundentes e não deixa de lado a costumeira trivialidade, acaba no lixo antes que atendida.

Uma carta que apresenta desculpas triviais, expressões-clichês, palavras desgastadas, falta de criatividade no uso da linguagem pode não alcançar seu objetivo justamente porque a informação, veiculada sem relevo, passa despercebida. Uma carta de cobrança, por exemplo, pouco informa quando se diz que o título será protestado. Quanto maior for a possibilidade de ocorrência de um evento, menor será seu grau de informação.

A informação representa a liberdade de escolha que se faz ao construir uma mensagem. Se o que se diz numa correspondência comercial tem muita possibilidade de acontecer, menor será seu grau de informação.

Para a secretária, comunicar é essencial para sua própria sobrevivência dentro da organização; seu trabalho é composto sobretudo de comunicação. Ela tem de transmitir informações por meio de todos seus instrumentos de trabalho: arquivo, agenda, telefone. Tem, sobretudo, de transformar dados em informações.

Dado é o elemento-base para a formação de um juízo; *informação* é um conjunto de dados trabalhados, dispostos de tal forma que é possível, com base neles, tomar uma decisão. Dados são matérias-primas da informação; esta, por sua vez, utiliza-se dos dados para dar-lhes certa lógica e sobre eles construir uma argumentação, uma exposição narrativa.

É trabalho da secretária transformar constantemente dados em informação.

Ela obtém desempenho positivo quando sua comunicação é clara e precisa. Por isso, antes que estabelecer receitas sobre como lidar com as pessoas, ou apresentar um conjunto de frases-feitas para determinadas situações, é recomendável que a secretária compreenda o processo de comunicação, e isso lhe facilitará não só o desenvolvimento profissional, como também a eficiência e eficácia de suas atividades.

Um dado é um elemento da informação (um conjunto de letras ou número), o que, tomado isoladamente, não transmite nenhum conhecimento, nenhum juízo de valor, ou seja, não contém um significado intrínseco. Por exemplo, por si só não transmitem informação os seguintes dados: "Cia. Jocomão S.A.", "R$ 130.000", "saldo devedor".

Informação é o ato de noticiar algo a alguém. Informar é dar parecer sobre alguma coisa. Se dissermos "Cia. Jocomão S.A. tem saldo devedor de 130.000", aí, sim, com base na associação dos dados, transmitimos um conhecimento. Portanto, o tratamento e a estruturação dos dados geram uma informação.

Sistema de informação, por sua vez, é um conjunto de normas e procedimentos que objetivam transmitir, por um meio qualquer, informações entre pessoas ou órgãos. Tem como objetivo apresentar subsídios ao processo decisório.

3 Formulário

Formulário é o veículo de comunicação escrita cujo objetivo é a transmissão de dados segundo uma ordem preestabelecida, ou cuja finalidade é angariar informações necessárias ao processo decisório.

Há os seguintes tipos de formulários: memorando, ficha de informações pessoais: nome e endereço; requisições de material, questionários, *follow-up,* recados, protocolo e outros.

A seguir, são apresentados alguns modelos de formulários simples:

```
              editora atlas s.a.

    Sr. (a)..........................................................
    Data ......./......./ 200X              Hora..................

                    R E C A D O

    O Sr. (a).......................................................
    Da Firma........................................................
    Endereço........................................................
    Telefone(s).....................................................
    Ramal...........................................................
            ☐ TELEFONOU PROCURANDO-O
            ☐ EM RESPOSTA AO SEU TELEFONEMA
            ☐ FAVOR TELEFONAR-LHE
            ☐ TELEFONARÁ NOVAMENTE
            ☐ ESTEVE PESSOALMENTE
    Recado:.........................................................
    ................................................................
    ................................................................
    ................................................................
    Recebido por:...................................................
```

```
   editora atlas s.a.                  PROTOCOLO

   DESTINATÁRIO:
                                    ......./......./......... 200X
   NOME:
   END.:
   CIDADE:                                   EST.:

   CONTÉM:              | RECEBIDO EM ......./......./ 200X
                        |
                        |       CARIMBO E ASSINATURA
   OBSERVAÇÕES:
```

A secretária deve procurar sempre métodos e técnicas para melhorar a qualidade dos veículos de informações de sua empresa.

A economia de custos com informações (elaboração de formulários) deve ser feita com base em simplificações.

MEMORANDO INTERNO Nº _____

PARA _____   _____/_____/_____

DE _____

ASSUNTO:_____

_____
_____
_____
_____
_____
_____
_____
_____
_____
_____
_____
_____
_____
_____
_____
_____
_____
_____
_____
_____
_____
_____
_____
_____

O formulário é um elemento do sistema de informações.

Ao elaborar um formulário, preocupe-se primeiramente com a informação que deseja obter e com o uso dessa informação. Para torná-lo prático, evite abreviaturas desconhecidas, profusão de tipos e corpos minúsculos que dificultam a leitura.

Não basta o registro inútil de dados não significativos nem o envio de informações a funcionários que não sabem o que fazer com elas.

Não preencha nem peça que preencham formulários inúteis. Evite distribuir informações a quem não sabe o que fazer com elas.

Um formulário só deve ser criado se for necessário a um sistema de informação.

As empresas necessitam de um órgão que, em suas atividades, faça a manutenção e atualização dos sistemas de informações implantados.

O computador acelera o processamento de informações, mas é apenas uma ferramenta de trabalho, não é um sistema.

Segundo Ediberto Tadeu Pedroso (1983, p. 15), "antes de *automatizar* é necessário *sistematizar*".

Um sistema de informações inclui: entrada, processamento, arquivamento, saída de informações.

Há casos em que a informação que sai da empresa é instantaneamente registrada na central e retornada à empresa para a tomada de decisão (sistema *on line* – em linha). Às vezes, a informação é gravada e posteriormente transmitida (*off line* – fora de linha).

4 Leitura

Considerando o texto seguinte, focalizar três questões por ele abordadas: (a) a sobrecarga de trabalho na empresa moderna, com risco de *stress*; (b) a falta de criatividade que o trabalho excessivo provoca; (c) a ausência de contato e, consequentemente, a desumanização de um escritório altamente automatizado.

"Certa vez, o filósofo grego Sócrates (470-399 a.C.) observou: 'Trabalhadores são maus amigos e cidadãos'. *Naquela época, alguns homens tinham tempo para praticar a democracia – afinal, o trabalho era feito só por escravos.*

Hoje somos livres, mas não temos tempo. Se temos um emprego, somos escravos dele. Os perigos do trabalho em excesso e seus efeitos sobre a saúde e a vida familiar já foram amplamente debatidos.

O teórico empresarial Charles Handy resume a tendência atual das empresas: empregar metade do número de funcionários, pressioná-los a trabalhar duas vezes mais e triplicar a produtividade.

Se eles acabarem esgotados, que importa? Não faltam outros candidatos fazendo fila para seus empregos. [...]

Será possível que o trabalho, sob sua forma moderna, não nos deixe apenas cansados e estressados, mas também nos roube o vigor criativo? Estará o trabalho afetando a qualidade de nossos pensamentos?

A natureza do trabalho está mudando de duas maneiras. Primeiro, o número de pessoas que realmente fabricam coisas está caindo. Segundo, todo mundo está fazendo muito mais 'análise simbólica'.

Para Robert Reich, secretário norte-americano do Trabalho e ex-acadêmico da Universidade Harvard (EUA), 'analistas simbólicos são pessoas que resolvem, identificam e intermedeiam problemas, manipulando símbolos'.

Esses profissionais passam boa parte do tempo diante de terminais de computadores, mas raramente se encontram cara a cara com quem está do outro lado da rede. [...]

Os ocidentais veem o trabalho sob uma óptica peculiar: acreditam – ou acreditavam – que ele tem uma razão de ser moral.

Essa visão não é compartilhada pela maioria das pessoas que trabalham fora da Europa e da América do Norte. E, tampouco, era pelos europeus antes do protestantismo. Eles trabalhavam menos e não acreditavam na natureza enobrecedora do trabalho.

Como já demonstraram autoridades no assunto, como o Professor Marshall Sahlins, autor de Stone age economics *(Economia da idade da pedra), mesmo o tão criticado caçador-coletor tinha bastante tempo livre – trabalhava apenas 15 horas por semana.*

A ética do trabalho, que vinculou a graça divina e a salvação às boas obras, foi o motor psicológico do regime capitalista.

Mas, com o cristianismo em retirada e seu sistema de recompensas transcendentais desacreditado, tudo que resta da ética do trabalho são efeitos colaterais.

Temos a compulsão sem o objetivo moral enaltecedor. E vem daí a 'labuta ingrata', agora associada aos ataques cardíacos.

Robert Bly, guru do embriônico movimento de 'libertação dos homens', exemplifica que as discussões mais carregadas de emoção são as dos grupos que acreditam que o trabalho os levou a um beco sem saída.

'O racionalismo é árido demais para eles ou o trabalho deixou de fazer sentido ou, então, não deixa tempo para ficarem com suas famílias. Ou, é estúpido, desonroso.'

Aprendemos a esperar muita coisa do trabalho. A ética ensinou a buscar a realização. Também gostaríamos que fosse divertido.

Em termos puramente econômicos, precisamos ser criativos: as ideias são a moeda forte da era da informação, a chave para o sucesso competitivo. Levando tudo isso em conta, o futuro parece sombrio.

A análise simbólica – a manipulação de fatos, os números e conceitos – é um processo supremamente intelectual. É o que os psicólogos chamam de função 'do hemisfério cerebral esquerdo'.

As experiências indicam que os dois hemisférios cerebrais governam áreas distintas do funcionamento humano. O hemisfério esquerdo é abstrato, racional, organizador. O hemisfério direito é intuitivo, íntimo e místico.

Há riscos quando esse equilíbrio é rompido. As mudanças no trabalho ameaçam. No prazo de meia geração, milhões de nós fomos sugados para dentro de empresas e colocados diante de computadores.

Analisamos e manipulamos símbolos sem fim sob condições que se aproximam de uma total privação sensorial.

Elas são controladas, artificiais, rigorosamente excludentes de qualquer coisa que não seja condutiva ao trabalho.

Processamos volumes maiores de informação em velocidades mais altas por períodos mais longos. Somos mais eficientes em termos quantitativos. Nosso desenvolvimento qualitativo é sustado.

A tecnologia facilitou as comunicações e as tornou muito mais velozes, mas eliminou a necessidade de contato humano.

Antes, as transferências de informações envolviam a necessidade de viajar, encontrar pessoas, ir à biblioteca, conversar com o gerente do banco. Agora, quase tudo é resolvido na tela do computador" (SEMANA de 67 horas sufoca a criatividade. *Folha de S. Paulo.* São Paulo, Caderno Empregos, 9 abr. 1995, p. 6-3).

Exercícios

1. Quais são as condições para que uma mensagem se torne informativa?
2. Que é informação?
3. Diferencie dado de informação.
4. Transforme em informação os seguintes dados:
    a) R$ 100.000,00.
    b) *Superávit.*
    c) Balancete de março de 2003.
5. Que entende por formulário?
6. Apresente alguns formulários utilizados em sua empresa.
7. Elabore um formulário para entrada de visitas que procuram seu diretor.
8. Reformule os termos de um formulário que você considera merecedor de simplificação.
9. Quando um formulário deve ser criado?
10. Ao criar um formulário, o que você deve ter em vista?

Parte II

Documentação e Arquivo

14

Pesquisa

1 Pesquisa geral

O desenvolvimento social, econômico, industrial e cultural de um país depende em muito da pesquisa, já que seu objetivo fundamental é contribuir para a evolução do conhecimento humano em todos os setores da ciência pura, agricultura, literatura ou da tecnologia mais avançada.

O êxito da pesquisa está ligado a vários fatores; entre eles, podem ser destacados:

- ❏ indagação minuciosa do tema;
- ❏ capacidade para selecionar o material bibliográfico e documental;
- ❏ transcrição correta das informações;
- ❏ anotações claras e objetivas;
- ❏ desenvolvimento ordenado e lógico dos fatos;
- ❏ apresentação ordenada e clara das conclusões ou dos resultados alcançados; e
- ❏ desenvolvimento do processo de pesquisa, em harmonia com os objetivos propostos no projeto.

A pesquisa pressupõe um trabalho rigoroso de levantamento de dados, e certos critérios devem ser seguidos:

- ❏ percepção do problema;
- ❏ definição do problema;
- ❏ formulação de uma hipótese;
- ❏ seleção do método que será empregado na pesquisa, que poderá variar conforme o caso;
- ❏ escolha da técnica a ser empregada para compilação e análise dos dados;
- ❏ busca das provas, propriamente ditas;
- ❏ conclusões sobre a hipótese formulada originalmente; e
- ❏ exposição e discussão das conclusões, resultados, medidas propostas, recomendações que devem ser adotadas.

Uma pesquisa pode ser realizada por meio de experiência laboratorial (pesquisa de campo), ou de documentos, ou de bibliografia. A pesquisa de campo exige o aprofundamento teórico que é conseguido mediante a pesquisa documental e a bibliográfica.

Na pesquisa documental, os documentos são todos os materiais escritos que irão integrar o conjunto de informações necessárias à pesquisa. Existem três tipos de documentos:

- *Primários*: livros, jornais, periódicos, artigos, relatórios etc.
- *Secundários*: bibliografias, resumos, traduções, reproduções de documentos primários, produzidos pelos serviços de documentação.
- *Terciários*: estudos recapitulativos.

Os documentos podem ser encontrados em arquivos públicos, arquivos de empresas, arquivos de entidades educacionais e/ou científicas, arquivos das instituições religiosas e arquivos particulares.

A pesquisa bibliográfica significa o levantamento da bibliografia referente a um assunto. A pesquisa bibliográfica apresenta quatro etapas: identificação, localização, compilação e fichamento.

- *Identificação*: cuida do reconhecimento do assunto em questão, que pode ser realizado por meio de catálogos das editoras, das livrarias, dos órgãos públicos, das entidades de classe, das universidades, das bibliotecas etc.
- *Localização*: é a fase posterior ao levantamento bibliográfico e significa a localização das obras específicas, a fim de conseguir as informações desejadas.
- *Compilação*: consiste na obtenção e reunião do material desejado.
- *Fichamento:* compreende a transcrição dos dados em fichas, para posterior consulta e referência, devendo-se anotar todos os elementos essenciais ao trabalho. Portanto, essas anotações devem ser completas, claramente redigidas e fiéis ao original.[1]

A importância da pesquisa na indústria, por exemplo, é vital para a própria sobrevivência e o desenvolvimento desse setor da economia. Engloba alguns objetivos:

- sanar e eliminar deficiências em produtos, máquinas, implementos, acessórios;
- aprimorar os métodos de produção;
- promover o desenvolvimento industrial;
- criar novos produtos, embalagens;
- criar novos métodos de produção; e
- pôr em execução novos projetos.

É importante registrar, também, que, graças ao enorme avanço da tecnologia, notadamente da informática, os diversos centros e serviços de documentação con-

---

[1] Para mais detalhes, ver, deste mesmo autor, *Redação científica*. 6. ed. São Paulo: Atlas, 2004.

seguem, hoje, alcançar índices bastante elevados de qualidade. Realmente, o processamento de dados, ao reduzir substancialmente a margem de erro da pesquisa e oferecer maior precisão na coleta de informações, facilita, agiliza e otimiza o trabalho do pesquisador, contribuindo dessa maneira para o estímulo e o incremento de novas e relevantes pesquisas.

2 Pesquisa em biblioteca

Observa-se, atualmente, aumento sensível do hábito ou necessidade de realizar pesquisas em bibliotecas. Dificilmente, uma secretária passará muito tempo sem precisar dirigir-se à biblioteca de sua cidade. Às vezes, terá de fazer levantamento bibliográfico sobre determinado assunto, consulta a alguma obra esgotada, verificar e talvez tirar cópias de certo artigo ou matéria jornalística, procurar uma lei ou decreto, nos *Diários Oficiais* de algum período, por exemplo. Enfim, cada vez mais a pesquisa em bibliotecas torna-se fundamental no dia-a-dia dos negócios, pois não é possível acompanhar e guardar tudo o que se publica sobre todos os temas relevantes para as empresas. Como exemplo de acesso às bibliotecas públicas, segue modelo de formulário de requisição de obras da Biblioteca Mário de Andrade, na cidade de São Paulo.

DEPARTAMENTO DE BIBLIOTECAS PÚBLICAS BIBLIOTECA MÁRIO DE ANDRADE REQUISIÇÃO DE OBRAS	Nº DE CHAMADA (EM VERMELHO NA FICHA)
Autor: .... Título da Obra: .... Idioma: .... Para cada obra preencher uma requisição (duas vias). É permitida a requisição de três obras de cada vez. Toda requisição não atendida em 15 minutos, deve ser reclamada. Ao sair, o consulente deve devolver os livros requisitados ao encarregado na sala de leitura.	
Nome do Consulente: .... Residência:	DATA ..../......./.......
ESTUDANTE: Bancário ☐ Professor ☐ 2º Grau ☐ Comerciário ☐ Outros ☐ Supletivo, outros ☐ Func. Público ☐ Universitário ☐ Prof. Liberal ☐	CADEIRA Nº .... HORÁRIO ....

Formulário de requisição de livros.

BIBLIOTECA MÁRIO DE ANDRADE SUBDIVISÃO DE PERIÓDICOS			REQUISIÇÃO DE OBRAS	
NOME DO JORNAL OU REVISTA		IDIOMA	LOCALIZAÇÃO (EM VERMELHO NA FICHA)	
DATA DA OBRA		PASTA Nº	FOLHETOS	
DIA	MÊS	ANO		
ASSUNTO		XEROX	MICROFILME	
NOME DO CONSULENTE			DATA / /200X	
RESIDÊNCIA			HORÁRIO	
ESTUDANTE ☐ 2º GRAU ☐ SUPLETIVO, OUTROS ☐ UNIVERSITÁRIO ☐	BANCÁRIO ☐ COMERCIÁRIO ☐ FUN. PÚBLICO ☐ PROF. LIBERAL ☐	PROFESSOR ☐ OUTROS ☐	FICHA CADEIRA Nº	

Formulário de requisição de periódicos.

3 Uso da biblioteca

Na procura das obras de que terá necessidade, o usuário de uma biblioteca vale-se da consulta ao catálogo do acervo bibliográfico. Em geral, esse catálogo encontra-se em fichários ordenados por autor, título, assunto.

Constam de uma ficha os seguintes dados básicos:

❏ Número da classificação decimal de Dewey ou CDU, classificação decimal universal.

❏ Números da tabela "Pha", cercados de letras pelo lado direito e esquerdo. A letra à esquerda (em maiúscula) indica a inicial do sobrenome do autor, a letra à direita (em minúscula) a letra inicial do título da obra.

❏ Título da obra.

A arrumação dos livros nas estantes das bibliotecas faz-se por assuntos e, dentro do mesmo assunto, pelos autores. Para isso é necessário o uso de uma tabela que individualize os autores segundo números de classificação. Essa classificação é feita nas bibliotecas pequenas pela tabela "Pha". Exemplo:

809.923	809.923	Número de classificação de acordo com o Sistema Decimal de Melvil Dewey.
S39n	S	Inicial do sobrenome do autor (Robert Scholes).
	39	Número encontrado na tabela "Pha" abreviada, para esse sobrenome.
	n	Inicial do título da obra (*Natureza da narrativa*).

As grandes bibliotecas podem valer-se da tabela "Cutter", que funciona à semelhança da tabela "Pha". Para maiores informações, remetemos o leitor para a obra de Heloisa de Almeida Prado, *Organização e administração de bibliotecas*.

Além do fichário, o usuário pode valer-se de informações obtidas com bibliotecários.

Exemplo de ficha de autor

```
501.8        Ruiz, João Álvaro, 1928-
R884m        Metodologia científica : guia para eficiência nos es-
             tudos. 3. ed. São Paulo : Atlas, 1993.
             178 p.
```

Exemplo de ficha de título de obra

```
501.8        Métodos de estudo : Educação
R884m        Ruiz, João Álvaro, 1928-
             Metodologia científica : guia para eficiência nos es-
             tudos. 3. ed. São Paulo : Atlas, 1993.
             178 p.
```

Exemplo de ficha de assunto

501.8 R884m	Metodologia científica Ruiz, João Álvaro, 1928- Metodologia científica : guia para eficiência nos estudos. 3. ed. São Paulo : Atlas, 1993. 178 p.

Para localizar determinado assunto, o pesquisador fará exame de variadas possibilidades de palavras-chaves para um mesmo assunto. Assim, pela expressão *metodologia científica*, poderia localizar o livro de João Álvaro Ruiz, mas também se encontra o mesmo livro citado, no arquivo por assunto, com outra expressão: *métodos de estudo: educação*.

4 Leitura

Dividir a classe em grupos de alunas para estudar e discutir as ideias do texto seguinte. Em seguida, pede-se a uma aluna de cada grupo para apresentar os comentários realizados. Considere o seguinte roteiro:

1. Comente a frase: "Após os anos 70, no entanto, com a acelerada sofisticação do conhecimento e sua aplicação, ficou mais difícil avançar em tecnologia sem a correspondente base científica."
2. Quais são as áreas de excelência científica do Brasil?
3. As universidades brasileiras são muito jovens. Este fato é responsável pelo atraso econômico do país? Explicite suas ideias.
4. É importante para um país ganhar um prêmio Nobel? Explique com argumentos.
5. Qual a diferença entre ciência pura e aplicada?
6. Comente a posição de Goldemberg, segundo o qual "os cientistas ficaram elitistas, trabalham em problemas dos outros".

"*CIÊNCIA: A MATRIZ DO FUTURO*

Até 30 anos atrás, enquanto o conhecimento científico dominante no mundo foi empírico e intuitivo – e, portanto, de fácil aplicação –, até era possível desenvolver uma nação investindo prioritariamente em tecnologia. Foi o que fez o Japão do pós-guerra. Copiar a mecânica de um relógio, antes da descoberta do cristal líquido, por exemplo, era tarefa muito simples. Após os anos 70, no entanto, com a acelerada sofisticação do conhecimento e sua aplicação, ficou mais difícil avançar em tecnologia sem a correspondente base científica. A pesquisa básica de hoje vai gerar as inovações do futuro. E a rapidez é a alma do negócio, devido à velocidade com que os avanços acontecem. Mais do que nunca, um país sem cientistas está às cegas: não sabe como produzir o desenvolvimento econômico e social de que precisa. Hoje, mais do que nunca, limitar-se apenas a adaptar o conhecimento disponível no mundo é seguir um caminho inglório.

Se o objetivo de um país é avançar com autonomia, mantendo-se atualizado com as descobertas no mundo em volta, há que investir na geração de conhecimento interno. A ciência básica é que impulsiona a inovação e, em consequência, o desenvolvimento. Não é por acaso que o poderio político, econômico e militar está com os países que investem pesadamente em ciência e tecnologia. E quanto mais de ponta for o conhecimento, mais difícil sua compreensão pelos países retardatários.

O presidente da Sociedade Brasileira para o Progresso da Ciência (SBPC), criada em 1949, Sérgio Ferreira, é claro e contundente: 'Apostar em ciência é uma questão de risco e de benefícios. Mas, seguramente, não investir no risco é conformar-se com um destino marginal para nossa população. Ciência implica acesso ao conhecimento, à informação, à capacitação, à autonomia. Ciência e educação podem ser caras, mas nossa ignorância tem nos custado muito mais.' Para o engenheiro e professor da Universidade Federal Fluminense (UFF), Waldimir Pirró y Longo, indivíduos, empresas e países precisam correr cada vez mais para permanecer no mesmo lugar – e quem não dispuser de competência científica vai perder o rumo e tornar-se cada vez mais dependente dos que dominam o conhecimento: 'A se manter a dinâmica das descobertas de hoje, 50% dos produtos que usaremos daqui a dez anos ainda não foram inventados.'

Áreas de excelência – O Brasil é deficitário em muitas áreas do conhecimento, mas tem um certo destaque internacional em matemática pura, bioquímica, biofísica e astronomia. Exemplos disso são as pesquisas que viabilizaram avanços na produção de soja e de cana-de-açúcar. Graças ao conhecimento acumulado internamente em ciência pura, foi possível desenvolver cultivares resistentes às pragas, mais produtivos e adaptados ao clima e solo brasileiros. Não é à toa que estes dois produtos são internacionalmente competitivos, segundo o Estudo da competitividade industrial brasileira, elaborado pelo Instituto de Economia da Universidade Federal do Rio de Janeiro (IE/UFRJ).

No Brasil, o percentual do PIB referente a investimentos em ciência e tecnologia (C&T) aumenta a cada ano. Hoje, está em 1,2%, e os governos federal e estaduais contribuem com 65% do total. As empresas investem pouco e quase tudo do que gastam com pesquisa e desenvolvimento (P&D) vai para tecnologia. Apenas 1% se destina a pesquisas de base e, mesmo assim, tais recursos ficam restritos a estatais. Somente em P&D, o Brasil investe 0,76% do PIB, segundo o boletim Indicadores Nacionais de Ciência & Tecnologia/96, publicado em outubro deste ano pelo Ministério da Ciência & Tecnologia e o Conselho Nacional de Desenvolvimento Científico e Tecnológico (CNPq) – um percentual inferior ao de Cuba (1,26%) e da Costa Rica (1,13%).

Ciência recente – *A ciência brasileira tem história bem contemporânea. Aqui, a primeira universidade, a do Rio de Janeiro, atual UFRJ, foi criada em 1920, enquanto na América hispânica elas já existiam desde o século XVI. A primeira universidade considerada de concepção moderna – a de São Paulo (USP) – surgiu em 1934, abrindo campo para a ciência pura. O esforço para a formação de cientistas, contudo, só começou na segunda metade do século, acompanhando a política de substituição de importações.*

O CNPq e a Coordenação de Aperfeiçoamento do Pessoal de Nível Superior (Capes) datam de 1951. Esse esforço possibilitou ao Brasil chegar a 1995 com 37.300 pesquisadores cadastrados, sendo 40% deles com doutorado, 47% com mestrado, e os demais graduados e pós-graduados. Além desses, havia outros pesquisadores alocados em órgãos do próprio governo (8.483) e empresas (3.859). Com isso, o total de pesquisadores no país, naquele ano, era de 49.702. O número de bolsas concedidas pelo CNPq e Capes vem crescendo: de 43.860, em 1990, para 78.555, em 1996. Comparados com outros países, esses números são muito baixos. Enquanto aqui são 400 pesquisadores por milhão de habitantes, na Coreia é cinco vezes mais; no Japão, 15 vezes. 'Mantendo a formação de cerca de 9.000 doutores e mestres por ano, dificilmente o Brasil terá, no início do século, uma densidade de cientistas que se aproxime da verificada nos países desenvolvidos', compara Pirró y Longo.

Produção científica – *Apesar disso, a produção científica do país considerada de nível internacional cresce ano após ano: triplicou entre 1980 e 1997. Também evolui a sua participação no total de publicações mundiais, assim como o número de citações de artigos brasileiros em* papers *de cientistas estrangeiros. Estes são – junto com o número de pesquisadores por milhão de habitantes – os parâmetros para medir a produção científica usados pelo Institute for Scientific Information (ISI), instituição privada norte-americana com sede na Filadélfia, criada para sistematizar as publicações científicas no mundo.*

O número de papers *de brasileiros publicados nas revistas científicas indexadas pelo ISI subiu de 2.215 (1980) para 6.831 (1997). Isso permitiu ao país uma participação de 0,78% na publicação científica mundial, contra os 0,54%, em 1980. As citações de pesquisas brasileiras somaram 48.406, no período 1992/1996, contra 18.850, entre 1986 e 1990. O país apresenta melhor desempenho científico que a Argentina e o México, mas perde feio para a Coreia. Saindo do patamar baixo de 175 artigos indexados, em 1980, para 7.728, em 1997, os coreanos multiplicaram seu resultado 44 vezes. Com um PIB inferior ao do Brasil, eles passaram a ter 2% dos artigos do mundo, item no qual o país também se encontra atrás de Taiwan, China e Índia. O fosso fica bem mais fundo na comparação com os países desenvolvidos. O ISI computou, no ano de 1997, 262.372 artigos de norte-americanos. Primeiros no ranking, os EUA investem US$ 200 bilhões em P&D, mais da metade do dispêndio do resto do mundo. O Japão indexou 63.268 artigos; a Alemanha, 60.408; a Inglaterra, 56.974; e a França, 43.080.*

Segundo o presidente da Academia Brasileira de Ciência, Eduardo Moacyr Krieger, o crescimento alcançado no país se deve sobretudo aos cursos de pós-graduação criados nos anos 70, que aumentaram o número de pesquisadores, embora a quantidade ainda seja pequena: 'Estamos fazendo um grande progresso. Temos núcleos de boa qualidade, mas nossa ciência ainda é de pequeno porte. Falta aumentar o número de cientistas atuando aqui. Para isso, precisamos de maior proporção de pesquisadores dedicados à inovação tecnológica, o que nos permitirá entrar num ciclo de retroalimentação'. Sérgio Ferreira, da SBPC, acrescenta que a defasagem brasileira está mesmo na inovação industrial, pois as empresas nacionais não desenvolvem a tecnologia necessária para competir internacionalmente.

País sem Nobel – *Isto explicaria por que o Brasil jamais recebeu um prêmio Nobel. 'Somos a oitava economia do mundo, mas nossa ciência está em 20º lugar. Formando mais cientistas, geraríamos mais conhecimento e aumentaríamos nossas chances de ganhar prêmios', justifica Eduardo Krieger. Para o presidente da SBPC, Sérgio Ferreira, o Nobel envolve muitas vezes mais política do que competência: 'A Argentina tem prêmios ganhos por merecimento e, no entanto, carrega hoje uma estrutura de ciência decadente e um parque industrial falimentar. O Japão não tem Nobel em Medicina e desfruta de prestígio na área, onde faz fortes investimentos.'*

O físico César Lattes, um dos poucos brasileiros já lembrados para um Nobel, também minimiza o fato de o país nunca ter sido agraciado pela Academia sueca: 'Carlos Chagas teria ganho, se não fosse uma escolha política.' O cientista defende a necessidade de mais bolsas de estudo e instituições de pesquisa. 'Investindo em educação, a ciência vem espontaneamente', diz Lattes, ressaltando que o Brasil está na frente até de países desenvolvidos em áreas da Biologia, contando com empresas de tecnologia de ponta: 'As empresas crescem pela ciência. Quem fez a Petrobras e a Eletrobrás?'

Pura ou aplicada? – *Embora a inserção internacional com autonomia dependa de contar com conhecimento básico, sem aplicar as descobertas não se chega a lugar algum. É assim que se produz melhor qualidade de vida. Por isso, a fronteira entre ciências pura e aplicada ficou tênue. Por isso, na visão dos cientistas, virou falsa dicotomia discutir se um país deve investir mais em uma do que em outra. Depende-se, hoje, tanto do conhecimento básico quanto do aplicado. Até 30 anos atrás, era possível desenvolver um país sem ciência básica, hoje, isso é inimaginável. É o caso do Japão. Sua estratégia, no pós-guerra, foi investir fortemente em aplicação e pesquisa tecnológica, utilizando conhecimentos básicos descobertos sobretudo nos Estados Unidos. Os japoneses desenvolviam um produto final altamente avançado, porque dominavam a arte de engenheirar. Entre os anos 50 e 70, o tempo médio entre uma invenção e sua aplicação comercial era de 7,7 anos na Inglaterra; 7,4 nos Estados Unidos; 5,2 na Alemanha. No Japão, era de apenas 3,4 anos.*

Para o professor Pirró y Longo, foi essa agilidade que garantiu a competitividade dos produtos japoneses no mundo, inclusive nos EUA: 'E estamos falando de produtos criados a partir das descobertas da ciência norte-americana. Hoje, eles mudaram de estratégia, passando a investir também em pesquisa básica. Já compraram, inclusive, empresas de tecnologia de ponta dos EUA, no esforço central de transformar o conhecimento em bens e serviços. Os EUA, por sua vez, aumentaram os investimentos em sistematização de engenharia.'

Não basta, também investir somente em ciência básica. Na visão do físico Roberto Nicolsky, do Instituto de Tecnologia da UFRJ, o país que o fizer estará financiando o desenvolvimento de outras nações. Para ele, o aumento do dispêndio em ciência básica precisa ser acompanhado de maior incentivo à pesquisa tecnológica: 'A pesquisa induzida gera, naturalmente, demanda para a ciência pura.' E lembra como Rússia e Índia deram prioridade à pesquisa pura, mas não conseguiram aplicar seus resultados em benefício da sociedade.

Isolamento da ciência *– Uma das instituições brasileiras que investem em todas as fases da pesquisa, desde conhecimento puro até o produto, é a Fundação Oswaldo Cruz (Fiocruz), localizada no Rio de Janeiro e subordinada ao Ministério da Saúde. Atua em áreas de pouco interesse do capital. 'Tentar o máximo de respostas sobre as doenças endêmicas não faz parte do portfólio das multinacionais', diz Claudia Chamas, engenheira química, assessora da presidência da instituição. E dá um exemplo: a diarreia viral, pesquisada pela Fiocruz, mais devastadora que a Aids, embora receba menor atenção dos cientistas. O físico José Goldemberg, ex-ministro da Educação e ex-diretor da USP, cita outro: 'A malária, que mata dez vezes mais do que a Aids. Como se trata de uma doença típica de Terceiro Mundo, não atrai tantos investimentos quanto a segunda por parte da indústria e dos grandes cientistas.'*

Goldemberg aponta o isolamento da ciência como principal problema dos países em desenvolvimento: 'Institutos e universidade estão isolados do país. Há que adaptar o conhecimento científico e tecnológico às circunstâncias locais, mas os cientistas ficaram elitistas, trabalham em problemas dos outros. A pesquisa científica é motivada não apenas pela curiosidade ou pelo amor à ciência pura mas, também, por modismos, e pelo fato de algumas áreas serem mais recompensadoras do que outras.' Ele reconhece que diversos cientistas de renome, no Brasil e em outros países em desenvolvimento, têm contribuído para o avanço da ciência, mas questiona o benefício proporcionado para a população. 'O que eles têm feito para ajudar seus conterrâneos a resolver seus problemas?', provoca. O ex-ministro critica a pesquisa pura, sem intenção, que em nada contribui para o desenvolvimento do país nem dos próprios cientistas: 'O governo não deve continuar dando dinheiro para a ciência alienada e isolada de nossas necessidades.' O físico César Lattes não pensa assim. Lembra que as grandes descobertas, muitas vezes, ocorrem por acaso. O professor Leopoldo Meis, do Instituto de Biofísica da UFRJ, lembra que, sem a ciência, o homem não teria passado de uma expectativa de vida de 20 anos no início da Era Cristã, para os 70 anos de hoje: 'Até 1850, não existia sequer assepsia. O avanço da ciência fará com que o homem rompa a barreira biológica, podendo chegar aos 400 anos de idade ainda jogando futebol.'" (Silvia Noronha. Ciência: a matriz do futuro. Rumos. Rio de Janeiro: Associação Brasileira de Instituições Financeiras de Desenvolvimento, ano 22, nº 153, p. 24-29, out. 1998.)

Exercícios

1. *A que fatores está ligado o êxito de uma pesquisa?*
2. *Que critérios devem ser seguidos na realização de uma pesquisa?*

3. *De quantos tipos são as pesquisas?*
4. *Quantos são os tipos de documentos?*
5. *Que se entende por fichamento?*
6. *Que são documentos primários?*
7. *Que são documentos secundários?*
8. *Quais são as etapas da pesquisa bibliográfica?*
9. *Quais são os objetivos da pesquisa na indústria?*
10. *Justifique o uso do processamento de dados na pesquisa.*

15

Documentação

1 Conceituação

Documentação é um conjunto de técnicas cujo objetivo primordial é a produção, sistematização, distribuição e utilização de documentos. Do ponto de vista bibliográfico, documento é qualquer obra manuscrita ou impressa. Juridicamente falando, representa uma prova a favor de fato ou afirmação. A documentação procura oferecer o máximo no que se refere à facilidade de acesso às informações e conhecimentos especializados e ser útil em todos os setores da atividade profissional. Em seu conceito mais amplo, documentação envolve todas as técnicas de controle de informações, análise da produção bibliográfica, mecanização das informações, reprodução de documentos, controle e produção de traduções, trabalhos de referência em todas suas formas, publicação e divulgação de informações.

2 Importância

É cada vez maior o grau de complexidade da vida moderna, devido principalmente ao progresso industrial e ao desenvolvimento da tecnologia em todos os setores da atividade do homem. Uma das consequências lógicas desse fato foi o surgimento de novas teorias, processos e sistemas de trabalho que, de um lado, procuram explicar os fenômenos sociais e, de outro, objetivam atingir as metas dos empreendimentos coletivos, dentro do melhor rendimento possível. Especialmente nas empresas, nos órgãos públicos e de investigação científica, é crescente a necessidade de estabelecer serviços especializados, voltados para o objetivo de facilitar a obtenção de informações e dados atualizados.

Elemento auxiliar do estudo, da pesquisa e do planejamento, em qualquer campo ou nível, a documentação assume vital importância em nossos dias, haja vista o aparecimento e desenvolvimento da *informática*, que coloca à disposição de todos, e principalmente dos administradores, toda sorte de informações e referências necessárias à tomada de decisão.

3 Natureza

Em princípio, a documentação pode ter natureza comercial, científica ou oficial, conforme sua organização, utilização e finalidade.

A documentação apresenta natureza comercial quando é, principalmente, organizada e utilizada pelas empresas e destina-se a fins estritamente comerciais.

A natureza científica da documentação está presente quando o objetivo principal é o de proporcionar informações científicas ou mesmo didáticas, sem visar diretamente a lucro.

A documentação assume natureza oficial quando sua organização e utilização têm por finalidade auxiliar e assessorar a Administração Pública, atual e futura, pressupondo a coleta e a classificação de documentos oficiais, como, por exemplo: Leis, Leis Complementares, Decretos, Tratados, Convênios, Convenções, Portarias, Resoluções e demais atos normativos próprios da Administração, Federal, Estadual ou Municipal.

4 Finalidade

Em sentido amplo, a documentação tem por finalidade reunir e organizar todos os conhecimentos que o homem adquiriu através dos tempos e com isso permitir sua divulgação e utilização, proporcionando o desenvolvimento da ciência e da tecnologia. Procura, também, facilitar o acesso e a obtenção de dados atualizados de modo que ofereça melhor rendimento dos estudos e trabalhos. Numa abordagem restrita, a finalidade da documentação, na maioria dos casos, depende da forma como foi organizada e de como é utilizada. Assim, quando elaborada e usada nas empresas, tem finalidade comercial. A documentação oficial, por sua vez, tem por objetivo auxiliar e assessorar a Administração Pública em todos os níveis: federal, estadual e municipal. Na documentação de natureza científica ou didática, a finalidade é a obtenção de dados para a realização de pesquisa técnico-científica ou pedagógica. Sem dúvida, porém, a principal finalidade é a de auxiliar e influir, direta ou indiretamente, na tomada de decisão pelo administrador de empresa, ou pela autoridade pública, ou pelo pesquisador.

5 Características

No passado, a documentação era tipicamente estática, já que significava uma coletânea de dados históricos, de papéis e documentos à disposição de poucos, ou funcionava apenas como simples arquivo. Nos dias atuais, porém, a documentação assume uma característica predominantemente dinâmica, que a impulsiona a alcançar com mais rapidez e eficácia sua principal finalidade, pois, atendendo de imediato às inúmeras exigências da pesquisa, levantamento de dados e informações, direta ou indiretamente, auxilia e influi na tomada de decisões.

Modernamente, surgiram grandes polêmicas entre os bibliotecários e os documentalistas quanto ao campo de atuação de cada um. A principal diferença entre a Biblioteconomia e a Documentação reside no grau em que uma ou outra penetram nos próprios documentos em busca de informações, e no interesse que se coloca na disseminação dessas informações. Assim, enquanto a Biblioteconomia encontra nos livros, jornais, revistas etc. sua base de trabalho, pode-se observar que os modernos serviços de documentação têm como unidade de trabalho a informação propriamente dita e tudo o que ela representa. A documentação, ainda, como base de todo trabalho científico, pressupõe a pesquisa.

6 Normalização

A normalização procura racionalizar a produção, organização e difusão das informações que se encontram nos vários documentos. Dessa maneira, estabelece condições para o bom andamento da pesquisa, elaboração de projetos, preparação de relatórios, realização de serviços, obras etc.

A documentação encontrou na normalização os elementos básicos que facilitam e tornam os resultados intelectuais acessíveis a todos. Assim, a normalização contribui decisivamente para o desenvolvimento da comunicação, fazendo com que um pesquisador consiga entender o outro.

Portanto, é indispensável para o progresso da ciência que todos os documentos sejam normalizados, ou melhor, produzidos e divulgados segundo normas aceitas internacionalmente. O Brasil está representado na Organização Internacional de Normalização pela Associação Brasileira de Normas Técnicas (ABNT), com sede no Rio de Janeiro.

7 Era da informação

O desejo do homem de ordenar e sistematizar o conhecimento, os enormes avanços tecnológicos dos dois últimos séculos e as realizações alcançadas em termos de decifrar, registrar, reproduzir e disseminar a informação fizeram surgir uma expressão designativa de nosso tempo: a era da informação. Ela provocou verdadeira revolução, tendo como consequência o que se pode chamar de explosão do conhecimento. Os progressos no desenvolvimento e na utilização do computador e das informações computadorizadas sugerem medidas quase revolucionárias nesse campo, tal a magnitude do potencial de armazenamento e distribuição das informações.

O conhecimento acumulado adquire novo e vasto significado, à medida que se aprende a pesquisar, armazenar e utilizar a informação. Dessa forma, por um lado, a informação torna-se um novo recurso básico, à disposição de todos e com a vantagem de que não é exaurida nem destruída. Por outro lado, o controle das informações e o processamento de dados podem vir a ser mais importantes que os recursos materiais ou energéticos, como fonte de poder econômico e social. O fácil acesso às informações pode, também, trazer equilíbrio entre concorrentes intelectuais tradicionalmente desiguais e, consequentemente, reduzir a importância de uns poucos especialistas que detêm o poder, em virtude de conhecimentos até então especializados.

8 Informação a serviço da empresa

Toda empresa se beneficia se uma informação é transmitida corretamente e no tempo certo.

As informações procuram alcançar diversas finalidades:

- acompanhar a realidade do ambiente;
- prever situações futuras não só de mercado, mas também conjunturais;
- conhecer as inovações tecnológicas;
- identificar as tendências do mercado;
- oferecer treinamento e estudos de especialização, a fim de desenvolver o nível do pessoal;
- facilitar a obtenção e a troca de informações; e
- obter dados que proporcionem boa tomada de decisão.

São inúmeras as fontes de informação que se encontram à disposição das empresas: livros, manuais, jornais, revistas, publicações especializadas, relatórios, noticiários técnicos, análises, estudos de tendências, monografias, dissertações, *papers*,[1] conferências, simpósios, informações pessoais, correspondência, dados estatísticos, índice de produção e outras.

É difícil determinar a quantidade das informações necessárias a uma empresa; por isso, tal fato depende principalmente do tamanho, da estrutura, da área de atuação e dos objetivos da empresa a curto, médio e longo prazos.

Merece especial cuidado a seleção das informações, já que tanto a falta, como o excesso de informações poderão dificultar a tomada de decisão. O assunto reveste-se da maior seriedade, porque essa dificuldade pode até mesmo acarretar, em determinado momento, uma decisão errada que trará ao longo do tempo consequências não desejadas pela empresa. Assim, observa-se crescente conscientização da importância da informação para o próprio desenvolvimento da empresa. Em alguns casos, até para sua própria sobrevivência.

Muito embora os serviços realizados pela atividade de informar ainda não estejam bem definidos, podem-se alinhar algumas funções específicas já caracterizadas:

- captar informações direta ou indiretamente relacionadas com a empresa;
- direcionar para os vários setores da empresa um fluxo constante de informações específicas a cada atividade;

---

[1] Trabalhos científicos apresentados oralmente em Congressos, conferências, seminários.

❏ estabelecer critérios de seleção das informações, de modo que as pessoas venham a receber apenas aquelas necessárias a seus objetivos, evitando o manuseio improdutivo de informações que não lhes dizem respeito ou que não sejam de seu interesse imediato; e

❏ manter um sistema prático e atualizado de armazenamento de informações, que possa vir a ser utilizado a qualquer momento.

9 Fases do processo de documentação

A documentação é basicamente dinâmica. Nos dias de hoje, perdeu seu caráter estático de simples arquivo e adquiriu um sentido muito mais amplo de apoio ao estudo, à pesquisa, ao planejamento e à tomada de decisões.

O processo de documentação desenvolve-se em três fases principais: recolhimento, leitura e classificação.

Recolhimento: para constituir um serviço de documentação, exige-se senso de julgamento na escolha de documentos, cultura geral e, além de discernimento para recolher o que é útil, imparcialidade na seleção dos documentos.

Leitura: a leitura é fundamental, pois somente com base nela poderá tomar qualquer decisão quanto à utilidade e aplicação do documento.

Classificação: a classificação deve seguir uma orientação teórica e, ao mesmo tempo, antecipar sua utilidade prática.

10 Classificação

Com o surpreendente aumento do número de bibliotecas através dos anos e em todas as partes do mundo, ficou provado ser mais conveniente a utilização de sistemas padronizados e aceitos internacionalmente do que criar e construir um sistema próprio de classificação.

A classificação mais famosa e difundida é a de Melvil Dewey, que publicou sua "Classificação Decimal" em 1876. O plano de Dewey divide os ramos do conhecimento em 10 grupos, que são, por sua vez, subdivididos inúmeras vezes, a fim de que possam proporcionar grupos específicos de assuntos. Cada subdivisão recebe um número decimal, daí o nome de Sistema. Esse número é usado nas lombadas dos livros e nas fichas catalográficas para facilitar a localização.

Organizar documentos na empresa é uma atividade de grande importância, principalmente quando for simples, dinâmica e eficiente.

A classificação representa um agrupamento de documentos distribuídos em classes, que designam grupos de coisas, de assuntos, de ideias ou de pessoas. Os procedimentos utilizados para a catalogação baseiam-se na semelhança do conteúdo das palavras dos documentos. De modo geral, determina-se que certos documentos pertencem à mesma classe se forem semelhantes entre si, dependendo das palavras que têm em comum. Pode-se, portanto, dizer que a classificação procura dar ordem aos documentos que se encontram desordenados.

Levando em consideração que a organização de documentos mais comumente se baseia em nome, assunto, origem, destino, ordem cronológica e local, os principais sistemas de classificação são:

- alfabético;
- numérico;
- alfanumérico;
- assunto em ordem alfabética;
- assunto em ordem de codificação;
- cronológico;
- origem ou destino em ordem alfabética;
- origem ou destino em ordem de codificação;
- geográfico;
- natureza do documento.

Alfabético: é o sistema mais simples e mais utilizado. Os documentos podem ser ordenados por nome, assunto, origem, destino ou por local.

Numérico: esse método classifica os documentos pela ordem de entrada, sem considerar sua ordem alfabética. Ignora qualquer outro tipo de planejamento. O sistema, para funcionar a contento, exigia antigamente a organização de dois índices, preferencialmente em fichas. Num deles, as fichas eram dispostas em ordem alfabética, e no outro de acordo com a ordem numérica que o documento recebia ao dar-se entrada dele no fichário. Modernamente, tudo isso pode ser arquivado eletronicamente em disquetes. Esse sistema é também chamado de *cronológico*, pois a classificação vai-se desenvolvendo numericamente, conforme a entrada de novos documentos. A única exceção ocorre quando se aproveita algum número baixo que ficou vago devido ao cancelamento do documento antigo, ou inativo, ou em desuso. O sistema é realmente econômico, não pressupõe qualquer planejamento, porém sua utilização é morosa, já que exige a consulta prévia a um ou aos dois índices.

Alfanumérico: esse sistema procura aproveitar as vantagens dos sistemas alfabético e numérico.

Assunto em ordem alfabética: esse sistema é uma derivação do sistema alfabético e já foi analisado.

Assunto em ordem de codificação: esse sistema pressupõe a organização de um índice. Assim, por exemplo:

1. Pedidos – A
2. Contratos – B

3. Correspondência – C
4. Catálogos – D
5. Reclamações – E

Naturalmente, a organização do índice, dos assuntos e dos códigos correspondentes não obedece a nenhum outro critério que não seja o de facilitar o trabalho. A principal vantagem do sistema é que ele dificulta o acesso aos documentos, pois há necessidade de consultar previamente o índice. Uma carta em que se faz um pedido de mercadorias será classificada em A e poderá receber um número que significa sua ordem de chegada.

Cronológico: o sistema é também conhecido como *numérico*.

Origem ou destino em ordem alfabética: esse sistema deriva do sistema *alfabético*, e já foi analisado.

Origem ou destino em ordem de codificação: sistema semelhante ao assunto em ordem de codificação.

Geográfico: os documentos são classificados conforme divisão geográfica previamente estabelecida. Assim, o critério será determinado pela própria empresa, não havendo uma regra uniforme para todos os casos. É claro que uma empresa dedicada principalmente à exportação de seus produtos precisará de uma classificação que inclua os países importadores. Outra que esteja voltada para o mercado interno, com relações e negócios em todos os Estados da federação, deverá possuir classificação por Estados, por cidades, talvez por regiões. Outra empresa, menor e com negócios apenas em um ou outro Estado, sem dúvida terá classificação por Estados, cidades, mas dificilmente por região. No caso de uma empresa com grande atividade numa cidade, é provável que ela tenha classificação por distrito, por zona, por bairro.

Natureza do documento: esse sistema é bastante parecido com o de *assunto em ordem de codificação*. Por natureza do documento entende-se distinguir documentos, como, por exemplo, um contrato, um traslado, uma certidão, um ofício, um requerimento, um relatório, uma vistoria, um certificado, até mesmo uma carta.

Todos os sistemas são bons e proporcionam vantagens e desvantagens. A escolha de qualquer deles depende fundamentalmente do tipo de atividade, do porte e dos objetivos da empresa, assim como da frequência, da utilização e do sigilo dos documentos.

11 Leitura

Após a leitura do texto, a classe fará comentários sobre as ideias nele contidas. Considerar pelo menos as seguintes questões:

1. Que considerações você faz sobre as alterações no mercado de trabalho? E sobre a frase: "De modo geral, as profissões que não requerem o uso do cérebro tendem a acabar."

2. Comente a frase: "A margem de lucro é proporcional ao grau de instrução dos funcionários."
3. Que significa "o mercado não quer empregados, ele exige empreendedores"?
4. Que você entende por: "A relação empregatícia como a conhecemos hoje tem 200 anos e separa trabalho e prazer"?
5. Comente a frase: "O ser humano é agora o docinho de coco dos empresários, porque ele é bem de capital."

"O CHEFE VAI ACABAR

Em parte, o índice [de desemprego de 12%] *se refere a quem tem qualificação e não encontra vagas porque a economia está recessiva. Mas ele também reflete a trágica mudança que está havendo nas relações de trabalho. Não há desemprego, o que está acabando é o emprego mesmo, ou a relação empregatícia tal como a conhecemos. Em muitos casos, o trabalhador está dramaticamente eliminado do mercado de trabalho, a menos que mude de profissão. [...]*

Muitos tinham carteira assinada e viraram sócios minoritários do patrão, mas continuam engrossando a estatística do desemprego. Sem falar nos prestadores de serviço, que representam hoje 60% dos contratos de trabalho nos Estados Unidos. Lá, você tem diretor financeiro autônomo que trabalha para até três empresas. No Brasil, segundo o Ministério do Trabalho, 57% dos que trabalham não têm vínculo empregatício, é mais da metade. Isso tem reflexo até na crise da Previdência Social, que desconta a folha de pagamento das empresas e essa tende a encolher. [...]

A automação tira das mãos do homem as tarefas rotineiras de produção. Estima-se que cada caixa automático no banco eliminou quatro postos de trabalho. De modo geral, as profissões que não requerem o uso do cérebro tendem a acabar. Já foi vantagem para o Brasil ter mão-de-obra barata e desqualificada, mas isso mudou. Hoje, para ser competitiva, a empresa precisa ter um quadro com segundo grau completo, gente que pensa, é culta, tem bom humor. A margem de lucro é proporcional ao grau de instrução dos funcionários. [...]

Meu pai era telegrafista. Quando a profissão acabou, virou teletipista, que deixou de existir e ele virou digitador. Agora, o digitador acabou e ele faz o quê? O torneiro mecânico é outro exemplo. Se é para o sujeito aparafusar só para o lado direito, isso o robô faz melhor. Os profissionais da intermediação também estão ameaçados, incluindo vendedor, corretor, office-boy e despachante. A Bahia implantou um serviço de atendimento ao cidadão em que se tira o passaporte no meio da rua, em cinco minutos. Cadê o despachante? O Detran de Brasília também acabou com ele. É uma característica da economia digital. Agora, para comprar um livro, em vez de ir à livraria, encomendo a obra mais distante do mundo via Internet e ela chega em minha casa em três dias, isso se eu moro no interior. Enquanto isso, o vendedor está na livraria olhando as moscas. Sobra meia dúzia de livreiros com outro perfil, gente muito culta, que conhece a fundo o mercado editorial e dá uma orientação especial ao cliente. Não são meros vendedores. [...]

A secretária deixa de ser uma babá do chefe. Agora, ela cuida do marketing pessoal dele. É muito mais do que saber datilografia. Bem, datilógrafa é um exemplo de profissão que encerrou completamente. Pasmem, no Brasil, concurso público, na maioria dos casos, exige que se saiba bater à máquina. Em alguns casos, é prova eliminatória. Também a distribuição está encolhendo. Antes, havia um caminhão de bebidas em cada esquina. 'Como é, seu Manoel? Vai comprar cerveja hoje?' Agora, em cidades grandes, são dois ou três. No interior paulista, a distribuição é por região. Outra coisa: ninguém conserta ferro elétrico, nem televisão, porque é mais barato comprar um aparelho novo. [...]

Os dados do IBGE de um mês atrás indicam que metade dos trabalhadores brasileiros não completou a quarta série do primeiro grau. Não há mais trabalho digno para esse nível de escolaridade. A saída é educação básica. Mas investir em educação não é só construir escolas. Nosso sistema educacional continua formando empregados, mas o mercado não os quer mais, ele exige empreendedores com alma de artista, cujas características são diferentes. Empregado adora feriado na quinta-feira para emendar com o fim de semana. Se ele tem 37,1 de febre, manda avisar que não vai. O artista está com pneumonia dupla e sobe no palco. A relação empregatícia como a conhecemos hoje tem 200 anos e separa trabalho e prazer, o que não se admite mais. O trabalhador do futuro tem que demonstrar iniciativa, capacidade de correr riscos. No entanto, na escola, não é incentivado a se comunicar bem. 'Cala a boca, escuta o professor.' Liderança, às vezes, é punida. Se a criança sai do convencional, leva tombo. [...]

[A relação objetiva de trabalho] tende a ser de CGC para CGC. Contratei agora um pessoal para trocar o piso do banheiro. Obviamente, era uma empresa, com CGC e nota fiscal. O funcionário vira fornecedor ou prestador de serviço ou produto. Quer me contratar para quê? Para dar palestra, então, esse é meu produto. Para colocar um tijolo em cima do outro? Contrata meu CGC. A parceria também entra em voga. Dos 20 mil funcionários do Bill Gates, o dono da Microsoft, o homem mais rico do mundo, mais de mil têm US$ 1 milhão de fortuna pessoal obtidos dentro da empresa através da participação nos resultados. Não é por acaso. Bill Gates sabe que, às cinco e meia da tarde, a empresa dele vale zero, porque as 'máquinas' – ou seja, as pessoas que pensam – foram para a casa. Com um detalhe: levaram o produto junto. O ser humano é agora o docinho de coco dos empresários, porque ele é bem de capital. [...]

Existe uma economia que vem aí acelerada que é baseada no sonho. As empresas que crescem hoje são baseadas no entretenimento. Quando acabar a era digital, vamos entrar na economia do espetáculo, aí o Brasil vai ter muita chance, porque a nossa vocação desde Pedro Álvares Cabral é o espetáculo. Qual é o produto brasileiro bem-sucedido no Exterior? A música de Carlinhos Brown, Alcione, Caetano Veloso, além do cinema e do futebol de Ronaldinho. O curioso é que, quando o mundo não era global, havia deputado querendo impor lei que obrigasse as rádios brasileiras a tocarem música nacional. Neste momento, há uma dificuldade enorme de se ouvir um bom rock inglês numa emissora brasileira. 'Quer ser universal? Canta a tua aldeia', dizia Tolstoi. Não é à toa que o boi de Parintins no Amazonas faz sucesso e gera grana. É a economia dos sonhos, feita por semianalfabetos. [...]

Nas empresas bacanas, já acabou [o chefe]. O chefe é útil na escravidão, como capataz. Só sabe mandar. Descobriram agora que não agrega valor. Portanto, é custo, e custo irrecuperável. Se é custo, manda embora. Tem vaga para líder, que anda escasso. O líder é reverenciado pelo conhecimento, não pela hierarquia. O líder é educador, o chefe chicoteia" (Entrevista de Waldez Ludwig a *IstoÉ*, São Paulo, Editora Três, nº 1518, 4 nov. 1998, p. 7-11).

Exercícios

1. Que se entende por documentação?
2. Qual a importância da documentação?
3. Qual a finalidade da comunicação?
4. Quais eram as características da documentação no passado? Quais são as atuais?
5. Que se entende por normalização?
6. Quais as finalidades da informação?
7. Quais são as fontes de informação à disposição de uma empresa?
8. Numa empresa, o departamento, ou funcionários encarregados de disseminar informações necessárias para a tomada de decisão têm algumas funções específicas. Quais são elas?
9. Discorra sobre a necessidade de documentação.
10. Quando a natureza da documentação é científica?
11. Quais são as fases do processo de documentação?
12. Que é a classificação decimal de Dewey?
13. Quais são os principais sistemas de classificação de documentos?
14. Que se entende por classificação alfabética?
15. Que se entende por classificação numérica?
16. Em que caso seria necessário utilizar a classificação geográfica?
17. Que se entende por classificação alfanumérica?
18. Que se entende por natureza do documento?
19. Do que depende a escolha de um sistema de classificação?
20. Em que se baseiam os procedimentos de classificação de documentos?

16

Arquivo

1 Introdução

A importância dos arquivos cresceu enormemente à medida que se desenvolveram os conceitos sociais, econômicos e culturais da humanidade. A industrialização também representou papel importante na sociedade, exigindo arquivos de melhor qualidade, maiores e mais funcionais. A disseminação do ideal democrático, por seu turno, ampliou os horizontes dos indivíduos e abriu-lhes as portas da consulta, da pesquisa, dos arquivos.

Nos últimos anos, fala-se muito em *desburocratização*, palavra mágica que pretende tornar mais eficientes os órgãos públicos em nosso país. A mudança de mentalidade não deve basear-se pura e simplesmente numa fórmula de eliminação de papéis e destruição indiscriminada de documentos. O documento, por si só, não pode ser encarado como um entrave ao correto desempenho da administração pública. Muitos arquivos foram e continuam sendo totalmente destruídos. Há necessidade de critérios rigorosos para evitar o aniquilamento de nossa memória nacional. O valor e a importância dos arquivos e dos documentos precisam ser avaliados a todo instante, antes de qualquer medida drástica de destruição.

2 Conceito

Arquivos são conjuntos organizados de documentos, produzidos ou recebidos e preservados por instituições públicas ou privadas, ou mesmo pessoas físicas, na constância e em decorrência de seus negócios, de suas atividades específicas e no cumprimento de seus objetivos, qualquer que seja a informação ou a natureza do documento.

Os arquivos, portanto, podem ser públicos ou privados.

1. *Arquivos públicos*: são conjuntos de documentos produzidos ou recebidos por órgãos governamentais, em nível federal, estadual ou municipal, em decorrência

de suas atividades administrativas, judiciárias ou legislativas. Existem três espécies de arquivos públicos: correntes, temporários e permanentes:

- ❑ *Correntes*: conjuntos de documentos atuais, em curso, que são objeto de consultas e pesquisas frequentes.
- ❑ *Temporários:* conjunto de documentos oriundos de arquivos correntes que aguardam remoção para depósitos temporários.
- ❑ *Permanentes*: são conjuntos de documentos de valor histórico, científico ou cultural que devem ser preservados indefinidamente.

2. *Arquivos privados*: são conjuntos de documentos produzidos ou recebidos por instituições não públicas, ou por pessoas físicas, devido a suas atividades específicas.

Assim, o arquivo de uma empresa, por exemplo, reflete sua atividade, seu porte e seus objetivos. Documentos de natureza diversa, colecionados com outros objetivos, não devem misturar-se com o arquivo principal, já que o tratamento que a eles se deve dar é diferente. Uma empresa imobiliária de porte médio forçosamente terá um arquivo composto de documentos relativos à atividade que desenvolve. Haverá contratos de locação, de imóveis residenciais e comerciais; opções de venda de casas, apartamentos, terrenos; cartas pedindo informações; contratos de compra e venda; certidões; traslados; anúncios em jornais; relatórios e vistorias e outros documentos ligados ao setor. Um catálogo de livros de uma editora, por exemplo, foge ao objetivo dessa empresa e, naturalmente, não deve fazer parte do arquivo principal. Tratando-se, porém, de uma empresa ligada à área educacional, a abordagem seria outra, pois catálogo de livros é fundamental a sua própria sobrevivência, enquanto certidões, traslados, opções de compra de terrenos e outros documentos próprios do ramo imobiliário seriam afastados do arquivo principal.

3 Importância

A importância dos arquivos é tão evidente que a própria Constituição Federal, em seus arts. 215 e 216, determina:

"Art. 215. O Estado garantirá a todos o pleno exercício dos direitos culturais e acesso às fontes da cultura nacional, e apoiará e incentivará a valorização e a difusão das manifestações culturais.

§ 1º O Estado protegerá as manifestações das culturas populares, indígenas e afro-brasileiras, e das de outros grupos participantes do processo civilizatório nacional.

§ 2º A lei disporá sobre a fixação de datas comemorativas de alta significação para os diferentes segmentos étnicos nacionais.

Art. 216. Constituem patrimônio cultural brasileiro os bens de natureza material e imaterial, tomados individualmente ou em conjunto, portadores de referência à identidade, à ação, à memória dos diferentes grupos formadores da sociedade brasileira, nos quais se incluem:

I – as formas de expressão;

II – os modos de criar, fazer e viver;

III – as criações científicas, artísticas e tecnológicas;

IV – as obras, objetos, documentos, edificações e demais espaços destinados às manifestações artístico-culturais;

V – os conjuntos urbanos e sítios de valor histórico, paisagístico, artístico, arqueológico, paleontológico, ecológico e científico.

§ 1º O Poder Público, com a colaboração da comunidade, promoverá e protegerá o patrimônio cultural brasileiro, por meio de inventários, registros, vigilância, tombamento e desapropriação, e de outras formas de acautelamento e preservação.

§ 2º Cabem à administração pública, na forma da lei, a gestão da documentação governamental e as providências para franquear sua consulta a quantos dela necessitem.

§ 3º A lei estabelecerá incentivos para a produção e o conhecimento de bens e valores culturais.

§ 4º Os danos e ameaças ao patrimônio cultural serão punidos, na forma da lei.

§ 5º Ficam tombados todos os documentos e os sítios detentores de reminiscências históricas dos antigos quilombos."

No Brasil, o Arquivo Nacional, previsto na Constituição de 1824, foi criado em 1836.

No passado, a preservação do patrimônio documental era encarada principalmente por seu valor histórico. Após a Segunda Guerra Mundial, começaram a aparecer as primeiras preocupações com uma nova concepção arquivística, em que o documento perdia seu exclusivo enfoque histórico. Surgiam outros aspectos relevantes, como a racionalização da informação, a eficiência administrativa e a finalidade prática na tomada de decisões.

A difusão da informação de conteúdo técnico e científico, a nova mentalidade que se introduz na administração pública, a necessidade de pesquisa constante e sistemática, objetivando particularmente a correta tomada de decisão pela empresa privada, favoreceram o surgimento de um novo enfoque do arquivo, distante daquele critério eminentemente histórico. Como consequência, o conceito de arquivo ampliou-se de tal forma que sua importância ultrapassou os limites que até há bem pouco tempo existiam. Atualmente, já não se conseguem restringir e delimitar o campo de atuação e a utilidade do arquivo. Sua importância e seu potencial de crescimento são ilimitados.

4 Organização

O arquivo precisa ser organizado de forma que proporcione condições de segurança, precisão, simplicidade, flexibilidade e acesso:

- **Segurança**: o arquivo deve apresentar condições mínimas de segurança, incluindo-se medidas de prevenção contra incêndio, extravio, roubo e deterioração. Dependendo da natureza do arquivo, é importante cuidar do sigilo, impedindo ou dificultando o livre acesso a documentos confidenciais.
- **Precisão**: o arquivo deve oferecer garantia de precisão na consulta a documentos e assegurar a localização de qualquer documento arquivado, ou de qualquer documento que tenha sido dele retirado.
- **Simplicidade**: o arquivo precisa ser simples e de fácil compreensão. As possibilidades de erros são reduzidas em arquivos simples e funcionais. O número e a variedade de documentos não exigem necessariamente um arquivo complexo e de difícil entendimento.
- **Flexibilidade**: o arquivo deve acompanhar o desenvolvimento ou crescimento da empresa, ou órgão público, ajustando-se ao aumento do volume e à complexidade dos documentos a serem arquivados. As normas de classificação não devem ser muito rígidas, pois apenas dificultam a atividade de arquivamento.
- **Acesso**: o arquivo deve oferecer condições de consulta imediata, proporcionando pronta localização dos documentos.

A procura de documentos de todos os tipos aumentou muito nos últimos anos, graças principalmente à necessidade cada vez maior de informações. O arquivo não se reduz apenas a guardar documentos; significa também uma fonte inesgotável de informações, que pretende atender a todos e a todas as questões.

5 Arquivos de prosseguimento

Esses arquivos são muito importantes para a empresa, já que por meio deles se podem acompanhar assuntos pendentes ou que aguardam providências: cartas que esperam respostas; duplicatas a cobrar; faturas a pagar; apólices de seguro que devem ser renovadas; lembretes ou controles para renovação de assinaturas de jornais ou revistas; contratos a serem assinados; enfim, inúmeros assuntos que não devem ser simplesmente arquivados e fatalmente esquecidos. O arquivo de prosseguimento possibilita à secretária constante *follow up*.

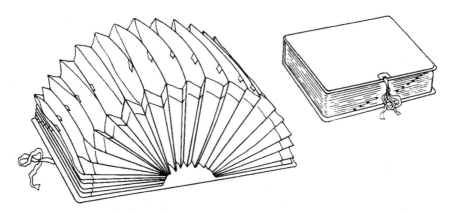

Pasta do tipo sanfona para controle de follow up.

Também conhecido como arquivo de andamento, ou de *follow up*, precisa ser organizado convenientemente e, para isso, existem métodos tradicionais, como o cronológico e o alfabético, e modernos, como o de jogos de fichas prontas, o de equipamentos compactos, próprios para vários tipos de controle, ou os desenvolvidos pela informática.

1. *Método cronológico*: em primeiro lugar, preparamos um jogo de doze guias com os nomes dos meses e depois um jogo de guias numeradas de 1 a 31, representando os dias dos meses. Este último jogo deve ser disposto após a guia do mês em curso. À medida que os dias vão passando, devemos colocá-los no mês seguinte. No caso de empresas com muito movimento de contas a receber e/ou a pagar, inclusive com prazos de 30, 60 ou 90 dias, recomendamos a utilização de três jogos de guias numeradas, de modo que o acompanhamento seja trimestral e não mensal, ou, então, que se guardem os documentos em pastas separadas até o momento oportuno.

O método cronológico permite a utilização de pastas ou cartões. Havendo opção pelo uso de pastas, será necessária uma cópia adicional de todos os documentos que exigem prosseguimento e que serão colocados nas pastas por ordem alfabética dos nomes e, em seguida, arquivados após as guias que correspondem às datas de acompanhamento.

O emprego de cartões ou fichas elimina a necessidade de cópias adicionais dos documentos, porém exige anotações pormenorizadas para que possamos fazer o acompanhamento. Como nas empresas de grande porte o número de cartões ou fichas é imenso, tal fato dificulta sobremaneira o manuseio e, além disso, aumenta a possibilidade de falhas no acompanhamento.

2. *Método alfabético*: esse método também possibilita o uso de pastas ou cartões. As pastas são colocadas em ordem alfabética. Nas margens superiores das pastas, devem constar: letra correspondente; números de 1 a 31, representando os dias do mês; e um indicador móvel que se desloca na pasta, servindo para indicar o dia específico. Assim:

A																															
	1	2	3	4	5	6	7	8	9	10	11	12	13	14	15	16	17	18	19	20	21	22	23	24	25	26	27	28	29	30	31

Os documentos são postos nas pastas em ordem alfabética. Em cada pasta, os documentos são colocados em ordem cronológica e, à medida que os dias vão passando, os documentos são retirados e o indicador móvel vai-se deslocando até o fim, dia 31, retornando ao dia 1º no início de um novo mês.

A possibilidade de uso de cartões ou fichas também existe, embora seja mais trabalhosa, pois exige a anotação de todos os pormenores do documento. Os cartões são colocados nas pastas alfabéticas respectivas, conforme o modelo descrito, e seu funcionamento também será o mesmo.

3. *Métodos modernos*: surgiram com o próprio desenvolvimento das empresas e da tecnologia, notadamente da informática. Existem, entretanto, métodos que

oferecem fichas já preparadas para os diversos controles, como, por exemplo, de pessoal, de estoque, de contabilidade e outros. Alguns trazem equipamentos compactos em que as fichas ficam visíveis e os dados principais são lançados também na margem superior das fichas, à vista do manipulador, facilitando, assim, o manuseio e a consulta.

O computador trouxe consigo possibilidades ilimitadas que podem ser adaptadas a qualquer empresa. As informações necessárias para o correto acompanhamento são fornecidas diariamente pelas impressoras, ou por uma tela de terminal de microcomputador. A grande vantagem da utilização da informática, além da rapidez, é a redução da margem de erro.

6 Referências cruzadas

A expressão *referências cruzadas* é largamente usada pelas pessoas que lidam com arquivos, enquanto entre os bibliotecários a palavra mais empregada é *remissão*.

A principal finalidade das referências cruzadas é a de informar a quem for consultar o arquivo que determinado assunto ou nome está arquivado em tal pasta. As referências cruzadas podem vir em pequenas fichas, principalmente quando colocadas em índices. Quando, porém, guardadas nos próprios arquivos, devem estar escritas em folhas de papel e inseridas nas respectivas pastas. Por exemplo, um fornecedor do Pão de Açúcar provavelmente terá uma pasta com esse nome no arquivo, embora a razão social dessa loja seja "Cia. Brasileira de Distribuição". Recomendamos, nesse caso, escrever numa ficha ou folha de papel:

Cia. Brasileira de Distribuição
Veja Pão de Açúcar

É muito comum encontrar anotações como "Veja também", indicando que o assunto ou nome possui outras ligações importantes. Suponhamos uma empresa que se dedica principalmente ao comércio exterior. É provável que ela arquive os conhecimentos aéreos relativos à carga transportada numa pasta de "Carga Aérea". Entretanto, essas exportações são efetuadas por uma companhia aérea, por exemplo, a Varig. Nesse caso, recomenda-se abrir uma pasta em nome de Varig, em que poderão ser colocados, por exemplo, os horários dos voos, inclusive dos voos cargueiros, as cidades que ela serve, as conexões possíveis, as tarifas de carga aérea e outras informações pertinentes, e ainda uma observação: *Veja também Carga Aérea*.

Igualmente no caso de siglas, devemos fazer uma referência cruzada. Assim, podemos abrir uma pasta para *Cacex* e fazer uma referência para *Carteira de Comércio Exterior*, ou vice-versa. O importante é que a pasta fique com a forma mais conhecida e mais fácil. Por exemplo, talvez seja preferível abrir uma pasta para "Instituto Nacional do Livro" e uma referência cruzada para "INL", para que não ocorra confusão com *IML* (Instituto Médico Legal).

De um lado, a referência cruzada é muito importante, pois ajuda e agiliza o funcionamento do arquivo, porém, de outro, devemos tomar cuidado e evitar o excesso de referências que acarretam volume muito grande de papéis, congestionando, consequentemente, o arquivo.

7 Transferência

Há documentos que estão sujeitos ao fator tempo, isto é, há aqueles que têm valor de um ano; outros de dois, três, cinco ou mais anos; outros, ainda, possuem valor permanente e nunca poderão ser destruídos.

Os documentos também podem ser analisados pela frequência de sua utilização: alguns são muito procurados, outros são consultados poucas vezes, ou quase nunca, e ainda existem aqueles que, após a conclusão do fato que os criou, não servirão para mais nada.

Com o passar do tempo, os arquivos ficam sobrecarregados de papéis, dificultando o trabalho e, na maioria dos casos, a tendência é adquirir móveis novos, na tentativa de se resolver o problema de espaço. Solução muito mais lógica, econômica e eficaz é a de eliminar ou destruir o que não tem mais valor e transferir o que se encontra em desuso ou desatualizado para local apropriado. Assim, transferência é a operação que visa separar os documentos que ainda estão em uso, ou são bastante consultados, daqueles que perderam sua utilidade prática, mas não seu valor.

A transferência pretende:

- ❏ liberar o arquivo de papéis sem utilidade prática atual;
- ❏ manter espaço disponível e de fácil manuseio nos arquivos em uso ou ativos;
- ❏ facilitar o trabalho de arquivar, localizar e consultar documentos nos arquivos;

- manter o arquivo em bom estado de conservação, aumentando sua vida útil; e
- reduzir ou eliminar despesas desnecessárias com novos equipamentos.

Portanto, as transferências de documentos devem ser cuidadosas e criteriosamente estudadas e planejadas, considerando as diferenças não apenas quanto à frequência do uso ou da consulta, mas também quanto a seu valor.

7.1 Tipos de arquivo

No que se refere à frequência do uso ou consulta, existem três tipos de arquivos: arquivo ativo, arquivo inativo e arquivo morto.

Arquivo ativo: mantém arquivados os documentos e papéis de uso, consulta e referência constantes e atuais, ou que se encontram em fase de conclusão.

Arquivo inativo: guarda documentos e papéis que oferecem menor frequência de uso, consulta ou referência.

Arquivo morto: armazena documentos de frequência de uso, consulta ou referência quase nulas. No entanto, não se deve considerar esse arquivo como um "depósito de lixo", mesmo porque os documentos definidos como inúteis ou imprestáveis devem ser destruídos. O arquivo morto precisa, inclusive, ser organizado dentro das mesmas técnicas e regras que prevalecem para o arquivo ativo, pois muitas vezes serão necessárias a imediata localização e a consulta a papéis em desuso.

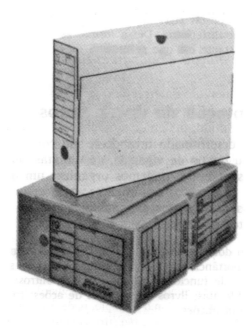

(Produtos fabricados pela KARTRO S.A.)

Uma empresa que tenha, por exemplo, 50 anos de existência deverá manter em seu arquivo morto o registro de todos seus antigos empregados, mesmo que entre eles existam alguns já aposentados ou falecidos. A destruição desses registros só será possível ou permitida no caso de se proceder a uma completa microfilmagem.

É necessário fazer anotação dos documentos transferidos e, no caso de destruição, registro da data em que ocorreu a destruição e referência ao conteúdo deles.

7.2 Atualização de arquivo

Existem três tipos de transferências de documentos ou papéis de um arquivo para outro: transferências periódicas, transferências permanentes e transferências diárias:

- *Transferências periódicas*: as transferências são efetuadas em intervalos predeterminados, para os arquivos inativos ou mortos, dependendo da frequência de uso.
- *Transferências permanentes*: são transferências realizadas em intervalos irregulares, sem qualquer planejamento. Normalmente, acontecem quando o acúmulo de papéis no arquivo ativo é tão grande que chega a atrapalhar o bom andamento do serviço. A transferência, então, irá acarretar grande perda de tempo, já que o arquivo inteiro terá de ser analisado.
- *Transferências diárias*: são as mais recomendáveis, porque mantêm em ordem os arquivos ativos. O trabalho poderá ser grandemente facilitado se do documento já arquivado constar sua validade ou vencimento, ou marcação que indique a data da transferência. Dessa forma, as transferências podem ser feitas no mesmo instante em que se arquiva ou se consulta um documento qualquer.

7.3 Conservação e proteção de documentos

O valor de um documento é determinado levando-se em consideração todas as finalidades que possui e seu tempo de vigência, que muitas vezes se subordina a imperativos da lei. Nesse sentido, podemos organizar um quadro ou tabela de prazos de vigência para os diversos documentos, facilitando sobremaneira o trabalho do arquivista. Os documentos são classificados por seu valor em: permanentes-vitais, permanentes e temporários.

- *Permanentes-vitais*: são documentos que devem ser conservados indefinidamente, pois possuem importância vital para a empresa, isto é, sem eles a empresa não tem condições de funcionar. Citam-se, entre outros: contratos; escrituras; estatutos; livros de atas; livros de registros de ações; cartas-patentes; fórmulas (químicas); procurações.
- *Permanentes*: são documentos que devem ser guardados indefinidamente, porém não têm importância vital. Como exemplo, podem-se relacionar: relatórios anuais; registros de empregados; livros e registros contábeis; recibos de impostos e taxas; avaliações; e outros.

❏ *Temporários*: são documentos que têm valor temporário de um, dois, cinco ou mais anos. Recomendamos a confecção de um quadro ou tabela, com anotação da vigência do documento que, naturalmente, seguirá critérios determinados pela própria empresa. Assim, são temporários: recibos; faturas; notas fiscais; contas a receber e a pagar; extratos bancários; apólices de seguro; folhetos; correspondência; memorandos e outros.

Os documentos considerados vitais para a empresa, além de serem conservados indefinidamente, devem merecer cuidados especiais, notadamente de proteção contra incêndios, inundações, furtos, desabamentos e outros eventos. A perda ou destruição de tais documentos pode, em casos extremos, significar até o fracasso total de uma empresa. Existem algumas formas de proteger esses documentos:

❏ Utilização de cofres à prova de fogo.

❏ Preparação de cópias adicionais dos documentos e envio delas a outros lugares para guarda, como cofres de bancos, cofres de filiais da empresa, ou escritórios de advogados.

❏ Microfilmagem de todos os documentos vitais e conservação dos microfilmes em local seguro.

A conservação e a proteção desses documentos devem ser acompanhadas de um registro que especifique o modo, a data e o local para onde foram encaminhados, de forma que possam ser localizados imediatamente.

8 Centralização ou descentralização?

Essa é uma questão muito comum, principalmente nas grandes empresas. A centralização dos arquivos proporciona vantagens, mas existem desvantagens que naturalmente devem ser conhecidas antes de ser tomada uma decisão sobre o assunto. As principais vantagens da centralização são as seguintes:

❏ *Eficiência*: devido à centralização, a existência de um especialista em arquivística melhora a eficiência e a rapidez do trabalho em todas as suas etapas.

❏ *Responsabilidade*: o cuidado e a proteção de documentos melhora muito, pois a responsabilidade se encontra nas mãos de um especialista.

❏ *Economia*: é grande a economia de equipamento; de pessoal; de tempo gasto no arquivamento; na localização e na preparação de cópias adicionais ou referências.

❏ *Uniformidade*: proporciona certa padronização ao sistema e métodos de arquivamento, o que não acontecerá se houver inúmeros arquivos departamentais.

❏ *Concentração*: os documentos são concentrados por assuntos, oferecendo ao consulente visão global. Na descentralização, os mesmos assuntos tendem a ficar espalhados pelos diversos arquivos.

❏ *Utilização*: amplia o uso do equipamento e, consequentemente, alonga sua vida útil.

Há algumas desvantagens na centralização, que precisam ser apontadas:

- ❏ *Consulta dificultada*: necessidade de locomoção até o centro de arquivos; tal fato não ocorre com a descentralização, em que o arquivo do departamento se encontra à mão.

- ❏ *Acúmulo de pessoas*: poderá acontecer o acúmulo de pessoas no local onde estão colocados os arquivos, o que dificulta a consulta e tumultua o trabalho do arquivista.

- ❏ *Perda de tempo*: muito tempo perdido na locomoção até o arquivo central e espera para poder iniciar a consulta, principalmente se houver muitas pessoas no local.

- ❏ *Espaço*: necessidade de mais espaço para incluir todos os arquivos, além de mesas e cadeiras para as diversas consultas.

- ❏ *Dificuldade no sigilo*: os arquivos ficam muito abertos à consulta generalizada, dificultando a manutenção do sigilo, tão necessário à vida da empresa.

- ❏ *Dispersão*: a pasta em que está classificado um documento, no momento de uma consulta, pode estar com outro consulente, em outro departamento.

As soluções variam de empresa para empresa; o mais comum é a opção pelo sistema misto, ou seja, centralização parcial. Em princípio, os documentos vão para o arquivo central; entretanto, documentos específicos que só interessam a certos departamentos ficam nos arquivos desses departamentos. Assim, por exemplo, devem ser arquivados no próprio departamento de vendas a relação de representantes ou clientes, seus pedidos, reclamações, correspondência de modo geral.

Outro caminho a seguir é o que procura basicamente centralizar o controle e não o arquivo. Um especialista organiza um arquivo central, onde deverão ser guardados os documentos de interesse geral, inclusive aqueles que são vitais e/ou sigilosos, naturalmente tomando-se todas as precauções. Em seguida, deverá planejar os diversos arquivos localizados nos vários departamentos. O conhecimento da empresa e de seu organograma é fundamental nessa etapa. Seu trabalho, além da administração do arquivo central, pressupõe a classificação e a distribuição diária de documentos aos diversos departamentos.

Realmente, trata-se de um assunto de solução não muito fácil, já que existem vantagens e desvantagens em todos os métodos. O importante é que a empresa decida pelo que for mais adequado a suas condições, necessidades e objetivos a curto, médio e longo prazos.

9 Microfilmagem

Observamos na época atual excessivo aumento do número de documentos. De um lado, devido à expansão da administração pública em todos os setores e em todos os níveis: federal, estadual e municipal; de outro, graças ao desenvolvimento das atividades empresariais e ao rápido avanço da tecnologia, em todos os setores da economia.

É crescente a indagação de como e quando devemos proceder para reduzir e racionalizar a produção de documentos e, por consequência, seu arquivamento e conservação. O microfilme surgiu como uma das principais respostas a essa questão.

O microfilme é um processo de reprodução fotográfica reduzida, chegando a quase 95% do documento original. São várias as vantagens obtidas na microfilmagem de documentos que devem ser transferidos do arquivo ativo para o inativo, já que dificilmente o microfilme será utilizado para arquivos ativos. As vantagens são:

- ❏ **Economia**: os ganhos em espaço, peso e tamanho dos arquivos chegam a mais de 80% em muitos casos.
- ❏ **Redução do volume**: é muito grande a redução do volume de papéis e documentos, o que proporciona economia de tempo e mão-de-obra.
- ❏ **Segurança**: os microfilmes protegem e conservam os documentos vitais da empresa ou órgão público dos riscos de eventos, como incêndio, inundação ou furto, pois, além de representarem cópias adicionais desses documentos, são facilmente guardados em cofres especiais.
- ❏ **Durabilidade**: o microfilme reveste-se de grande durabilidade, atingindo até 150 anos.
- ❏ **Reprodução**: a microfilmagem oferece condições de reprodução ilimitada, além de fidelidade, exatidão perfeita dos documentos reproduzidos.
- ❏ **Custo**: embora o microfilme possa assustar pelo custo elevado, é preciso levar em consideração a economia que proporciona com a redução do espaço, de equipamento e de pessoal necessário para a manutenção de arquivos convencionais, especialmente nas grandes empresas.
- ❏ **Consulta**: a consulta a documentos é imediata e mais fácil, agilizando em muito o serviço. Exemplo: a microfilmagem de cheques compensados.

As técnicas modernas de microfilmagem evoluíram muito nos últimos anos; entretanto, a escolha do produtor dos microfilmes deve ser feita de modo que garanta a qualidade e a durabilidade deles.

A decisão de utilizar a microfilmagem na empresa também pode ser auxiliada pela ocorrência de um ou mais dos seguintes fatos:

- ❏ necessidade de devolver às pessoas os originais dos documentos;
- ❏ necessidade de conservar os documentos por mais de cinco anos;
- ❏ necessidade de conservar os documentos por tempo indeterminado ou permanentemente;
- ❏ necessidade de proteger os documentos dos riscos de incêndio, inundação ou furto.

Em princípio, a organização de um arquivo de microfilmes deve seguir o sistema e o método empregados nos arquivos de documentos; o arquivo deve vir acompanhado de índices que facilitem a pronta localização, bem como deve existir na empresa aparelho próprio para a leitura dos microfilmes.

É muito importante, também, considerar o aspecto legal da microfilmagem. A legislação brasileira determina a guarda de originais por tempo determinado ou mesmo indefinidamente. A reprodução de um microfilme no formato do documento exige, para sua validade, que seja autenticado em cartório e à vista do documento original.

Portanto, a microfilmagem não deve ser entendida apenas como substituidora de documentos originais. Antes de mais nada, é preciso encarar o microfilme como cópia adicional de documento cuja utilidade para a empresa tenha sido estudada e comprovada.

10 Equipamentos

Equipamento é o móvel utilizado para arquivamento. O conhecimento dos sistemas de equipamento, de suas vantagens e desvantagens, facilitará em muito o serviço do arquivista. Sistema de equipamento é a maneira como os documentos são colocados no móvel arquivador. São três os sistemas de equipamento:

1. *Horizontal*: os documentos ficam uns sobre os outros, em posição horizontal dentro do móvel arquivador. É um sistema antigo, mas que ainda é utilizado em algumas repartições públicas, que amarram ou colocam os documentos em pacotes. Também pertencem ao sistema horizontal as mapotecas e os fichários tipo Kardex, Securit.

Móvel "Securit" para arquivo horizontal de mapas, plantas, heliográficas e outros documentos (mapoteca).

Exemplo de fichário horizontal "Securit".

As vantagens do sistema horizontal são as seguintes:

- a iluminação é direta;
- as anotações podem ser efetuadas no mesmo local;
- as possibilidades de perda de documentos são bastante reduzidas.

As desvantagens são:

- ocupa muito espaço;
- há necessidade de retirar todos os documentos para arquivar ou retirar um documento;
- a consulta é demorada;
- a consulta exige o deslocamento de outros documentos.

2. **Vertical**: os documentos permanecem no interior do móvel arquivador em posição vertical. São dois os tipos nesse sistema:

- *Frontal*. Os documentos são colocados uns atrás dos outros, com a frente voltada para o arquivista.

Fichário vertical frontal "Securit".

❑ **Lateral**. Os documentos são colocados uns ao lado dos outros, com a lateral voltada para o arquivista.

Fichário vertical lateral "Securit".

Atualmente, com o desenvolvimento da tecnologia e as exigências do mercado, as pastas ficam suspensas nos arquivos verticais, por meio de braços metálicos apoiados em suportes especiais.

São vantagens do sistema vertical:

- ❏ custo mais baixo;
- ❏ fácil manuseio;
- ❏ fácil conservação;
- ❏ fácil atualização do material arquivado;
- ❏ possibilidade de arquivar muitos documentos em pequeno espaço;
- ❏ consulta rápida e sem necessidade de deslocar outros documentos.

São desvantagens do sistema:

- ❏ necessidade de retirar o documento para fazer anotações;
- ❏ iluminação deficiente;
- ❏ pouca visibilidade dos documentos no interior do arquivo.

3. ***Rotativo***: os documentos são colocados de modo que possam girar em torno de um eixo vertical ou horizontal. O sistema é muito empregado em atividades que requerem grande quantidade de consultas e necessidade de informações rápidas.

As características do fichário rotativo são as seguintes: o manuseio é fácil; a visibilidade é ampla; a iluminação é perfeita; possibilita rapidez nas consultas; ocupa pouco espaço.

10.1 Fichários

São caixas de diversos tamanhos que guardam fichas ou cartões, podendo ser de madeira, de aço, de material plástico ou de acrílico. São largamente utilizados e servem a muitas finalidades: índices, informações, endereços, relação de clientes, representantes, fornecedores e outras. (Veja ilustração na página seguinte.)

O equipamento deve satisfazer às necessidades da empresa e dos serviços a que se destina. Alguns requisitos são:

- adequação às necessidades do serviço;
- obtenção de maior economia de espaço;
- facilidade de acesso;
- possibilidade de expansão;
- resistência e durabilidade;
- garantia de segurança e conservação de documentos;
- aparência e funcionalidade.

Há inúmeros tipos e modelos de equipamentos que podem ser utilizados pelos três sistemas: horizontal, vertical e rotativo. A escolha de um dos sistemas, assim como do equipamento propriamente dito, deve seguir os critérios apontados e outros que são considerados essenciais pela empresa ou órgão público e que prevalecem numa boa administração.

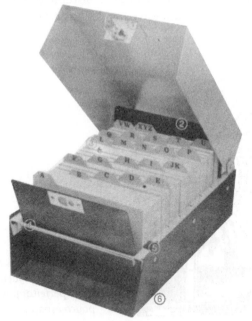

1. Cadeado.
2. Suporte regulável.
3. Índice alfabético.
4. Estrutura.
5. Dispositivo anti-impacto.
6. Pés antiderrapantes.

Fichário metálico.
(Produto fabricado pela KARTRO S.A.)

11 Acessórios

Acessórios são materiais que objetivam auxiliar o equipamento. A correta e eficiente utilização deles criará condições favoráveis para o andamento do serviço.

A escolha acertada dos acessórios está diretamente ligada ao sistema e método de classificação e arquivamento empregados, assim como ao conhecimento dos tipos e modelos existentes no mercado.

Os principais acessórios são: pastas; guias; projeções; tiras de inserção; e notações.

1. **Pastas**: são pedaços de cartolina dobrada, que formam uma aresta comum chamada *vinco*. As pastas servem para agrupar e proteger os documentos comuns a um assunto e, normalmente, têm dimensões padronizadas. Com relação ao vinco, as pastas podem ser normais ou sanfonadas, para permitir o maior acúmulo de documentos; algumas possuem divisões internas. No que se refere à projeção, ela poderá ou não constar da pasta. As pastas suspensas, largamente usadas nos equipamentos modernos, são semelhantes às convencionais, apenas com a particularidade de possuírem dois braços metálicos ou outro material que se apoia nos suportes laterais do arquivo.

2. **Guias**: são pedaços de cartolina do tamanho das pastas ou mesmo menores, com uma saliência na parte superior, chamada projeção. As guias servem para dividir as pastas ou documentos em grupos. As guias, quanto à projeção, podem ter, ou não, encaixes para as tiras de inserção. Nas guias, as projeções podem vir em posição central, em diferentes posições ou, então, formando um jogo de, por exemplo, duas, três, quatro, cinco ou mais posições. A diferença das posições possibilita ao arquivista ampla visibilidade, o que facilita o arquivamento ou a localização de documentos.

3. **Projeções**: são saliências colocadas na parte superior das pastas ou das guias que recebem as anotações ou dizeres pertinentes. Servem para ajudar o arquivista a localizar os assuntos no arquivo. As projeções podem ser de papelão, de material plástico ou de aço. Além disso, podem ser fixas ou adaptáveis. Estas últimas não fazem parte das pastas ou das guias e podem ser colocadas posteriormente.

4. **Tiras de inserção**: papeletas ou rótulos que, após receberem os dizeres ou inscrições correspondentes, deverão ser inseridas nas projeções das pastas ou das guias. Servem para indicar a finalidade da pasta ou da guia.

5. **Notações**: são os dizeres, as inscrições registradas nas tiras de inserção e em seguida inseridas nas pastas ou guias.

É fato conhecido que um dos fatores para a excelência dos arquivos reside na combinação harmoniosa e funcional dos sistemas e métodos de classificação e arquivamento, e dos equipamentos e acessórios.

12 Regras práticas para manter o arquivo atualizado

A função do arquivo é preservar, organizar e classificar a documentação. Por isso, seja rigorosa quanto à seleção dos documentos ou papéis que devem ou não ser arquivados. Entre as regras para reduzir a quantidade de papéis que são colocados sobre a mesa da secretária, destacam-se:

1. Não empilhe papéis e tente manter sua mesa sempre limpa.
2. É preciso estabelecer dia e hora para a organização do arquivo.
3. Trabalhe com dois arquivos: (a) o ativo para os documentos frequentemente utilizados e (b) o inativo para os raramente consultados.
4. Se trabalhar para mais de um executivo, mantenha separados os arquivos de um e de outro.
5. Aceite informações para a melhoria de seu arquivo, bem como a alteração de procedimentos e de aparelhos eletrônicos que permitem realizar um trabalho com mais agilidade e segurança.
6. Se houver necessidade de juntar documentos para arquivá-los, não use clipes, mas grampos no lado direito.
7. Documentos rasgados devem ser remendados antes de arquivados.
8. Se precisar sacar algum documento de um arquivo, escreva nele onde estava arquivado.

13 Leitura

Após a leitura do texto e discutidas, em grupo, as ideias dele constantes, os comentaristas de cada grupo devem apresentar os resultados para toda a classe.

"O TRABALHADOR DO FUTURO

Qual o perfil do trabalhador do futuro?

Esse exercício de especulação foi submetido durante três meses a 178 brasileiros, com cargos de relevância nos mais variados tipos de empresas, escolas e mídia – gente que se vê obrigada a contratar funcionários e, ao mesmo tempo, manter o próprio emprego.

Os questionários circularam em seminários e palestras, onde os participantes estavam especialmente preocupados em obter dicas para lidar com a hipercompetição, movida a revolução tecnológica e globalização.

A ideia era captar a visão da elite, formadora de opinião, sobre a capacitação necessária a um trabalhador para enfrentar os novos desafios.

Concluída sexta-feira passada, a pesquisa mostra que o que sabemos e acreditamos beira a inutilidade, revelando o alto risco de obsoletismo humano.

Assessorada pelo professor José Pastore, um dos maiores especialistas em mercado de trabalho no Brasil, a pesquisa, realizada pela CPM-Market Research, revira os conceitos estabelecidos sobre competência.

Competente é, segundo a pesquisa, quem se sente eternamente no limiar da incompetência, inconformado com o que já sabe – e capaz de transformar sua curiosidade em energia intelectual.

A pesquisa é dividida nos itens personalidade, formação, habilidades/estilo pessoal e atitudes – todos os estágios foram acompanhados por esta coluna.

As respostas indicam que, neste final de século, não é a máquina que vence, mas a valorização do que existe de mais humano, como a criatividade e a paixão pela descoberta.

Indagados sobre qual o requisito mais importante na formação do trabalhador do futuro, os entrevistados colocaram em primeiro lugar, disparado, 'nunca parar de aprender'.

Significa o fim da arrogância de quem já tem seu diploma, obrigando o indivíduo a se sentir um estudante permanente.

Logo em seguida, aparece 'ter curso superior completo'; com bastante destaque está registrado 'fazer cursos complementares na universidade'.

É generalizada uma preocupação puramente psicológica. Os entrevistados valorizaram fatores como 'clara visão do que você espera de você mesmo', 'saber o que quer da vida' e 'maturidade para exercer comando'.

'Até pouco tempo atrás, iam querer saber, basicamente, quanto o indivíduo sabe, se é um bom técnico ou não', afirma José Pastore.

Esse tipo de critério sobressai quando se aborda a personalidade ideal do profissional do futuro.

Deu, em primeiro, 'ser ético/honesto/idôneo'. Em seguida, 'ter intuição' e depois, 'ser flexível/saber se adaptar'.

No quarto lugar: estabilidade emocional e confiança.

Só vem em quinto algo que, até pouco tempo, estaria no topo: capacidade analítica para resolver problemas.

'É a supremacia da sensibilidade e da busca do equilíbrio', sustenta a psicóloga Oriana White, professora de Marketing, que orientou a pesquisa.

Essa demanda psicológica se explica quando se analisam as respostas dadas no item 'habilidades e estilo pessoal'.

É tido como prioritário saber trabalhar em grupo, o que exige maturidade e equilíbrio.

Um detalhe, aqui, mostra que o profissional deve ser fiel a si mesmo. Depois, vem a empresa.

Em segundo lugar, está a habilidade de 'fazer da carreira a própria empresa'.

'Mudar de emprego hoje é, ao contrário de antigamente, sinal de flexibilidade e talento. Dá pontos, por revelar acúmulo de experiência', sustenta Pastore.

Impera a lógica de que o indivíduo está acima da empresa – assim como a empresa se sentia acima do indivíduo.

É, portanto, uma relação de troca em que o trabalhador empresta sua competência e se vê obrigado a atualizá-la sempre.

Sai, portanto, aquele acomodado que apostava na aposentadoria em um mesmo lugar, dando lugar ao sensível e criativo, aberto a desafios.

Convenhamos que é um gigantesco avanço da humanidade, transformando o trabalhador em alguém que, para fazer, é forçado a pensar e sentir.

Repito que, talvez eu seja estupidamente otimista – mas temos muito mais razões para comemorar do que lamentar esse século" (Gilberto Dimenstein. O trabalhador do futuro. Folha de S. Paulo, São Paulo, 22 nov. 1998, p. 3-12).

Exercícios

1. Quantos são os tipos de arquivos?
2. Quais são as espécies de arquivos públicos?
3. Que são arquivos privados?
4. Quais são as condições necessárias para a organização de um arquivo?
5. Que são arquivos de prosseguimento?
6. Liste as condições que determinam a transferência de documentos.
7. Quanto à frequência de uso, quantos tipos de arquivo existem?
8. Quantos tipos de transferência de documentos existem?
9. Como classificar documentos, tendo em vista sua proteção e conservação?
10. Quais as vantagens e desvantagens da centralização de arquivos?
11. Quais são as vantagens da microfilmagem?
12. Quando se justifica a microfilmagem?
13. Quais são as características de um fichário rotativo?
14. Que tipos de acessórios existem para arquivo de documentos?
15. Quais as vantagens e desvantagens do uso de um sistema de equipamento horizontal?

17

Sistemas e Métodos de Arquivamento

1 Sistema de arquivamento nas empresas

A opinião de que os arquivos são simples depósitos de papéis ou documentos velhos e inúteis, arquivados por mera tradição, apoia-se no fato de que a maioria dos arquivos é mal organizada, mal administrada e, portanto, dificulta a localização imediata das informações desejadas. Mera opinião, pois, em verdade, um arquivo moderno, bem estruturado, é um centro atuante de informações, um instrumento de controle para a atividade administrativa, que auxilia na correta tomada de decisão.

Entretanto, para que isso aconteça, é necessário que se decida sobre o sistema de arquivamento que melhor se ajuste a determinada empresa.

Sistema é um conjunto de princípios interligados, que orienta o que deve ser feito para atingir um fim específico. São três os sistemas de arquivamento: direto, indireto e semi-indireto.

- ❏ *Direto*: o arquivo pode ser consultado diretamente, sem necessidade de recorrer a um índice. Nesse sistema, inclui-se, principalmente, o método alfabético de arquivamento e suas variações.
- ❏ *Indireto*: o arquivo, nesse caso, depende de um índice para ser consultado. O sistema inclui, em especial, o método numérico de arquivamento e suas variações.
- ❏ *Semi-indireto*: o arquivo pode ser consultado sem o auxílio de índices, mas com a utilização de tabelas em forma de cartão. Nesse sistema, há, por exemplo, o método automático, variedade do método alfanumérico.

A opção por um dos sistemas está intimamente ligada à empresa, a seu campo de atividade, porte e objetivos de curto, médio ou longo prazos. O principal, antes de tudo, é compreender o verdadeiro potencial que o arquivo representa, considerando-se que é a memória viva da empresa.

Para ser eficaz, o sistema necessita de métodos que indiquem a maneira de proceder, isto é, o que deve ser feito para que seja alcançado o fim desejado. Os métodos de arquivamento são analisados na seção 3.

2 Sistema de arquivamento em órgãos públicos

A administração de documentos oficiais pressupõe a existência de um sistema de arquivamento. O conceito de sistema também é válido para os órgãos da administração pública, e as três espécies, direto, indireto e semi-indireto, serão empregadas conforme os critérios estabelecidos previamente.

Nas instituições públicas, predomina um modelo de sistema de organização de arquivos em que o documento público é controlado desde sua produção. Ele é conhecido como a "teoria das três idades", concepção moderna de arquivística, em que se distinguem três etapas quanto aos documentos:

- ❏ *Corrente*: os documentos circulam pelos canais decisórios, buscando solução ou resposta. São os arquivos correntes.
- ❏ *Temporária*: os documentos apresentam interesse e são objeto de consultas, embora os assuntos neles contidos já tenham sido solucionados ou as respostas, obtidas. São os arquivos temporários.
- ❏ *Permanente*: os documentos passam a ter valor cultural e científico. São os arquivos permanentes ou históricos.

A criação do arquivo temporário, por exemplo, segunda etapa do sistema, foi um grande avanço e tornou-se peça fundamental dentro do sistema de arquivamento da administração pública. São inúmeras as vantagens conseguidas: obtenção de mais espaços físicos pela retirada de documentos dos arquivos correntes; redução ao essencial da quantidade de documentos nos arquivos correntes; redução de pessoal e consequente economia de custos; controle de quantidade e da qualidade dos documentos; melhor manutenção, uso e supervisão dos arquivos; e melhor critério de preservação, controle e eliminação de documentos.

Um sistema de arquivos moderno e bem organizado terá todas as condições para oferecer subsídios a planos e decisões da administração pública, seja mostrando as relações e planejamento do passado, seja evitando duplicidade antieconômica de velhas iniciativas.

Verifica-se, atualmente, enorme empenho dos órgãos do governo em desenvolver sistemas de informações altamente sofisticados, em que a informática assumiu posição de grande relevância.

3 Métodos de arquivamento

Modernamente, o arquivo de informações tornou-se uma atividade que pode ser realizada eletronicamente por meio de microcomputadores. A tarefa da secretária, nesse caso, consiste em registrar as informações em programas previamente estabelecidos. A empresa contrata um especialista em programação (ou já dispõe dele em seu quadro de empregados), que deverá preparar um programa segundo as necessidades da secretária. Enganam-se os que acreditam que o uso do computador dispensa o estudo dos métodos tradicionais de classificação de informações. O programador apenas executará um programa depois de ouvir a secretária sobre as reais necessidades do departamento. Assim, ela deve conhecer os variados métodos de classificação para propor soluções apropriadas.

O estudo dos métodos aqui expostos permite a aquisição de técnicas de classificação e simplificação de tarefas. Deixar de aprendê-los é prejudicial até mesmo para o domínio de um pensamento claro e bem estruturado. Além disso, a secretária manipula informações escritas (documentos), internas e externas, que ela precisa arquivar.

Havendo um sistema de arquivamento já definido, a empresa ou órgão público deverá decidir qual método de arquivamento empregará. O método estabelece o que é preciso fazer para alcançar o fim desejado pelo sistema de arquivamento.

Um plano previamente estabelecido para a colocação e guarda de documentos facilita a pesquisa, a coleta de dados, a busca de informações e proporciona uma correta tomada de decisão.

Os diversos métodos de arquivamento, que através dos anos foram desenvolvidos em todas as partes do mundo, podem ser utilizados tanto nas empresas como nos órgãos governamentais. Todos são bons e apresentam vantagens e desvantagens. O importante é que a decisão quanto ao método leve em consideração o tamanho, a estrutura organizacional e os objetivos da empresa ou do órgão público; as pessoas normalmente envolvidas; os serviços prestados; as informações comumente solicitadas; e os tipos de documento que devem ser arquivados.

São três os principais métodos de arquivamento: alfabético, numérico e alfanumérico. Esses métodos, por sua vez, geram vários outros.

Métodos de arquivamento:

- ❑ *Método alfabético*:
    - específico ou por assunto;
    - geográfico;
    - mnemônico;
    - variadex.

- ❑ *Método numérico*:
    - simples;
    - dúplex.

- ❑ *Método alfanumérico*:
    - decimal;
    - automático;
    - automático moderno.

3.1 Método alfabético

O método é simples e bastante prático. No caso de arquivos de correspondências, proporciona consulta direta e rápida. Entretanto, exige cuidados em sua organização, a fim de evitar possíveis erros, como troca de letras, inversões, saltos e outros. É importante que sejam estabelecidos critérios que devem ser observados, para que haja uniformidade no trabalho de arquivamento. Assim, por exemplo, as pastas devem ser ordenadas rigorosamente, para evitar enganos e demoras desnecessárias; a separação das pastas deve ser por guias alfabéticas simples que facilitem a organização e o funcionamento do arquivo.

O método alfabético mais simples e mais utilizado refere-se ao nome de pessoas e ao nome de empresas ou razões sociais. Embora o arquivamento de nomes de pessoas e de empresas seja o mais simples, algumas regras precisam ser seguidas. Assim, no arquivamento por *nome de pessoas,* observe:

1. Em primeiro lugar, deve constar o sobrenome, ou, no caso de mais de um, o último sobrenome; em segundo, o prenome, e em terceiro o(s) outro(s) prenome(s) e/ou sobrenome(s). Exemplos:

NOME	ORDEM DE ARQUIVAMENTO
Pedro Paulo Guimarães	*Guimarães* Pedro Paulo
Sonia Maria M. Hernandes	*Hernandes* Sonia Maria M.
João Bosco de Lavor Medeiros	*Medeiros* João Bosco de Lavor

2. Os títulos e graus de parentesco, abreviados ou não, ou acadêmicos, que antecedem ou seguem o nome, não são considerados no arquivamento, sendo colocados no fim, entre parênteses. Exemplos:

NOME	ORDEM DE ARQUIVAMENTO
Dr. Roberto de Lavor Medeiros	*Medeiros* Roberto de Lavor (Dr.)
Pedro Miquelino Filho	*Miquelino* Pedro (Filho)
João Pederneiras Jr.	*Pederneiras* João (Jr.)
Ministro Raul Soares	*Soares* Raul (Ministro)

3. No caso de sobrenomes que vêm precedidos de prefixo ou preposição, em letra maiúscula, fazendo parte integrante do sobrenome, arquiva-se pela letra do prefixo ou preposição. Exemplos:

NOME	ORDEM DE ARQUIVAMENTO
Menotti Del Picchia	*Del Picchia* Menotti
Pierre La Fontaine	*La Fontaine* Pierre
Hans Von Stuckert	*Von Stuckert* Hans

4. Sobrenome composto por um substantivo e um adjetivo deve permanecer inseparável.[1] Exemplos:

NOME	ORDEM DE ARQUIVAMENTO
Humberto Alencar Castelo Branco	*Castelo Branco* Humberto Alencar
Felipe Casa Grande	*Casa Grande* Felipe
Dulce Coelho Dourado	*Coelho Dourado* Dulce

No arquivamento por nome de empresas ou razões sociais, existem também algumas regras básicas:

1. A ordem de arquivamento é normal, direta, mesmo quando a razão social se inicia por nome de pessoa. Exemplos:

NOME	ORDEM DE ARQUIVAMENTO
Editora Atlas SA	*Banco Nacional do Norte SA*
Banco Nacional do Norte SA	*Comercial São José*
Samuel da Silva & Cia. Ltda.	*Editora Atlas SA*
Instituto Filhos Unidos SC	*Instituto Filhos Unidos SC*
Comercial São José	*Nivaldo de Sousa e Filhos Ltda.*
Nivaldo de Sousa e Filhos Ltda.	*Samuel da Silva & Cia. Ltda.*

2. Os números são escritos por extenso. Exemplos:

NOME	ORDEM DE ARQUIVAMENTO
2 Irmãos Confecções Ltda.	*Dois Irmãos Confecções Ltda.*
3º Armazém de Secos e Molhados	*Retífica Cinco Irmãos Ltda.*
Retífica 5 Irmãos Ltda.	*Terceiro Armazém de Secos e Molhados*

3. As instituições identificadas por siglas devem ser arquivadas como se fossem palavras. Exemplos:

NOME	ORDEM DE ARQUIVAMENTO
VASP	*IBM*
IBM	*Petrobras*
PETROBRAS	*Vasp*

4. Quando o nome começar por artigo (*o, a, os, as*), o arquivamento deve desprezar o artigo, que será colocado no fim, entre parênteses. Exemplos:

NOME	ORDEM DE ARQUIVAMENTO
O Estado de S. Paulo	*Estado de S. Paulo (O)*
Os Pequenos Príncipes Ltda.	*Lanterna Mágica SA (A)*
A Lanterna Mágica SA	*Pequenos Príncipes Ltda. (Os)*

---

[1] Embora seja comum esse tipo de procedimento, a secretária pode optar pela primeira regra, que exige que Branco, Grande e Dourado encabecem os registros. Assim, teríamos: *Branco* Humberto de Alencar Castelo; *Grande* Felipe Casa; *Dourado* Dulce Coelho.

5. No caso de nomes de empresas iguais, muito comum com agências bancárias, a secretária deve considerar a ordem alfabética dos Estados onde se localizam; se forem os mesmos, a opção será pela cidade, pelo bairro e, por fim, pela rua. No caso específico de bancos, a solução será pela denominação da agência. Exemplos:

NOME

Varig – Presidente Prudente (SP)
Varig – Assis (SP)
Varig – Teresina (PI)
Varig – Recife (PE)
Varig – Rua Maria Antônia – São Paulo (SP)
Varig – Augusta – São Paulo (SP)
Bradesco – Goio-Erê (PR)
Bradesco – Porto Velho (RO)
Unibanco – Agência Sé – São Paulo (SP)
Unibanco – Agência Lapa – São Paulo (SP)
Itaú – Campos Elísios – São Paulo (SP)
Itaú – Belenzinho – São Paulo (SP)

A ordem de arquivamento é:

Considerando os Estados

Bradesco – Goio-Erê (PR)
Bradesco – Porto Velho (RO)
Unibanco – Agência Sé – São Paulo (SP)
Varig – Recife (PE)
Varig – Teresina (PI)
Varig – Assis (SP)

Considerando as cidades

Varig – Assis (SP)
Varig – Presidente Prudente (SP)
Varig – Recife (PE)
Varig – Teresina (PI)

Considerando o bairro

Itaú – Belenzinho – São Paulo (SP)
Itaú – Campos Elísios – São Paulo (SP)

Considerando o nome das ruas

Varig – Rua Augusta – São Paulo (SP)
Varig – Rua Maria Antônia – São Paulo (SP)

Considerando o nome da agência

Unibanco – Agência Lapa – São Paulo (SP)
Unibanco – Agência Sé – São Paulo (SP)

Como se verifica, para uso dessa classificação é necessário que constem do arquivo subdivisões que englobem: Estados, cidades, bairros, ruas, agências.

3.1.1 Método específico ou por assunto

É um dos métodos mais difíceis de arquivamento, já que se propõe organizar as pastas por assunto. A grande dificuldade reside em escolher a melhor palavra para definir o assunto.

Um dos caminhos a seguir é analisar a empresa, suas atividades, interesses e objetivos dela, e preparar uma relação de assuntos básicos em ordem alfabética. Os assuntos poderão, em seguida, ser divididos e subdivididos, conforme a necessidade do serviço, a frequência das consultas e a facilidade e rapidez de localização dos documentos.

Suponhamos uma Agência de Viagens de porte médio, operando em todos os setores permitidos para essa atividade. O método de arquivamento escolhido foi o específico. Dividindo e subdividindo, por exemplo, dois assuntos importantíssimos, temos:

Viagens Internacionais { aéreas, marítimas, rodoviárias } { documentação, excursões, hotéis, promoção, vendas a crédito, vendas a vista }

Viagens Nacionais { aéreas, marítimas, rodoaéreas, rodoviárias } { excursões, hotéis, promoção, vendas a crédito, vendas a vista }

Terminada a relação de assuntos, com as respectivas divisões e subdivisões, podemos começar a aplicar o método de arquivamento. Os assuntos relacionados no exemplo constarão de guias colocadas alfabeticamente em pastas, ocupando três posições no arquivo, embora sejam possíveis até quatro ou cinco posições.

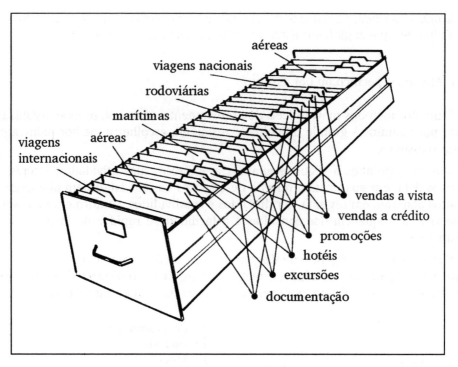

Arquivo com pastas em cinco posições

1ª Posição	2ª Posição	3ª Posição	4ª Posição
Viagens Internacionais	aéreas		
		documentação	
		excursões	
		hotéis	
		promoção	
		vendas a crédito	
		vendas a vista	
	marítimas		
		documentação	
		excursões	
		hotéis	
		promoção	
		vendas a crédito	
		vendas a vista	
	rodoviárias		
		documentação	
		excursões	
		hotéis	
		promoção	
		vendas a crédito	
		vendas a vista	

1ª Posição	2ª Posição	3ª Posição	4ª Posição
Viagens Nacionais			
	aéreas	excursões hotéis promoção vendas a crédito vendas a vista	
	marítimas	excursões hotéis promoção vendas a crédito vendas a vista	
	rodoaéreas	excursões hotéis promoção vendas a crédito vendas a vista	
	rodoviárias	excursões hotéis promoção vendas a crédito vendas a vista	

Com o desenvolvimento das atividades turísticas, pode acontecer de a Agência de Viagens, no campo das viagens internacionais, conseguir grande número de passageiros para os Estados Unidos, principalmente por via aérea. Nesse caso, recomendamos que seja aberta uma nova pasta, a ser colocada na 4ª posição, em nome de *Estados Unidos,* como projeção da pasta de 3ª posição – *excursões* –, que, por sua vez, é projeção da pasta de 2ª posição – *aéreas*. Assim:

1ª Posição	2ª Posição	3ª Posição	4ª Posição
Viagens Internacionais	aéreas	excursões	*Estados Unidos*

Igualmente, no setor de viagens domésticas ou nacionais pode ocorrer um incremento nas viagens da *Ponte Aérea* (Rio – São Paulo), e nas excursões rodoviárias para *Foz do Iguaçu*. No primeiro caso, devemos abrir pasta nova para *Ponte Aérea* e, no segundo, para *Foz do Iguaçu*. Assim, para o primeiro caso:

1ª Posição	2ª Posição	3ª Posição	4ª Posição
Viagens Nacionais	aéreas	vendas a crédito vendas a vista	Ponte Aérea Ponte Aérea

Assim, para o segundo caso:

1ª Posição	2ª Posição	3ª Posição	4ª Posição
Viagens Nacionais	rodoviárias	excursões	Foz do Iguaçu

Como podemos observar, existem inúmeras possibilidades de divisões e subdivisões. Esse método alfabético exige a confecção de um índice ou tabela para consulta prévia.

3.1.2 Método geográfico

Método muito utilizado quando há preferência pelo arquivo de documentos segundo uma divisão geográfica preestabelecida. Dessa forma, a divisão pode ser por países, Estados, cidades, regiões, distritos, bairros, zonas e outras, dependendo da empresa. Muito comum nos departamentos de vendas e nos de importação e exportação, o método propõe-se agrupar os clientes, os correspondentes, os importadores, os exportadores, os representantes, os fornecedores, de acordo com os locais ou praças em que atuam ou residem.

Consideremos o exemplo de um representante na cidade de Cascavel, Estado do Paraná. Pelo método geográfico, existem três possibilidades de arquivamento:

1ª Os Estados são divididos por regiões, que ocupam pastas em ordem alfabética, na primeira posição do arquivo. Os Estados, dentro das respectivas regiões, ocupam a segunda posição; e as cidades, a terceira posição. Assim:

1ª Posição	2ª Posição	3ª Posição	4ª Posição
Região Sul	Paraná	Cascavel	

2ª A divisão geográfica pode ser feita por Estados, ocupando a primeira posição no arquivo; as cidades irão ocupar a segunda posição em seu respectivo Estado:

1ª Posição	2ª Posição	3ª Posição	4ª Posição
Paraná	Cascavel		

3ª As cidades entram por ordem alfabética, independentemente dos Estados a que pertencem. Nesse caso, as guias nas pastas da primeira posição serão das letras do alfabeto; na segunda posição, é colocado o nome das cidades. Assim:

1ª Posição	2ª Posição	3ª Posição	4ª Posição
C	Cascavel		

Ainda com relação ao exemplo apresentado, é possível que existam diversos clientes em Cascavel. Eles serão colocados alfabeticamente em pastas na terceira ou quarta posição, de acordo com a possibilidade escolhida.

1ª *Possibilidade:*

1ª Posição	2ª Posição	3ª Posição	4ª Posição
Região Sul	Paraná	Cascavel	Comercial Lavor J. B. & Filhos

2ª *Possibilidade:*

1ª Posição	2ª Posição	3ª Posição	4ª Posição
Paraná	Cascavel	Comercial Lavor J. B. & Filhos	

3ª *Possibilidade:*

1ª Posição	2ª Posição	3ª Posição	4ª Posição
C	Cascavel	Comercial Lavor J. B. & Filhos	

Existem inúmeras empresas que atuam no comércio exterior, ou possuem departamentos de importação e exportação. Suponhamos um cliente dos Estados Unidos, de nome A. Z. Export Co., localizado em Los Angeles, Estado da Califórnia. Utilizando as três possibilidades, temos:

1ª Posição	2ª Posição	3ª Posição	4ª Posição
C	Califórnia	Los Angeles	A. Z. Export Co.

1ª Posição	2ª Posição	3ª Posição	4ª Posição
Califórnia	Los Angeles	A. Z. Export Co.	

1ª Posição	2ª Posição	3ª Posição	4ª Posição
L	Los Angeles	A. Z. Export Co.	

A opção por uma das possibilidades de arquivamento do método alfabético geográfico dependerá basicamente de critérios próprios da empresa, já que todas são boas e eficazes.

3.1.3 Método mnemônico

É um método alfabético que procura combinar as letras do alfabeto de forma a auxiliar a memória. Inicialmente, relacionamos as 23 letras (ou menos) do alfabeto, dando significado a cada uma, por meio de uma palavra-chave. Naturalmente, essa relação dependerá fundamentalmente da empresa e deverá ser preparada com muito cuidado, visto que será uma classificação básica e permanente.

Imaginemos uma firma imobiliária que decidiu utilizar esse método de arquivamento. São três etapas a seguir:

1ª *Etapa*: relacionar as 23 letras do alfabeto (ou menos) e escolher a palavra-chave de cada uma. Por exemplo:

A – ALUGUEL
B – ADMINISTRAÇÃO
C – COMPRA
F – FINANCIAMENTO
V – VENDA

2ª Etapa: preparar 23 folhas (ou menos) e escrever no alto de cada uma a letra correspondente e a palavra-chave: A – ALUGUEL.

3ª Etapa: escrever novamente em cada lista, na margem esquerda, as 23 letras (ou menos) e anotar diante de cada letra outra palavra-chave, que representa uma subdivisão do assunto que consta do alto. Por exemplo:

A – ALUGUEL
A – Apartamento
C – Casa
E – Escritório

Na eventualidade de a inicial de uma palavra já ter sido usada para outra, devemos escolher uma das três hipóteses: ou a letra seguinte; ou a segunda letra da palavra; ou uma letra com som semelhante. Tomemos a palavra *contrato*: acompanhando os exemplos citados, verificamos que deve ser uma subdivisão de A – ALUGUEL. Não podemos usar C, porque já existe C – CASA. Podemos, no entanto, usar *D* (letra seguinte a C) ou a segunda letra da palavra *contrato*, ou seja, *O*. Existe, ainda, a possibilidade de usar *K* (som semelhante a *C* de contrato).

De modo geral, o critério mais empregado nesse método, para a seleção de assuntos, é o de começar pelo *gênero* e daí passar à *espécie* e depois ao *detalhe*. Exemplo:

gênero:	A – ALUGUEL
espécie:	A – Apartamento
detalhe:	A – D – Apartamento de dois quartos
	A – T – Apartamento de três quartos

No arquivo, ficaria assim:

1ª Posição	2ª Posição	3ª Posição	4ª posição
A	A-A	A-A-D A-A-T	

Se, por exemplo, o aluguel fosse de um apartamento de dois quartos em Perdizes e esse bairro de São Paulo tivesse recebido a letra *P*, a quarta posição no arquivo seria ocupada.

1ª Posição	2ª Posição	3ª Posição	4ª posição
A	A-A	A-A-D	A-A-D-P

O método exige a preparação de um índice para consulta prévia. Uma das vantagens desse método é que ele facilita o manuseio, principalmente pela ajuda da memória.

3.1.4 Método variadex

É um método alfabético moderno, de uso direto, que pode ser facilmente aumentado, de acordo com a necessidade. Consiste em dar cores aos diversos grupos de letras, o que auxilia a localização e o manuseio. A cor das guias é dada pela segunda letra da palavra-chave. As cinco cores e as respectivas letras são:

a b c d	*e f g h*	*i j k l m n*	*o p q*	*r s t u v w x y z*
laranja	amarelo ou rosa	verde	azul	violeta

No arquivo, em primeira posição aparecem as letras em ordem alfabética e as guias recebem a cor laranja. Em segunda posição, vêm as guias com duas letras, que recebem cores, de acordo com o quadro apresentado.

Assim, uma guia *Am* receberá cor verde; *Ar,* cor violeta; *El,* cor verde; *Me,* cor amarela ou rosa, e assim por diante. A terceira posição acolhe pastas dos nomes de firmas, sobrenomes de pessoas, ou assuntos, que se iniciam pelas respectivas letras. A quarta posição é normalmente utilizada para pastas miscelâneas e a quinta posição é reservada para pastas especiais, que destacam partes importantes ou servem para subdividir pastas sobrecarregadas.

Suponhamos uma grande loja de aparelhos eletrodomésticos, com excelentes vendas. Entre seus clientes com sobrenome iniciado pela letra *M*, encontramos, entre outras pessoas: Medeiros, João Bosco; Medeiros, Edson; Medeiros, Roberto, Matias, Adão; Melo, Joaquim; Moraes, Maria; Moura, Ana. Assim ficaria o arquivo:

1ª Posição	2ª Posição	3ª Posição	4ª Posição	5ª Posição
M (cor laranja)	Ma (cor laranja) Me (cor amarela)	Matias, Adão Medeiros, Edson Medeiros, João Medeiros, Roberto		
	Mi (cor verde) Mo (cor azul)	Moraes, Maria Moura, Ana		
	Mu (cor violeta)			

O ponto principal do método é o jogo de cores que dá colorido especial e aspecto agradável ao arquivo. O exemplo mostrado foi o de um arquivamento alfabético simples, ou seja, por nome da pessoa, mas o método variadex também pode ser utilizado com o método mnemônico, aliando as vantagens deste último à combinação de cores proposta pelo método ora analisado.

3.2 Método numérico

Esse método é mais fácil de ser organizado e propicia maior rapidez ao arquivamento. O documento classificado recebe um número, conforme a ordem de chegada e, ao mesmo tempo, esse número é transcrito numa guia que, colocada na pasta, ocupará lugar correspondente no arquivo. Nesse caso, o arquivamento nada mais é que simples colocação da pasta numerada no lugar adequado. Devido a esse fato, o método permite a fácil percepção de qualquer falha ou erro. As guias nas pastas servem para auxiliar na localização e, de acordo com o método numérico escolhido, simples ou dúplex, podem aparecer em diferentes posições no arquivo.

O método é indireto, visto que exige a preparação e a consulta anterior a um índice ou arquivo de fichas, para se encontrar o número atribuído ao assunto em questão. Isso torna o método mais demorado, porém permite o sigilo, às vezes, necessário nos documentos particulares ou confidenciais.

Além das vantagens já referidas, de facilidade de organização, maior rapidez, fácil identificação de possíveis falhas, é preciso mencionar também que esse método prevê ilimitada ampliação do arquivo, tendo em vista que os números são inesgotáveis.

3.2.1 Método numérico simples

Segundo esse método, são numerados assuntos, clientes, correspondentes, representantes e outros, pela ordem de entrada dos documentos, sem qualquer preocupação com a ordem alfabética. Não existe, portanto, nenhum planejamento prévio de arquivamento. Na pasta, aparecerá apenas o número que determinado cliente recebeu. São utilizadas guias numéricas que dividem as pastas em blocos, de acordo com a necessidade.

A localização de qualquer documento no arquivo é feita por meio de consulta anterior a um dos índices: alfabético ou numérico. São necessários esses dois índices, organizados preferencialmente em fichas, porque em um as fichas são arquivadas alfabeticamente, de modo que informem o número relativo a certo cliente, assunto; em outro, as fichas são arquivadas em ordem numérica crescente, que funciona também como controle da numeração, já que por meio desse índice é possível conhecer o último número concedido.

O método prevê três etapas e, utilizando o exemplo citado no método mnemônico, ou seja, uma empresa imobiliária, temos:

1ª Etapa: os assuntos principais são divididos em números de 100 em 100, assim:

100 – ADMINISTRAÇÃO

200 – ALUGUEL

300 – COMPRA

2ª Etapa: as primeiras subdivisões de cada grupo recebem números de 10 em 10, por exemplo:

200 – ALUGUEL

    210 – Apartamento

    220 – Casa

    230 – Escritório

3ª Etapa: as segundas subdivisões têm números de um em um:

200 – ALUGUEL

    210 – Apartamento

        211 – Apartamento de sala e quarto

        212 – Apartamento de dois quartos

        213 – Apartamento de três quartos

O critério mais utilizado nesse método para seleção de assuntos é semelhante ao utilizado no método mnemônico: começar pelo *gênero* e daí passar à *espécie* e depois ao *detalhe*. Exemplo:

gênero: 200 – ALUGUEL

espécie: 210 – Apartamento

detalhe: 211 – Apartamento de sala e quarto

            212 – Apartamento de dois quartos

            213 – Apartamento de três quartos

No arquivo, ficaria assim a disposição das informações:

1ª Posição	2ª Posição	3ª Posição	4ª Posição
200	210	211 212 213	

Na eventualidade de precisarmos subdividir ainda mais o registro das informações, recomendamos a separação por hífen do número atribuído e começar de um a um. Se, por exemplo, a imobiliária quiser separar o aluguel de apartamentos de dois quartos no bairro de Santana, em São Paulo, poderá fazer o seguinte:

1ª Posição	2ª Posição	3ª Posição	4ª Posição
200	210	212	212-1

O importante é manter os índices de fichas alfabéticas e numéricas bem organizados e atualizados e seguir à risca o método escolhido, que é bastante simples e funcional, além de guardar relativo sigilo, tão importante nos negócios.

3.2.2 Método numérico dúplex

Nesse método, os números são dados de dez em dez, para cada assunto principal. Na primeira etapa, tomando-se como exemplo a firma imobiliária, temos:

10 – ADMINISTRAÇÃO

20 – ALUGUEL

30 – COMPRA

A segunda etapa prevê as primeiras divisões, mas o número principal vem no início, seguido de um hífen e da divisão de um em um; assim:

20 – ALUGUEL

    20-1 Apartamento

    20-2 Casa

    20-3 Escritório

A terceira etapa continua a subdivisão, também de um em um, como, por exemplo:

20 – ALUGUEL

    20-1 Apartamento

        20-1-1 Apartamento de quarto e sala

        20-1-2 Apartamento de dois quartos

        20-1-3 Apartamento de três quartos

No arquivo, o aluguel de um apartamento de quarto e sala fica assim registrado:

1ª Posição	2ª Posição	3ª Posição	4ª Posição
20	20-1	20-1-1	

Se houver necessidade de continuar subdividindo o registro das informações, a separação é feita por hífen e a subdivisão é numerada de um em um, ocupando a quarta posição. No caso de aluguel de apartamento de quarto e sala no bairro da Bela Vista, em São Paulo, o registro seria o seguinte:

1ª Posição	2ª Posição	3ª Posição	4ª Posição
20			
	20-1		
		20-1-1	
			20-1-1-1

Também nesse método o critério empregado para seleção dos assuntos começa pelo *gênero,* daí passamos à *espécie* e depois ao *detalhe,* apenas diferenciando-se do método numérico simples pelos números atribuídos:

gênero: 20 – ALUGUEL
espécie: 20-1 Apartamento
detalhe: 20-1-1 Apartamento de quarto e sala
       20-1-2 Apartamento de dois quartos
       20-1-3 Apartamento de três quartos

Da mesma forma que o método numérico simples, os índices de fichas alfabéticas e numéricas devem ser bem organizados e atualizados. O método é simples e funcional, exigindo tão-somente um pouco mais de cuidado do que o numérico simples, pelo fato de haver mais divisões e subdivisões numéricas.

3.3 Método alfanumérico

Esse método procura utilizar as vantagens dos métodos alfabético e numérico. Dessa combinação surgiu um método que tem a simplicidade do alfabético e a rapidez e precisão de arquivamento do numérico.

Inicialmente, é necessário um planejamento prévio das divisões que serão feitas do alfabeto. A divisão é livre, não obedecendo a nenhum critério rigoroso. Por exemplo, as letras *A, B* e *H* podem ser divididas da seguinte forma: Aa-Am, An-Az; Ba-Bm, Bn-Bz; Ha-Hm, Hn-Hz. Em seguida, procedemos à numeração, assim:

Aa-Am 1   Ba-Bm 3   Ha-Hm 15
An-Az 2   Bn-Bz 4   Hn-Hz 16

Depois, é organizado um jogo de guias alfabéticas numeradas, conforme o modelo escolhido. As guias ocuparão as primeiras e segundas posições no arquivo. As guias ímpares ficam em primeira posição e as pares em segunda posição:

1ª Posição	2ª Posição
Aa-Am 1	An-Az 2
Ba-Bm 3	Bn-Bz 4
Ha-Hm 15	Hn-Hz 16

Na terceira posição, são colocadas as pastas, onde se escrevem os nomes dos assuntos, dos clientes, dos correspondentes, dos fornecedores e outros, em ordem alfabética e precedidos dos números das divisões a que pertencem, sempre seguindo uma ordem crescente e consecutiva.

Suponhamos alguns clientes de uma firma de representação comercial:

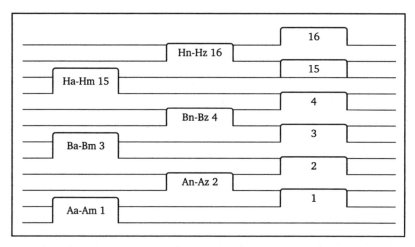

Modelo de arquivamento em três posições (método alfanumérico).

1ª Posição	2ª Posição	3ª Posição
Aa-Am 1		
	An-Az 2	1 Alair Benito & Filhos Ltda.
		2 Antunes, Pedro Ernesto Silva (Dr.)
Ba-Bm 3		
	Bn-Bz 4	3 Biriba, Gumercindo Teixeira
		4 Botânica & Jardins Ltda.
Ha-Hm 15		15 Hernandes, Sonia Maria M.
	Hn-Hz 16	
		16 Hora Certa Relojoeiros Unidos

Para a quarta posição, reservamos a pasta relativa à guia "Miscelânea", representada por *M* e precedida do número da divisão correspondente. Por exemplo, a guia "miscelânea" de Bn-Bz 4 será 4 *M*; de Ha-Hm 15, será 15 *M*, e assim por diante; e "Fora" significará a retirada de algum documento da pasta; igualmente, a guia terá a letra *F* precedida do número correspondente; por exemplo, a guia "Fora" de Aa-Am 1 será *1 F*; de Hn-Hz 16, será *16 F*.

Esse método oferece a possibilidade de uma visão total do arquivo, não havendo necessidade de índice para consulta prévia.

O método alfanumérico deu condições para o aparecimento de muitas variações, entre as quais destacamos: o decimal, o automático e o automático moderno.

3.3.1 Método decimal

O método foi inspirado na Classificação Decimal de Dewey, que determina a organização de livros por assunto. Empregada principalmente em bibliotecas, essa classificação divide o conhecimento humano em dez classes, que, por sua vez, se dividem e se subdividem sucessivamente. A possibilidade de subdivisão é infinita. As dez classes são as seguintes:

000 – Obras gerais	500 – Ciências puras
100 – Filosofia	600 – Ciências aplicadas
200 – Religião	700 – Artes e divertimentos
300 – Ciências Sociais	800 – Literatura
400 – Linguística	900 – História – Geografia – Bibliografia

Essas dez classes podem ser divididas em outras dez. Exemplo:

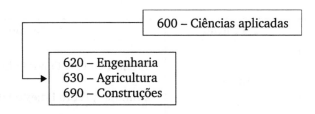

A divisão foi realizada de dez em dez; em seguida, podemos subdividir a classificação, porém, de uma em uma, assim:

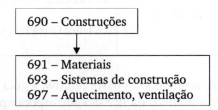

As subdivisões subsequentes serão decimais e de uma em uma:

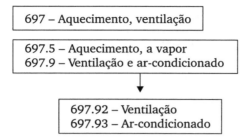

O exemplo serviu para mostrar a estrutura do método; é excelente para as bibliotecas, porém de difícil funcionamento para os arquivos das empresas e/ou órgãos públicos. O interessado num método decimal poderá aproveitar o plano citado e projetar um código próprio de classificação, adequado à empresa ou órgão público. Inicialmente, deve dividir os principais assuntos em dez áreas, que sejam bem amplas, de modo que ofereçam condições de englobar todos os detalhes possíveis. Essa previsão inicial é de suma importância, já que o método se propõe arquivar documentos futuros.

Suponhamos que uma empresa imobiliária tenha optado por esse método e tenha dividido os assuntos da seguinte forma:

000 – Administração
100 – Aluguel
200 – Compra
300 – Contabilidade
400 – Financiamento

500 – Departamento Jurídico
600 – Loteamento
700 – Propaganda
800 – Recursos Humanos
900 – Venda

Prosseguindo na divisão e subdivisão subsequentes, temos:

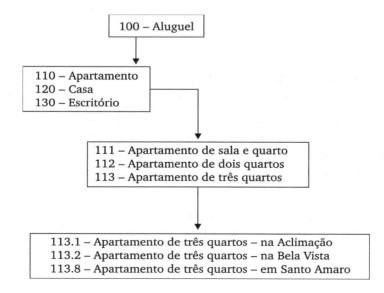

O método prevê a consulta prévia a um índice. No arquivo, o exemplo apresentado ficaria assim:

1ª Posição	2ª Posição	3ª Posição	4ª Posição
100			
	110		
		111	
		112	
		113	
			113.1
			113.2
			113.8

3.3.2 Método automático

Método bastante usado para arquivamento de nomes de pessoas e/ou de firmas comerciais.

Em primeiro lugar é necessário organizar um jogo de guias principais alfabéticas, numeradas preferencialmente de uma em uma, conforme tabela previamente preparada, como no exemplo a seguir:

A	B	C	D	E-H	I-L	M	N-Q	R-U	V-Z
Aa 1	Ba 3	Ca 6	Da 9	Ea 11	Ia 15	Ma 19	Na 21	Ra 25	Va 31
An 2	Bo 4	Ce 7	Do 10	Fa 12	Ja 16	Mo 20	Oa 22	Ro 26	W 32
	Br 5	Co 8		Ga 13	Ka 17		Pa 23	Sa 27	X 33
				Ha 14	La 18		Qa 24	Se 28	Y 34
								Ta 29	Z 35
								Ua 30	

As guias principais separam os sobrenomes dos clientes, correspondentes fornecedores, ou os nomes das empresas, e ocupam a primeira posição no arquivo.

Em seguida, é preciso preparar um jogo de dez guias, a fim de subdividir as guias principais; essas dez guias servem para separar alfabeticamente os prenomes das pessoas, clientes e outros, ou os segundos nomes das empresas, ou algum assunto específico, ou nome único.

0	1	2	3	4	5	6	7	8	9
um único nome ou assunto	A-B	C	D	E-H	I-L	M	N-Q	R-U	V-Z

Essas guias ocupam a segunda posição no arquivo, e o número correspondente à letra inicial do prenome, ou segundo nome de uma empresa, é acrescentado ao número da guia principal.

Em terceira posição, aparecem as pastas individuais, com os nomes, precedidos dos números correspondentes às divisões. A ordem das pastas é alfabética, dentro das respectivas divisões.

Em quarta posição, vêm as pastas "Miscelâneas".

Imaginemos uma empresa de vendas de pneumáticos e acessórios que tenha escolhido esse método para arquivar informações sobre seus clientes:

1ª Posição	2ª Posição	3ª Posição	4ª Posição
Aa 1	Aa 11	Aa 11 Aleixo, Branca	
An 2	An 21	An 21 Anderson & Anderson	
Co 8	Co 88	Co 88 Comercial São José	
Ma 19	Ma 195	Ma 195 Medeiros, João Bosco	
	Ma 198	Ma 198 Medeiros, Roberto	
Ra 25	Ra 250	Ra 250 Rádio	

Como podemos observar, o método é semi-indireto porque o número é dado pela tabela anteriormente preparada; exige, portanto, consulta prévia. Quanto aos nomes, porém, ele é direto, essencialmente alfabético, inclusive oferecendo visão total do arquivo.

3.3.3 Método automático moderno

Esse é um método muito prático e, como o automático, necessita de uma tabela previamente preparada. O alfabeto é dividido e numerado:

A	B	C	D	E	F
01	02	03	04	05	06
G	H	I	J	K	L
07	08	09	10	11	12
M	N	O	P	Q	R
13	14	15	16	17	18
S	T	U	V	W	X
19	20	21	22	23	24
Y	Z				
25	26				

A segunda etapa é a de preparar 26 guias, correspondentes às letras numeradas do alfabeto, conforme a tabela apresentada; por exemplo: A-01; B-02; L-12; Z-26. As guias ocuparão seis posições no arquivo. As pastas relativas aos clientes receberão três grupos de números, dependendo da primeira e das duas últimas iniciais dos nomes das pessoas ou das firmas, e conforme a tabela. Por exemplo, Sonia Maria Hernandes são três iniciais: S. M. H. e, pela tabela: 19.13.08. João Bosco de Lavor Medeiros, três iniciais usadas: J. L. M. e, pela tabela: 10.12.13. A empresa Comercial São José, três iniciais: C. S. J. e, pela tabela: 03.19.10. Não colocamos o sobrenome da pessoa em primeiro lugar, mas o nome corrido. Quando o nome da pessoa tiver menos de três palavras, os números faltantes serão ocupados por *00*. Assim, João Lobão, duas iniciais: J. L. e, pela tabela: 10.12.00. No caso de um único nome ou assunto, como "Contratos", pela tabela: 03, mas ocupamos os espaços vazios com zeros: 03.00.00.

No arquivo, as pastas vêm após as guias numeradas e ocupam seis posições. Considerando-se os exemplos citados:

1ª Posição	2ª Posição	3ª Posição	4ª Posição	5ª Posição	6ª Posição
		C-03 03.00.00 03.19.10			
			J-10 10.12.00 10.12.13		
S-19 19.13.08					

O método é simples e proporciona um sigilo quase perfeito, já que o manuseio do arquivo exige, a todo instante, a consulta à tabela.

4 Normas da ABNT para arquivo

Duas normas da ABNT são relevantes para o estudo de arquivos e documentação. São elas a NBR 9578:1986 e a NBR 10519:1988.

4.1 NBR 9578:1986: terminologia sobre arquivos

A NBR 9578:1986 é uma norma que trata da terminologia relativa a arquivos em geral.

1. Acervo é o conjunto dos documentos de um arquivo.
2. Acesso é a possibilidade de consulta aos documentos de um arquivo.

3. Administração de arquivo é constituída pela direção, supervisão e coordenação das atividades administrativas e técnicas do órgão arquivístico.
4. Administração de documentos consiste na metodologia de controle da criação, uso, normalização, manutenção, guarda, proteção e destinação de documentos.
5. Arquivamento é ação de guarda de documentos nos devidos lugares, em equipamentos apropriados e de acordo com um sistema de ordenação previamente estabelecido.
6. Arquivista é o profissional de arquivo. Deve ter curso superior.
7. Arquivística é a disciplina que estabelece princípios e técnicas a serem observados na constituição, organização, desenvolvimento e utilização dos arquivos.
8. Arquivo é designação de um conjunto de documentos acumulados e conservados por pessoas ou instituições para fins de prova ou informação. O arquivo pode ser audiovisual, fotográfico, iconográfico, de microformas, informático. Em sentido amplo, o termo remete ao prédio onde são armazenados conjuntos arquivísticos, à unidade administrativa cuja função é reunir, organizar e dispor para o uso documentos, segundo princípios e técnicas arquivísticas; finalmente, o termo refere-se ao móvel destinado à guarda de documentos.
9. Arquivologia é a ciência, ou estudo, que trata dos arquivos.
10. Arquivos correntes consistem em conjuntos de documentos em curso ou de uso frequente. São conhecidos também por arquivos de movimento.
11. Arquivo em depósito é um conjunto de documentos postos sob a guarda de um arquivo permanente, embora não pertençam ao seu acervo.
12. Arquivos intermediários é expressão usada para designar conjuntos de documentos provenientes de arquivos correntes que aguardam destinação final.
13. Arquivos permanentes são conjuntos de documentos preservados em decorrência de seu valor informativo e probatório.
14. Arquivos privados são conjuntos de documentos produzidos ou recebidos por instituições não governamentais ou pessoas físicas.
15. Arquivos públicos são conjuntos de documentos produzidos ou recebidos por instituições governamentais.
16. Arranjo é o processo que, na organização de arquivos permanentes, consiste na ordenação de documentos. Consiste em classificar os documentos em sequência alfabética, numérica, ou alfanumérica, de acordo com o método de arquivamento previamente estabelecido. Arranjo é termo equivalente a *classificação*.
17. Autógrafo é assinatura ou rubrica. É designação de documento manuscrito do próprio punho do autor, esteja assinado ou não.
18. Avaliação é o processo de análise de um documento com o fim de estabelecer sua destinação, segundo seu valor probatório e de informação.
19. Catálogo é instrumento de pesquisa elaborado segundo um critério temático, cronológico, onomástico ou geográfico. Deve incluir todos os documentos pertencentes a um ou mais fundos.
20. Classificação é o mesmo que *arranjo*.

21. Coleção é o conjunto de documentos, sem relação orgânica, acumulados aleatoriamente.
22. Cópia é reprodução de um documento, obtida simultaneamente à execução do original, ou reprodução de um documento.
23. Copiador é o livro que contém páginas em papel liso ou pautado nas quais eram transcritas, em ordem cronológica, cartas, ofícios e outros tipos de correspondência expedita.
24. Correspondência é comunicação escrita, recebida ou expedita. Engloba: cartas, cartões postais, ofícios, memorandos, bilhetes, telegramas. Pode ainda ser interna ou externa, oficial ou particular.
25. Data-limite é o elemento de identificação cronológica de uma unidade de arquivamento em que são estabelecidas as datas de início e término do período abrangido.
26. Depósito é o ato pelo qual arquivos ou coleções de documentos são postos fisicamente sob custódia de terceiros, sem a transferência da posse ou propriedade.
27. Descarte é ato de destruir um documento tido como destituído de valor para a guarda permanente.
28. Desclassificação é ato pelo qual uma autoridade competente libera para consulta documentos tidos anteriormente como sigilosos.
29. Destinação é o conjunto de operações que se seguem à fase de avaliação de documentos. Tem como objetivo sua guarda temporária ou permanente, sua eliminação ou microfilmagem.
30. Doação é ato pelo qual uma pessoa física ou jurídica transfere para terceiros, definitivamente, documentação que lhe pertence.
31. Documento é registro de uma informação, independentemente do suporte que a contém.
32. Documento de arquivo é documento produzido ou recebido por uma instituição que constitui elemento de prova ou de informação.
33. Documento oficial é o que é produzido ou recebido por uma instituição do poder público.
34. Documento sigiloso é o que, por sua natureza e conteúdo informativo, determina medidas especiais de proteção quanto a sua guarda e acesso público.
35. Dossiê é uma unidade de arquivamento de documentos relativos a um assunto ou pessoa.
36. Eliminação é operação de destruição de documentos tidos como destituídos de valor para a guarda permanente.
37. Espécies de documentos: designação genérica para diversos tipos de documentos de acordo com seu aspecto formal: ata, carta, certidão, edital, ofício, relatório, requerimento.
38. Fundo é a principal unidade de arranjo estrutural de um arquivo permanente.
39. Gênero de documentos é o nome dos tipos de documentos de acordo com o aspecto de sua apresentação nos diferentes suportes: textuais, audiovisuais, iconográficos, cartográficos.

40. Guia é "o instrumento de pesquisa destinado à orientação dos usuários no conhecimento e utilização dos fundos que integram o acervo de um arquivo permanente" (NBR 9578:1986, 2.42).

41. Índice é lista sistemática e pormenorizada do conteúdo de um documento, disposta em determinada ordem para facilitar sua localização.

42. Instrumento de pesquisa compreende catálogos, guias, índices, inventários, repertórios.

43. Inventário analítico é instrumento de pesquisa em que as unidades de arquivo de um fundo ou de sua divisão são pormenorizadamente identificadas e descritas.

44. Inventário sumário é instrumento de pesquisa pelo qual as unidades de arquivo de um fundo são brevemente identificadas.

45. Legado é doação feita por declaração de última vontade.

46. Lista de eliminação é relação de documentos específicos que devem ser eliminados. Deve ser aprovada por uma autoridade competente.

47. Notação é elemento de identificação das unidades de um arquivo. É constituída por números, letras, combinação de números e letras.

48. Processo é conjunto de documentos reunidos em capa especial que são acumulados no decurso de uma ação administrativa ou judiciária. O número de protocolo do primeiro documento, com o qual o processo é aberto, aparece também na capa.

49. Protocolo é denominação atribuída a setores encarregados do recebimento, registro, distribuição e movimentação de documentos. É também o próprio número de registro dado a um documento. A denominação também abarca livro de registro de documentos recebidos ou expedidos.

50. Proveniência é o princípio pelo qual devem ser mantidos reunidos em um mesmo fundo os documentos provenientes de uma mesma fonte.

51. Recolhimento é a transferência de documentos de arquivos intermediários para permanentes.

52. Repertório é instrumento de pesquisa que apresenta descrição de documentos previamente selecionados de um ou mais fundos. Pode ser elaborado segundo critério temático, cronológico, onomástico ou geográfico.

53. *Respect des fonds d'archives* é o mesmo que *proveniência*.

54. Seleção é o mesmo que *avaliação*.

55. Série é nome dado às subdivisões de um fundo que reflete a natureza de sua composição.

56. Tabela de equivalência é instrumento de pesquisa que dá a equivalência de antigas notações.

57. Tabela de temporalidade é instrumento de destinação, aprovado por uma autoridade competente, que estabelece os prazos em que um documento deve permanecer em um arquivo corrente, intermediário ou recolhido a um permanente; finalmente, estabelece critérios de microfilmagem e eliminação.

58. Técnico de arquivo é o profissional de arquivo de nível médio.

59. Transferência é a passagem de documentos de arquivos correntes para intermediários.
60. Triagem é um processo de análise de documentos.
61. Unidade de arquivamento é o menor conjunto de documentos, reunido de acordo com um critério de arranjo preestabelecido. São conhecidas as unidades de arquivamento pelo nome de *pastas, maços, pacotilhas*.

4.2 NBR 10519:1988: critérios de avaliação de documentos de arquivo

A NBR 10519 estabelece normas para a racionalização de arquivos públicos e privados, bem como preceitos capazes de orientar a ação dos responsáveis pela análise e seleção de documentos, tendo em vista fixar prazos para sua guarda ou eliminação.

A redução da massa documental dos arquivos, o aumento do índice de recuperação da informação, a garantia de condições de conservação dos documentos de valor permanente, bem como o emprego de suportes adequados para o registro da informação, são todos esses assuntos objeto da norma citada.

São as seguintes as normas de que cuida a NBR 10519:1988:

1. É no arquivo corrente que deve ser efetivada a aplicação de critérios de avaliação que objetivam distinguir documentos de valor apenas eventualmente de documentos de valor permanente.

2. A transferência é uma operação de passagem de documentos de um arquivo corrente para um intermediário. Já o recolhimento é uma operação de passagem de um documento de um arquivo intermediário para um permanente.

3. O arquivo corrente comporta documentos de caráter técnico e administrativo, que são objeto de consultas frequentes por parte do órgão que o constituiu. No arquivo intermediário, armazenam-se documentos de uso não frequente, originados de arquivos correntes. O arquivo permanente acondiciona documentos de guarda definitiva; documentos de valor probatório e informativo.

4. A avaliação de documentos para sua transferência é feita por arquivistas, por uma autoridade administrativa que conhece a instituição e sua estrutura, um profissional da área jurídica, um profissional da área da natureza do acervo (historiador, economista, sociólogo), um profissional da área de estatística, quando da aplicação de métodos de amostragem.

5. A amostragem é utilizada quando é necessário manter definitivamente parte de um conjunto volumoso de documentos. A amostra deve resultar de um estudo quantitativo e qualitativo dos documentos, da escolha criteriosa de um método de amostragem adequado aos documentos analisados.

6. Depois de realizada a análise da documentação, é necessária a elaboração de uma tabela de temporalidade, que é um registro esquemático do ciclo de vida dos documentos da instituição. A autoridade competente aprova a tabela, determina o prazo em que os documentos devem ser mantidos no arquivo corrente, trans-

feridos para o arquivo intermediário e critérios para microfilmagem, bem como transferência para o arquivo permanente.

7. Para a valoração dos documentos, é necessário saber qual a frequência de consultas ao documento, a originalidade dos documentos, existência de cópias do documento analisado, razão de ser da emissão do documento, objetivo da informação contida no documento. A ABNT ainda estabelece uma série de perguntas que devem ser respondidas pelo avaliador: O documento poderá ser consultado para instruir prova de direito da administração pública, da empresa ou de terceiros? O documento refere-se às rotinas ou diretrizes da instituição? O documento é fundamental para o conhecimento da organização e o funcionamento do órgão? O documento foi produzido por uma unidade administrativa que desenvolve atividade-fim? O documento contém lacunas suscetíveis de comprometer sua compreensão? O documento está em boas condições de conservação, ou satisfatórias? O documento apresenta valor científico ou tecnológico? A instituição dispõe de um arquivo permanente?

8. O arquivo permanente armazena documentos de valor probatório, relativos a direito tanto de pessoas físicas, como de pessoas jurídicas, e documentos de valor informativo sobre pessoas, fatos, fenômenos que sejam relevantes. A guarda permanente abrange documentos relativos à origem, direitos e objetivos da instituição (estatutos, contratos sociais), documentos relativos a direitos patrimoniais (escrituras), documentos sobre a organização e seu desenvolvimento (regulamentos, regimentos, planos, projetos, gráficos, organogramas, fluxogramas, acordos, convênios, atas, relatórios da diretoria, correspondência em geral, filmes, fotografias, fitas cassete sobre comemorações e eventos de modo geral).

9. São documentos de guarda temporária: documentos cujos textos estejam reproduzidos em outros, documentos cujos textos tenham sido impressos em sua totalidade, cópias e duplicatas cujos originais são destinados à guarda permanente, documentos sujeitos a prazos prescricionais.

10. São documentos de guarda eventual os que são de interesse passageiro, imediato, sem valor administrativo, jurídico ou histórico, como convites, material de divulgação de terceiros, correspondência de congratulações.

11. A NBR faz ainda recomendações relativas à providência quanto às condições de armazenamento, estado de conservação, existência de matrizes, espaço ocupado, custo de manutenção da documentação e taxa de crescimento anual do arquivo. E ainda recomenda que se estabeleça o perfil dos usuários do arquivo, bem como data-lilmite para a guarda permanente, com base no histórico da instituição.

5 Leitura

Após a leitura do texto em voz alta, discutir as principais ideias nele contidas. Para facilitar seus estudos, siga o seguinte roteiro:

1. Comente a frase: "Sempre tivemos a expectativa de que o tempo de trabalho fosse sendo cada vez mais reduzido."

2. Responda à pergunta do texto: "Por que depois que inventaram as máquinas as pessoas têm que trabalhar mais que antes da existência das máquinas?"

3. Por que a microeletrônica não transforma em trabalho adicional a economia de tempo gerada com seu emprego?
4. Qual o ponto de vista do entrevistado, o filósofo alemão Robert Kurz?
5. Que opinião Kurz tem sobre o neoliberalismo?
6. Qual é a melhor forma de usar o horário livre (para o filósofo Robert Kurz e para você)?

"MATARAM O LAZER

Nós acreditamos que as pessoas no passado trabalhavam mais do que hoje. Mas, quando se analisa a história, é exatamente o oposto que aconteceu. No passado, os artesãos e os camponeses trabalhavam menos que os trabalhadores e administradores de hoje. Sempre tivemos a expectativa de que o tempo de trabalho fosse sendo cada vez mais reduzido.

Mas durante a Revolução Industrial as pessoas não chegavam a trabalhar 15, 18 horas por dia?

Sim, mas essa já é a história da modernização. A gente tem que ver a história como um todo. A nossa perspectiva só vai até a época da industrialização. Mas isso está errado. A pergunta ainda está aí. As máquinas poupam tempo, elas trabalham por você. Então, por que depois que inventaram as máquinas as pessoas têm que trabalhar mais do que antes da existência das máquinas?

Por quê?

Porque na economia moderna, o tempo economizado pelas máquinas não é utilizado em benefício das pessoas que produzem. É usado em mais produção. É um objetivo próprio desse sistema econômico. A economia de tempo resulta ou em mais trabalho ou em desemprego. E hoje esse modelo chegou a um limite por causa da microeletrônica. A economia de tempo gerada pela microeletrônica é tão grande que não se consegue mais transformá-la em trabalho adicional, mas só em desemprego. As potencialidades da microeletrônica e das forças produtivas deveriam ser usadas para dar às pessoas mais ócio, mais tempo de lazer, mas com um padrão de vida bom. Isso é tecnicamente possível.

E como se explica o caso dos Estados Unidos, onde a produtividade é alta e o desemprego é baixo?

Lá houve um boom de consumo gerado por uma boa conjuntura. As pessoas consomem, não com seu salário real, mas sim com o capital especulativo. Nos últimos 15 anos as ações de empresas foram expandidas até alcançar preços irreais. É algo do qual participa não só a camada mais alta, mas muitos trabalhadores normais, da classe média. Os salários reais recebidos hoje diminuíram, voltaram ao que eram no início dos anos 80. Essa elevação, fictícia, no valor das ações serve como garantia para as pessoas contraírem empréstimos. Eu acho que essa conjuntura fictícia vai explodir quando o valor das ações cair. E aí o número de desempregados nos Estados Unidos vai aumentar muito. É uma crise conjunta de trabalho e capital.

Em sua obra, o Sr. aponta como um grande problema a forma de organização do trabalho. O que está errado?

Precisamos discutir o que é trabalho. Estamos habituados hoje em dia a chamar de trabalho qualquer tipo de atividade produtiva. Esse conceito surgiu na história juntamente com o capitalismo. Mas é um conceito abstrato, porque não se trata de o trabalhador produzir bens concretos para atender às suas necessidades, ou fazer alguma coisa para melhorar sua vida. Essa atividade que se vê nas fábricas e nos escritórios é um fim em si próprio. É uma transformação da energia abstrata em dinheiro.

Mas o trabalhador também usa esse dinheiro em benefício próprio.

Isso é só um produto residual desse movimento de acumulação de capital. Embora a produção tenha potencial de sobra para garantir a todos moradia e comida, a maioria das pessoas vive na pobreza. Isso é a prova de que o objetivo dessa produção não é libertação, a satisfação das necessidades. Esse sistema só beneficia umas poucas pessoas – em número cada vez menor – que podem morar e se alimentar bem. É preciso se distanciar e analisar o que é isso, por que está tudo tão louco...

Os gurus da administração de recursos humanos estão preocupados com a qualidade de vida dos empregados porque descobriram que eles produzem melhor se tiverem uma vida saudável. O Sr. não acha que isso representa uma boa perspectiva para o trabalhador?

Essa é uma preocupação perversa. Porque não se trata de cuidar do bem-estar de fato do funcionário, mas de fazer com que seu trabalho sirva plenamente a esse terror da economia. Querem o trabalhador o mais saudável possível para que se possa tirar mais dele.

As pessoas procuram hoje se realizar mais no trabalho?

Não. Porque elas não definem objetivos próprios, não realizam objetivos próprios, mas atendem às exigências do mercado. O homem se tornou flexível, hoje faz uma coisa, amanhã está fazendo outra. Não para si, porque ele quer, mas porque senão ele não pode vender a si próprio. O homem moderno e flexível não faz mais a pergunta 'o que eu quero?', mas sim 'como eu posso vender a mim mesmo?' Isso é de uma tremenda pobreza. O resultado é um indivíduo esquizofrênico.

É por isso que se toma tanto tranquilizante?

Claro. Essa é uma semelhança entre pobres e ricos. Ambos estão tomados pelo medo.

Quem tem mais tempo livre, o rico, a classe média ou os pobres?

Ninguém tem tempo livre. Os ricos vivem com medo da concorrência. Os pobres são pobres de recursos. E o tempo dos desempregados não é um tempo livre. Eles precisam andar quilômetros em busca de emprego. Isso também não é tempo livre, tempo de lazer.

Em que parte do mundo essa falta de tempo livre é mais grave?

Está em todo o mundo, não está numa determinada região. No mundo inteiro existe esse problema de desemprego em massa e subemprego. O horário de trabalho tem se estendido. Na Alemanha houve aquela discussão dos sindicatos sobre redução da jornada de trabalho, mas agora nos anos 90 a pressão da concorrência é tão intensa e o nível de desemprego está tão alto que ninguém mais discute essa ideia de redução da jornada de trabalho. Não é mais um tempo de esperança, mas um tempo de medo. Por isso as pessoas estão aceitando condições de trabalho cada vez piores.

O neoliberalismo está sabotando as conquistas trabalhistas?

A crise do sistema provoca a destruição das conquistas do movimento trabalhista. O neoliberalismo é a ideologia e o executor dessa crise. O problema dos movimentos trabalhistas, dos sindicatos, é que eles queriam melhoria no trabalho, sem contudo questionar essa própria concepção de trabalho. Do ponto de vista histórico, essas melhorias foram obtidas, mas hoje não se avança mais, só se retrocede. Temos necessidade de encontrar uma nova perspectiva da crítica e da emancipação que não procure aperfeiçoar esse sistema de trabalho, mas o transcenda, para que se trabalhe menos e se tenha uma vida melhor. É necessário criticar a própria lógica atual do trabalho.

O Sr. tem alguma proposta alternativa?

Não dá simplesmente para tirar da cartola um programa político concreto. Um programa só pode ser criado a partir da vontade de milhões de pessoas. O pressuposto para isso é que haja uma discussão pública que coloque essas perguntas. Isso vai tomar corpo quando as pessoas não mais aceitarem esse terror da economia. E aí se desenvolva um programa concreto.

A produtividade é um problema em si?

Não. Todas as pessoas de sindicatos ou de grupos políticos, cientistas sociais e economistas, todos analisam esse problema, mas não fazem uma crítica à moderna forma de economia. Para eles parece que o problema é uma produtividade muito alta, que gera desemprego. Mas é o oposto. O problema é a forma da economia. Não é necessário você aumentar constantemente a produtividade, mas também não tem problema nenhum se essa produtividade está alta. Uma alta produtividade significa que com menos tempo você produz mais. Isso não deveria ser um problema. Só que, antes, o tempo que você economizava era transformado em mais trabalho. E hoje, com a revolução tecnológica, você não consegue gerar mais trabalho com a mesma velocidade com que poupa o tempo. Então isso gera desemprego.

O que o Sr. acha do caminho econômico adotado pelo Brasil, um projeto que procura inserir o país na economia global e aceita as regras desse jogo?

Essa não é uma situação específica do Brasil. Todos os países passam pela mesma situação. O governo diz que precisa mudar o país para estar pronto a enfrentar a concorrência mundial. Mas enfrentar a concorrência mundial é uma opção de uma minoria lá em cima. Existem regiões na Europa que já não conseguem mais acompanhar o ritmo da economia. Formam-se zonas de pobreza cada vez maiores. Mas não acredito que a alternativa seja uma volta ao nacionalismo antigo. Isso já passou e não teve nenhum caráter de emancipação. Novos movimentos sociais, quando forem criados, devem ser internacionais, ou melhor, transnacionais. Deve haver uma união ente as pessoas que não concordam em participar dessa concorrência insana.

E em relação ao futuro, o Sr. é otimista?

Eu fico muito dividido. Acho que é preciso ser pessimista. Porque a maior parte das pessoas não tem uma postura crítica em relação à crise. Elas reagem a essa crise dizendo 'eu não quero ficar fora do sistema'. Assim, a concorrência no dia-a-dia fica cada vez mais acirrada. É a concorrência de todos contra todos. Por outro lado, podemos ser um pouco otimistas porque essa relação entre indivíduos é tão louca hoje que acho impossível que eles continuem manifestando suas necessidades dessa forma. Em outras palavras, eu espero que as pessoas não sejam tão burras a ponto de continuarem compactuando com esse sistema até acabarem consigo mesmas, até serem destruídas.

De que maneira essa competitividade excessiva prejudica as relações humanas?

No trabalho, ninguém pode confiar no outro. Há também concorrência nas relações íntimas. Na mesa do café da manhã, marido e mulher já estão competindo entre si.

Como o homem pode ser feliz, se é que ele pode ser feliz?

Isso é uma história antiga na Filosofia... Não existe uma felicidade absoluta. Se houvesse, ela seria igual à infelicidade. Eu acho que você só pode ver a felicidade em relação a alguma coisa. Na nossa sociedade, hoje em dia, há um conceito errôneo de felicidade: 'a felicidade é poder comprar bastante'. Porém, o mais importante são as relações humanas, que libertam. Para tal você não precisa acabar com os bens de consumo. Mas se você é infeliz nas relações humanas, não consegue a felicidade por meio de uma moutain bike *ou de um videocassete.*

O Sr. idealiza um trabalho que contivesse lazer e um lazer que contivesse trabalho. Como isso funciona?

Poderíamos imaginar produzir coisas necessárias para a vida num ambiente agradável, onde tudo é bonito, onde você tem direito a pausas, onde ninguém tem que perguntar se pode ir ao banheiro. Que isso pudesse ser organizado por você mesmo, que se daria, por exemplo, uma grande pausa para o almoço. Que houvesse uma forma de cultura, biblioteca, filmes, ligados à produção. Seria desejável também uma nova forma de arquitetura para que o morar, o trabalhar e o lazer estivessem todos interligados. Não numa área externa, horrível. Podemos criar um local social em que a pessoa não seja reduzida à função que exerce apenas.

Como uma pessoa pode melhorar sua vida antes que haja uma mudança do sistema de trabalho?

Acho que não se pode melhorar individualmente. Aristóteles já dizia que o homem é um ser social. E a ideia do capitalismo é de que só se pode usufruir do que é bom solitariamente. Mas isso é impossível. Só poderemos melhorar nossa situação se for junto com os outros.

Quantas horas o Sr. trabalha por dia?

Algumas vezes trabalho mais, algumas vezes menos. Tenho muitas atividades, mas, quando posso, gosto de me distanciar um pouco. Mas minha situação é diferente da situação de uma pessoa que trabalha numa fábrica.

Qual é a melhor forma de usar o horário livre?

Não quero repetir agora lugares-comuns, como, por exemplo, ler um bom livro. Talvez, uma boa forma de usar o horário livre seja parar para pensar. Pensar sobre a própria vida. Para isso você não precisa de máquinas caras. É de graça" (Eduardo Ferras. Mataram o lazer. Entrevista do filósofo alemão Robert Kurz à revista *Isto É*. São Paulo: Editora Três, nº 1.521, p. 5-9, 25 nov. 1998).

Exercícios

1. Quantos são os sistemas de arquivamento?
2. Que é a "teoria das três idades"?
3. Cite os métodos de arquivamento.
4. Descreva o método alfabético.
5. Como funciona o método específico ou por assunto?
6. Indique uma empresa em que o método de arquivamento por divisão geográfica seria o mais indicado. Por quê?
7. Descreva o método mnemônico.
8. Indique uma empresa em que o uso do método variadex seria apropriado.
9. Como funciona o método numérico simples?
10. Em que consiste o método alfanumérico?
11. Apresente um exemplo de uso de método decimal.
12. Como funciona o método automático?
13. Como funciona o método automático moderno?
14. De quantas modalidades pode ser o método alfabético?
15. De quantas modalidades podem ser o método numérico e o alfanumérico?

Parte III

Atividades

18

Organização do Trabalho da Secretária

1 Introdução

Segundo Nivaldo Maranhão Faria (1984), há algumas técnicas de organização do trabalho que têm proporcionado vantagens enormes aos administradores. São elas:

- definição dos objetivos a alcançar;
- divisão da empresa em departamentos (daí resultando a estrutura de poder);
- coordenação das várias partes envolvidas no processo produtivo;
- delegação de autoridade;
- supervisão;
- assessoria.

É necessário ter presente três princípios básicos:

- *Objetivo*: deve ser claramente estabelecido de modo que seja compreendido.
- *Autoridade*: a cada pessoa deve-se atribuir autoridade correspondente. Jamais uma pessoa deverá receber ordens de vários gerentes.
- *Subordinação*: cada pessoa precisa saber de quem deve receber ordens.

A organização do trabalho também compreende o conhecimento dos propósitos da organização, de suas dependências, de seu modo de produzir, das técnicas que emprega.

Em geral, as empresas esperam de suas secretárias: consciência de seus deveres, dedicação ao trabalho, equilíbrio emocional para bem desempenharem tarefas, que sejam dignas de confiança, que saibam delegar tarefas quando necessário, que saibam resolver conflitos entre colegas de trabalho, que sejam capazes de trabalhar em grupo.

À secretária cabe ainda conhecer as pessoas envolvidas no processo de produção, os gerentes, ter noção da divisão do trabalho estabelecido na empresa, reconhecer a autoridade competente.

2 Atribuições diárias da secretária: rotina de trabalho

As atribuições são muitas: realizar serviços gerais de escritório; classificar e dar solução aos mais variados assuntos; redigir cartas, memorandos, bilhetes, documentos de toda espécie, como procuração, editais; dar solução a assuntos pendentes; colocar a mesa do executivo em ordem; redigir listas com a pauta do dia: visitas, nome das pessoas, assunto que será tratado; atender ao executivo; cuidar dos instrumentos de trabalho; atender a telefonemas e solicitações de entrevistas; selecionar assuntos e pessoas que serão atendidas pelo executivo; recortar artigos de jornais ou fazer recensões de livros, de artigos de revistas; organizar arquivos; estabelecer contatos com outros departamentos; prestar informações; transmitir recados; redigir e digitar correspondência; receber, classificar e distribuir correspondência; manter atualizado o arquivo de endereços, preparar a agenda de reuniões, secretariar reuniões; elaborar atas; preparar roteiros de viagens; providenciar reservas de hotéis, passagens e documentos necessários a uma viagem.

A lista é quase infindável. A secretária, porém, só será capaz de realizar todas essas atividades se for flexível e manifestar interesse por realizar diferentes tarefas.

Quanto à organização propriamente do trabalho, é necessário conhecimento profundo do que a empresa produz ou dos serviços que presta, dos funcionários que nela trabalham, do comportamento do executivo que a secretária assessora.

Outros procedimentos úteis são: deixar a mesa sempre em ordem, sem excesso de papéis sobre ela após o expediente; manter os equipamentos em condições de uso e nos devidos lugares; estocar material suficiente para o desempenho das atividades; colocar tudo ao alcance da mão antes de começar qualquer tarefa; manter atenção redobrada quando estiver conferindo ou revisando alguma digitação; fazer marcas quando for interrompida (colocando um sinal de grafite ou uma régua no local em que foi interrompida); evitar interromper a si mesma; evitar levantar-se a todo momento da cadeira para sair da sala; desenvolver qualquer atividade com disciplina, isto é, levá-la até o fim; não perder a calma diante de situações difíceis nem se esgotar diante de uma única tarefa; variar tarefas prolongadas com tarefas que ocupem pouco tempo e são fáceis de executar; iniciar o dia com tarefas mais demoradas, que exigem carga maior de esforço físico e mental.

Para alcançar bom êxito em suas atividades, a secretária deve planejar suas paradas, estabelecer previamente um tempo mínimo para levantar-se para resolver problemas. E, embora tenha de executar muitas tarefas, deve lembrar-se de que, com a ajuda da razão, poderá abreviar muitos procedimentos.

Ao perceber sinais de cansaço, é preciso tomar conta da situação, relaxar, evitar choque de opiniões, irritações ingênuas e infundadas. Por exemplo, se o executivo estiver ausente, ao receber alguma correspondência, "não há o que temer, pois à secretária compete solucionar aquilo que estiver ao seu alcance" (CESCA, 1984, p. 37).

3 Regras práticas para organizar o trabalho

Em primeiro lugar, são atribuídas prioridades: o que deve ser realizado imediatamente? Procurar melhorar o aspecto do escritório, pois ele exerce influência sobre o desempenho das atividades. Verificar sobretudo que procedimentos podem ser eliminados ou simplificados.

O trabalho de uma secretária torna-se mais agradável e simples se ela dispõe de conhecimentos profissionais sobre arquivística, redação, gramática, informática, controles contábeis e outros diretamente ligados à área em que atua. Por isso, precisa estar atualizada e adquirir sempre mais conhecimentos.

Embora as recomendações seguintes sejam desnecessárias a uma profissional, é oportuno dizer às principiantes que é possível preparar esquema de ditados, de atas, de registro de correspondências, de chamadas telefônicas; determinar um calendário semanal sobre as atividades que deverá realizar; guia com os telefones mais usados; Código de Endereçamento Postal sempre à mão; lista telefônica (assinantes e endereços); dicionário da língua portuguesa; lista de assuntos pendentes, em ordem de importância; estabelecimento de metas para alcançar todos os dias; dar ao trabalho um toque profissional e de bom gosto.

Não poderá faltar no escritório uma gramática e um livro de redação empresarial. Deve a secretária aprender a usar o índice remissivo de um livro, o sumário, a encontrar os assuntos que a deixam em dificuldades. Uma secretária necessita de muito conhecimento da Língua Portuguesa e, em alguns casos, de inglês, francês, espanhol e alemão. Forme sua biblioteca particular, adquira livros sobre as atividades que exerce. Se você, por exemplo, é secretária num Departamento de Pessoal, tenha sempre à mão a *Consolidação das leis do trabalho*, o *Manual prático da previdência social*, o *Manual de prática trabalhista*, estes dois últimos de Aristeu de Oliveira, e outros da área. O importante é buscar conhecimentos novos, é procurar outras fontes de informação que não a transmissão oral. Visite frequentemente livrarias e adquira livros relevantes para o desempenho de sua profissão.

4 Atividades da secretária

A lista das atividades de uma secretária é extensa e mais ou menos repetitiva em todos os manuais de técnicas de secretariado. Entre elas destacam-se: dar assistência ao executivo, tomar ditado de cartas, atender a telefonemas, fazer chamadas telefônicas, anotar recados, atender a clientes e visitas, arquivar correspondências, datilografar cartas e documentos, escrever cartas, providenciar cópias de documentos e outras.

4.1 Ditado

O bom êxito da secretária nessa atividade depende de sua habilidade em escrever a mão rapidamente. O conhecimento de taquigrafia e da Língua Portuguesa favorece a anotação rápida. Tenha tato, cortesia e muita paciência, bem como sua atenção concentrada na pessoa que está ditando.

Os executivos

"não gostam de ver interrompido seu fluxo de trabalho por uma pessoa que habitualmente antecipa palavras ou constantemente [os] interrompe. A taquígrafa competente mostra um inteligente interesse pelas palavras do executivo" (NEW WEBSTER'S, 1978, p. 44).

Destaque no ditado o número de cópias e a quem devem ser enviadas.

Lembre-se sobretudo de que

"à chefia não interessa o método de taquigrafia usado, mas sim que a secretária consiga pegar tudo, sem muitas interrupções, as quais no início são mais frequentes, mas nunca podem ser feitas acompanhadas de comentários ou desculpas. A secretária deve apenas repetir as últimas palavras que conseguiu anotar e a chefia acrescenta o restante" (CESCA, 1984, p. 39).

4.2 Entrevistas

Manter alto nível de conversação com visitas, além de aliviar a tensão criada pela ausência de seu executivo e abrandar a irritação da visita, pode possibilitar-lhe ampliar conhecimentos sobre sua empresa e sobre o mundo dos negócios.

Segundo Bertocco e Loyola (1979, p. 65), "o resultado de uma conversa agradável e inteligente com um visitante pode tornar despercebida a espera do chefe atrasado".

4.3 Recompensas

O trabalho executado por outro departamento jamais será recompensado com presentes. Tal fato cria relativa dependência e não estabelece clima de trabalho cooperativo nem profissional. Não obstante isso, você poderá recompensar a ajuda com um agradecimento sincero e com disposição de retribuir a ajuda em outra ocasião. Regra geral: retribua cooperação com cooperação.

5 Eficácia profissional e administração do tempo

A eficácia é o resultado da busca contínua de conhecimentos, técnicas, observações, métodos de trabalho. Há normas cuja observância aumenta a produtividade:

organizar o escritório de modo que tudo esteja à mão, fixar um horário para todas as tarefas, dedicar as primeiras horas do dia para obrigações inadiáveis e para as tarefas mais árduas, evitar amontoar assuntos pendentes.

O desenvolvimento eficaz de uma atividade exige "bons hábitos e capacidade de fazer planos" (NEW WEBSTER'S, 1978, p. 21). E hábito significa disposição adquirida pela repetição constante de um ato ou comportamento. Hábito é maneira costumeira de ser. A secretária deve esforçar-se continuamente para tornar seu desempenho profissional um hábito. Por isso, observará com rigor seu trabalho e sua maneira de atuar para evitar justamente tudo o que a impede de obter desempenho satisfatório. Por exemplo, é aperfeiçoando a digitação que tal atividade deixa de ser enfadonha e demorada (o hábito de "catar milho", a inabilidade para fazer gráficos ou tabelas estão na raiz, quase sempre, de aborrecimentos provocados pela realização de trabalhos no computador); outro empecilho ao desempenho satisfatório são as palavras desnecessárias ao telefone, como *alô, sim, estou ouvindo, sei, hum*. O correto é identificar a empresa e a si mesma imediatamente: "*Empresa X. Fulana de Tal. Gostaria de tratar de quê? Com quem?*"

Para obter eficácia máxima, é necessário interrogar-se sempre sobre o próprio procedimento quanto à realização de tarefas. Todos os movimentos realizados são absolutamente indispensáveis? Tenho tudo à mão para evitar interromper o desenvolvimento de meu trabalho?

Outro elemento importante que favorece a eficácia é um planejamento da rotina de trabalho. Qual será a primeira tarefa do dia? Quando tomarei ditado da correspondência? Quando redigirei as cartas? A que horas do dia arquivarei documentos?

Recomenda Motta (1973, p. 57) que o rendimento do trabalho de uma secretária depende de planejamento metódico. Você alcançará mais facilmente seus objetivos se programar aquilo que vai realizar. Planejar é *programar*, é fazer *planos,* é estabelecer um conjunto de medidas para a execução de um empreendimento. Faça planejamento continuamente sobre suas metas, faça-o a curto, médio e longo prazos.

Em geral, facilita muito o desempenho das tarefas o procedimento simples e objetivo. Simplicidade exige ausência de excesso de meticulosidade; objetividade requer capacidade de discernimento para fazer o que é necessário.

Exemplificando, tem causado obstáculo à consecução de objetivos profissionais o costume de algumas secretárias interromperem seu executivo a todo momento (por falta de planejamento de tarefas diárias), considerando que o que vão dizer é mais importante que o que ele está fazendo. Havendo planejamento, é possível resolver uma série de pendências e dificuldades logo no início do dia.

A secretária de bom desempenho evita perguntar a seu executivo, sempre que possível, sobre procedimentos de execução do trabalho. Ela não os pode ignorar. Acrescente-se que deve ter noção de que seu trabalho é importante e que deve ser executado segundo o mais elevado padrão de qualidade.

Em primeiro lugar, uma profissional determina no início de uma jornada de trabalho quais serão suas atividades. Ela toma notas de todas as suas atividades para que possa analisar a tarefa diária e alcançar eficácia.

PLANO DE TRABALHO						
Hora Início	Hora Fim	Atividades Prioritárias	Visitas	Paradas	Imprevistos
9:00	10:00	Datilografia relatório	– –	– –	
10:00	10:10			Intervalo café	
10:10	11:00	Datilografia correspondência	– –	– –	
11:00	12:00				

Ao planejar o dia de trabalho, lembre-se de deixar tempo livre para os imprevistos, dilatando o tempo de alguma atividade.

Para administrar bem o tempo, determine a urgência de tudo o que realizará durante o dia e agrupe as tarefas de acordo com esse critério.

Proporcionam maior eficácia a análise do trabalho que será executado; a divisão em partes; o ter ao alcance da mão todo o material necessário; a realização do trabalho segundo o planejamento estabelecido; a avaliação do que foi realizado e do que falta ser executado nas próximas horas.

A eficácia não é uma conquista definitiva. É uma busca contínua. Algumas normas práticas, no entanto, podem ser estabelecidas: planejar as tarefas que serão realizadas todos os dias, classificá-las em ordem de importância e de urgência; planejar entrevistas e contatos; manter a própria agenda e a do executivo sempre atualizadas, bem como a lista de lembretes. Habituar-se a fazer *follow up*.

FOLLOW UP (CONTROLE)					
Data	Destinatário	Empresa	Depto.	Assunto	Data resposta
10-10-05	Sr. Alves		Marketing	Lista preços	17-10-09
11-10-05	Sr. Medeiros	ABC Propaganda	Diretor	*Outdoor*	15-10-09
11-10-05	Dr. Pedro	Advogado		Contrato	14-10-09

O tempo torna-se maior ou menor, dependendo da capacidade de administrá-lo. Esforce-se por fazer um plano do dia e verifique quais objetivos são mais importantes, quais deseja alcançar em primeiro lugar; planeje os recursos indispensáveis à execução da tarefa; reexamine suas prioridades constantemente; concentre a atenção naquilo que é essencial; estabeleça prazos; tome providências imediatas; elimine o caos e a desorganização.

Ao dirigir uma equipe, observe que alcançará maiores resultados positivos se seus subordinados souberem claramente o que você espera deles; se suas instruções para a realização do trabalho forem claras; se você valorizar todo o desempenho e só fizer críticas particularmente; se nunca ultrapassar a capacidade de execução da equipe; se motivá-la a alcançar metas, a atingir objetivos; se favorecer a consecução de um ambiente agradável e saudável; se aceitar suas falhas e admitir seus erros, isto é, se houver de sua parte espírito de compreensão das falhas alheias, se não mostrar favoritismo, nem for excessivamente rigorosa quanto à supervisão.

6 Ambiente e particularidades do trabalho

A disposição dos móveis deve ter em vista sobretudo a racionalização e a redução dos movimentos. Tal fato proporciona à secretária economia de tempo e maior eficiência.

O arranjo desagradável dos móveis transmite a ideia de desorganização e traz aborrecimentos, cansaço. Ambientes não acolhedores provocam sensações desestimulantes para o trabalho e influenciam no rendimento.

Alguns cuidados básicos são essenciais, como: guardar o material que não está sendo utilizado; verificar se o aparelho de ar-condicionado está a contento do executivo; guardar o material deixado sobre a mesa dele; limpar a mesa, cinzeiros e lixeiras; estar sempre bem provida de materiais; cuidar do arejamento da sala, do alinhamento dos móveis, da disposição deles; guardar papéis em caixas ou pacotes.

A secretária pode manter uma pasta em que anotará compromissos que serão iniciados ou continuados, ou dispor de uma agenda em que anotará compromissos de todos os dias do mês.

7 Procedimentos adequados quanto à correspondência

Apesar do avanço tecnológico e de algumas empresas já terem optado pelo escritório automatizado, grande parte da comunicação empresarial é ainda efetuada por meio de correspondência verbal escrita em papel.

A abertura e o encaminhamento da correspondência devem ser considerados tarefas prioritárias, uma vez que são constantes providências urgentes em relação a determinadas mensagens ou documentos.

A observação do trânsito da correspondência proporciona à secretária condições para programar o tempo que dedicará a essa tarefa.

A correspondência chega à empresa pelos seguintes canais:

1. *Entregadores da EBCT (carteiro)*: as cartas registradas são entregues acompanhadas de um controle interno dos Correios, que deve ser assinado e devolvido ao carteiro. O cuidado de conferir, no ato do recebimento, se o material recebido corresponde às anotações desse controle evita transtornos. As cartas registradas com AR (Aviso de Recebimento) exigem assinatura do destinatário em um formulário, anexo ao envelope. O AR é devolvido ao remetente, assinado e datado, como comprovante do recebimento.

2. *Portadores particulares*: de outras empresas, estabelecimentos bancários ou órgãos oficiais.

3. **Office-boys**: o *office-boy* de sua empresa também faz as vezes de carteiro. Ele retira correspondência em outras empresas, na caixa postal, na agência dos Correios, onde a empresa mantém assinatura, nos estabelecimentos bancários etc. Convém assegurar-se de que a correspondência seja retirada com a frequência necessária.

Apresentamos a seguir um roteiro de manuseio da correspondência que deve ser adaptado às particularidades de cada empresa:

- separe a correspondência particular e a endereçada a outros departamentos; em geral, devem ser encaminhadas fechadas;
- abra os envelopes com o auxílio de uma espátula; procure não atingir seu conteúdo. Quando o conteúdo estiver colado ao envelope, busque uma solução antes de danificá-lo;
- "é necessário que a correspondência seja colocada à disposição da chefia o mais rapidamente possível" (CESCA, 1984, p. 34);
- se o papel usado na correspondência não tiver timbre nem endereço, transcreva o endereço do envelope; mas não o anexe, "pois só aumenta o volume do papel" (CESCA, 1984, p. 36);
- confirme sempre que receber algum cheque ou ordem de pagamento;
- conserve o envelope grampeado à carta quando: o conteúdo não identificar o remetente; o endereçamento da carta diferir do apresentado no envelope; for importante a data da postagem da carta como comprovante etc.;
- os anexos devem ser mantidos juntos à correspondência;
- conserve envelopes, invólucros, pacotes e outros empilhados durante o trabalho de abertura; poderá ser necessário observá-los novamente;
- empilhe a correspondência do lado que lhe for mais conveniente, separando à parte: jornais, revistas, livros e objetos de difícil manuseio;
- carimbe a data de recebimento no canto superior direito de cada carta ou documento; em algumas empresas, costuma-se rubricar sobre o carimbo da data;
- cuidados especiais exigem alguns documentos que não devem ser carimbados, como, por exemplo:
  - *Cheques:* se recebidos anexados a uma carta, carimbe a carta; se recebidos apenas com o envelope, carimbe o envelope e mantenha-o junto ao cheque.
  - *Documentos encaminhados à empresa para apreciação ou a título de empréstimo* e que serão, posteriormente, devolvidos a seus remetentes.
  - *Certificados, apólices, cautelas e outros documentos formais ou informais.*
- leia com atenção cada mensagem e grife palavras ou frases-chaves que identifiquem a intenção do remetente e providências que espera sejam tomadas. Expressões do tipo *urgente, a partir de ..., em resposta a sua carta de ...* também devem ser grifadas;
- escreva, discreta e diretamente, na própria correspondência, ou em papel anexo, a quem ou a qual departamento deve ser encaminhada. Se uma carta contiver diferentes assuntos, de interesse de dois ou mais departamentos, indique na margem esquerda por quais departamentos deve circular (Figura 17.1) ou anexe um comunicado (Figura 17.2).

À Diretoria ————— À Tesouraria —————	Favor fazer circular entre: Diretoria – Sr. X Tesouraria – Sr. Y Vendas – Sr. Z
Figura 17.1	Figura 17.2

❏ agrupe, durante a leitura, os documentos de cada departamento para que não seja necessário manuseá-los novamente para proceder ao encaminhamento;

❏ escreva, de forma objetiva, as providências que devem ser tomadas. Exemplos: *arquivar, mandar catálogos, verificar data de remessa, anotar ficha, retirar mercadoria*;

❏ encaminhe a correspondência. Algumas empresas utilizam envelopes de circulação interna, também conhecidos como envelope-vaivém. Desses envelopes devem constar o departamento e o nome do funcionário ao qual serão encaminhados e, às vezes, o departamento e o nome de quem os encaminha.

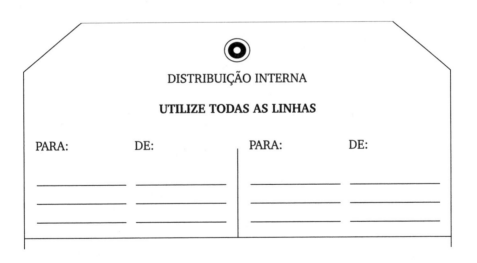

Se não houver na empresa um contínuo ou auxiliar encarregado da distribuição da correspondência, estabeleça um roteiro a fim de facilitar a tarefa e minimizar sua ausência do departamento. Reserve para essa tarefa um horário que não comprometa o andamento de seu trabalho nem prejudique o alheio. Seria inconveniente, por exemplo, distribuir a correspondência na ausência de seu executivo ou no final do expediente, quando não há tempo para providências urgentes necessárias em alguns casos.

8 Organização e utilização do material de escritório: de consumo e permanente

A secretária deve ter a sua disposição: agenda, pasta para correspondência ou documentos, pasta com documentos para assinar, pasta de pendências, grampeador, borracha para tinta, lápis, bloco para recados, carimbos, régua, furador, clipes, elásticos, tubo de cola, canetas, papel de rascunho, papel sulfite, papel de carta com cabeçalho impresso. Não deve mantê-los espalhados, mas, antes, procurar tê-los organizados.

Nos escritórios automatizados, é preciso ter à disposição suprimentos para informática, como disquetes, tôner para impressoras e outros.

9 Agenda-calendário

Agenda é o livro em que se anotam compromissos, despesas, atividades, datas, horários.

Liste todas as tarefas que terá de realizar no dia seguinte, ou durante a semana ou mês; a essas anotações e planejamento denomina-se *agenda*. Seu objetivo é aumentar a eficiência, pois possibilita organizar e lembrar compromissos. Anote sempre: compromissos do executivo, data, local, assuntos. São de rigor a uniformização e a coerência de sua agenda com a de seu executivo, isto é, mantenha as agendas identicamente anotadas (compare constantemente a agenda dele com a sua e faça as devidas adaptações na sua); entre um compromisso e outro, reserve uma hora de folga para atrasos, ou compromissos urgentes que não foram marcados. Evitar marcar entrevistas para as primeiras e últimas horas do dia, próximo às refeições, para as segundas e sextas-feiras, e imediatamente antes e após férias e viagens.

Cabe à secretária também (ou seja, não é atividade exclusiva de seu executivo) marcar compromissos e cancelar aqueles que não forem do interesse dele, bem como alterar um ou outro quando for necessário.

Podem ser anotados numa agenda: reuniões de diretoria, associações, clubes, acionistas, clientes, mensalidades (contas a pagar), contribuições assistenciais, assinaturas de periódicos (vencimento), datas de aniversário da família de seu executivo.

O principal no desempenho da atividade profissional é traçar prioridades. Você pode ter muitas tarefas para realizar, mas, se traçar objetivos e estabelecer prioridades, o tempo se tornará maior. Seja rigorosa quanto à execução das tarefas estabelecidas em sua agenda.

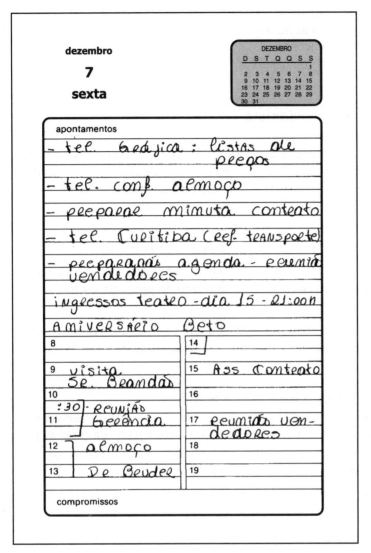

Registrar rigorosamente, numa agenda, as atividades e os compromissos do executivo.

9.1 Particularidades

Em primeiro lugar, recomenda-se não marcar compromissos com pessoas que seu executivo não gostaria de receber, bem como para a véspera de uma viagem ou férias ou logo após seu retorno.

Em segundo lugar, é necessário reconfirmar por telefone todos os compromissos assumidos. Caso contrário, corre-se o risco de despender tempo inutilmente.

Outros procedimentos não menos importantes são: sugerir horários e não deixar que o interessado marque o horário; obter o número do telefone da pessoa que está assumindo um compromisso; anotar todos os compromissos constantes da agenda de seu executivo; informar todas as manhãs, por meio de lista, os compromissos do dia; quando o executivo for ao encontro de alguma pessoa, anotar em cartão endereço, nome da pessoa a ser visitada e horário preestabelecido.

10 Secretária como recepcionista

A secretária registra e marca entrevistas, bem como lembra o executivo das entrevistas e compromissos assumidos. Ao recepcionar alguém, procure informar-se quanto ao nome da visita, da organização a que pertence ou representa, bem como do propósito da entrevista e do assunto de que deseja tratar.

As visitas frequentes devem ser atendidas com o mesmo bom humor, e deverão ser reconhecidas pelo nome, sempre que visitarem seu executivo.

O tratamento inicial dispensado à visita ou ao cliente de sua empresa é um ponto essencial na criação de boas relações externas, tanto do ponto de vista pessoal como empresarial.

Seja cortês e prestativa, manifestando vontade de ajudar o visitante a alcançar seus propósitos. Jamais julgue um visitante pela aparência. Sua tarefa como recepcionista inclui:

- acolhida ao visitante; cumprimente-o com alegria;
- se manifestar vontade de deixar algum recado, receba-o e guarde-o em lugar que você possa encontrar facilmente. Não o deixe jogado dentro de qualquer gaveta;
- trabalhe também para seu visitante. Procure ajudá-lo a conseguir a entrevista de que ele necessita;
- em alguns casos, é necessário convencer o visitante a desistir da entrevista;
- coopere com seu executivo e ajude-o a pôr fim a uma entrevista prolongada indesejadamente. Seja criativa nessas horas e encontre uma saída;
- deixe transparecer que a visita de qualquer pessoa é muito importante para você;
- proteja o tempo de seu executivo e resolva você mesma tudo o que estiver a seu alcance;
- com os chatos, procure identificar-lhes o nome, a empresa que representam, o assunto de que vão tratar. Com perspicácia, você reconhecerá se há necessidade de serem recebidos por seu executivo.

10.1 Planejamento de recepções

Antes de receber alguém, cuide de sua postura, de sua sala, e preocupe-se também com uma comunicação clara.

A apresentação pessoal também é muito importante; compreende vestuário, maquilagem, unhas, cabelo. São inevitáveis algumas preocupações como: não usar sapato sem meia, excesso de cores no vestuário e uso de joias barulhentas.

Sem querer transmitir nenhuma regra, a maquilagem tanto pode realçar sua personalidade, como torná-la desagradável. Adapte a maquilagem ao lugar, à estação do ano e ao vestuário.

Quanto ao cabelo, a secretária preferirá penteados simples e discretos, e evitará de toda forma lenço na cabeça.

Ao cumprimentar seu visitante, fixe-o nos olhos, encare-o diretamente. Sorrindo, manifeste seu desejo de colocar-se à disposição do cliente de sua empresa. Alguns manuais de secretariado recomendam que não se devem manter conversações. A secretária, no entanto, é que deve decidir a esse respeito. Não há regras fixas. Se perceber que não deve conversar, entregue a seu visitante revistas e jornais para que possa distrair-se.

10.2 Atendimento eficiente

Quando um cliente pede alguma informação à secretária, ela deve indagar:

– *O que o senhor deseja?*
– *Por que está pedindo?*
– *Para quem será a informação?*
– *Quando deseja receber a informação?*

Ela deve lembrar-se da discrição que a função exige e não fornecer informações que possam comprometer seu executivo ou sua empresa.

Analisar se o assunto é de sua competência, de seu departamento ou de alguma outra pessoa dentro da empresa. Tomar as providências necessárias para que o cliente seja atendido.

Em alguns casos, a informação deverá ser negada. Não deixar de ser cortês e manter-se equilibrada emocionalmente e desinibida para dizer *não*.

Não é bom procedimento fornecer dados incorretos ou ambíguos; evitar concorrer com alguma colega da empresa ao transmitir informações. Devem as informações basear-se em fatos, ser precisas. Por isso, exigem convicção de quem fornece.

Se tiver de conduzir o visitante à sala de seu executivo, procurar caminhar lado a lado com ele, abrir-lhe a porta sem ficar de costas, pedir-lhe que se sente, apresentá-lo a seu gerente e, conforme o costume da empresa, sair ou ficar na sala.

Evitar interromper a entrevista, exceto em caso de urgência; em caso de telefonemas, comunicar-se com o executivo por telefone ou por escrito, e ele saberá como agir.

11 Como registrar entrevistas

Cabe à secretária planejar convenientemente o tempo de cada entrevista. Algumas secretárias reservam uma hora de intervalo entre as entrevistas; outras consideram 30 ou 15 minutos tempo suficiente. Tal fato depende sobretudo do acordo entre secretária e executivo.

Ao marcar entrevista por telefone, obtenha as seguintes informações: nome da pessoa, da empresa, do objetivo da entrevista, do número do telefone.

Nome	Empresa	Objetivo da entrevista	Fone	Data/Hora

O controle de visitantes num formulário facilita sobremaneira seu trabalho e evita esquecimentos.

12 Técnicas de entrevistas

À secretária cabe saber distinguir as pessoas que devem falar com seu executivo daquelas que são inoportunas. Basicamente, há dois tipos de pessoas que o procuram:

- ❏ **Visitantes frequentes**: que é necessário identificá-los tão logo cheguem ao escritório, para você conquistar-lhes a simpatia e obter deles condições que facilitem o desempenho de seus trabalhos futuros, ou seja, obter deles as informações necessárias para você tomar as providências que convêm ao caso.

- ❏ **Visitantes desconhecidos**: cabe a você decidir se seu executivo os atenderá ou não. Poderá encaminhá-los a outro departamento, se for o caso. Seu comportamento deve ser de alguém que domina a situação; evite manifestação de temor e intranquilidade.

Se algum empregado estiver com seu executivo em hora de entrevista marcada com clientes, comunique a chegada do visitante pelo interfone ou outro aparelho de comunicação.

Procure ser sempre cortês ao interromper superiores que estejam com seu executivo. Só os incomode em casos de urgência ou de entrevistas marcadas.

Quando seu executivo estiver com visita e aparecer alguma pessoa de sua família querendo falar com ele, você deverá agir segundo as instruções que recebeu dele para essas ocasiões.

As técnicas que uma secretária deve lançar mão para as entrevistas são:

- auxilie seu executivo, antecipando-lhe o que precisará durante as entrevistas. Não se esqueça de verificar se há acomodação para todas as pessoas que falarão ou estarão presentes. Evite entrar na sala e sair dela a todo instante. Por isso, providencie tudo antes da chegada do visitante;
- leve o visitante pessoalmente até a sala de seu executivo. Ao apresentá-lo, pronuncie seu nome e o de seu executivo de modo audível;
- combine com seu executivo como procederá para encerrar uma entrevista. Seja sempre cortês:

"*O Sr. tem uma reunião marcada para as 10 horas. Gostaria que a cancelasse?*"

- informe antecipadamente o cancelamento de entrevistas e combine outra hora oportuna para a entrevista;
- com os visitantes inesperados, mantenha-se tranquila e dispense-os cortesmente: "Infelizmente, não poderá recebê-lo..."
- seja cortês e cumprimente a todos com bom humor, logo que chegarem ao escritório;
- quando possível, preste você mesma as informações. Evite, portanto, acumular seu executivo de entrevistas;
- aprenda a distinguir as pessoas que seu executivo deseja ver e quais as que ele prefere encaminhar a outras pessoas da empresa;
- anote o propósito de cada entrevista para que seu executivo se sinta preparado para o encontro;
- nunca seja brusca nem demonstre irritação. Evite, por exemplo, bater o telefone;
- quando a entrevista ocorrer por telefone, transmita as informações de modo correto, prontamente;
- finalmente, lembre-se de que as promessas feitas por telefone têm valor e, portanto, devem ser cumpridas.

Relativamente às visitas, se o assunto puder ser resolvido por você mesma, não titubeie. Se for indesejada a visita, peça ao visitante que escreva a seu executivo, em vez de aguardá-lo e de tentar falar-lhe. Dispense às visitas o mesmo tratamento que gostaria de receber. Seja sempre cortês, mas evite prolongar a conversa desnecessariamente. Para fugir de uma conversa, saia da sala e, ao retornar, volte imediatamente ao trabalho. Antes, porém, ofereça algo à visita para ler.

Durante qualquer conversa, lembre-se sempre de evitar assuntos indesejáveis, bem como confidenciais e comerciais.

Para os visitantes inesperados, peça-lhes que apresentem os motivos de sua visita. Se o assunto não for de competência de seu departamento, encaminhe-o a quem possa solucionar o caso.

– "*O senhor pode, por favor, declarar-me a razão de sua visita?*"

Se o assunto interessar, mas for impossível o atendimento naquele dia, diga:

– *"Sugiro marcar uma entrevista para amanhã, às 11 horas. O senhor estaria de acordo com esse horário?"*

Se não disser o nome nem apresentar alguma razão para falar com seu executivo, despeça a visita com cortesia:

– *"Gostaríamos de ser-lhe útil e atendê-lo, mas infelizmente é impossível. A agenda do Sr. Carlos está totalmente preenchida."*

Em último caso, pode-se pedir à visita que escreva o assunto em um papel que será submetido à apreciação de seu executivo, o qual resolverá se atenderá ou não ao visitante.

Esteja sempre preparada para responder a perguntas costumeiras de qualquer executivo:

– *"Quem esteve procurando-me?"*
– *"Quando? Dia? Hora?"*
– *"De que assunto veio tratar?"*

13 Expedição de convites

À secretária cabe expedir convites para os mais variados fins, ou, em alguns casos, dar respostas aos convites feitos a seu executivo. Tenha sempre presente que todo convite, ainda que verbal, deve merecer de sua parte uma resposta. Se o convite ocorrer por escrito, seja então delicada e responda-o por escrito.

Alguns pormenores devem ser observados: se o convidado for casado, use *Sr.* e *Sra.* Em caso de reunião exclusiva de homens, use *Sr.* Se a reunião for apenas de mulheres, use o nome das convidadas.

Você pode marcar uma reunião ou fazer um convite por telefone, desde, porém, que a reunião seja informal.

Se a reunião estiver programada para muitas pessoas e for motivo de comentários entre as pessoas envolvidas, use convites impressos. Em outros casos, redija você mesma o convite. Nas pequenas reuniões, os cartões podem ser até mesmo manuscritos.

A EDITORA ATLAS
convida V. Sa. para o
coquetel de
lançamento do livro

PORTUGUÊS
FORENSE

João Bosco Medeiros
Carolina Tomasi

Data: 31 de maio de 200X
Horário: A partir das 18 horas
Local: Livraria XYZ
                Rua...
Informações: Fone: (011) ...

Exemplo de convite impresso.

Para evitar contratempos à última hora de que não haverá reunião, procure distribuir convites somente quando estiver garantidamente confirmada.

Se seu executivo não pode comparecer a uma reunião, apresente suas desculpas.

Há ainda uma série de observações a que uma secretária deve estar atenta:

- para reuniões íntimas, empregue nos convites a palavra *satisfação*: *"Temos a satisfação de convidar..."*;
- faça convites com bastante antecedência;
- ao receber um convite, responda-o em seguida;
- depois de aceito um convite, o compromisso deve ser cumprido. Se um imprevisto ocorrer, comunique-o antecipadamente;
- quem convida deve esperar seus convidados com dez minutos de antecedência;
- o nome de quem convida deve estar escrito por extenso no convite;
- os convites para banquetes devem ser enviados com 10 dias de antecedência;
- ao receber um convite com as iniciais R.S.V.P.[1] (Respondei, por favor), responda-o imediatamente.

14 Convocação de reuniões

Para que uma reunião ocorra, às vezes é necessária a convocação por edital.

Edital indica o ato pelo qual se publica pela imprensa, ou nos lugares públicos, certa notícia que deve ser divulgada para conhecimento das pessoas nele mencionadas e de outras que possam ter interesse no assunto.

Em certos casos processuais, o edital é uma exigência essencial. Como exemplo temos a venda de bens de menores, as arrematações de bens penhorados.

Existem variados tipos de edital, que recebem designação própria, segundo seu objetivo ou fim. A finalidade, entretanto, é sempre de anunciar ou tornar público fato que deve ser conhecido. Por meio de edital também se publica intimação ou se faz citação de pessoa não encontrada ou não conhecida. São os seguintes os tipos de edital:

- ***Edital de casamento***: deve ser formulado pelo escrivão e dar notícia do casamento ajustado que se pretende realizar. É a solenidade dos proclamas.
- ***Edital de citação***: serve para cumprir citação inicial à pessoa não encontrada ou que se encontre em lugar desconhecido ou de difícil acesso.
- ***Edital de praça***: anuncia a venda em hasta pública. É formalidade essencial.
- ***Edital de convocação***: de reunião ordinária ou extraordinária.

---

[1] *Répondez s'il vous plaît.*

São partes de um edital:

- ❑ timbre do órgão ou da empresa que o expede;
- ❑ título: denominação do ato: Edital nº . . . de . . . de . . . de 200X.;
- ❑ ementa: facultativa;
- ❑ texto: desenvolvimento do assunto tratado. Havendo muitos parágrafos, é recomendável numerá-los com algarismos arábicos, exceto o primeiro, que não se enumera;
- ❑ local e data: se a data não for colocada próximo ao título, ela deve aparecer após o texto;
- ❑ assinatura: nome da autoridade competente, com indicação do cargo que ocupa;
- ❑ visto: há casos, por exigência interna do órgão expedidor, em que é necessário o visto de um funcionário hierarquicamente superior. A palavra *visto* é seguida do nome do assinante e do cargo que ocupa.

A seguir, apresentamos modelos de edital:

Modelo de edital oficial[2]

SERVIÇO PÚBLICO FEDERAL

(Impresso em preto)

↑
5 esp.
↓

EDITAL

↑
5 esp. dup.
↓

←——— 15 esp. ———→ *Torno público, para conhecimento dos interessados, que Fulano de Tal, ocupante do cargo de Escrevente-Datilógrafo, nível 7-A, e Beltrano de Tal, ocupante do cargo de Escriturário, nível 10-B, ambos do Quadro de pessoal–Parte Permanente deste Ministério, que se encontram em lugar incerto e ignorado, estão convidados para, em prazo de 30 (trinta) dias, contados a partir da data de publicação deste Edital, comparecerem à sala nº 320 do Bloco 1 da Esplanada dos Ministérios, em Brasília, para apresentarem defesa nos processos a que respondem, de números. . ./71 e. . ./71.* ←— *10 esp.* —→

↓
3 esp.
↓

(a) Secretário da C.I.   *(a)*

---

[2] SOUZA, Cauby de. *Normas sobre correspondência, comunicação e atos oficiais.* Brasília: MEC, 1972. p. 179.

Modelo de edital de convocação de reunião

CORRETTA S.A.
Indústria e Comércio
CGC/MF nº....................
Companhia Aberta

EDITAL DE CONVOCAÇÃO Nº ..... DE ..... DE .... DE 20..

Convidamos os Senhores Acionistas para, no próximo dia 22 de abril, às 9h30, em nossa sede social, Rua Dr. ...., nº......., nesta cidade de ...., se reunirem e apreciarem as seguintes matérias:

a. *em Assembleia Geral Ordinária:*

1. *tomar as contas dos administradores, examinar, discutir e votar as demonstrações financeiras relativas ao exercício social encerrado em 31 de dezembro de 2001;*
2. *deliberar sobre a destinação do lucro líquido do exercício e sobre a distribuição de dividendos;*
3. *fixar a remuneração dos administradores;*
4. *aprovar a correção da expressão monetária do capital social;*

b. *em Assembleia Geral Extraordinária:*

1. *apreciar uma Proposta do Conselho de Administração pertinente ao aumento do capital social em mais R$ ...., mediante Venda de Ações ou Cotas e de parte da Reserva de Investimentos Incentivados, passando o mesmo dos atuais R$ .... para R$ ...., representados por .... ações ordinárias e .... ações preferenciais, todas escriturais e sem valor nominal;*
2. *examinar a conveniência de se proceder ao desdobramento das ações de emissão da sociedade e, se for o caso, estabelecer as respectivas bases;*
3. *aprovar a nova redação com que passará a vigorar o art. 5º dos Estatutos Sociais.*

.............., 9 de abril de 2002

a) Presidente do
Conselho de Administração

Do texto do edital de convocação constam: assunto da reunião e apresentação da agenda (pauta da reunião), local, dia e hora. Se houver coordenador ou presidente da reunião, citar seu nome. É também costume relacionar o nome dos convidados ou participantes, fazer recomendações gerais e pedir que se confirme a presença na reunião. Finalmente, assina-se o edital.

15 Reuniões: providências

Há dois tipos de reunião: ordinárias e extraordinárias. As ordinárias são previstas pelo estatuto da empresa; as extraordinárias são reuniões convocadas ao surgirem determinados problemas que exigem a deliberação conjunta dos membros da diretoria e outros membros, como, por exemplo, os sócios.

Após decidida a reunião, marcam-se a data e o horário. A secretária deverá saber o número exato de participantes e ter conhecimento da pauta da reunião. Uma vez elaborada a pauta da reunião, emitida a convocação, confirmadas as presenças, deve preparar a sala e todo o material que será usado. É necessário que o local esteja previamente preparado, seja ventilado e adequado para reuniões. Manter-se atenta porque em alguns casos são necessários aparelhos de video-cassete e televisão, retroprojetores, projetores de *slides,* telas, quadros-negros, giz, *flip-charts,* pincéis atômicos (carregados), cartolina, quadro branco.

Outras providências comuns são: papel para rascunho ou bloco de papel, lápis, cinzeiros, fósforos, clipes, borracha. Esse procedimento visa evitar dissabores e correrias à última hora. E, para que não seja chamada a todo instante, antes de iniciar a reunião, a secretária pedirá a algum funcionário ou à própria telefonista da empresa que atenda às pessoas e telefonemas, anotando os recados respectivos.

Se da reunião participarem muitas pessoas, é conveniente o uso de crachás, sobretudo quando se trata de pessoas desconhecidas. Em pequenas reuniões de pessoas desconhecidas, podem-se providenciar crachás de mesa.

Havendo necessidade de gravar a reunião, providenciar fitas suficientes para esse fim, bem como estar certa previamente de que o gravador está em perfeito funcionamento.

Como secretária que é, poderá ser também de sua responsabilidade servir (ou recomendar que alguém sirva) café, água, refrigerante. Se não houver nenhuma solicitação, esse serviço se dará somente após 30 minutos de iniciada a reunião.

Em reuniões demoradas, é necessário fazer limpeza constante dos cinzeiros.

Após a reunião, tomar os seguintes cuidados, imediatamente: arejar a sala, arrumá-la, retirar xícaras e copos, esvaziar cinzeiros, recolher material diverso, como lápis, borracha etc.

À secretária cabe a redação da ata. Anotar todas as discussões resumidamente e as resoluções como foram formuladas. Evitar comprometer o significado do que foi anotado; não substituir palavras por outras de sentido equivalente simplesmente porque não gosta delas.

Modelo de ata

INDÚSTRIA E COMÉRCIO . . . .

CGC/MF nº. . . . .

ATA DA REUNIÃO DE DIRETORIA, REALIZADA EM 28 DE FEVEREIRO DE 1999. – 1. DATA, HORÁRIO E LOCAL – Dia 28 de fevereiro de 200X, às 10 h, na sede social, Av. . . . ., nº. . . . ., Capital de São Paulo. 2. PRESENÇA – Diretores em número suficiente para deliberações válidas, na forma do disposto no § 2º, art. 17, do Estatuto Social. 3. MESA DIRIGENTE – . . . ., Presidente; . . . ., Secretário. 4. DELIBERAÇÕES – (a) Alterado o ramo de atividade da filial instalada no município de . . . ., Estado de São Paulo, Rua . . . ., nº. . . . ., de Comércio Atacadista de . . . . para Comércio Atacadista de . . . . (b) Fica a Diretoria da Sociedade autorizada a tomar as medidas administrativas necessárias para regularização da alteração havida na filial retromencionada nas Repartições Fiscais e outros órgãos competentes. 5. OBSERVAÇÕES FINAIS – Nada mais havendo a tratar, foi lavrada a presente ata, que, lida e achada conforme, vai assinada pelo Presidente, Secretário e demais Diretores presentes. (aa) . . . ., Presidente; . . . ., Secretário; . . . ., Diretor Presidente; . . . ., Diretor Superintendente; . . . ., Diretores.

A ata é um resumo escrito do que se disse ou se fez na reunião. É um relatório. Para Odacir Beltrão (1980, p. 124) "ata é documento em que se registram, resumidamente, mas com clareza, as ocorrências de uma reunião de pessoas para determinado fim".

Alguns procedimentos básicos são: anotar o assunto principal, o motivo da reunião, o nome das pessoas que participaram da reunião, o essencial da discussão, as decisões e conclusões e o nome dos participantes.

Transcrevemos a seguir algumas normas referentes à elaboração da ata:

A ata deve ser assinada pelos participantes da reunião em alguns casos; pelo presidente ou secretário, sempre. Para sua lavratura, devem ser observadas as seguintes normas:

- lavrar a ata em livro próprio ou em folhas soltas. Deve ser lavrada de tal modo que impossibilite a introdução de modificações;
- sintetizar, de maneira clara e precisa, as ocorrências verificadas;
- na ata do dia, são consignadas as retificações feitas à anterior;
- o texto deve ser digitado ou manuscrito, mas sem rasuras;
- texto compacto, sem parágrafos ou com parágrafos numerados, sem alíneas;
- no caso de erros constatados no momento de redigi-la, empregar a partícula corretiva "digo";

- quando o erro for notado após a redação de toda a ata, recorrer à expressão: "em tempo", que é colocada após todo o texto, seguindo-se então a frase emendada: *Em tempo: na linha onde se lê "bata", leia-se "pata"*;
- os números são grafados por extenso;
- quando ocorrem emendas à ata ou alguma contestação oportuna, a ata só será assinada após aprovadas as correções;
- há um tipo de ata que se refere a atos rotineiros e cuja redação tem procedimento padronizado. Nesse caso, há um formulário a ser preenchido;

Nome: Ata da . . . .
Data: _____ / *Horário:* _____
Local: _____
Presentes: _____
_____
_____
_____

Decisões:
1. _____
2. _____
3. _____
4. _____
5. _____
6. *Observações finais:* _____
_____
_____

7. *Assinaturas:* _____
_____

Formulário de ata para reuniões corriqueiras.

- a ata é redigida por um secretário efetivo. No caso de sua ausência é comum a meação de outro secretário (*ad hoc*) designado para essa ocasião.

Devem constar de uma ata:

- dia, mês, ano e hora da reunião (por extenso);
- local da reunião;
- pessoas presentes (com suas respectivas qualificações);
- declaração do presidente e secretário;
- ordem do dia;
- fecho.

Modelos de fechos

    ... Nada mais havendo a tratar, o Sr. Presidente encerrou a sessão e convocou outra sessão para o dia ...., às .... horas e .... minutos, quando serão julgados os recursos em pauta. E, para constar, lavrei a presente ata que subscrevo e vai assinada pelo Presidente depois de lida.

São Paulo, ... de .... de 20..

    a) Fulano de Tal,
        Presidente.

    a) Fulano de Tal,
        Secretário.

    ... Nada mais havendo a tratar, Fulano de Tal agradeceu a presença do Sr. Beltrano, do Sr. XY, das demais autoridades presentes, e declarou encerrada a reunião, da qual eu, ..., Secretário em exercício, lavrei a presente ata, que vai assinada pelo Presidente e por mim.

São Paulo, ... de .... de 20..

    a) Fulano de Tal,
        Presidente.

    a) Fulano de Tal,
        Secretário.

    ... A sessão encerrou-se às .... horas. Eu, ..., Secretário em exercício, lavrei, transcrevi e assino a presente ata.

São Paulo, ... de .... de 20..

    a) Fulano de Tal,
        Presidente.

    a) Fulano de Tal,
        Secretário.

A ata também pode ser assinada por todos os participantes da reunião.

15.1 Tipos de reunião

    As reuniões podem ser dos mais variados tipos: seminários, mesa-redonda, painel, simpósio, conferência.

O **seminário** é uma técnica de estudo constituída de pesquisa, discussão e debate. A pesquisa bibliográfica é indispensável para que o seminário alcance os objetivos estabelecidos. A finalidade do seminário é aprofundar o estudo sobre um assunto, desenvolver a capacidade de pesquisa, análise dos fatos, apresentação dos resultados alcançados.

A **mesa-redonda** é preparada e conduzida por um coordenador que pode ser denominado dirigente e funciona como elemento moderador, orientando a discussão para que ela se mantenha em torno do tema principal. Os participantes dividem-se em dois grupos: defesa e ataque.

O **painel** é composto de dois grupos: um que assiste e outro que expõe um tema a ser debatido.

O **simpósio** é uma reunião de alto nível que conta com a participação de especialistas.

A **conferência** é um modelo de reunião em que o expositor é colocado em plano elevado e durante um tempo limitado fala sobre determinado assunto.

Nas empresas modernas que já dispõem de escritório automatizado, há salas previamente preparadas para teleconferências. Esse avanço tecnológico evita viagens, abrevia reuniões, torna-as mais frequentes e aumenta o número de participantes, uma vez que não há necessidade de as pessoas interromperem demoradamente seus trabalhos (não há deslocamento para outra cidade).

Há empresas que realizam reuniões em salões dos modernos hotéis existentes no Brasil, dispensando-se, então, o trabalho da secretária. Quando não for esse o caso, a arrumação da sala depende da criatividade da secretária. A seguir, apresentamos algumas sugestões para montagem de salas.

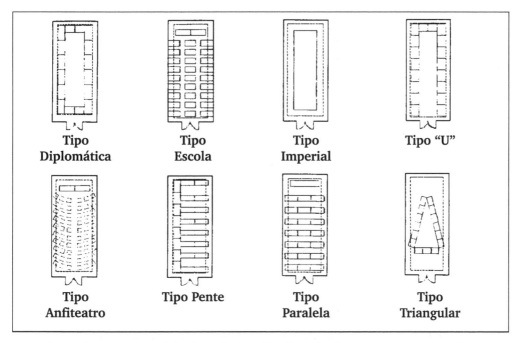

Sugestão para disposição de móveis e distribuição de pessoas numa reunião.

16 Preparação de viagens

Informe-se com o executivo sobre a data da viagem, número de pessoas que viajarão, data dos compromissos assumidos, nomes de pessoas que serão contactadas, horário da viagem, tipo de transporte, se haverá necessidade de providenciar locadora de veículo (indique o carro preferido, dias e horários ao fazer reserva; consulte seu agente de viagens), bem como motorista e intérprete, passaporte, se necessário, visto de passaporte, cartão de crédito, cartão para movimento de conta bancária; o voo será comercial ou haverá necessidade de contratar táxi aéreo?; reserve lugares no voo, confirme o bilhete até 48 horas antes de embarcar ou, conforme indicação da empresa aérea, confirme bilhete de volta se a data do retorno é conhecida, reserve hotel por telefone, carta, telex, fax, *e-mail*.

Um instrumento de grande valor nessas horas é um agente de viagens.

E ainda: verifique quais documentos devem ser levados, inclusive pessoais, itinerário de viagem, com horários, locais de saída e chegada, hotel, locais de entrevista, nomes das pessoas com quem seu executivo falará, número de telefones das pessoas que serão envolvidas, passagens.

Em caso de mudança de planos, é necessário cancelar com a companhia ou agente a reserva e/ou bilhete. Tal fato evita possíveis prejuízos ou transtornos.

Informe-se com seu gerente sobre como proceder, durante sua ausência, com a correspondência recebida. Deixe a sala dele constantemente em ordem.

Conforme tenha combinado com ele, providencie condução para deixá-lo na casa dele ou no escritório da empresa, quando de seu retorno.

Seja longa ou curta uma viagem, ao programá-la, seu executivo precisa de você. Providencie itinerário, lista de compromissos, acomodações, material necessário aos contatos, formulários para registro de despesas. Quando ele retornar, lembre-se de agradecer por escrito à hospitalidade que recebeu durante a viagem.

16.1 Viagens domésticas

Nas viagens domésticas, devem-se separar os voos da Ponte Aérea (Rio-São Paulo) dos demais. As viagens para outras partes do Brasil podem ser programadas com antecedência, havendo um prazo para confirmação e compra do bilhete de passagem. As passagens adquiridas têm validade de 30 dias para início da viagem, sem alteração de preço. A reserva e a aquisição da passagem podem ser efetuadas tanto na companhia aérea como num agente de viagens.

16.2 Viagens internacionais

Essas viagens também podem ser programadas diretamente com as empresas aéreas ou com um agente de viagens. Entretanto, como nas viagens internacionais há necessidade de se tratar da documentação – passaporte, vistos de entrada nos diversos países e outras exigências –, é melhor valer-se dos serviços dos agentes. Reservas de hotéis, excursões, passeios turísticos, aluguéis de automóveis e outros serviços inerentes ao turismo também são oferecidos pelos agentes de viagens.

16.3 Agente de viagens

A vantagem de se optar por um bom agente de viagens é que ele, além de proporcionar serviço mais personalizado, pode oferecer outros serviços ou informações necessárias a uma viagem. O agente terá, ainda, condições de lhe entregar em mãos a passagem, sem que você precise sair do escritório.

16.4 Cartão de crédito

A secretária pode cuidar também de cartões de crédito de seu executivo, verificando a validade deles e renovando-a quando for o caso.

16.5 Passaporte

São exigências para tirar o passaporte:

- ❏ Duas fotos 5 x 7 em papel fino e brilhante, coloridas ou preto e branco; podem ser instantâneas.
- ❏ Comprar guia Darf em papelaria.
- ❏ Pagar em qualquer banco a taxa de passaporte.
- ❏ Juntar os seguintes documentos: originais de carteira de identidade (ou certidão de nascimento ou casamento), título de eleitor, carteira de reservista.
- ❏ Endereço: em São Paulo, é o seguinte: Serviço de Polícia Marítima, Aérea e de Fronteiras: Av. Prestes Maia, 700, próximo à estação Luz do Metrô. Horário: de segunda a sexta-feira, entre 10 e 16 horas.
- ❏ O passaporte também pode ser requerido por meio de agência do Correio. As agências do Correio vendem um *kit*, com envelope plástico, pequeno manual de instruções, formulário da Polícia Federal.

17 Relacionamento com chefe, clientes, visitantes e colegas da empresa

O conhecimento de si mesma, bem como dos fatores que influenciam o comportamento do executivo, possibilita melhores relações profissionais. A secretária não confunde seu comportamento com o de seu executivo e abstém-se de qualquer pronunciamento opinativo sobre fatos a que não é chamada.

O conhecimento da organização pode ajudá-la no desempenho das tarefas quotidianas e no relacionamento com o presidente da organização, diretor, gerente, e assim por diante.

Em que consiste o conhecimento da organização? Consiste em saber quais são seus objetivos, os produtos que comercializa, a faixa de mercado em que atua, a política da empresa quanto a prazos, condições de venda, plano de carreira, de seleção de pessoal. A secretária não é um parafuso na organização, não é executante de uma tarefa. Se profissional, terá noção do todo, da complexa engrenagem organizacional. No tratamento com as pessoas, ela busca descobrir o que agrada e o que desagrada à direção. São orientações fundamentais:

- não favorecer ninguém;
- trocar ideias com colegas;
- cumprimentar a todos indistintamente;
- evitar falar ou rir desbragadamente;
- não lastimar-se da vida;
- não bisbilhotar a vida de quem quer que seja.

Em relação ao executivo, evitar sentar-se ao lado dele se não for convidada, bem como sentar-se à borda da mesa de sua sala. Outro procedimento não recomendável é sentir-se tão à vontade que chegue a tirar os sapatos e a caminhar descalça pela sala.

A secretária é que deve adaptar-se a seu executivo, mas, evidentemente, evitará intrometer-se em sua vida; assim, não deve tomar posição a favor ou contra quando ele lhe contar problemas familiares (CESCA, 1984, p. 27).

Outros procedimentos desejáveis são: manifestar sempre vontade de cooperação; não demonstrar reprovação quanto às manias e fantasias do executivo, usar tratamento adequado quando dirigir-se a ele (use sobretudo *Dr.* ou *Sr.*, conforme o caso, precedendo o nome dele, mesmo que insista para ser chamado de *você*); e evitar tratamento de intimidade, como: "*meu bem*", "*meu querido*", "*paixão*", e outros; controlar o próprio temperamento; apoiar as políticas da empresa; evitar discutir assuntos que tratou com o executivo; realizar tudo conforme determinação dele; evitar choques de opinião; seguir a metodologia de trabalho por ele estabelecida; evitar perguntas tolas e inconvenientes, particularmente quanto à execução das tarefas.

A secretária experiente evita tratar de assuntos que possam causar aborrecimento ao executivo, assim que ele chega ao escritório. Às vezes, é possível passar as informações por escrito, se tal for do gosto dele. Quando ele viajar e ela receber alguma correspondência que ele gostaria de responder, ela deverá enviar um bilhetinho para o remetente, em termos como:

> Sr. Roberto Silva:
>
> Como o Sr. Carlos Alberto Nezinho viajou e só retornará no próximo dia 10, estou enviando-lhe este comunicado para informar-lhe que ele terá prazer em responder-lhe. Aguarde sua carta.
>
> Atenciosamente,
>
> Lúcia Medeiros,
> Secretária.

Apresente por escrito, pela manhã, a relação de todos os compromissos de seu executivo.

A secretária desejável em qualquer escritório é a que sempre faz algo a mais, que é mais dedicada, organizada e caprichosa; ela é sempre mais completa em relação àquelas que apenas executam o trabalho.

Os livros sobre técnicas de secretariado ainda arrolam outros comportamentos, como:

- contornar situações difíceis. Se seu executivo está irritado e pede-lhe que transmita palavras grosseiras a alguém, procure esfriar a situação e jamais repita suas palavras, como, por exemplo:
"Fulano mandou dizer que você é um mal-educado";
- evitar entrar, atropeladamente e a todo instante, na sala do executivo para transmitir informações que podem ser acumuladas e transmitidas de uma só vez;
- quando seu executivo se ausentar, diga-lhe:
"Gostaria que informasse seus clientes onde o Sr. se encontra?";
- lembrar-se do aniversário da pessoa com quem trabalha, sem, no entanto, preocupar-se com presentes;
- jamais concluir que seu executivo é menos inteligente ou competente porque desconhece técnicas que auxiliam no desempenho de uma tarefa;
- não recusar fazer trabalhos que você nunca fez;
- jamais dar a impressão de que conhece tudo. Quando desconhece alguns procedimentos, deve informar-se antes de executar a tarefa;
- manter a impaciência longe do local de trabalho;
- procurar desempenhar o trabalho de forma eficiente e profissional, para manter o relacionamento em alto nível;
- saber aceitar críticas, ainda que inoportunas.

Em relação ao comportamento que você deve ter com seus colegas, observe, em primeiro lugar, que é deselegante fazer críticas a colegas e a trabalhos realizados anteriormente a sua entrada na empresa. E, para evitar a curiosidade dos colegas, cubra papéis confidenciais antes que eles se aproximem de sua mesa, bem como devolva perguntas em vez de respondê-las.

– Quanto será o aumento ou reajuste?
– Ainda não sei, mas gostaria de saber.

Foco de constante atrito pode ocorrer todas as vezes que você demonstrar que sabe alguma coisa a mais que as outras empregadas da empresa. Tal comportamento gera antipatia, excessiva curiosidade e faz você tornar-se maior que é. Também é reprovável a atitude de algumas secretárias que gostam de se autopromover e fazem propaganda de qualquer ninharia que vem a mais em seu ordenado. Da mesma forma, algumas não sabem distinguir promoção de reajustes automáticos, de fim de período de experiência e outros.

Ao *office-boy* dispensar o mesmo tratamento dado ao diretor da empresa. Evitar, portanto, tomar ares de mandona, de superiora. Se precisar de algum trabalho dele, não o apressar se a situação não exige urgência.

17.1 Problemas de relacionamento

Há executivos de comportamento agradável, bem como há aqueles cujo temperamento é difícil e a convivência com eles quase impossível. Há cavalheiros que da noite para o dia assumem posições extremadas e indesejáveis de comportamento.

Segundo Motta (1973, p. 53), "problema comum é o do afastamento do trabalho normal de secretária para executar outros serviços que não dizem respeito às suas obrigações". Ainda quando razões não lhe faltem, é preciso que você se mantenha equilibrada emocionalmente e realize as tarefas. Em hora mais oportuna, entre em acordo sobre o que fazer e o que não fazer.

Com os clientes chatos que seu executivo não deseja receber seja franca, mas leal com seu superior, ou seja, não o comprometa. Evite que a pessoa volte a importuná-lo e queira marcar entrevistas. Peça-lhe que se informe por meio de correspondência escrita.

Manter-se atenta ao comportamento das pessoas e às próprias reações é exigência de toda função do secretariado. A complacência com os limites das pessoas ajuda a criar um ambiente agradável, o que possibilita desenvolvimento do trabalho de forma mais produtiva e alegre.

18 Escrituração do livro caixa

A secretária, em algumas empresas, controla pequenas quantidades de dinheiro para uso com gastos do escritório. Necessita, portanto, saber como registrar entradas e saídas de dinheiro.

O desenvolvimento tecnológico tem alterado profundamente a vida administrativa das organizações. Em matéria de contabilidade, porém, o princípio continua o mesmo, pois não ocorreu, propriamente, alteração no método de registrar valores de entrada e saída.

O Livro Caixa é destinado ao registro das operações efetuadas com dinheiro, e os lançamentos obedecem a uma ordem cronológica. Você deverá lançar: data, histórico e valor da operação.

Em geral, o Livro Caixa é dividido em duas partes, uma para registro de débito, outra para registro de crédito. Em débito, lançam-se as entradas e no crédito as saídas de dinheiro, isto é, a variação ativa deve ser debitada; a variação passiva deve ser creditada. Em grandes organizações, os saldos são extraídos diariamente. O movimento diário é iniciado com a importância do saldo anterior. O saldo extraído ao final do dia deve corresponder ao dinheiro que existe em caixa. A secretária responsável por um pequeno Livro Caixa deve apresentar todos os comprovantes relativos às operações.

Há organizações que adotam boletins de caixa, nos mesmos modelos dos livros. Tal procedimento facilita o trabalho da contabilidade, que recebe a segunda via das operações realizadas.

O saldo do caixa pode ser extraído diariamente ou mensalmente, conforme a empresa em que você trabalha. A seguir, apresentamos um exemplo:

CAIXA

Data		Histórico	Débito R$	Datas		Histórico	Crédito R$
2004 julho	28	Saldo do dia 27 Vendas a Vista, notas nos 115 a 118/A. Cheque recebido 3403 c/Banco Crédito Nacional S.A. Idem cheque nº 3404	35.000 30.000 25.000 20.000	2005 julho	28	Pago duplicata 368 de Cardoso & F. Cia. N/ depósito nº 48312 no Banco Crédito Nacional S.A. Saldo p/o dia 29	25.000 30.000 55.000 110.000
2004 julho	29		110.000				
		Saldo do dia 28	55.000				

19 Leitura

Após a leitura do texto em voz alta, discutir em classe suas principais ideias, considerando principalmente as seguintes questões:

1. Que você entende por medo? Apresente situações em que experimentou a sensação do medo.
2. Que você entende por fobia? Cite situações que lhe provocam fobia.
3. Que você entende por depressão? Que recomenda para superar situações que levam à depressão?
4. A fobia é transmitida por herança genética ou cultural?
5. Você tem dificuldades de falar em público? Quando fala a um grupo, sente alguma sensação desagradável?

"SOCORRO, ESTÃO ME VENDO!

Tarefas que a maioria considera banais, como falar, comer ou escrever em público, podem gerar em muitas pessoas um medo tão intenso que as paralisa. A boca seca, o suor escorre, o rubor se manifesta. 'O fóbico é paralisado pelo medo desmedido de ser julgado pelo outro', explica o professor Luiz Armando Araújo, do Instituto de Psiquiatria da Universidade Federal Paulista, Unifesp. Esse medo incontrolável chama-se fobia social. Ele provoca stress e desequilíbrios emocionais, comportamentais e até físicos. Mudanças na maneira de tratar a fobia têm produzido bons resultados para as pessoas que padecem de seu flagelo. 'Não obtivemos ainda soluções tão boas quanto no alívio da depressão, mas temos avançado', afirma o psiquiatra Miguel Jorge, presidente da Associação Brasileira de Psiquiatria, que em seus 20 anos de clínica observou que esses distúrbios constituem a queixa mais comum nos consultórios psiquiátricos.

No passado, as vítimas de fobia eram encaminhadas para psicanálise ou para outras terapias fundamentadas na existência do inconsciente e eram medicadas com ansiolíticos, destinados a reduzir a ansiedade. 'Os resultados eram muito precários, porque os remédios não chegavam a tornar as crises mais brandas nem mais raras', diz o psiquiatra Miguel Jorge. As terapias clínicas também não surtiam efeito no problema específico. 'As pessoas passavam anos se tratando e até obtinham grandes melhoras em outros setores de suas vidas, mas as fobias continuavam intactas.' Dos anos 80 em diante, a conduta dos médicos evoluiu para outra abordagem. Em vez dos ansiolíticos, passou-se a prescrever antidepressivos, com resultados muito mais eficazes, explica Miguel Jorge. Ele estima que 50% das pessoas que procuram ajuda médica para superar uma fobia conseguem grande melhora. Uma das linhas de tratamento em voga hoje em dia são as terapias cognitivo-comportamentais, que incluem, entre outras, a neurolinguística. Focadas especificamente na queixa do paciente, prevêem uma exposição gradual às situações que lhe provocam ansiedade. 'O sujeito ensaia seu comportamento antes de praticá-lo', explica o psiquiatra Luís Araújo. Ele compara os resultados dessas terapias à maneira pela qual as crianças perdem o medo da água para aprender a nadar: primeiro põem os pés, depois as pernas, o tronco e, finalmente, mergulham de corpo inteiro.

....

A fobia, como a depressão, pode alcançar qualquer pessoa, independentemente de sua idade. Mesmo quem passou a vida sendo admirada pelos olhos alheios pode desenvolver o medo de encarar a plateia. [...] Os psiquiatras, contudo, registram uma maior tendência ao distúrbio entre pessoas com herança familiar de fobia ou histórico de vida conturbado. 'A criança que é muito cobrada pelos pais e pouco elogiada tem grande chance de manifestar o problema', aponta Araújo. Quando a mãe ou o pai de uma criança padecem de alguma fobia, o filho pode aprender com eles a reagir da mesma maneira a seus medos. Em geral, pessoas mais tímidas e retraídas têm maior probabilidade de se tornarem socialmente fóbicas. A fobia é bem diferente da timidez. 'Uma pessoa tímida pode ter dificuldade para se aproximar de alguém do sexo oposto, mas, devagar, consegue', compara Araújo. Outra característica que diferencia o fóbico é que ele começa a desenvolver comportamentos e hábitos para evitar a qualquer custo as situações que o atemorizam. 'Chamamos isso de comportamentos evitacionistas', completa Jorge. Evitar os confrontos acarreta muitas vezes o progressivo isolamento da pessoa e um inevitável empobrecimento de sua vida social e afetiva. O humorista e escritor Luis Fernando Veríssimo considera uma fobia a sua aversão a falar em público. 'Até hoje sofro muito e tenho vontade de escapar na última hora com alguma desculpa', admite. Mas ao contrário dos verdadeiros fóbicos, Veríssimo se força a enfrentar o pânico. 'A questão é que eu nunca melhorei', lamenta-se" (Kátia Stringuetto e Rita Moraes. Socorro, estão me vendo! IstoÉ, São Paulo, Editora Três, nº 1520, p. 68-70, 18 nov. 1998).

Exercícios

1. Cite algumas técnicas de organização do trabalho.
2. Cite algumas atribuições diárias do trabalho da secretária.
3. Que regras práticas conhece para organizar o trabalho de uma secretária?
4. No manuseio da correspondência há algumas regras práticas? Cite-as.
5. Como deve ser acolhido um visitante?
6. Como deve ser registrada uma entrevista?
7. Redigir um texto convidando um cliente a participar de uma festa de fim de ano em sua empresa.
8. Redigir um edital de convocação para uma assembleia geral ordinária.
9. Redigir uma ata de reunião.
10. Quantos tipos de reunião você conhece? Cite-os.

19

Secretária Moderna

1 Que é ser secretária no mundo moderno

Secretária é uma profissional que assessora o executivo, transmite-lhe informações e executa as tarefas que lhe são confiadas. Ela transformou-se, no mundo moderno dos negócios e nessa era de globalização da economia, em assistente executiva que domina as habilidades requeridas num escritório, demonstra capacidade para assumir responsabilidade sem supervisão direta e tem iniciativa para tomar decisões segundo os objetivos assinalados pela autoridade. Atualmente, o executivo espera dela capacidade para desempenhar funções de assistente administrativa que possam aliviá-lo de trabalhos rotineiros e de alguns especializados. Daí o mercado de trabalho passar a recrutar profissionais com conhecimentos para realizar tarefas que antes eram da competência do executivo.

Em suas funções diárias, a secretária deve ser mais do que uma pessoa encarregada de digitação da correspondência, manutenção de arquivo e atendimento de telefonemas. Ela, às vezes, é a ponte entre aqueles que tomam decisões gerenciais e os que executarão tais decisões; muitas vezes, porém, ela própria, tomando decisões, executa tarefas relevantes para a empresa. É, pois, nesse momento verdadeira assessora, profissional altamente qualificada. Em geral, os executivos preferem secretárias que lhes transmitem segurança na realização das tarefas, pois não dispõem de tempo para conferência de pormenores. Por isso, esse papel de assistente administrativa não se resume a ser elo entre a administração e o pessoal de linha; consiste também em ser suporte para o executivo.

Nesse caso, uma secretária, além das habilidades genéricas que a profissão exige, deverá adquirir os conhecimentos da área do executivo. Assim, a secretária de um executivo financeiro procurará obter informações sobre essa área, aprender o jargão técnico, interessar-se por artigos que tratam do assunto em jornais e revistas, ler alguns livros iniciais sobre o assunto. Da mesma forma, uma secretária de um médico procurará adquirir algumas informações específicas a um consultório ou clínica.

A competência de uma secretária pode ser avaliada não somente por sua capacidade em lidar com papéis e objetos materiais, mas também por sua habilidade em lidar com pessoas. Portanto, inútil pensar numa educação formal com término estabelecido. Não bastam cursos de segundo e terceiro graus para exercer com competência a função de secretária, que exige aprimoramento permanente.

O enriquecimento das tarefas de uma secretária moderna pode ser visto num comparativo de dois tipos estanques: o antigo e o atual. Evidentemente, a apresentação desses tipos tem em vista apenas um efeito didático, já que é possível encontrar secretárias do passado que apresentavam desempenho de assistente administrativa e de suporte para seus executivos. Da mesma forma, é possível encontrar quem defenda o ponto de vista de que a profissão de secretária deve compreender somente as tarefas de secretariado. Mantendo-se, portanto, aberta a discussão, pode-se dizer que *antigamente* a secretária atendia a um executivo e que *hoje* ela é assistente da empresa ou de uma área, como, por exemplo, a diretoria.

Anteriormente, o executivo ditava cartas que a secretária datilografava. *Hoje*, o executivo digita sua correspondência e a envia por fax ou *e-mail*, ou delega totalmente à secretária a redação e assinatura da carta. As tarefas de uma secretária *compreendiam* recepção e envio de documentos, atendimento telefônico, de visitas, manutenção de arquivo e agenda, marcação de reuniões, provisão de material de escritório. *Hoje*, as tarefas de uma secretária *compreendem* gerenciamento e operação de sistemas de informação (telefone, fax, copiadoras, microcomputadores ligados por *modem* a redes de informação); gerenciamento de serviços e de treinamento, atendimento a clientes, objetivando oferecer maior qualidade dos produtos ou serviços da empresa para a qual trabalha; apoio logístico a reuniões (preparação de sala, estabelecimento de horário, envio de pauta, provisão de material necessário, como canetas, blocos de papéis, lápis, borracha, clipes, grampeador, pastas e outros).

Com toda essa alteração nos requisitos de desempenho de uma secretária, nada mais oportuno que uma preparação educacional diferente da que se oferecia às secretárias. Entre regras de comportamento à mesa (boas maneiras) e conhecimentos administrativos, financeiros, contábeis, de negócios e outros, é possível que a secretária moderna dê prioridade a estes últimos tipos de conhecimentos. Não queremos aqui polemizar nem desconsiderar a importância da educação em todos os lugares em que a secretária frequenta. Dito isto, se *antes* os cursos de secretariado ofereciam técnicas de organização de escritório, de atendimento telefônico e organização de escritórios, *hoje* é necessário que os cursos de secretariado abordem administração, marketing, comércio exterior, contabilidade, finanças, processamento de dados (informática), uso de equipamentos de comunicação, como copiadoras, fax, microcomputadores, calculadoras eletrônicas.

Nunca é demais salientar que, às vezes, secretárias são postas em posição de responsabilidade, mas não se lhes delega suficiente autoridade para que levem a cabo tal responsabilidade. O mundo dos negócios, com o elevado número de tarefas e pressões devido à burocracia, rotinas de trabalho, tem levado os executivos a delegar mais responsabilidade a suas secretárias e a implementar a autoridade delas. Embora seja legítimo interessar-se por informações sobre a organização do escritório, é exigência do mundo dos negócios modernos que as secretárias estejam preparadas para desempenhar com competência muitas tarefas especializadas que requerem capacidade para avaliar e julgar antes que sejam executadas. Já não se concebe um executivo pensando por uma secretária, que seja capaz apenas de executar tarefas mecânicas. Ela deve estar preparada para decidir o que deve ser feito na maior parte do dia. Muitas dessas tarefas são consideradas funções administrativas ou executivas. Entre as responsabilidades adicionais que são esperadas de uma secretária devem ser incluídas:

- obtenção de informações para o executivo: cópias de artigos de revistas e jornais, resumo de artigos de periódicos (*clipping*);
- consulta a fontes de informações (referência bibliográfica) para obtenção de informações desejadas pelo executivo. Pode ser incluído aqui o interesse por visita a livrarias para sondagem de novas publicações de interesse do executivo;
- participação ativa em encontros e, às vezes, coordenação e presidência dos trabalhos;
- preparação de encontros, congressos, conferências. Faz parte também de suas atividades lembrar o executivo das tarefas que lhe foram delegadas para esses encontros;
- redação de correspondência. A secretária deve ter redação própria, bem como conhecimento gramatical adequado a essa tarefa. Sua redação deve dispensar a leitura e conferência do executivo. Muitas cartas serão assinadas por ela mesma;
- preparação de relatórios administrativos e redação de artigos para publicações. A secretária deve ter conhecimentos de preparação de textos, de regras básicas de metodologia científica, como a NBR 6023:2002 da Associação Brasileira de Normas Técnicas (norma relativa à elaboração de referência bibliográfica) e outras. Evidentemente, o conhecimento de outras NBR é necessário, dependendo da área de atuação da empresa;
- digitação e edição de textos;
- composição de relatórios, memorandos e listas de assuntos que farão parte da conversa profissional do executivo num encontro;
- supervisão e treinamento de auxiliares;
- seleção e recomendação de equipamentos para escritório;
- aquisição de material de uso diário no escritório.

A secretária deve estar atenta para o efeito do rápido desenvolvimento tecnológico, sobretudo com a introdução de modernos aparelhos de comunicação (variados tipos de telefone, fax, copiadoras, microcomputadores). Esses instrumentos alteraram sobremaneira a rotina quotidiana da execução dos serviços.

Em vez de folhear pastas de arquivos à procura de documentos, passa a recuperar informações que estão registradas em disquetes ou no *winchester* do próprio microcomputador. Se necessário um documento escrito, então basta que acione a impressora para que imprima a informação de que necessita. Nada de montanhas de papel e de buscas cansativas e intermináveis. O computador evita também a saída do local de trabalho, sobretudo nos casos em que a empresa dispõe de redes de computadores.

O quotidiano do escritório, no entanto, revela entraves na realização das tarefas. O computador emperra, a impressora não imprime, a copiadora estraga, as ligações telefônicas não se concluem por falta de linha, enfim, às vezes é ilusório imaginar que um escritório automatizado é um paraíso para as secretárias. Sua rotina foi alterada por problemas que desconhecia: o tempo de espera de resposta do computador, as necessidades de manutenção dos mais variados aparelhos. Em muitas situações, a secretária passou a viver muito mais rapidamente, a executar tarefas com maior velocidade. Por exemplo, a resposta de uma correspondência entre ida ao receptor e volta demorava alguns dias; hoje, com o fax ou com o *e-mail*, a resposta pode ser imediata. E a secretária tem então de desdobrar-se. Enganam-se os que imaginam que a automatização liberou totalmente a secretária para tarefas de assistente administrativa, assessora, parceira em virtude da automação dos escritórios.

Esse mundo moderno, contudo, é atraente para as secretárias. Elas não querem as rotinas de dez anos atrás.

Calculadoras eletrônicas oferecem respostas instantâneas e precisas, e modernas máquinas copiadoras tornam o trabalho da secretária muito mais limpo do que era até pouco tempo atrás, com o uso de papel carbono. Modernos processadores de texto, como o Word for Windows, e impressoras a *laser* transformaram a rotina cansativa de datilografias e correções infindáveis em aprazíveis, rápidos e satisfatórios serviços de confecção e expedição de correspondência.

Essas alterações dividiram a carreira de secretária em duas, pelo menos: de um lado, temos a secretária que ocupa função de suporte administrativo; de outro, a secretária que exerce funções rotineiras de escritório.

2 Natureza da função e importância

A profissão de secretária exige discrição. Muitas informações que lhe são confiadas ela não as pode divulgar. Embora chegue a seu conhecimento notícias sobre o que acontece em toda a empresa, se quiser manter alto grau de profissionalismo e a estima de todos, deverá manter-se calada sobre tais notícias, principalmente sobre aquelas conhecidas pelo nome de *fofoca*. Deve evitar, portanto, conversar sobre assuntos particulares, sobretudo os relativos a seu executivo ou de seu departamento. Esse procedimento garante a confiança de todos da empresa e permite ao executivo a que atende trabalhar tranquilamente, cuidar de qualquer negócio, mesmo que ela esteja diante dele.

Sem discrição, a carreira da secretária será breve. Não obstante seja comum encontrar secretárias que apregoam competência e se mostrem poderosas por conhecer "segredos da organização" e de colegas, tais pessoas são indesejáveis numa empresa.

Para evitar a curiosidade que a função desperta, é possível, ao recepcionar alguém, dirigir a conversa para assuntos do noticiário jornalístico, ou genéricos, como esporte, teatro, cinema, turismo e outros. A secretária deve ser hábil também para evitar que a conversa se estenda demasiadamente, ou alcance sua vida particular.

Quando o executivo se ausentar, responder aos que o procurarem: *"Teve de ausentar-se."* E só! Evitar, portanto, dizer exatamente onde ele se encontra e o que foi fazer. Assim, não dirá que o executivo saiu para resolver um problema familiar, saiu para um cafezinho, foi ao banheiro, saiu para um descanso, estava estressado ou tirou uns dias de licença. Nada disso. Informar, todavia, quando será possível o executivo atender ao visitante. A linguagem deve ser precisa:

"– Fulano de Tal estará no escritório somente a partir de tal hora."

A função de secretária exige discrição até mesmo após a mudança de emprego, isto é, jamais deve dar-se a comentários maldosos sobre colegas e estrutura da empresa que deixou. Se a nova organização em que está trabalhando também desagrada, evitar fazer comparações. Se agir de modo diverso, a secretária estará prejudicando sua imagem e, consequentemente, sua carreira profissional.

A essência da profissão não se resume ao desempenho de tarefas rotineiras de escritório, mas pede também o domínio de determinados conhecimentos e habilidades, particularmente os relativos a finanças, economia, marketing, administração, comércio exterior, contabilidade, tributação e relações humanas no trabalho.

Não obstante a exigência de que deva dispor de grande soma de conhecimentos, a secretária só obtém êxito se se dedicar ao conhecimento do serviço que deve realizar. E uma das condições para alcançar bom êxito é ter consciência de que o começo pressupõe obstáculos e exige perseverança, aprendizagem, coragem para rejeitar práticas antigas e determinados vícios adquiridos na constância do desempenho do trabalho. A secretária deve manter-se sempre aberta para novas aprendizagens na execução das tarefas que lhe são confiadas.

Em geral, os executivos preferem uma profissional que possa ser sua assistente a uma profissional que apenas tira partido de sua apresentação impecável. Por isso, é recomendável que, ao ser selecionada, a secretária procure observar o comportamento prevalecente no escritório, os valores tidos em maior conta, os objetivos profissionais das pessoas que estão a sua volta, particularmente de seu executivo, capacidade comunicativa e métodos de trabalho dele. Além disso, deve procurar conhecer o que ele espera dela.

O executivo espera desempenho satisfatório da parte da secretária que deve, portanto, atentar para a descrição de seu cargo antes de ingressar na empresa. Assinar um contrato empregatício sem saber quais tarefas deverá realizar é correr o risco de frustrar aqueles que fizeram a contratação. Ao mesmo tempo que a empresa seleciona profissionais, estes devem selecionar organizações, levando em conta, entre outros quesitos, remuneração, liquidez da empresa, capacidade de pagamento, atrasos no pagamento dos salários, plano de carreira, comportamento dos diretores.

Evidentemente, essas informações precisam ser conseguidas com habilidade e nem todas diretamente com o entrevistador.

Com frequência, a tarefa principal da secretária é assessorar com eficácia o executivo; ela será dirigida por ele e dificilmente terá subordinados.

O desempenho das tarefas exige a procura de novos conhecimentos. A reciclagem contínua, cursos de treinamento, ou mesmo cursos regulares de 3º grau em áreas administrativas são sempre indicados. Por isso, a secretária deve ter a mente aberta para acompanhar o desenvolvimento do conhecimento e procurar implementar suas habilidades. Frequentemente, causam obstáculos à maior eficácia de seu desempenho a falta de informações sobre o estágio do desenvolvimento de determinadas ciências, a inibição, o medo exagerado de situações ou equipamentos novos, a incapacidade para boa comunicação, provocada por introversão excessiva. Além disso, são detestáveis em qualquer ambiente de trabalho pessoas que não sabem ouvir e se sentem donas da verdade. Também, no escritório, a regra do meio termo favorece o bom êxito: os exageradamente extrovertidos, juntamente com os exageradamente tímidos, não favorecem à construção de um ambiente equilibrado e gostoso de se trabalhar.

É necessário que a secretária tenha rigoroso controle de qualidade de todo seu trabalho, revisando tudo o que faz. Evitar, portanto, a pressa causadora de serviços malfeitos, o arquivamento em lugar impróprio, erros de grafia, cálculos incorretos.

A boa qualidade nas atividades que incluem redação exige estética, clareza de pensamento, ausência de lugares-comuns e frases feitas, concisão.

A ausência de originalidade, causada pela falta de reflexão, ou pela preguiça na procura de uma forma menos desgastada, pode levar a secretária a escrever lugares-comuns como:

"São Paulo, 27 de junho de 2003.
Prezadíssimo Senhor:

  Empenhados que estamos em servir melhor para servir sempre, nosso lema é acreditar em nossos clientes, a quem tratamos com desvelo para transmitir uma imagem positiva de nossa organização. A realidade não está fácil, a crise invadiu todos os ambientes de trabalho, espalhando o temor e a desconfiança. O país, mergulhado no caos, dá as mãos aos corruptos. Um mundo de desmandos, em que as dificuldades estruturais se aliam às contingenciais. Por isso, tomamos a liberdade de informar a V. Sa., tão amável no trato das coisas sérias, que sua duplicata, de número 9098, vencida desde 15 de setembro, aguarda quitação. Com certeza, V. Sa., sempre zelosa do bom nome de sua empresa, há de convir que a continuação de nossos laços comerciais depende do pagamento da referida.

  Sem mais para o momento, queira receber nossos mais elevados protestos de elevada estima e distinta consideração."

O texto apresentado não é nenhum modelo de correspondência, porque agride a rapidez que as comunicações modernas exigem. É também um texto repleto de frases ruins, sem criatividade. Nele se destacam as frases feitas ("servir melhor para servir sempre", "a realidade não está fácil", "a crise invadiu todos os ambientes de trabalho"); os lugares-comuns ("mergulhado no caos", "mundo de desmandos", "dificuldades estruturais"); o clichê ("sem mais para o momento", "elevados protestos").

De modo geral, o clichê e o lugar-comum equivalem a chavão, forma vazia de expressão e de sentido.

O uso de expressão estereotipada impede o acesso à realidade. A manifestação de pensamento por meio de frases prontas não permite a análise profunda da situação.

O controle de qualidade proporciona desempenho adequado e desenvolve a satisfação íntima do trabalho. Para consegui-lo, revise todos os trabalhos realizados, principalmente os relativos à produção textual.

Finalmente, embora possam parecer prescindíveis, são desejáveis a uma secretária os seguintes conhecimentos: procedimentos de trabalho, regulamento e filosofia da empresa, objetivos, organograma e, sobretudo, política de negócios da organização.

3 Antes de ingressar na empresa

Você tem sua técnica para procurar emprego. Nunca, porém, é demais lembrar que uma colocação pode ser obtida por meio de colegas, classificados de jornais, lista telefônica, agências, endereços eletrônicos. São oportunas as seguintes palavras de Giacaglia e Penteado (1981, p. 38):

> "É natural que as pessoas prefiram dar empregos a seus conhecidos ou indivíduos recomendados por eles. Portanto, é mais fácil arranjar um emprego quando você conhece seu futuro patrão ou alguém que o conheça. Neste caso, se você estiver procurando trabalho, fale com muitas pessoas.
>
> Há ainda outras maneiras para se arranjar um emprego. Às vezes, nossos amigos ou ex-professores sabem da existência de vagas. Podemos também ir a agências de empregos, ler anúncios em jornais, verificar placas com ofertas de empregos no próprio local etc. A maneira mais eficaz irá depender do tipo de emprego que você procura e do local.
>
> Pergunte a várias pessoas que conseguiram emprego recentemente o que fizeram.
>
> Converse com colegas que obtiveram empregos semelhantes ao que você está procurando."

Há anúncios que dão ênfase à boa aparência, pedem fotos de corpo inteiro e dão preferência às solteiras. É importante também que você avalie o comportamento da empresa em que pretende trabalhar: será que se trata de uma organização estável, que paga em dia seus empregados? Verifique se seus futuros colegas estão contentes e tome uma decisão baseada em fatos previamente analisados. Leve em conta, ao procurar um emprego, suas emoções, sua satisfação pessoal.

4 Currículo

A finalidade do currículo é alcançar a entrevista. É apenas um guia e não uma biografia. Lembre-se sempre, ao redigir o currículo, de que nele você deverá estampar sua personalidade, sua capacidade e experiência, sua educação e asseio.

Ao redigir o currículo, alguns cuidados básicos devem ser levados em consideração:

1. Objetividade: um texto interessante em geral não é longo, mas enxuto.
2. Boa apresentação: deve ser digitado e impresso a *laser*.
3. Especificidade: não se deve enviar xerocópia de um currículo a uma empresa; ele deve parecer que foi escrito para uma empresa específica, candidatando-se a uma vaga específica. Também não se admite o currículo escrito a mão.

4.1 Questões práticas

1. Incoerências entre o currículo e a carta de apresentação que deve acompanhar o currículo são desastrosas. Por exemplo, evitar maior competência do que realmente você tem. Assim, soa presunçoso dizer que uma jovem profissional, recentemente formada, tem grande experiência numa atividade. Nesse caso, o currículo não sustenta tal informação.
2. O autoelogio, como: *"sou comunicativa"*, *"sou dedicada e dinâmica"* e outros, pode prejudicar a candidata. Outras pessoas é que devem avaliar seu comportamento.
3. Linguagem excessivamente técnica é um grande empecilho para você alcançar bom resultado. O currículo vai ser selecionado por profissionais de recursos humanos! Ora, se o selecionador do currículo não entender sua linguagem, você será prejudicada.
4. Evitar informar que tem pouco conhecimento sobre algo. Você deve preferir dizer que tem conhecimento sobre algo. Em vez de *"tenho noções de biblioteconomia"*, dizer: *"tenho conhecimento de biblioteconomia"*.
5. Profissionais experientes evitam estender as informações do currículo, transformando-o em uma biografia. Evitam informações muito antigas (de 10, 20 anos atrás). Duas ou três atividades recentes são suficientes.
6. Não poluir o currículo com informações sobre documentos escolares.
7. Experiência profissional deve ser iniciada pela mais recente.
8. Dizer sempre a verdade, mesmo que tenha sido despedida no último emprego. Para suavizar uma possível informação, dizer que *"a experiência, embora frustrante, trouxe alguma aprendizagem"*.

9. Informar a data da conclusão dos cursos.
10. Evitar o histórico escolar e descrição de trabalhos desenvolvidos na faculdade.
11. Se for inexperiente, dizer que é recém-formada e tem pouca experiência. Conquistar seu selecionador pela simplicidade e humildade.
12. Escrever uma frase de objetivo, usando o verbo no infinito: *"atuar na área de secretariado de empresa editora"*.
13. Fugir dos dados pessoais, como solteira, jovem, bonita. São informações que não acrescentam nada a suas qualificações profissionais.
14. A estética do currículo deve ser cuidada. Bom visual atrai o selecionador. Separar as informações em blocos.
15. Dispor as informações de forma clara e objetiva.
16. Não encher o espaço do currículo com excesso de informações, achando que isto vai cativar o selecionador.
17. O currículo longo nunca é atraente.
18. Esquecer os cursos de datilografia, ou sobre linguagem de computador, se essas informações não são relevantes para a função que tem em vista.
19. Não revelar salário pretendido. O assunto deve ser resolvido na entrevista.
20. Não mencionar escolas de 1º e 2º graus.
21. Evitar siglas e abreviaturas.
22. Idiomas: informar grau de fluência.
23. Deixar fora do currículo informações sobre religião, times para os quais torce, *hobby*.

4.2 *Estrutura do currículo*

Estruturalmente, o currículo é composto de:

- dados pessoais: nome, data de nascimento, telefone;
- objetivo (escreva uma frase, com verbo no infinitivo, informando o que você deseja fazer na empresa; a que cargo se candidata);
- posicionamento profissional (suponhamos: *"secretária executiva bilíngue, com 15 anos de experiência"*);
- experiência profissional: o que sabe fazer;
- relação dos três últimos empregos;
- formação escolar. Evitar informações sobre escolas de 1º e 2º graus;
- idiomas: grau de fluência;
- local e data;
- assinatura;
- carta de apresentação.

O currículo que mais tem agradado é o conciso, que ocupa uma página ou pouco mais. Procure, por meio da disposição e do que nele você redigiu, aguçar a expectativa por sua pessoa. Junto com o currículo, envie uma carta argumentativa, manifestando interesse em ingressar na empresa e as razões que a levaram a isso. Finalmente, é preciso dar embalagem ao currículo. Ele também é um produto. Se possível, use uma pasta plástica.

O currículo impresso em papel parece estar com seus dias contados. Como a reengenharia empresarial reduziu as equipes de profissionais de seleção de recursos humanos e pouco tempo há para responder aos candidatos, as empresas dão, pois, preferência aos currículos que lhe são oferecidos eletronicamente por empresas especializadas na venda dessas informações transmitidas via *modem*. O candidato preenche formulário adquirido em banca de jornais ou papelarias e cadastra-se numa dessas empresas. O currículo será visto durante 90 dias por empresas interessadas na contratação de mão-de-obra.

Após a entrevista, se tiver de preencher alguma proposta de emprego, não o faça rapidamente ou trêmula. Acalme-se e preencha-a com letras graúdas e legíveis. Se houver perguntas sobre idiomas que fala e você não tiver fluência suficiente quanto a algum, escreva: *"suficiente para digitação, ou datilografia"*, ou algo semelhante.

4.2.1 Currículo eletrônico

Algumas empresas já estão abandonando seus arquivos de papel. Empresas como a Unisys Corporation, multinacional norte-americana, escaneiam currículos e armazenam as informações em arquivos eletrônicos. Nos EUA, a Microsoft, para agilizar a seleção de candidatos, utiliza o formulário eletrônico de informações curriculares, que elimina excessos de informações e concentra-se nas que são necessárias à empresa.

O processo eletrônico de seleção de candidatos vale-se da informática para previamente fazer uma primeira triagem. Com o computador, já é possível escolher, em um banco eletrônico de currículos, os que mais se encaixam no perfil profissional procurado pela empresa. O selecionador filtra os documentos ou pela escolaridade ou uma palavra-chave. Suponha-se, por exemplo, que seja MBA (*Master in Business Administration*) a expressão procurada. Resta, portanto, aos candidatos adaptarem-se às mudanças introduzidas pelo currículo eletrônico. Uma das recomendações dos estudiosos da nova forma de seleção é imaginar o que os selecionadores querem encontrar nos currículos. Nesse caso, é necessário usar palavras precisas; a palavra de sentido equivalente (chamada impropriamente de sinônimo) pode levar o candidato a ser descartado; a palavra exata, no entanto, pode ser o diferencial necessário para levar o candidato a ser o escolhido. Para superar o obstáculo da palavra-chave, sugere-se examinar a descrição dos anúncios de emprego.

4.2.2 Guia para preparar um currículo escaneável[1]

Ao prepararmos um currículo escaneável, é necessário atentar para as seguintes informações:

---

[1] Texto desenvolvido com apoio em *Folha de S. Paulo*, 11 out. 1998, p. 1-2.

- os corpos mais indicados são o 13 e o 14;
- as fontes (tipos) que proporcionam maior clareza são: Times New Roman, Futura, Courier. Tipos que oferecem dificuldade de leitura são contraindicados;
- o excesso de itálico e sublinha prejudica a leitura e a estética do currículo;
- espaço interlinear: 1 1/2;
- impressora a *laser*, preferencialmente;
- é procedimento incorreto enviar cópia xerocada de um currículo a uma empresa;
- palavras a utilizar: as que têm relação com a área de atuação. Em geral, são palavras procuradas: *criar, colaborar, conduzir, coordenar, delegar, desenvolver, integrar, gerenciar, negociar, organizar, persuadir, qualificar, selecionar, tomada de decisão, idioma estrangeiro, liderança, falar em público, treinamento*;
- texto: frases curtas; verbos na primeira pessoa; voz ativa;
- abreviaturas e siglas prejudicam a compreensão do currículo, exceto as que são de reconhecido prestígio e conhecimento, como MIT (Instituto de Tecnologia de Massachusetts) e MBA (*Master in Business Administration*);
- duas são as seções principais do currículo: objetivo e experiência;
- currículos impressos não devem apresentar dobras fortes que prejudiquem a leitura do *scanner*, bem como o uso de grampos.

4.2.3 Endereços eletrônicos

A seguir, uma lista de algumas empresas que já oferecem endereço eletrônico para receber currículos:

- IBM: <http://www.ibm.com.br>;
- Microsoft: <http://www.microsoft.com.br>;
- Top Services: <http://www.topservices.com.br>;
- Unisys: <http://www.unisys.com.br>;
- Xerox: <http://www.xerox.com.br>;
- Algar Bull: <http://www.algarbull.com.br>;
- RH Info: <http://www.rhinfo.com.br (empresa de treinamento)>;
- BankBoston: <http://www.bankboston.com.br>.

4.3 Carta para acompanhar o currículo

Ainda que eximiamente digitado, com todas as informações necessárias, o currículo não é suficiente. As empresas esperam receber de candidatos a uma vaga oferecida uma carta em que você manifesta o desejo de ingressar na empresa e apresenta alguns motivos pelos quais tomou essa decisão.

Em primeiro lugar, essa carta será única, isto é, será redigida e digitada para uma empresa específica. Evite, portanto, a xerografia, as cópias em carbono, as cartas manuscritas, as cartas mimeografadas. Todos esses fatos podem manifestar desinteresse de sua parte.

Use computador ou máquina de datilografia elétrica, ou eletrônica. Os tipos serão simples e o espaço duplo. O papel será de boa qualidade, sem enfeites. Nada, portanto, de papéis coloridos.

A linguagem será clara, objetiva, precisa. Evidentemente, deverá manifestar rigor quanto à ortografia, pontuação, concordância. Se tem algum amigo de bons conhecimentos linguísticos, submeta-lhe sua carta para correções.

Se possível, enderece sua carta a uma pessoa certa. Nada de enviá-la à empresa ou a um departamento. É fácil resolver tal dificuldade: telefone para a empresa e pergunte o nome da pessoa encarregada do setor.

Uma carta de apresentação, frequentemente, tem três parágrafos. No primeiro, diga sobre seu interesse pela vaga oferecida. No segundo, fale de sua experiência e sobre o conhecimento que tem da empresa. No terceiro, solicite uma entrevista. Termine sua carta com expressões de gentileza.

As normas de digitação ou datilografia a serem seguidas são as seguintes:

- deixe como margem três centímetros do lado esquerdo e três do direito do papel;
- em relação à altura, distribua o texto de modo estético, gracioso, agradável;
- use espaço duplo entre os parágrafos;
- assine a carta com caneta azul ou preta.

Segue modelo de carta de apresentação e solicitação de entrevista:

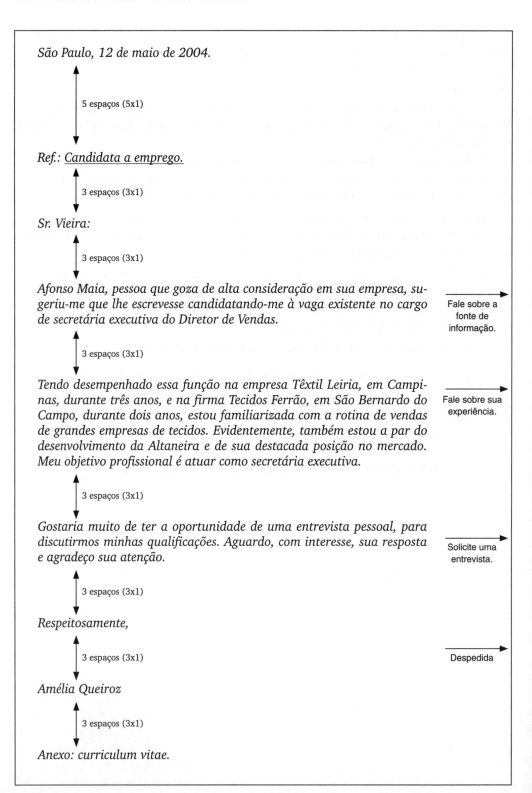

5 Entrevista

A candidata a secretária deve ter presente que, hoje, na avaliação da entrevistada, se levam em conta: objetividade das respostas às perguntas feitas pelo entrevistador; organização do pensamento e argumentação; honestidade e fluência na exposição das ideias. A maneira de vestir-se também exerce influência sobre o entrevistador. Roupas exageradamente decotadas ou curtas não favorecem a candidata. O asseio no traje transmite o cuidado que a pessoa tem consigo mesma e com o serviço que virá a executar. O modo de portar-se diante de quem faz a entrevista pode ser decisivo na avaliação da candidata. Pessoas que se sentam desajeitadamente podem transmitir vestígios de comportamento desleixado ou relaxado. Também não é conveniente arrojar-se sobre o entrevistador ou debruçar-se sobre ele.

A *Folha de S. Paulo*, de 31-10-04, publicou artigo sobre erros que "derrubam" novatos no ato da entrevista, e salientou a letra desleixada ao preencher uma ficha de solicitação de emprego, a roupa inadequada, o currículo vago, a falta de firmeza na entrevista. Tênis, camiseta e chiclete são empecilhos à transmissão de uma boa imagem de um candidato a emprego. Roupas mais formais são indicadas por ocasião da entrevista. O currículo eximiamente confeccionado será um trunfo grande. Após informações sobre nome e endereço, escreva uma frase clara sobre seu posicionamento profissional, ou seja, o que você sabe fazer e qual é seu objetivo. Escolhido seu currículo, prepare-se para impressionar seu entrevistador com respostas firmes e convincentes. Ensaie com uma amiga uma possível entrevista. Vá para a entrevista já conhecendo a empresa e o perfil da vaga. Não se assuste com perguntas pessoais; o conhecimento de sua personalidade é importante para a empresa. Em geral, o selecionador precisa saber características de sua personalidade: se é responsável, se gosta de aprender, se prefere trabalhar sozinha ou em equipe. Você pode perguntar ao entrevistador sobre o que a empresa espera do empregado para aquela vaga.

A linguagem utilizada na entrevista deve ser formal. E nem sempre a entrevista é única. Ocorrem perguntas de todo tipo, algumas com a finalidade de romper o silêncio e iniciar uma conversação descontraída.

Comumente, as perguntas que ocorrem numa entrevista (e por isso você pode preparar-se de antemão) são: este é seu primeiro emprego?; por que deixou seu último emprego?; por que muda tanto de emprego?; por que permaneceu tanto tempo na mesma empresa?; o que você fazia anteriormente?; teve problemas de relacionamento no trabalho?; você estuda?; quais são seus objetivos no trabalho?; você tem planos estabelecidos quanto a seu emprego?; quais são suas pretensões salariais? (estabeleça uma faixa de negociação).

Podem, ainda, ocorrer perguntas que não se referem a seu desempenho profissional, como: que faz seu marido?; que faz seu namorado?; como é sua vida familiar e afetiva?; possui casa própria, automóvel?; quantos dependentes tem? Lembre-se de que do ponto de vista da empresa o equilíbrio familiar gera expectativa positiva. O desequilíbrio pode levar o entrevistador a imaginar que você trará seus problemas para o trabalho. Algumas perguntas podem parecer absurdas ou provocativas; nesse caso, além de permanecer segura e tranquila, aproveite para avaliar o entrevistador.

Finalmente, o entrevistador pode pedir-lhe que você fale de si mesma.

Tenha sempre presente que o selecionador procura alguém que sirva para a empresa, mas também é de sua competência verificar se a vaga oferecida é-lhe adequada. Portanto, é um processo lento, que exige análise de pormenores, porque seria muito dispendioso contratar e demitir pessoas em breve espaço de tempo.

Juntamente com você, outras pessoas podem estar concorrendo à mesma vaga oferecida. Os currículos enviados à empresa são muitos. Por isso, há necessidade de testes, de entrevistas e outros.

Repetimos: além do conteúdo das respostas, ao entrevistador também interessa o comportamento da candidata durante a entrevista. Por isso é que se recomenda objetividade, em vez de dubiedade, de confusões de raciocínio, de explanações truncadas, de justificativas em excesso.

É muito importante transmitir uma imagem boa de você mesma. Por isso, procure saber o nome do entrevistador previamente, bem como a posição que ele ocupa dentro da organização. É conveniente levar uma cópia extra de seu currículo. Se ele estiver bem acondicionado (num plástico ou numa pasta), você certamente será mais bem vista.

E ainda: seja discreta quanto às respostas às perguntas pessoais, evite exagerar suas capacidades, bem como discutir com o entrevistador.

A voz deverá ser suave e agradável. Sua simpatia e seu sorriso vão proporcionar-lhe melhores resultados que uma cara mal-humorada. Recomendamos cuidado com a aparência, e desistência da entrevista se estiver doente.

Você poderá fazer algumas perguntas, como: quais serão suas funções na empresa, qual a política salarial, quais são as perspectivas profissionais, onde irá trabalhar.

6 Base para a prática do secretariado

Em primeiro lugar, você precisa estar bem para atuar bem, com esmero, com dedicação. O bom êxito não consiste na observância de uma regra fixa, mas, antes, na adaptação contínua às situações; *depende de sua capacidade reflexiva para resolver problemas.* Não consiste em caminhar bem por caminhos já conhecidos, mas em enfrentar com serenidade o que é novo. Por isso, uma secretária jamais poderá fugir dos momentos que exigem uma decisão sua.

Comece bem, e comece numa empresa em que você possa atingir suas metas e satisfazer a suas necessidades.

É necessário aprender rapidamente a desempenhar todas as tarefas, reconhecer a política da empresa, os interesses de seu executivo, fazer sobressair seus valores pessoais, mas sem ferir colegas e, sobretudo, trabalhar com quem é capaz de explorar seu potencial positivo, sua força, sua garra. Evite, portanto, executivos que queiram fazer sobressair as fraquezas da secretária.

Se algum dia tiver de deixar a empresa, procure fazer de modo que sua carreira não fique prejudicada, interrompida.

7 Atributos da secretária

Antes de tudo, juntamente com seus colegas, a secretária forma a organização. É uma profissional importante, que deve representar o executivo, com eficiência e eficácia. Dela a empresa exige espírito cooperativo para trabalhar em equipe, cuidado com a boa aparência, roupas apropriadas ao desempenho de seu trabalho, hábitos de higiene e saúde.

Outros aspectos não menos importantes devem ser levados em consideração: atualização profissional constante, cuidado e esmero com o que faz, bom senso nos julgamentos, visão de todo o trabalho, metodologia de execução do trabalho, *flexibilidade para focalizar a tarefa de diferentes modos,* espírito de iniciativa e criatividade para realizar tarefas novas e não exigidas, elaboração de um plano de trabalho, capacidade para adaptar-se às diversas situações, eficiência na execução de suas tarefas, esforço para o aprimoramento de tudo o que faz, sensibilidade para evitar ausentar-se de sua mesa e perturbar colegas, discrição e respeito por tudo o que deve ser mantido em segredo, capacidade para reconhecer interesses da empresa, impessoalidade diante de situações subjetivas, inteligência para respeitar a autoridade hierárquica e deixar de fazer observações maldosas aos colegas. E, sobretudo, docilidade e compreensão para aceitar tarefas adicionais.

Oportuno é fazer com que as tarefas pedidas sejam realmente executadas com eficácia, bem como aceitar sem maiores rumores orientações quanto aos erros que comete.

A secretária que persegue o progresso profissional procura continuamente novos métodos para realizar seu trabalho com mais eficácia. É procedimento indesejável numa secretária ficar de braços cruzados quando termina tudo o que deveria fazer ou manifestar ânsia pelo término do expediente. Ela, porém, não é uma máquina, uma pessoa voltada unicamente para o trabalho. Dela se esperam alternativas de execução de tarefa, opiniões, argumentações. A secretária cordeiro, que aceita tudo o que lhe pedem, pode não ser a mais desejável numa organização. Não obstante isso, deixe seus argumentos falarem mais alto, em vez de optar pela reclamação inoportuna.

A par de ser operante, responsável, serena, diplomata, organizada, amável com todos e entusiasta, pertence ao comportamento da secretária profissional a ânsia incontida pelo saber, o silêncio diante de qualquer espécie de fofoca, assim como a ausência de crítica ao trabalho realizado por terceiros. Seu trabalho consiste em aliviar o executivo de atividades rotineiras, de modo que ele possa dedicar-se às responsabilidades específicas de seu trabalho. Por isso, a ela cabe auxiliá-lo a organizar melhor seu tempo; evitar interrompê-lo a todo instante; cumprir os prazos estabelecidos e programados; manter a produtividade costumeira dentro de um ambiente tranquilo e agradável.

Resumindo, são qualidades indispensáveis a uma secretária: (a) segurança profissional, proporcionada por sua capacidade de trabalho, bom-senso e equilíbrio emocional; (b) habilidade e intuição para tomar decisões corretas e nos momentos mais adequados; (c) ponderação diante de situações complexas; (d) humildade para reconhecer seus limites e aceitar críticas apoiadas em argumentos; (e) organização e capacidade de planejamento; (f) disponibilidade para executar trabalhos que não estão diretamente relacionados a sua descrição de cargo; (g) discrição; (h) senso de humor.

8 Apresentação pessoal

Embora a palavra seja um veículo eficiente de comunicação, a secretária também se comunica com outros meios que não a palavra: gestos, expressões corporais, vestuário.

O exagero em qualquer forma de comunicação não verbal ridiculariza sua origem.

Segundo Minicucci (1983, p. 217):

> "A comunicação humana que pretende ser exclusivamente verbal corre o risco de intelectualizar-se. Por outro lado, a comunicação que pretendesse dissociar-se de todo recurso à linguagem seria dificilmente inteligível ao outro, pelo fato de não recorrer a uma simbolização na expressão de si."

Como a secretária representa a empresa, sua postura física deve ser equilibrada. Não há regras fixas, mas é recomendável que, ao atender pessoas ou dirigir-se à sala de seu executivo, caminhe com elegância, evitando fazê-lo desajeitadamente, com pernas abertas, ombros pendentes, costas curvadas, cabeça abaixada. A postura deve ser firme, sem trejeitos, torcimento de mãos, gesticulação excessiva.

9 Como alcançar objetivos

Uma pessoa pode alcançar melhor seus objetivos quando determina seus valores e metas de vida. Por isso, é necessário que você conheça suas qualidades e fraquezas e aquilate seu potencial de realização.

Você trabalha sobretudo com comunicação oral e escrita; das comunicações escritas que você cuida, grande parte é correspondência comercial, e em todas as atividades que desempenha depara com pessoas. Procure, portanto, aperfeiçoar sua técnica redacional, suas habilidades de comunicação, sua capacidade de interação com as pessoas.

São obstáculos à consecução de objetivos profissionais: indiscrição, desinteresse profissional, uso abusivo do telefone para conversas particulares, desleixo com a expressão corporal e roupas, excesso de curiosidade, ausência prolongada da sala onde trabalha, preocupação com trabalhos manuais que trouxe de casa, transações comerciais particulares, fofocas, hábito de ingerir alimentos no escritório, exagero na apresentação pessoal, impertinência, egoísmo de todo tipo e até a chantagem moral.

A capacidade reflexiva da secretária em constante vigília distingue-a como uma pessoa que pensa e executa; ela não é apenas uma executante. Por isso, interrogue-se continuamente sobre quais são seus objetivos profissionais, que há de bom em seu ambiente de trabalho, nas tarefas que executa, quais são suas características profissionais, ou seja, o que lhe dá maior prazer; indague a si mesma quanto à possibilidade de desempenhar novas tarefas, se existem oportunidades de crescimento profissional dentro da empresa, que tipo de conhecimento é necessário para ocupar novas posições.

10 Leitura

Com base no texto seguinte, discuta em grupo as seguintes questões:

1. Quais as ideias contidas no primeiro parágrafo?
2. Que tem a dizer sobre a ocupação de cargos de chefia das mulheres?
3. As mulheres estão competindo com os homens no mercado de trabalho?
4. A mulher precisa estar mais bem preparada em sua formação escolar que o homem?
5. Há ainda discriminação salarial entre homens e mulheres? Conhece algum caso? Relate-o.
6. Comente a frase: "Quanto maior a escolaridade, maior a disparidade de salários entre homens e mulheres."

"Ter maior escolaridade não significa que as mulheres estejam garantindo também melhor participação no mercado de trabalho.

Segundo dados do Índice de Desenvolvimento por Gênero, feito pela ONU (Organização das Nações Unidas), a participação de mulheres com mais de 15 anos no mercado de trabalho era de 23% em 1970 e 35% em 1995. No entanto, segundo dados de 1995, a participação feminina em cargos de chefia em empresas era de 17,3%. Nos EUA, era de 42,7% e, na Colômbia, de 31%.

A professora de economia da Universidade Federal Fluminense e consultora do Ipea (Instituto de Pesquisa Econômica Aplicada), Hildete Pereira de Melo, que participou da pesquisa no Brasil para a ONU, diz que há alguns anos as mulheres vêm apresentando maior escolaridade que os homens, mas isso seria a forma que encontraram para poder competir com eles no mercado de trabalho.

'Na sociedade que privilegia o homem, a mulher precisa estar mais preparada ou não consegue nem competir', disse Hildete.

O professor da Faculdade de Educação da USP José Sérgio Carvalho acredita que a escolaridade é apenas um fator da emancipação da mulher, mas que não há uma relação imediata entre maior escolaridade e privilégio na carreira.

Até porque as mulheres ainda ocupariam as vagas nas universidades de carreiras 'menos privilegiadas'. 'Quando se fala que há mais mulheres nas universidades, é preciso ver em que áreas. Carreiras como engenharia e economia, que acabam levando a postos mais altos, ainda têm poucas mulheres. Além disso, quando elas começam a entrar em carreiras 'masculinas', essas carreiras perdem um pouco do seu prestígio porque os salários caem, já que elas ganham menos', diz Hildete.

Parte da pesquisa realizada pela professora mostra que, quanto maior a escolaridade, maior a disparidade de salários entre homens e mulheres: um homem e uma mulher semianalfabetos têm salários semelhantes. Já no caso de um homem e uma mulher da mesma profissão, com nível superior, ela ganhará 60% do salário dele.

No setor público brasileiro, as mulheres respondem por 52% dos funcionários, mas são apenas 14% entre os que ganham comissionamento (cargos mais altos).

'As mulheres estão galgando posições, mas não há igualdade. Em 1995, uma revista norte-americana publicou que no futuro os homens seriam descasados, menos escolarizados e desempregados, devido ao avanço escolar das mulheres. Não há sinal de que isso ocorrerá, a não ser que os homens se tornem analfabetos. Além disso, há a questão da maternidade', disse Hildete" (Alessandra Blanco. Mais estudo não garante melhores cargos. Folha de S. Paulo, 13 nov. 1998, p. 3-3).

Após a leitura do texto seguinte, discuta com seus colegas suas principais ideias.

"Estilo de resultados

'Só as pessoas superficiais não julgam pelas aparências.'

OSCAR WILDE

O grupo Catho, empresa paulista especializada em seleção e colocação de executivos no mercado, acaba de tabular uma pesquisa que interessa a toda pessoa que procura um bom emprego na praça. Foram ouvidos 1.500 profissionais que, em 1.200 empresas diferentes, têm como especialidade selecionar candidatos. O tema da pesquisa não era currículo nem vocação nem conhecimento de línguas. Era aquilo que mais preocupa o sujeito na hora aflita em que sai de casa para uma entrevista, quando sabe que seus dados profissionais já foram examinados, as referências no mercado também foram tomadas, mas falta um teste decisivo – a aparência. A pesquisa mostra que a aparência é importante – e como.

Entre candidatos de currículo igual, mas sendo um gordo e outro magro, a imensa maioria prefere o magro. Os não-fumantes têm melhores chances do que os que dão baforadas. Mulheres com maquilagem leve são mais bem vistas que as rebocadas e as de cara lavada. Para agradar na primeira impressão, os selecionadores avisam que a roupa é um elemento fundamental. Cinquenta por cento entre eles preferem profissionais com ternos azul-marinho. Essa preferência cai a um terço quando se trata de trajes de cor cinza. O que eles abominam são os ternos verdes ou brancos, que são tolerados apenas por 1% dos entrevistadores. Para os profissionais de recursos humanos, é ingenuidade *imaginar que, por trás dessa preferência, se escondam gostos pessoais ou referências estéticas. O que está em exame, ali, é a capacidade de um candidato apresentar-se num exame profissional como qualquer outro.*

'Procurar emprego é uma situação formal', diz o coordenador da pesquisa, Thomas Case. 'Se o candidato se apresenta num terno verde berrante, demonstra que não entendeu seu papel, que a situação requer formalidade.' O código do mundo dos executivos requer terno para homens e tailleur *para mulheres. [...]*

Uma gravata diferente, às vezes até por ser bonita demais, pode fazer com que o entrevistador se fixe naquele detalhe e não no que o candidato está dizendo. 'É um conceito da psicologia: não se deve fazer nada que possa interferir na atenção de quem está avaliando', explica a consultora Vicky Bloch, sócia da DBM, especializada em orientação de carreiras. 'Por esse mesmo princípio, é recomendável não usar perfume muito forte.' Para as mulheres, os padrões também são definidos. Além do tailleur, *mostra a pesquisa, só se admite o blazer com saia, o vestido e o conjuntinho de saia e blusa. A calça comprida é praticamente proibida. 'É uma velha convenção', diz o editor de moda Fernando de Barros. 'O* tailleur, *assim como o terno azul-marinho, é o que existe de mais formal em vestuário.'*

Na primeira impressão, não é só a roupa que deve ser sóbria. O rosto do homem deve estar bem escanhoado e o cabelo curto. Às mulheres recomendam-se cabelos presos e maquilagem discreta. Nos números da Catho, os candidatos de rosto barbeado tiveram 92% das preferências sobre os de barba e bigode. 'Ainda existe alguma estranheza no mercado para barba, bigode e cabelo longo', diz Ugo Barbieri, diretor da área de busca de executivos da Coopers & Lybrand. 'Não há uma explicação racional para isso. Acho, por pura imaginação, que até hoje a barba e o cabelo comprido possam ser relacionados com os anos 60, a contracultura e a rebeldia antissistema.' Cortes de cabelo que lembrem, apenas levemente, um estilo mais juvenil também não são bem recebidos. [...]

Outros dados da pesquisa vão além de roupa e cabeleireiro. Nada menos que 68% dos entrevistadores reconheceram ter objeção a gordos. Levando-se em conta que poucas empresas podem ter motivos sólidos para tal preferência – como uma rede de academias de ginástica –, é justo considerar que o ideal atlético ganhou tantas adesões que interfere mesmo nos critérios de quem procura uma pessoa para passar o dia inteiro trancado num escritório. [...]

Há até quem associe a imagem de saúde às conveniências atuais das empresas, sempre enxugando funcionários e aplicando políticas de corte nos gastos. 'Com os quadros cada vez mais enxutos, as empresas exigem um aumento de produtividade do empregado', diz o consultor Barbieri. 'Com isso, o aspecto saúde fica muito valorizado.'

A pesquisa também se debruçou em questões de comportamento. Fica claro que o cigarro é um dado importante. Pela pesquisa, fumantes sofrem objeção de 70% dos selecionadores. O fumante pode ser preterido numa seleção por dois motivos. Algumas empresas temem sofrer prejuízos com a saúde dos funcionários e sabem que fumantes são mais suscetíveis a doenças. Outras simplesmente não querem que o ambiente de trabalho fique esfumaçado. Quando o candidato se mostra o mais capaz, mas é uma chaminé ambulante, tenta-se um acordo. 'Negocia-se com o candidato se ele pode passar o dia sem fumar ou fumar apenas num espaço determinado fora de sua sala', diz Vicky Block.

São delicados os mecanismos mentais que levam uma pessoa a formular um juízo sobre outra em poucos minutos de conversa. Mesmo em se tratando de profissionais treinados para isso, sempre pesam fatores como a memória, a empatia, a leitura, os preconceitos a favor ('Todo japonês é inteligente') e os preconceitos contra ('Mulher na chefia é confusão'). Mas a pesquisa da Catho revela, também, preferências e opções de outra natureza. Quase 40% dos selecionadores disseram dar nota baixa para candidatos solteiros com mais de 35 anos e sem vida conjugal. É uma forma sutil de admitir que discriminam os homossexuais, cidadãos cujo estado civil mais se aproxima dessa descrição. Não podem ser casados, por lei, e fora de seu círculo de amigos muito raramente conseguem assumir uma vida conjugal. Mais grave ainda é a situação de mulheres com filhos pequenos. Seis em cada dez entrevistadores admitem que relutam em contratá-las" (Veja, ano 28, nº 9, p. 40-41, 1º-3-1995).

Exercícios

1. Que você entende por secretária no mundo moderno?
2. Quais as diferenças entre a secretária antiga e a moderna?
3. Como uma secretária pode investir em sua profissão?
4. Quais recomendações você faria a uma secretária de primeiro emprego?
5. Escreva seu currículo e submeta-o à apreciação de suas colegas.
6. Prepare uma carta candidatando-se a uma vaga de emprego.
7. Simule uma entrevista com uma colega, em classe.
8. Que cursos extracurriculares são importantes para uma secretária?
9. Quais são os atributos básicos para exercer a profissão de secretária?
10. Quais são os obstáculos à consecução de objetivos profissionais?
11. Que você pode comentar sobre o papel de assessora exigido da secretária moderna?
12. As secretárias encontram cursos de boa qualidade que as preparem para as novas funções na empresa? Quais?
13. A automação dos escritórios permite às secretárias dedicar mais tempo às atividades de decisão? Por quê?

Parte IV

Secretária: Formação e Ética

20

Identidade e Variedade Cultural

1 Introdução

Conhecimento, ainda que elementares sobre como as organizações funcionam, pode ser muito útil a uma secretária, particularmente se tem consciência de que sua função é de auxiliar na gestão de um empreendimento ou na organização de um departamento. Entre os temas que podem oferecer-lhe subsídios está o da identidade e diversidade cultural nas empresas, principalmente nesse cenário atual de intensa competição econômica e busca da democratização das relações sociais.

Maria Teresa Leme Fleury, em *Handbook de estudos organizacionais* (1999, v. 1, p. 361), afirma que, embora no Brasil as questões das desigualdades de cor de pele e de gênero (mulheres, homens) tenham sido objeto de intensas discussões políticas, discussões estas lideradas por grupos de movimentos de defesa de direitos dos negros, mulheres e homossexuais, e tenham tido repercussão na mídia e nas esferas governamentais, "poucas medidas concretas têm sido tomadas para combater as discriminações no local de trabalho e favorecer a diversificação".

E conclui à página 362:

> "A nosso ver, as medidas legais chocam-se, no Brasil, com uma barreira cultural não explicitada, de recusa da aceitação do preconceito e discriminação racial. À medida que o Brasil é um país racialmente bastante heterogêneo, fruto de migrações, desde o momento de sua formação, as quais se acentuaram a partir do século XIX, faz parte do imaginário popular o pensar-se como um país sem preconceito. Ou seja, uma sociedade contraditória, cuja população valoriza sua origem diversa, incluindo suas raízes africanas, presentes na música, na comida, no sincretismo religioso; mas, por outro lado, uma sociedade estratificada, em que o acesso às oportunidades do sistema educacional e as posições no mercado de trabalho são definidas pela origem econômica e racial."

A preocupação com a diversidade cultural nas empresas brasileiras está associada à necessidade de criar vantagens competitivas, atraindo e desenvolvendo competências novas, entre os grupos minoritários. Os estudos que focalizam o tema exposto ocupam-se em definir o conceito de minoria e o que seria uma política de diversidade para, posteriormente, definir as práticas adequadas a suas condições. A maioria das empresas procura iniciar seus programas, concentrando sua atenção nas relações de gênero (masculino, feminino), buscando refinar suas políticas de recrutamento da mão-de-obra feminina, considerando as barreiras para promoção e treinamento das mulheres nas organizações. Em geral, como as mulheres têm ascendido em termos de nível educacional, nas últimas décadas, é possível que elas enfrentem menos preconceito do que os negros e os homossexuais.

A diversidade pode ser vista de forma restrita e incluir apenas a preocupação com raça e gênero. Vista de forma ampla, inclui: idade, história pessoal e corporativa, formação educacional, função e personalidade, estilo de vida, orientação sexual, origem geográfica, tempo de serviço na empresa, *status*.

2 Teorias

São as seguintes as teorias que tratam do assunto: (a) teoria da identidade social; (b) teoria das relações intergrupais; (c) demografia organizacional; (d) pesquisa sobre raça e gênero; (e) etnologia; (f) modelos teóricos da diversidade.

A perspectiva intergrupal é uma das principais formas para compreender as interações humanas. Ela envolve indivíduos que se percebem a si mesmos como membros de uma categoria social ou são percebidos por outros como pertencentes a uma categoria social. Essa perspectiva ocupa-se de uma variedade de preocupações, como conflito intergrupal e preconceitos. Uma dessas teorias intergrupais mais relevantes, a teoria da identidade social, nos informa sobre os efeitos da identidade do grupo sobre o comportamento humano. Segundo essa teoria, os indivíduos tendem a classificar a si mesmos e aos outros em categorias sociais, e essas classificações têm efeito significativo sobre as interações humanas.

Não obstante o valor dessa teoria, não se sabe até que ponto uma pessoa ser definida por outra é relevante para a identidade social de alguém.

A identificação de grupo tem como consequências relevantes: (1) os indivíduos tendem a escolher atividades e organizações que sejam conforme a sua identidade; (2) a identificação afeta os resultados, como coesão e interação intragrupais; (3) a identificação reforça a fixação ao grupo e a seus valores e aumenta a competição com grupos externos.

Para a **teoria das relações intergrupais**, os indivíduos podem sentir-se mais ou menos identificados com seu grupo de identidade. Num grupo organizacional, os membros participam de experiências de trabalho equivalentes e têm visões de mundo semelhantes. A filiação ao grupo de identidade precede a filiação ao grupo organizacional. Determinados grupos organizacionais tendem a ser constituídos por membros de grupos de identidade específicos, como, por exemplo, os cargos de alta administração, nos países industrializados do Primeiro Mundo, tendem a ser ocupados por homens brancos mais velhos. Segundo a teoria de relações intergrupais, as pessoas e as organizações constantemente tentam administrar conflitos potenciais que surgem da relação entre grupos de identidade e grupos organizacionais. Para administrar as tensões, verifica-se como os grupos estão incrustados no suprassistema mais amplo. Pela teoria exposta, os indivíduos não abandonam suas identidades de cor de pele, sexuais, étnicas quando entram em contato com uma organização. Para essa teoria, a categorização de grupo de identidade é relevante em um contexto organizacional.

A **teoria da demografia organizacional** ocupa-se sobretudo da identidade de grupos formados por idade, tempo de serviço, formação educacional, função exercida no trabalho. A pesquisa nessa área constata que a heterogeneidade demográfica tem efeitos positivos e negativos sobre o resultado do trabalho. As diferenças reduzem a coesão dentro do grupo e a satisfação dos membros, bem como favorece a constante troca de empregados, mas aumentam a criatividade, a qualidade das decisões e a inovação.

Pesquisa sobre etnia e gênero. Até o final da década de 1960, os assuntos de raça e gênero recebiam pouca atenção por parte dos pesquisadores organizacionais, o que sugere que os empregados estavam isentos dessas identidades. No final dos anos 70, é aprovada nos EUA legislação sobre a igualdade de oportunidades de emprego. Então, os pesquisadores passaram a dedicar-se a questões como: gênero, cor de pele, país de origem, religião, idade. Por exemplo, há estudos que têm levantado a questão de se as mulheres têm estilos de liderança diferentes em comparação com os homens. E há estudos que indicam que mulheres gerentes bem-sucedidas não diferem em estilo dos homens gerentes bem-sucedidos.

Além de tudo o que foi dito, a diversidade é preocupação de pesquisa também da **etnologia**, que é o ramo da antropologia que lida com as características sociais e culturais de diferentes grupos tribais de pessoas. A aplicação da etnologia aos estudos organizacionais leva a focalizar principalmente a identidade de grupo de nacionalidade.

Ao comparar pessoas de diferentes nacionalidades, pesquisadores recorrem a valores como: distância do poder, individualismo-coletivismo, masculinidade-feminilidade, e verificam que as populações de diferentes países diferem significativamente em relação a esses valores. Essas diferenças têm implicações relevantes para a aplicação de conceitos e teorias de administração nos grupos de trabalho compostos por nacionalidades diferentes.

Exemplificando: é possível que grupos de nacionalidades diferentes tenham comportamento diverso em relação a pessoas recém-chegadas. Uns poderão manifestar interesse na aproximação, outros no distanciamento. Um trabalhador norte-americano, por exemplo, pode ter uma expectativa diferente de seu gerente do que um brasileiro, ou um chinês, ou um japonês. Assim é que teorias e práticas administrativas não podem ser universalizadas. No caso de obediência a regras, brasileiros e chineses teriam o mesmo comportamento? Pessoas que vieram de países que viveram sob regimes socialistas fechados podem apresentar comportamento de obediência em relação ao cumprimento de regras. Já pessoas que viveram em países de tradição democrática e de respeito à liberdade podem apresentar outro tipo de comportamento, oferecer maior resistência ao cumprimento de normas.

A etnologia também se ocupa da aculturação. Muitos casos de ineficácia gerencial, mesmo entre pessoas da mesma nacionalidade, são decorrentes da falta de reconhecimento das diferenças interculturais.

A pesquisa etnológica recomenda que misturar pessoas de grupos de identidade diferentes pode levar a resultados disfuncionais.

Modelos teóricos de diversidade. Aqui, a diversidade é vista como uma característica de indivíduos, das diferenças entre um indivíduo e seu grupo de trabalho. As dimensões da diversidade são listadas como relacionadas à tarefa ou orientadas para as relações de gênero e raça. Com relação à tarefa, consideram tempo de trabalho, formação educacional e outros fatores.

No estudo da diversidade é relevante compreender o significado de identidade, que precisa ser entendido em quatro níveis de análise: individual, grupal/intergrupal, organizacional e social.

Enfim, a diversidade não administrada é improdutiva e traz desvantagens para as organizações. São questões, normalmente, que causam preocupação:

- Como as identidades de grupo ocorrem na prática?
- Quais os fatores que determinam o destaque de diferentes identidades de grupo?
- Que as pessoas consideram sobre suas identidades de grupo nas organizações?
- Como as pessoas se julgam em relação a suas tarefas e identidades?
- Como as práticas organizacionais produzem identidades diversas, valorizando algumas e desvalorizando outras?

3 Leitura

Em grupos de cinco pessoas, discutir as ideias constantes do seguinte texto:

"Dinheiro é poder

Minha mulher ganha mais do que eu. Logo, minha mulher manda em mim. A lógica indiscutível desse raciocínio apavora os homens. Vemos tantas relações humanas regidas pela máxima 'dinheiro é poder' que fica difícil descartá-la quando se trata de nosso casamento. Mas é justo isso que deveríamos fazer. O único poder que existe numa relação conjugal é aquele concedido voluntariamente pelas partes uma à outra. Se minha mulher manda em mim, é porque eu deixo e não por qualquer outro motivo. Só soube que ela ganhava mais quando estávamos noivos, morando juntos, e planejávamos a festa de casamento. Nós mesmos pagaríamos a brincadeira e eu estava achando tudo muito caro e extravagante. 'Pena que não vai dar' – disse, ao ser informado do custo para fazer *a festa em determinado hotel. Minutos depois, Renata declarava: 'Eu pago'. Descobrir que eu era o lanterninha financeiro do casal foi um baque. Considerava minha ascensão profissional louvável. Eu era fora de série. Só que ela era mais.*

Com o tempo, a situação piorou ou melhorou. Logo, a renda dela constituía mais que o dobro da minha. Eu fui obrigado a engolir o que acabou sendo um daqueles remédios doces, que a gente gosta de tomar. Houve uma batalha em minha cabeça: meu ego e meus preconceitos contra a consciência dos benefícios da situação. Depois de um curto período de dissonância cognitiva, tudo se resolveu. Me convenci, por fim, de que pouco importava qual de nós ganhava o pão, desde que os dois comessem mais carne. A renda coletiva é a variável-chave que permite desfrutarmos mais a vida. Percebendo isso, desenvolvi o meu bordão: 'Comunhão parcial de bens!' Ou seja, todo o patrimônio adquirido depois do casamento pertence aos dois, não importa quem tenha ganho. É exatamente o que digo quando vem à tona o fato de, como executivo de uma grande empresa, ganhar menos que a Renata, que trabalha num banco de investimentos. Nós dois, diga-se de passagem, temos a mesma formação: administração de empresas.

Outros homens que contribuem com uma parcela menor do orçamento doméstico pensam como eu. Vinícius, um empresário de 31 anos, ficou atrás de Patrícia, uma bancária, quando perdeu o emprego há dois anos e começou um negócio próprio. Fernando, um executivo de 30 anos, ganha um pouco menos que Mariana, uma jornalista, desde os tempos de namoro. Paulo, um dono-de-casa de 42 anos, parou de trabalhar há sete e se dedica aos dois filhos e ao lar enquanto a mulher, Mônica, toca a empresa dela. Todos concordamos que, a princípio, o fato é um golpe no ego. Ganhar menos que a mulher nos distancia do modelo estabelecido por nossos pais e nos leva a questionar nosso papel. 'Foi difícil reconhecer que eu preferia cuidar dos filhos a trabalhar', diz Paulo. Não é uma questão de poder. É o instinto contrariado que nos faz perder o sono. Nosso âmago nos impulsiona a proteger mulher e filhos e a prover suas necessidades. 'Quando perdi o emprego foi um choque', conta Vinícius, 'ficava preocupado em passar uma carga grande para a Patrícia'.

Um contracheque mais modesto também obriga o homem a aceitar outras circunstâncias difíceis. A eventual falta de disponibilidade da mulher, a divisão de tarefas domésticas e a administração conjunta do dinheiro são apenas alguns exemplos. Essas situações nos fazem perceber, com terrível clareza, que perdemos as vantagens de ser o macho dominante. Mas, embora não seja fácil, acabamos superando o golpe" (Cláudia, nº 3, ano 42, p. 152, mar. 2003).

Exercícios

1. *Que entende por variedade cultural?*
2. *Há vantagens em ter numa empresa variedade de culturas?*
3. *Que você acha das empresas brasileiras: elas oferecem oportunidades iguais para homens e mulheres em relação aos altos postos da organização?*

4. Quais são os grupos mais discriminados dentro das empresas brasileiras, de modo geral: negros, deficientes físicos, mulheres, estudantes que não fizeram cursos na USP, pessoas com mais de 40 anos, homossexuais?
5. Que entende por teoria das relações intergrupais incrustadas?
6. Que é teoria da demografia organizacional?
7. O que focaliza a pesquisa sobre etnia e gênero?
8. O que é relevante compreender no estudo da diversidade? Por quê?
9. Que entende por diversidade cultural não administrada?
10. As práticas organizacionais no Brasil tendem a favorecer que tipo de identidade?

21

Formação Educacional, Regulamentação da Profissão e Código de Ética

1 Formação geral

Nossos tempos são marcados pela necessidade de preparação e estudo constante. Permanecerão empregadas apenas as pessoas que acenam com possibilidades de progresso profissional.

As empresas conhecem hoje o dilema da competitividade. A sobrevivência delas depende da capacidade de seus profissionais, que trabalham em equipe, ajudando-se mutuamente. A secretária funciona não apenas como elo de ligação entre profissionais, mas também como parceira. E a parceria exige sobretudo confiança, objetivos comuns, competência. O executivo necessita de sua ajuda, e ela precisa ser competente para poder auxiliá-lo.

No Brasil, são antigos os cursos de formação de técnicos em secretariado. Com a chegada, porém, das multinacionais e o desenvolvimento do parque industrial brasileiro, foi necessário preparar muito melhor profissionais para o mercado de trabalho. As secretárias conquistaram, a partir da década de 70, os primeiros cursos de 3º grau de secretariado. Em 30 de setembro de 1985, o Presidente José Sarney assinou a Lei nº 7.377, que regulamentou a profissão. Em 7-7-89, foi publicado no *Diário Oficial da União* o Código de Ética Profissional para as secretárias.

A lei, no entanto, não satisfez em sua totalidade as profissionais da área. Dividiu-as em duas categorias: secretário executivo (reservado aos profissionais que têm 3º grau) e técnico em secretariado (curso técnico em secretariado em nível de 2º grau). Em virtude da lei, as empresas, para fugirem às multas, se a profissional não tem o curso de secretariado, registram-na com outras ocupações. Em 10 de janeiro de 1996, Fernando Henrique Cardoso assinou a Lei nº 9.261, que alterou a Lei nº 7.377/85.

Entre as secretárias abordadas pela pesquisa de Nunes, Araujo e Tchemra (1994, p. 42-43), em *A evolução do papel da secretária*, 48% não tinham conhecimento sobre a regulamentação da profissão e 70% não sabiam da existência do Código de Ética Profissional. Não obstante as conquistas, as secretárias continuam trabalhando para desfazer equívocos que cercam a profissão. Distante da realidade do mercado de trabalho aquela profissional que auxiliava diretores, gerentes, chefes e organizava a rotina do escritório. Desfez-se a imagem decorativa de uma mulher sem capacidade para decisões, apenas cumpridora de ordens. Sua vida profissional foi enriquecida com outros papéis. Ela alcançou, depois de anos de estudo e de dezenas de cursos, o posto de **assessora**. Ganhou novas tarefas, tornou-se muito mais responsável pelos negócios da empresa.

A evolução da profissão de secretária, com as transformações que isto acarretou, é um fato, como é fato as alterações que ocorreram em todas as profissões. Muitas atividades que faziam parte do quotidiano das empresas simplesmente desapareceram, em virtude sobretudo da introdução, em larga escala, dos microcomputadores; outras atividades evoluíram, ganharam novas características. Que empresa moderna faz uso ainda das barulhentas máquinas contábeis? E o operador contábil, para não perder seu posto de trabalho, teve de evoluir, de aprender assuntos relativos à área de informática, como saber manusear diferentes programas de computador. Hoje, o profissional prepara-se para exercer variadas tarefas numa empresa, e aqueles que permanecem com um perfil excessivamente rígido e que são inábeis para se adaptar a um ambiente que exige profissionais flexíveis capazes de executar mais de uma tarefa podem estar com seus dias contados.

O escritório moderno ganhou novos aparelhos, informatizou-se, automatizou-se, e a secretária que se exige hoje tem perfil diverso daquela profissional que simplesmente anotava recados, tomava ditado de cartas comerciais, arquivava documentos, abria correspondência. Talvez, pelas conquistas empreendidas pela mulher desde o início do século, em que a ela sequer se permitia votar e era-lhe confiada tão-somente a administração do lar, nenhuma outra profissão espelha tantas mudanças como a de secretária. Como mulher, assistiu às transformações do mundo e delas participou, particularmente, quanto a costumes, comportamentos, valores. Deixou o reduto de sua casa e partiu para conquistar o mercado de trabalho; abandonou paulatinamente a dependência a que estava sujeita para alcançar posições e direitos que lhe eram negados. De mulher simplesmente mãe, passou a ter papel fundamental no orçamento doméstico.

Evidentemente, influenciaram tal alteração comportamental os avanços da medicina (controle da natalidade por meio da pílula anticoncepcional), democratização da escola e difusão dos meios de comunicação. A competição exigiu da mulher maior preocupação com a informação, com a instrução, sem que em muitos casos deixasse de lado outros valores seus como mulher. Atualmente, é comum encontrar classes de cursos de Administração tão frequentadas por homens quanto por mulheres. Raras são as profissões em que ainda persiste o predomínio masculino. A chave para a conquista de postos de trabalhos relevantes dentro das empresas parece que tem sido a preocupação com os estudos, com uma preparação adequada às exigências do mercado de trabalho. Talvez, com profissionais altamente qualificados o mercado venha a alterar-se quanto às diferenças salariais, às vezes chocantes, das mulheres em relação aos homens.

De modo geral, os executivos dão preferência a secretárias com sólidos conhecimentos sobre administração, que saibam falar inglês, dominem variados processadores de texto e planilhas eletrônicas, tenham conhecimento sobre organização do trabalho, entendam de matemática financeira, saibam operar calculadoras, interessam-se por marketing. É grande, por exemplo, o número de secretárias que preparam e expedem malas diretas. Finalmente, é exigência básica que saibam redigir, que dominem a Língua Portuguesa. Secretária que desconhece regras gramaticais elementares e não sabe escrever uma carta, ou um relatório, precisa voltar aos bancos escolares para se preparar melhor. A aprendizagem da língua é também necessária não só para escrever, como também para falar. É inadmissível uma profissional, que deveria transmitir uma imagem boa da empresa, valer-se da modalidade linguística coloquial quando a situação pede o rigor da formalidade. Imaginemos uma secretária utilizando *nóis vai; nóis faiz; o senhor vai ponhar o livro na partileira; fazem duas semanas que o gerente de vendas não dá as caras; os caras da fornecedora; haviam muitas pessoas paradas na entrada do prédio; tem um montão de cartas pra responder; a questã é outra; quanto menas gente melhor* etc.

Para Nunes, Araujo e Tchemra (1994, p. 10),

> "o modelo de secretária mais atuante, que propõe soluções, sugere ideias alternativas, analisa os problemas e ajuda nas decisões é decorrência da empresa moderna, que exige profissionais mais ágeis e comprometidos, que transferem as tarefas mais rotineiras e simples a equipamentos eletrônicos e de automação de escritórios".

Essa orientação, no entanto, parece que tem encontrado em muitas secretárias enorme obstáculo. Em geral, é grande o número daquelas que não se interessam por uma melhor preparação educacional. Nunes, Araujo e Tchemra (1994, p. 23), pesquisando o grau de escolaridade das secretárias, chegaram a um resultado preocupante: apenas 16% das entrevistadas tinham curso de secretariado profissionalizante de nível técnico ou superior.

Segundo os autores citados (1994, p. 44), apenas 9,5% das secretárias entrevistadas liam revista técnica (*Exame*).

O escritório moderno exige que todos saibam trocar ideias sobre assuntos variados, como economia, mercado financeiro, negócios, informática. Daí a necessidade de leitura diária de jornais e revistas, frequentando sobretudo os editoriais, as colunas de economia e finanças, os artigos sobre negócios. Quem considera tais assuntos chatos pode passar a ser visto como desinteressado profissionalmente e raramente alcança postos de decisões numa empresa.

A questão salarial, também focalizada pelos pesquisadores citados, revelou que 38% das secretárias ganhavam de seis a dez salários mínimos. Não obstante as distorções entre salário feminino e masculino seja uma realidade nacional, é de notar, pela pesquisa, que apenas 12% das secretárias tinham mais de 15 anos de profissão (NUNES et al., 1994, p. 30). À página 33, os autores citados revelam que 71% das entrevistadas não gostariam de exercer por muito tempo a profissão de secretária. Esses dados, embora chamem a atenção, se comparados com a idade das secretárias, talvez não assustem tanto. A pesquisa revelou que a idade média das secretárias é de 32,2 anos (Nunes et al., 1994, p. 23). Ora, exercida a profissão por profissionais jovens, ela conta com alta rotatividade da mão-de-obra. Os autores citados (1994, p. 33) comentam que não existe "vínculo com a profissão, ou [...] as secretárias não se sentem motivadas a prosseguir com ela". Esses dados, comparados com o grau de satisfação, permitem a conclusão de que, se reduzidas em suas funções a tarefas operacionais, rotineiras, sem possibilidade de assumirem tarefas criativas, que lhes permitam tomar decisões, a carreira na profissão de secretária abrevia-se porque se torna desinteressante.

A solução é preparar-se melhor para assumir o papel de **assessora**. O tempo provavelmente se encarregará de expulsar dos escritórios profissionais masculinos despreparados, vistos pelas secretárias como centralizadores, incapazes de ouvir e de reconhecer na secretária uma profissional competente para tomar decisões, que não permitem às secretárias assumir papéis mais relevantes para a empresa. Acrescente-se que a automação do escritório reduziu a importância das secretárias anotadoras de recado ou de agenda e ampliou a importância daquelas que assumem responsabilidades e assessoram seus executivos.

Segundo a Lei nº 6.556, de 5-9-78, a profissão de secretária exige um mínimo de instrução: 2º grau completo, mais especificamente, curso de secretariado em nível de 2º grau. O mercado de trabalho ainda exige: domínio de atividades burocráticas, facilidade de expressão oral e escrita, habilidade com microfones para comunicações internas, ditafones, máquinas de contabilidade, microcomputadores, fotocopiadoras, telefones, telex, fax. Além disso, os empregadores contratam pessoas com experiência, que buscam o aprimoramento do trabalho, têm o cuidado de revisar todo trabalho executado, têm espírito de iniciativa, realizam qualquer tipo de trabalho sem precisar de instruções pormenorizadas, têm um mínimo de habilidade com microcomputadores e máquinas de datilografia (80 toques por minuto) e tenham entusiasmo para aprender novas tarefas. Isso tudo ele poderá saber a respeito da secretária durante o período de vigência do contrato de experiência.

Procurar incessantemente novas fontes de conhecimentos, estar sempre bem informada sobre o que acontece no mundo, enriquecer sua linguagem para fazer melhores comunicações, melhorar suas relações interpessoais, adaptar-se ao meio profissional, vigiar suas emoções, ampliar seus horizontes de interesses, eis uma forma de preparar-se para o mercado de trabalho.

2 Regulamentação da profissão

A secretária, assim como todos os secretários, estão inseridos na Classificação Brasileira de Ocupações (CBO),[1] do Ministério do Trabalho, no Grande Grupo 3, item 3.2, Secretários, datilógrafos, estenógrafos e trabalhadores assemelhados:

---

[1] Portaria nº 7.285, de 8-12-94. *DOU*, 12-12-94.

3.21 Secretários

    3.21.05 Secretário, em geral

    3.21.10 Secretária executiva

    3.21.15 Secretário bilíngue

    3.21.90 Outros secretários

A profissão foi regulamentada pela Lei nº 7.377, de 30-9-1985.

2.1 Lei nº 7.377/85

LEI Nº 7.377, DE 30 DE SETEMBRO DE 1985

Dispõe sobre o exercício da profissão de Secretário e dá outras providências.

O PRESIDENTE DA REPÚBLICA,

Faço saber que o Congresso Nacional decreta e eu sanciono a seguinte lei:

Art. 1º O exercício da profissão de Secretário é regulado pela presente lei.

Art. 2º Para os efeitos desta lei, é considerado:

I – Secretário Executivo o profissional diplomado no Brasil por curso superior de Secretariado, reconhecido na forma da lei, ou diplomado no exterior por curso superior de secretariado, cujo diploma seja revalidado no Brasil, na forma da lei;

II – Técnico em Secretariado o profissional portador de certificado de conclusão de curso de secretariado, em nível de 2º grau.

Art. 3º Fica assegurado o direito ao exercício da profissão aos que, embora não habilitados nos termos do artigo anterior, contem, pelo menos, 5 (cinco) anos ininterruptos, ou 10 (dez) intercalados, de exercício em atividades próprias de secretaria, na data de início de vigência desta lei, e sejam portadores de diplomas ou certificados de alguma graduação de nível superior ou de nível médio.

Art. 4º São atribuições do Secretário Executivo:

I – planejamento, organização e direção de serviços de secretaria;

II – assistência e assessoramento direto a executivos;

III – coleta de informações para a consecução de objetivos e metas de empresas;

IV – redação de textos profissionais especializados, inclusive em idioma estrangeiro;

V – interpretação e sintetização de textos e documentos;

VI – taquigrafia de ditados, discursos, conferências, palestras de explanações, inclusive em idioma estrangeiro;

VII – versão e tradução em idioma estrangeiro, para atender às necessidades de comunicação da empresa;

VIII – registro e distribuição de expedientes e outras tarefas correlatas;

IX – orientação da avaliação e seleção da correspondência para fins de encaminhamento à chefia;

X – conhecimentos protocolares.

Art. 5º São atribuições do Técnico em Secretariado:

I – organização e manutenção dos arquivos de secretaria;

II – classificação, registro e distribuição da correspondência;

III – redação e datilografia de correspondência ou documentos de rotina, inclusive em idioma estrangeiro;

IV – execução de serviços típicos de escritório, tais como recepção, registro de compromissos, informações e atendimento telefônico.

Art. 6º O exercício da profissão de Secretário requer prévio registro na Delegacia Regional do Trabalho do Ministério do Trabalho e far-se-á mediante a apresentação de documento comprobatório de conclusão dos cursos previstos nos incisos I e II do art. 2º desta lei e da Carteira de Trabalho e Previdência Social – CTPS.

Parágrafo único. No caso dos profissionais incluídos no art. 3º desta lei, a prova de atuação será feita por meio das anotações da Carteira de Trabalho e Previdência Social ou por qualquer outro meio permitido em Direito.

Art. 7º Esta lei entra em vigor na data de sua publicação.

Art. 8º Revogam-se as disposições em contrário.

Brasília, em 30 de setembro de 1985; 164º da Independência e 97º da República.

JOSÉ SARNEY

LEI Nº 9.261, DE 10 DE JANEIRO DE 1996

Art. 1º A Lei nº 7.377, de 30 de setembro de 1985, passa a vigorar com a seguinte redação para os incisos I e II do art. 2º, para o inciso VI do art. 4º e para o parágrafo único do art. 6º:

Art. 2º Para os efeitos desta Lei é considerado:

I – Secretário Executivo:

a) o profissional diplomado no Brasil por curso superior de Secretariado legalmente reconhecido, ou diplomado no exterior por curso de Secretariado, cujo diploma seja revalidado na forma da lei;

b) o portador de qualquer diploma de nível superior que, na data de início da vigência desta Lei, houver comprovado, através de declarações de empregadores, o exercício efetivo, durante pelo menos trinta e seis meses, das atribuições mencionadas no art. 4º desta Lei.

II – Técnico de Secretariado:

a) o profissional portador de certificado de conclusão de curso de secretariado, em nível de 2º grau;

b) o portador de certificado de 2º grau que, na data da vigência desta Lei, houver comprovado, através de declarações de empregadores, o exercício efetivo, durante pelo menos trinta e seis meses de atribuições mencionadas no art. 5º desta Lei.

Art. 3º É assegurado o direito ao exercício da profissão aos que, embora não habilitados nos termos do artigo anterior, contém pelo menos cinco anos ininterruptos ou dez anos intercalados de exercício de atividades próprias de secretária, na data da vigência desta Lei.

Art. 4º São atribuições do Secretário Executivo:

I – planejamento, organização e direção de serviços de secretária;

II – assistência e assessoramento direto a executivos;

III – coleta de informações para consecução de objetivos e metas de empresas;

IV – redação de textos profissionais especializados;

V – interpretação e sintetização de textos e documentos;

VI – taquigrafia de ditados, discursos, conferências, palestras de explanações, inclusive em idioma estrangeiro;

VII – versão e tradução em idioma estrangeiro, para atender às necessidades de comunicação da empresa;

VIII – registro e distribuição de expediente e outras tarefas correlatas;

IX – orientação da avaliação e seleção da correspondência para fins de encaminhamento à chefia;

X – conhecimentos protocolares.

Art. 5º São atribuições do Técnico em Secretariado:

I – organização e manutenção dos arquivos da Secretária;

II – classificação, registro e distribuição de correspondência;

III – redação e datilografia de correspondência ou documentos de rotina, inclusive em idioma estrangeiro;

IV – execução de serviços típicos de escritório, tais como recepção, registro de compromissos, informações e atendimento telefônico.

Art. 6º VETADO.

Parágrafo único. No caso dos profissionais incluídos no art. 3º a prova da atuação será feita por meio de anotações na Carteira de Trabalho e Previdência Social e através de declarações das empresas nas quais os profissionais tenham desenvolvido suas respectivas atividades, discriminando as atribuições a serem confrontadas com os elencos especificados nos arts. 4º e 5º.

Art. 7º Esta Lei entra em vigor na data de sua publicação.

Art. 8º Revogam-se as disposições em contrário.

FERNANDO HENRIQUE CARDOSO
Paulo Paiva

3 Secretária auxiliar, geral e executiva

Há grande diversidade de perfil relativamente à secretária. Existem profissionais dos mais variados graus de instrução. A profissão é exercida por pessoas às vezes despreparadas (1º grau apenas) e por profissionais altamente qualificadas (3º grau).

É possível que num universo enorme de profissionais sejam encontradas, principalmente se distantes dos grandes centros industriais brasileiros, secretárias que desconhecem a Lei, o Código de Ética e o sindicato da categoria.

Entre as denominações mais comuns, encontradas nos registros de profissionais, citam-se: secretária, secretária júnior, secretária português, secretária bilíngue, secretária executiva, secretária bilíngue executiva, secretária de diretoria.

Em geral, enquanto uma secretária com pouca experiência recebe ordens, necessita de direção, tem criatividade limitada por falta de conhecimento para a execução das tarefas, uma bem mais experiente, a chamada secretária executiva, executa suas tarefas por iniciativa pessoal, e trabalha diretamente com um só chefe, procurando poupar-lhe tempo para assuntos de maior importância.

Quanto ao desempenho no trabalho, porém, todas devem observar rigorosamente o comportamento de seu executivo, quais são seus métodos de trabalho, como gosta que determinadas tarefas sejam realizadas. Outra preocupação que deve ter a secretária é quanto à terminologia reinante em seu meio. Deve procurar adaptar-se ao trabalho o mais rapidamente possível, estudando, se for o caso, assuntos de interesse direto relativo à função que exerce.

O conhecimento do vocabulário técnico proporciona à secretária maior eficácia no desempenho de suas tarefas, bem como a confiança daqueles que a dirigem.

Para a aquisição da terminologia mais adequada, recomendamos a leitura de correspondências anteriores, a consulta frequente ao dicionário, sempre que uma palavra nova ocorrer, a leitura diária dos jornais e revistas. Escreve R. G. Motta (1973, p. 312):

> "Ao tornar-se secretária executiva, você deverá dedicar algum tempo à leitura de jornais, revistas técnicas, leis e artigos, que não só a habilitarão a compreender o serviço que executa, mas cuja menção poderá ajudar a tarefa de seu chefe."

Outro fator básico para a carreira de uma secretária executiva é o interesse que demonstra pelas atividades profissionais de seu executivo, pois o conhecimento do trabalho que ele realiza pode proporcionar-lhe maior eficácia à execução das tarefas que lhe são confiadas.

Como secretária executiva, a profissional deve assumir a responsabilidade de seus erros; ser ágil no desempenho de suas atividades, evitar reclamações se tiver de fazer trabalhos extras ou que não correspondam diretamente a suas tarefas; deve, sobretudo, ter interesse em aprender sempre mais para ampliar suas habilidades. Ser cuidadosa com o que faz, com sua aparência pessoal, com o tempo da empresa; esforçar-se para trabalhar em equipe com seus colegas; evitar as críticas a sua empresa, superiores e colegas; não revelar confidências, e o trabalho deve ser para ela uma profissão, um meio para alcançar seus objetivos.

Secretária júnior, sênior ou executiva podem realizar as mesmas tarefas, mas agem com metodologias de trabalho diferentes, com *performance* diversa. As dificuldades existem nos diversos níveis de secretariado. Uma pequena característica diferenciadora de comportamento de uma e outra secretária reside na atitude profissional, nos hábitos de trabalho, na forma de encarar as dificuldades, nas tarefas que tem por realizar, na capacidade de tornar a rotina menos fatigante.

A secretária deve desde o começo procurar ser um elemento de cooperação e integração; considerar-se capaz para desempenhar diferentes tarefas e jamais recusar-se a prestar auxílio ou a fazer o que costumeiramente não é feito por ela. Ela está sempre disposta a aprender técnicas novas e a desempenhar novas atividades. E em tudo o que faz coloca todo seu empenho para que o produto de seu esforço seja o mais perfeito possível.

É qualidade desejável em todas as secretárias a capacidade de discernimento para resolver problemas novos, não constantes de manuais, nem de regulamento. Suponhamos, por exemplo, que uma pessoa penetra numa sala e diz que já falou com o diretor ou algum gerente para se apossar de um fichário eletrônico e copiar endereços ou apoderar-se de informações valiosas e sigilosas guardadas no microcomputador. A secretária se manterá lúcida, confirmará (checará) as informações, e só fornecerá o que lhe foi pedido depois de estar segura de que não está cometendo nenhuma imprudência.

Esse tipo de comportamento, de atenção e cuidado com objetos e assuntos da empresa, de manter-se discreta e silenciosa quando a situação assim o recomendar, é necessário também quanto às ligações telefônicas. Há pessoas que não titubeiam em dar golpes, que pedem informações, dizendo-se amigas da empresa, amigas do diretor ou presidente. Faça as pessoas entenderem que você recebe ordens apenas de seu executivo.

4 Ética profissional

A palavra *ética* é de origem grega, *ethos*, e significa *costume;* a ética deve ser entendida como um conjunto de princípios básicos que visa disciplinar e regular os costumes, a moral e a conduta das pessoas.

Em sentido restrito, a ética é utilizada para conceituar deveres e estabelecer regras de conduta do indivíduo, no desempenho de suas atividades profissionais e em seu relacionamento com clientes e demais pessoas. É o que se chama de ética profissional, existente em praticamente todas as profissões e resultado dos usos e costumes que prevalecem na sociedade. Dessa forma, surgiram os Códigos de Ética; eles oferecem orientações, estabelecem diretrizes para um nível digno de conduta profissional. A ética profissional é o conjunto de princípios que regem a conduta funcional de uma profissão.

Entende-se por princípios éticos as ideias básicas que devem nortear o comportamento das pessoas na sociedade.

Todos os Códigos de Ética Profissional trazem em seu texto a maioria dos seguintes princípios:

- honestidade no trabalho;
- lealdade para com a empresa;
- formação de uma consciência profissional;
- execução do trabalho no mais alto nível de rendimento;
- respeito à dignidade da pessoa humana;
- segredo profissional;
- discrição no exercício da profissão;
- prestação de contas ao chefe hierárquico;
- observação das normas administrativas da empresa;
- tratamento cortês e respeitoso a superiores, colegas e subordinados hierárquicos; e
- apoio a esforços para aperfeiçoamento da profissão.

Consideram-se faltas contra a dignidade do trabalho:

- utilizar informações e influências obtidas na posição para conseguir vantagens pessoais;
- fazer declaração que constitua perigo de divulgação;
- oferecer serviços ou prestá-los a preço menor para impedir que se encarregue dele outra pessoa;
- negar-se a prestar colaboração nas distintas dependências da entidade para quem trabalhe;
- prestar serviço de forma deficiente, demorar injustamente sua execução ou abandonar sem motivo algum o trabalho que foi solicitado;
- delegar a outras pessoas a execução de trabalhos que em forma estritamente confidencial lhe tenha sido solicitada;
- fomentar a discórdia;
- usar tráfico de influências como meio para lograr ou favorecer a benevolência dos chefes;
- rechaçar a colaboração na execução de determinado trabalho, quando se fizer necessário;
- não prestar ajuda aos companheiros;
- ter conduta egoísta na transmissão de experiências e conhecimentos; e
- fazer publicações indecorosas e inexatas.

5 Recomendações a uma iniciante

Inicialmente, a secretária nunca deve esquecer-se de que seu cargo tem significado muito sério para a empresa. Ela, na verdade, representa a imagem da empresa.

São pontos que devem ser ressaltados:

- deixar suas preocupações fora do escritório;
- procurar melhorar sua capacidade de observação;
- não demonstrar irritação quando tiver de prorrogar seu horário por necessidade de trabalho;
- tratar com paciência e compreensão todas as pessoas;
- cooperar com seus colegas e ganhar o respeito de superiores e de pessoas que prestam serviço a você;
- ser simpática, agradável, amável e prestativa com todos;
- desenvolver a iniciativa e a criatividade no trabalho;
- ser discreta;
- ampliar o conhecimento sobre seu trabalho; e
- desenvolver o senso de responsabilidade.

5.1 Código de ética profissional

CÓDIGO DE ÉTICA[2]

CAPÍTULO I – DOS PRINCÍPIOS FUNDAMENTAIS

Art. 1º *Considera-se Secretário ou Secretária, com direito ao exercício da profissão, a pessoa legalmente credenciada nos termos da Lei em vigor.*

Art. 2º *O presente Código de Ética Profissional tem por objetivo fixar normas de procedimentos dos Profissionais quando no exercício de sua profissão, regulando-lhes as relações com a própria categoria, com os poderes públicos e com a sociedade.*

Art. 3º *Cabe ao profissional zelar pelo prestígio e responsabilidade de sua profissão, tratando-a sempre como um dos bens mais nobres, contribuindo, através do exemplo de seus atos, para elevar a categoria, obedecendo aos preceitos morais e legais.*

CAPÍTULO II – DOS DIREITOS

Art. 4º *Constituem-se direitos dos Secretários e Secretárias: (a) garantir e defender as atribuições estabelecidas na Lei de Regulamentação; (b) participar de entidades representativas da categoria; (c) participar de atividades públicas ou não, que visem defender os direitos da categoria; (d) defender a integridade moral e social da profissão, denunciando às entidades da categoria qualquer tipo de alusão desmoralizadora; (e) receber remuneração equiparada à dos profissionais de seu nível de escolaridade; (f) ter acesso a cursos de treinamento e a outros eventos cuja finalidade seja o aprimoramento profissional; (g) jornada de trabalho compatível com a legislação trabalhista em vigor.*

---

[2] Diário Oficial da União, 7-7-1989.

CAPÍTULO III – DOS DEVERES FUNDAMENTAIS

Art. 5º Constituem-se deveres fundamentais das Secretárias e Secretários: (a) considerar a profissão como um fim para a realização profissional; (b) direcionar seu comportamento profissional sempre a bem da verdade, da moral e da ética; (c) respeitar sua profissão e exercer suas atividades sempre procurando aperfeiçoamento; (d) operacionalizar e canalizar adequadamente o processo de comunicação com o público; (e) ser positivo em seus pronunciamentos e tomada de decisões, sabendo colocar e expressar suas atividades; (f) procurar informar-se de todos os assuntos a respeito de sua profissão e dos avanços tecnológicos, que poderão facilitar o desempenho de suas atividades; (g) lutar pelo progresso da profissão; (h) combater o exercício ilegal da profissão; (i) colaborar com as instituições que ministram cursos específicos, oferecendo-lhes subsídios e orientações.

CAPÍTULO IV – DO SIGILO PROFISSIONAL

Art. 6º A Secretária e o Secretário, no exercício de sua profissão, devem guardar absoluto sigilo sobre assuntos e documentos que lhe são confiados.

Art. 7º É vedado ao Profissional assinar documentos que possam resultar no comprometimento da dignidade profissional da categoria.

CAPÍTULO V – DAS RELAÇÕES ENTRE PROFISSIONAIS SECRETÁRIOS

Art. 8º Compete às Secretárias e Secretários: (a) manter entre si a solidariedade e o intercâmbio, como forma de fortalecimento da categoria; (b) estabelecer e manter um clima profissional cortês, no ambiente de trabalho, não alimentando discórdia e desentendimento profissionais; (c) respeitar a capacidade e as limitações individuais, sem preconceito de cor, religião, cunho político ou posição social; (d) estabelecer um clima de respeito à hierarquia com liderança e competência.

Art. 9º É vedado aos profissionais: (a) usar de amizades, posição e influências obtidas no exercício de sua função, para conseguir qualquer tipo de favoritismo pessoal ou facilidades, em detrimento de outros profissionais; (b) prejudicar deliberadamente a reputação profissional de outro secretário; (c) ser, em função do seu espírito de solidariedade, conivente com erro, contravenção penal ou infração a este Código de Ética.

CAPÍTULO VI – DAS RELAÇÕES COM A EMPRESA

Art. 10. Compete ao profissional, no pleno exercício de suas atividades: (a) identificar-se com a filosofia empresarial, sendo um agente facilitador e colaborador na implantação de mudanças administrativas e políticas; (b) agir como elemento facilitador das relações interpessoais na sua área de atuação; (c) atuar como figura-chave no fluxo de informações, desenvolvendo e mantendo de forma dinâmica e contínua os sistemas de comunicação.

Art. 11. É vedado aos profissionais: (a) utilizar-se da proximidade com o superior imediato para obter favores pessoais ou estabelecer uma rotina de trabalho diferenciada em relação aos demais; (b) prejudicar deliberadamente outros profissionais no ambiente de trabalho.

CAPÍTULO VII – DAS RELAÇÕES COM AS ENTIDADES DA CATEGORIA

Art. 12. A Secretária e o Secretário devem participar ativamente de suas entidades representativas, colaborando e apoiando os movimentos que tenham por finalidade defender os direitos profissionais.

Art. 13. Acatar as resoluções aprovadas pelas entidades de classe.

Art. 14. Quando no desempenho de qualquer cargo diretivo, em entidades da categoria, não se utilizar dessa posição em proveito próprio.

Art. 15. Participar dos movimentos sociais e/ou estudos que se relacionem com o seu campo de atividade profissional.

Art. 16. As Secretárias e Secretários deverão cumprir suas obrigações, tais como mensalidades e taxas, legalmente estabelecidas, junto às entidades de classes a que pertencerem.

CAPÍTULO VIII – DA OBEDIÊNCIA, APLICAÇÃO E VIGÊNCIA DO CÓDIGO DE ÉTICA

Art. 17. Cumprir e fazer cumprir este Código é dever de todo Secretário.

Art. 18. Cabe aos secretários docentes informar, esclarecer e orientar os estudantes, quanto aos princípios e normas contidas neste Código.

Art. 19. As infrações deste Código de Ética Profissional acarretarão penalidades, desde a advertência à cassação do Registro Profissional na forma dos dispositivos legais e/ou regimentais, através da Federação Nacional das Secretárias e Secretários.

Art. 20. Constituem infrações: (a) transgredir os preceitos deste Código; (b) exercer a profissão sem que se esteja devidamente habilitado nos termos da legislação específica; (c) utilizar o nome da Categoria Profissional das Secretárias e/ou Secretários para quaisquer fins, sem o endosso dos sindicatos de Classe, em nível Estadual e da Federação Nacional nas localidades inorganizadas em sindicatos e/ou em nível Nacional.

6 Leitura

A. Com base no texto seguinte, apresente em grupo argumentos sobre a educação feminina. E responda à seguinte pergunta: Por que as mulheres estão estudando mais que os homens, ou por que há maior número de mulheres estudando que homens, principalmente nos cursos mais avançados da educação brasileira?

"O avanço da mulher sobre territórios dominados pelos homens começa pela escola. Hoje, elas já são a maior parte dos alunos dos níveis avançados da educação brasileira.

Na universidade, nas classes do ensino médio (antigo colegial) e nas últimas séries do ensino fundamental, as mulheres estão em maior número do que os homens, segundo dados inéditos do censo escolar de 1998 (veja quadro) do MEC (Ministério da Educação).

Nos anos 60, cada homem estudava, em média, 2,4 anos, contra 1,9 das mulheres. A partir dos anos 80, essa relação começou a mudar e, no começo dos anos 90, atingiu o equilíbrio. Em 1996, a situação se inverteu: a mulher já estudava 6 anos em média, mais que o homem, que tinha em média 5,7 anos de estudo.

Os dados, recolhidos pelo Inep (Instituto Nacional de Pesquisas Educacionais), ligado ao Ministério da Educação, não permitem inferir as razões da mudança, mas há algumas explicações possíveis.

A primeira possibilidade é que a necessidade de trabalhar para sustentar a família acabe retirando os meninos da escola precocemente. É o que defende, por exemplo, a coordenadora-geral do Inep, Maria Helena Guimarães de Castro.

'Quando começam a trabalhar, os meninos ou abandonam a escola ou passam a estudar à noite, com um rendimento menor.'

Na opinião dela, mesmo tendo de trabalhar precocemente, as meninas acabam conseguindo conciliar estudo e trabalho. 'Como fazem trabalhos domésticos, elas conseguem dar um jeito de estudar. Os pais evitam mandar as filhas para a escola à noite.'

Ambiente Favorável

Apesar de considerarem a explicação válida, outros pesquisadores acham que não deve ser a principal maneira de entender o avanço das meninas na escola.

'Os meninos começam a trabalhar cedo, mas as meninas também, fazendo tarefas igualmente pesadas', afirma Felícia Madeira, diretora da Fundação Seade e organizadora do livro Quem mandou nascer mulher?

'Em vários países, as mulheres têm melhor desempenho escolar do que os homens. Por isso me parece mais importante ver o que acontece dentro das escolas para que as meninas se deem melhor.'

Para Felícia Madeira, as regras das escolas tornam o ambiente mais restritivo aos meninos e inibem a competitividade, que é a principal característica transmitida aos homens e a mais necessária para o mercado de trabalho.

Novo censo

Respostas mais definitivas provavelmente devem começar a aparecer a partir do próximo censo educacional, a ser feito no ano que vem. Novas perguntas foram introduzidas no questionário do censo, com o objetivo de rastrear como evoluem meninos e meninas no sistema escolar e, assim, descobrir as causas do desequilíbrio e como reduzi-

lo" (Malu Gaspar. Mulher é maioria no 2º grau e superior. *Folha de S. Paulo*, 13 nov. 1998, p. 3-1).

Após a leitura do texto, debater em classe as principais ideias nele contidas:

"O novo perfil da secretária

Secretária! Tantas histórias e estórias a respeito. Comentários, motivo de inspiração de músicos, de poetas e também de chefes e patrões. Bonita, sensual, bem vestida, perfumada, disponível... Mas isso é coisa do passado! A secretária convencional de gestos leves, fala mansa, sempre às voltas com a datilografia, atendendo ao telefone, anotando recados, cuidando da agenda do chefe, está em processo de extinção. Em seu lugar surge a profissional, a secretária moderna que digita em micro, que domina a linguagem da informática, que acompanha os acontecimentos da empresa onde trabalha, que analisa as cotações da bolsa, que opina sobre as oscilações do mercado e sugere operações em títulos bancários, uma vez que está em sintonia com o mundo dos negócios, com as atividades do executivo. Deste, com a automação, passa a figurar como parceira no desenvolvimento do trabalho. Deixando de lado o exercício burocrático, preso a papéis, assume a postura de sua assistente, tendo espaço para opinar, assessorar e participar dos problemas administrativos, ampliando o campo profissional. Significa que o futuro da profissão já chegou na empresa, embutindo maior seletividade, ajudando a desempenhar funções vitais de apoio junto à chefia. Com a automação, a vida da secretária moderna ganha nova dimensão, possibilitando ganhar tempo na administração das rotinas e abrir novos horizontes para a profissão. Mas não são só as secretárias que ganham com a automação. Os executivos, as chefias passam a ter novo papel nessa relação de trabalho com esta profissional. Entre o executivo e a secretária tem início uma nova cultura de permuta, em reciprocidade contínua de trabalho e troca de ideias.

Assim, ao mesmo tempo que a chefia passa a assumir atividades, buscando os resultados no micro, avaliando as flutuações do mercado, as operações da bolsa, redigindo um fax, ou digitando uma carta, compete à secretária aprender novas atividades, como elaborar projetos, montar organogramas, fluxos de produção e outros.

Essa nova cultura nas relações de trabalho precisa ser levada em consideração, merecendo especial atenção e busca de treinamento por parte da secretária. E isso lhe impõe outra postura, que não a tradicional, transformando-lhe o perfil, como decorrência do próprio contexto do mundo, quando a evolução natural da tecnologia forma e conforma o comportamento das pessoas. Estas buscam trabalhar menos e viver melhor, com mais conforto. Por isso, nunca deixará de existir um lugar para a secretária moderna, eficiente e competente. E isso não significa que a secretária vá deixar de ser bonita, de se apresentar bem, de ser maravilhosa. O que mudou foi o perfil, valorizando o relacionamento de parceria, quando, tanto para a chefia, quanto para a secretária, os objetivos são os mesmos: os bons resultados, que interagem em mutualidade permanente no desempenho profissional de ambos.

Às verdadeiras amigas da verdade e de verdade. Às anônimas profissionais que, longe de serem sombras, projetam um brilho que merece atenção todos os dias, pelo que são, não só hoje, nosso Dia, mas sempre, parabéns!" (ZANON, Marilena. O novo perfil da secretária. *Integração*. São Paulo: Sadia, nº 137, p. 35, jul./ago. 1994).

B. O texto seguinte foi recortado do artigo publicado na *Revista de Administração de Empresas*. Após a leitura, discutir em classe as ideias apresentadas. Recomendo a divisão da classe em dois grupos: o primeiro ressaltará as vantagens da automação do escritório e o segundo, as desvantagens.

"As secretárias ocupam um lugar importante e de grande responsabilidade nas organizações, pois são as interfaces das organizações e/ou clientes com os executivos. O foco deste texto são as implicações da automação para o trabalho da secretária particular, isto é, da secretária que se reporta a um único chefe.

A análise de como as novas tecnologias vêm transformando o trabalho das secretárias é especialmente difícil. Quando se trata da automação de escritórios, geralmente abordam-se apenas os procedimentos formais do trabalho em escritórios: as tarefas repetitivas, previsíveis e padronizadas que são passíveis de ser automatizadas.

No entanto, é preciso levar em conta também, particularmente no caso das secretárias, a prática informal dos escritórios. Ela envolve as chamadas tarefas invisíveis – pois, a exemplo do serviço doméstico, só são percebidas quando deixam de ser executadas – associadas a qualificações igualmente invisíveis, exigidas e presentes na rotina de trabalho mas raramente computadas para fins de pagamento ou promoção. Tais tarefas não são passíveis de ser automatizadas. [...]

Assim, a 'generalidade' das atribuições das secretárias torna difícil a análise de como a automação altera essa ou aquela tarefa, ou se há um processo de (des)qualificação do seu trabalho, mormente quando se consideram as 'qualificações invisíveis' que lhes são exigidas. Entretanto, alguns aspectos decorrentes da automação que influenciam o seu trabalho puderam ser observados.

O primeiro deles é a intensificação do ritmo de trabalho, em virtude da introdução de novas ferramentas de trabalho. O depoimento das secretárias registra isso com clareza:

'Eu mando uma mensagem, ela recebe, 30 segundos depois me manda a resposta, como se eu estivesse falando por telefone. É muito rápido nosso processo de correspondência.' [...]

Esse aumento do ritmo de trabalho deve-se não somente aos novos equipamentos introduzidos nos postos de trabalho, telefax, por exemplo, mas também à visão mágica criada em torno dessa nova tecnologia. Acredita-se que por se tratar de um trabalho automatizado deve ser mais rápido, fácil e perfeito, pois o computador é muito rápido, faz o trabalho pesado e, acima de tudo, nunca erra. Ao homem, ou, no nosso caso, à mulher, resta apenas apertar um botão e tudo estará resolvido eficientemente. Entretanto, a realidade é muito distinta...

'Aí a gente encontra uma certa barreira por parte dos chefes, porque eles falam o seguinte: Ah! mas está lá no computador. É só alterar os números, em dois minutos você faz isso! E não é bem assim, pois às vezes por causa duma linha que você acrescenta muda toda a formatação do documento.'

Além de não ser um trabalho simples, executável 'em dois minutos', essa visão mágica de automação não leva em conta que as atribuições de uma secretária não se reduzem ao processamento de textos ou a atividades computadorizadas. Outras tarefas, como por exemplo atender telefone, superpõem-se a estas permanentemente. Na verdade, por detrás dessa visão mágica da automação está, também, a desconsideração das 'qualificações invisíveis' de tais trabalhadoras.

Com a automação, ocorre ainda um aumento do volume de trabalho a ser executado, principalmente quando as secretárias estão organizadas em um pool. [...]

Um outro aspecto problemático que encontramos na análise dos efeitos da automação no trabalho das secretárias é a questão do controle. Segundo Carter, 'entre os trabalhadores de escritórios, e especialmente entre secretárias, as questões de controle e autonomia no posto de trabalho são complicadas tanto conceitualmente, como em termos de encontrarmos um meio concreto de estudá-los'. Em nenhum momento da pesquisa foi mencionada a existência de monitoração eletrônica do trabalho. Mesmo assim, não podemos afirmar que tal controle não exista, pois, muitas vezes, a monitoração é feita sem o conhecimento do(a) trabalhador(a). Com relação a essa questão, pudemos observar que o grau do controle está diretamente relacionado à relação chefe-secretária. Quanto mais autoritária e patrimonial for essa relação, maior será o controle a que será submetida a secretária.

Entretanto, se o controle no posto de trabalho é de difícil análise, o controle sobre as tarefas a serem executadas é facilmente observável. Com a automação, as secretárias tornam-se dependentes do computador para a realização das suas tarefas.

'Você depende do equipamento.'

'Eu faço tudo com ele, se não tiver o micro eu morro em só uma hora. Você fica meio incapaz de viver sem, quando o meu micro quebra, eu quebro também e daí o fluxo continua.' [...]

Essa dependência é extremamente prejudicial às secretárias, não só por dificultar a mobilidade entre empregos, mas sobretudo em virtude de dois grandes problemas relacionados ao trabalho administrativo automatizado: o tempo de resposta e a quebra de equipamentos.

O tempo de resposta e a quebra de equipamento acabam impondo o ritmo de trabalho às secretárias, que desta forma perdem o controle sobre ele. O tempo de resposta, na maioria das vezes, é muito alto, em função de problemas com as telecomunicações, quantidade de usuários no sistema, tipo de operação que está sendo realizada etc. Esses fatores são aleatórios e por isso estão totalmente fora do controle das secretárias. 'Em tais situações os empregados não podem dizer se o 'silêncio' foi causado por uma carga elevada de trabalho ou se o sistema caiu.' A espera que o tempo de resposta implica é um dos principais aspectos negativos de automação apontados pelas secretárias. [...]

A satisfação de realizar suas tarefas de maneira rápida e eficiente, de acordo com as expectativas da chefia, muitas vezes, é prejudicada por tempos de resposta demorados; eles não podem ser considerados como pausas para descanso das secretárias, pois há um acúmulo de trabalho e de pressão para a realização das tarefas. Mas é, sobretudo, a variabilidade e a imprevisibilidade que tornam os tempos de resposta uma grande fonte de ansiedade e stress ocupacional.

A quebra dos equipamentos é também muito prejudicial ao trabalho das secretárias, principalmente em virtude da dependência que se cria dessas máquinas.

'De repente, você está no fim, aí entra um arquivo que você passou um dia inteiro datilografando, aí você fica doida e quer subir pelas paredes e isso já me aconteceu. O micro trava e não dá nem para você salvar o que já fez. Mas isso é uma síncope que você passa por cima do micro quando dá essa merda. Aí você dá uma respirada funda, dá uma passeadinha, toma alguma coisa e volta para o micro porque você não pode fazer nada. Infelizmente isso acontece.' [...]

A quebra de equipamentos, como pudemos observar, é frequente no trabalho automatizado das secretárias, seja no Brasil, seja em outros países. E, como nos mostram Johansson e Aronsson, 'o maior problema relacionado com o conteúdo e quantidade de trabalho junto aos terminais de vídeo recai sobre as quebras imprevisíveis de equipamento, que ainda ocorrem com frequência nos sistemas de computador, vários anos após a sua introdução [...]. As quebras e quedas dos sistemas constituem-se num apreciável esforço mental [...] e afetam a carga de trabalho não só quando elas ocorrem, mas também quando não ocorrem. A ameaça da quebra está constantemente presente'.

Para resolver o problema da quebra do equipamento, as secretárias buscam o auxílio de outras secretárias no empréstimo de equipamentos, o que acaba gerando uma sobrecarga no trabalho destas últimas.

Devemos deixar claro, todavia, que, mesmo apresentando problemas, as secretárias na sua totalidade preferem os sistemas automatizados. Muitas razões podem ser apontadas para a explicação dessa aprovação unânime da automação de escritórios pelas secretárias. Segundo Murphree, esse entusiasmo pelas novas tecnologias se dá em virtude da publicidade intensa existente em torno das novas tecnologias, pois 'muitas secretárias interpretam esse entusiasmo e encorajamento para referir-se a que todo o trabalho de escritório tornou-se *High Tech* e esperam que lhes sejam dadas chances de executar um trabalho mais desafiante, que aprimorem suas qualificações, que recebam melhores salários e haja ascensão organizacional'.

A automação de escritórios, por sua vez, facilitou o trabalho das secretárias, ao eliminar uma parcela do trabalho repetitivo, com a introdução dos processadores de texto, que dispensam as secretárias de redatilografarem os textos.

'Quando você fazia um texto numa máquina de datilografar, se você errava, o chefe tem mania de ir lá e rabiscar tudo, então você tem que refazer realmente, poucas são as pessoas que vão lá com cuidado – olha vamos apagar aqui, você vai consertar – então você perdia um tempo enorme; no micro, no processador de texto você consegue trocar textos de 10, 15, 20 páginas em segundos, principalmente hoje em dia, que cada vez ficam mais rápidos os *softs* [...] Você não perde tanto tempo escrevendo, datilografando e errando.' [...]

Nesse sentido, a automação de escritórios, realmente, facilitou o trabalho das secretárias. Entretanto, devemos salientar que a utilização dos processadores de texto possui alguns aspectos que podem ser muito problemáticos para as secretárias. Segundo Schneider, existem algumas discrepâncias entre o que dizem os vendedores de processadores de texto e a sua aplicação prática. Em primeiro lugar, embora sejam considerados como uma nova tecnologia que veio eliminar o trabalho repetitivo, chato e monótono de homens e mulheres, os processadores de texto, que são usados através de terminais e monitores de vídeo, apresentam novos riscos físicos e mentais: problemas de visão, problemas de reprodução, problemas musculares, dores de cabeça, dermatites etc. sem falar do stress causado por quebra de equipamentos e tempo de resposta.

Em segundo lugar, a promessa de que os processadores de texto iriam melhorar as condições de trabalho das secretárias, possibilitando um aumento do tempo livre que seria utilizado na realização de tarefas mais interessantes e mais qualificadas, na verdade não se realiza. O que podemos observar é um aumento do ritmo e do volume de trabalho, que acaba impedindo o desenvolvimento das secretárias no seu 'tempo livre', que não passou a existir.

Segundo Barker e Downing, a utilização dos processadores de texto é uma forma de se elevar o ritmo do trabalho através da eliminação de uma certa 'cultura de resistência' das secretárias, que lhes possibilitava um certo controle sobre o ritmo do trabalho. Trata-se de uma cultura 'que é contraditória, aparentemente opressiva, mas que ao mesmo tempo contém sementes de resistência'. Para as autoras em questão, a imagem criada em torno das secretárias, de mulheres que estão preocupadas com as unhas, com o cabelo e que conversam sobre 'futilidades de mulher' é utilizada pelas secretárias na criação de uma cultura informal em que os padrões masculinos não têm espaço. Nas suas próprias palavras, 'constitui-se um mundo onde os patrões e seus subordinados não podem penetrar, [...] permitindo às mulheres a liberação de certas tarefas', possibilitando um certo controle sobre o tempo de trabalho.

Além disso, no escritório não-automatizado existem inúmeras maneiras de as secretárias controlarem o seu tempo: ir ao xerox buscar cópias, ir ao almoxarifado buscar material de escritório. Segundo Barker e Downing, até mesmo fazer tarefas consideradas femininas (por exemplo: fazer café, molhar as plantas), que podem reforçar o papel ideológico da 'esposa do escritório', é uma forma de não ficar o tempo todo datilografando e de ter maior flexibilidade na utilização do seu tempo de trabalho. Os processadores de texto possibilitam a redução ou a eliminação desse tempo 'não produtivo' através da substituição de um controle patriarcal por outro controle mais direto.

Isso fica mais evidente quando se vê que os processadores de texto, juntamente com a automação de escritórios, possibilitaram o aparecimento do trabalho das secretárias: o pool *de secretárias.*

Essa nova forma não tem obtido sucesso, na maioria das organizações onde tem sido implementada, pois além de aumentar o ritmo do trabalho através de um controle rígido pelo qual todo o tempo é transformado em tempo de trabalho, a organização em pool *também traz algumas ambiguidades, principalmente com relação à chefia, que inviabiliza, muitas vezes, a sua implementação, como nos mostra Murphree.*

Na verdade, trata-se de um processo de desqualificação das secretárias onde a relação chefia-secretária é eliminada e as 'qualificações invisíveis' são desconsideradas. As secretárias são reduzidas a meras datilógrafas e aquelas que possuem maior experiência profissional, na maioria das vezes, não se submetem a esse processo de desqualificação" (SOARES, Angelo dos Santos. Novas tecnologias e a questão do gênero; a automação e as secretárias. *Revista de Administração de Empresas*. São Paulo, Fundação Getulio Vargas, v. 30, nº 8, p. 69-78, jul./set. 1990).

Exercícios

1. Que é ética profissional?
2. Cite três princípios éticos que considera fundamentais.
3. Cite três procedimentos que se constituem em faltas à dignidade na execução de um trabalho profissional como secretária.
4. Que recomendações profissionais faria a uma secretária iniciante?
5. Quais são os argumentos favoráveis à constituição de um código de ética profissional para as secretárias?
6. Quais são os argumentos contrários à elaboração de um código de ética profissional para as secretárias?
7. Qual a lei que regula o exercício da profissão de secretária?
8. Segundo a lei, quais são as atribuições de uma secretária executiva?
9. Quais são as atribuições de um técnico em secretariado?
10. O que requer o exercício da profissão de secretária?

Referências

ABC da profissão regulamentada de secretária(o). São Paulo: Sindicato das Secretárias do Estado de São Paulo, 1993.

ALBALAT, Antonio. *A arte de escrever:* ensinada em vinte lições. 7. ed. Lisboa: Livraria Clássica Editora, 1944.

_____. *A formação do estilo:* pela assimilação dos autores. Lisboa: Livraria Clássica Editora, 1912.

ALMEIDA, Napoleão Mendes de. *Gramática metódica da língua portuguesa.* 17. ed. São Paulo: Saraiva, 1964.

ALOE, Armando; VALLE, Francisco. *Contabilidade comercial.* 5. ed. São Paulo: Atlas, 1981.

ANDRÉ, Hildebrando A. de. *Gramática ilustrada.* 2. ed. São Paulo: Moderna, 1982.

ASSIS, Machado de. *Obra completa.* Rio de Janeiro: Nova Aguilar, 1979.

AZEREDO, José Carlos de. *Escrevendo pela nova ortografia.* São Paulo: Publifolha, 2008.

BARRAS, Robert. *Os cientistas precisam escrever:* guia de redação para cientistas, engenheiros e estudantes. São Paulo: T. A. Queiroz, 1979.

BARROS, Enéas Martins de. *Cartas comerciais e redação oficial:* técnicas e modelos. São Paulo: Atlas, 1985.

_____. *Português para o ciclo universitário básico.* São Paulo: Atlas, 1982.

BECHARA, Evanildo. *Moderna gramática portuguesa.* 22. ed. São Paulo: Nacional, 1977.

_____. *O que muda com o novo acordo ortográfico.* Rio de Janeiro: Nova Fronteira, 2008.

BELLOTTO, Heloísa Liberatti. *Arquivos permanentes:* tratamento documental. São Paulo: T. A. Queiroz, 1991.

BELTRÃO, Odacir. *Correspondência:* linguagem e comunicação. 16. ed. São Paulo: Atlas, 1980.

BERTOCCO, Néris; LOYOLA, Ângela Schneider. *Secretária.* Rio de Janeiro: Livros Técnicos e Científicos, 1980.

BERTOCCO, Néris. *Você, secretária*. Rio de Janeiro: Livros Técnicos e Científicos, 1979.

BIO, Sérgio Rodrigues. *Sistemas de informação:* um enfoque gerencial. São Paulo: Atlas, 1985.

CADERNOS FUNDAP. *Comunicações administrativas*. São Paulo, Fundap, ano 4, nº 8, abr. 1984.

CAUTELA, Alciney Lourenço; POLLONI, Enrico Giulio Franco. *Sistemas de informação na administração de empresas*. 2. ed. São Paulo: Atlas, 1983.

CESCA, Cleusa G. Gimenes. *Técnicas profissionais de secretariado*. Campinas: Papirus, 1984.

CHAVES JÚNIOR, Edgard de Brito. *A redação oficial e seus modelos*. Rio de Janeiro: Tecnoprint, 1979.

CLEGG, Stewart R.; HARDY, Cyntia; NORD, Walter R. *Handbook de estudos organizacionais*. São Paulo: Atlas, 1999. v. 1; v. 2, 2001; v. 3, 2004.

CUTTER-SANBORN. *Three:* figure author table. Englewood: Libraries Unlimited, 1969.

DATA NEWS. *Automação de escritório, começo de um novo tempo*. São Paulo, nºs 181 e 230, 1983/1984.

DE FRANCISCO, Walter. *Matemática financeira*. 5. ed. São Paulo: Atlas, 1985.

DORIN, E. *Dicionário de psicologia*. São Paulo: Melhoramentos, 1978.

DOWER, Nelson Godoy Bassil. *Instituições de direito público e privado*. São Paulo: Atlas, 1983.

ECO, Umberto. *A estrutura ausente:* introdução à pesquisa semiológica. 4. ed. São Paulo: Perspectiva, 1986.

_____. *A obra aberta*. São Paulo: Perspectiva, 1971.

_____. *Como se faz uma tese*. São Paulo: Perspectiva, 1989.

FARIA, Nivaldo Maranhão. *Organização do trabalho*. São Paulo: Atlas, 1984.

FERNANDES, Millôr. *A história é uma história:* e o homem o único animal que ri. Porto Alegre: L&PM, 1978.

FERREIRA, Aurélio Buarque de Holanda. *Novo dicionário da língua portuguesa*. Rio de Janeiro: Nova Fronteira, 1975.

FIORIN, José Luiz. *Introdução à linguística*: I. objetos teóricos. São Paulo: Contexto, 2003.

GARCIA, Othon M. *Comunicação em prosa moderna:* aprenda a escrever, aprendendo a pensar. 8. ed. Rio de Janeiro: FGV, 1980.

GIACAGLIA, Lia Renata Angelini; PENTEADO, Wilma Millan Alves. *Educação para o trabalho*. São Paulo: Atlas, 1981.

GIBSON, James L.; IVANCEVICH, John M.; DONNELLY JR., James H. *Organizações:* comportamento, estrutura, processos. São Paulo: Atlas, 1981.

GORBEA, Josefina Q. de; GARCIA-DIAZ, Eva S. de; VELA, Olga M. *Sistemas de arquivos e controle de documentos*. 2. ed. São Paulo: Atlas, 1979.

GUIRAUD, Pierre. *A estilística*. 2. ed. São Paulo: Mestre Jou, 1978.

HABERKORN, Ernesto. *O computador na administração de empresas*. São Paulo: Atlas, 1985.

HARLOW, Eric; COMPTON, Henry. *Comunicação*: processo, técnicas e práticas. São Paulo: Atlas, 1980.

HENRIQUES, Claudio Cezar. *A nova ortografia*. Rio de Janeiro: Elsevier, 2009.

IIZUKA, Kenji. *Teleprocessamento*. São Paulo: Atlas, 1985.

ITT Service Federal Eletric Corporation. *Como preparar um relatório*. 4. ed. São Paulo: Difel, 1981.

KASPARY, Adalberto J. *Redação oficial*: normas e modelos. 5. ed. Porto Alegre: Fundação para o Desenvolvimento de Recursos Humanos, 1982.

KOTLER, Philips. *Administração de marketing*: análise, planejamento, implementação e controle. 3. ed. São Paulo: Atlas, 1994.

_____. _____. 5. ed. São Paulo: Atlas, 1998.

KURY, Adriano da Gama. *Ortografia, pontuação, crase*. Rio de Janeiro: Fename, 1982.

LAGES, Augusta R. S.; RONCO, Emilia. *Técnicas de secretariado*. São Paulo: Atlas, 1978.

LAKATOS, Eva Maria. *Sociologia geral*. 4. ed. São Paulo: Atlas, 1984.

LAPA, M. Rodrigues. *Estilística da língua portuguesa*. 9. ed. Coimbra: Coimbra Editora, 1977.

LIMA, Rocha. *Gramática normativa da língua portuguesa*. 19. ed. Rio de Janeiro: José Olympio, 1978.

_____; BARBADINHO Neto, Raimundo. *Manual de redação*. 2. ed. Rio de Janeiro: Fename, 1980.

LITTON, Gaston. *A documentação*. São Paulo: McGraw-Hill do Brasil, 1976.

LUFT, Celso Pedro. *Moderna gramática brasileira*. 4. ed. Porto Alegre: Globo, 1981.

_____. *Língua e liberdade*. 8. ed. Porto Alegre: LCPM, 1985.

MAGRI, João Alexandre. *Programação basic*. 2. ed. São Paulo: Atlas, 1984.

MALANGA, Eugênio. *Publicidade*: uma introdução. 3. ed. São Paulo: Atlas, 1979.

MANUAL de redação da presidência da república. Brasília: Presidência da República, 1991.

MARQUES, Xavier. *A arte de escrever*: teoria do estilo. Rio de Janeiro: Francisco Alves, 1913.

MEDEIROS, João Bosco. *Correspondência*: técnicas de comunicação criativa. 13. ed. São Paulo: Atlas, 1999.

_____. *Redação científica*: a prática de fichamentos, resumos, resenhas. 3. ed. São Paulo: Atlas, 1997.

_____. *Técnicas de redação*. 4. ed. São Paulo: Atlas, 1991.

MEDEIROS, João Bosco. *Comunicação escrita:* a moderna prática da redação. 2. ed. São Paulo: Atlas, 1992.

_____. *Redação empresarial.* 3. ed. São Paulo: Atlas, 1999.

_____; ANDRADE, Maria Margarida. *Comunicação em língua portuguesa.* 3. ed. São Paulo: Atlas, 2004.

_____; GOBBES, Adilson. *Dicionário de erros correntes da língua portuguesa.* 4. ed. São Paulo: Atlas, 2003.

MINICUCCI, Agostinho. *Psicologia aplicada à administração.* 3. ed. São Paulo: Atlas, 1985.

_____. *Relações humanas:* psicologia das relações interpessoais. 2. ed. São Paulo: Atlas, 1984.

MIRANDA, Mac-Dowel dos Passos. *Organização e métodos.* 6. ed. São Paulo: Atlas, 1985.

MORENO, Cláudio; GUEDES, Paulo Coimbra. *Curso básico de redação.* São Paulo: Ática, 1979.

_____. *Guia prático do português correto.* Porto Alegre: L&PM, 2007.

_____. *O prazer das palavras.* Porto Alegre: L&PM, 2007.

MORGAN, Gareth. *Imagens da organização.* São Paulo: Atlas, 1996.

_____. *Imagens da organização*: edição executiva. 2. ed. São Paulo: Atlas, 2002.

MOTTA, R. G. (Coord.). *Secretariado executivo na empresa moderna.* São Paulo: Sugestões Literárias, 1973.

NASCIMENTO, Amauri Mascaro; PINHO, Ruy Rebello. *Instituições de direito público e privado.* 11. ed. São Paulo: Atlas, 1981.

NEIVA, Edméa Garcia. *Moderna redação empresarial.* São Paulo: IOB, [s.d.].

_____. *A secretária como vendedora da imagem empresarial.* São Paulo: IOB, [s.d.].

NEW WEBSTER'S. *Guia da secretária.* São Paulo: Summus Editorial, 1978.

NOGUEIRA, Júlio. *A linguagem usual e a composição.* 8. ed. Rio de Janeiro: Freitas Bastos, 1952.

NUNES, Maria Madalena B.; ARAUJO, Marcos F. de; TCHEMRA, Angela Hum. *A evolução do papel da secretária.* São Paulo: Senac, 1994.

OITICICA, José. *Manual de estilo.* Rio de Janeiro: Francisco Alves, 1954.

OLIVEIRA, Aristeu de. *Manual de prática trabalhista.* 16. ed. São Paulo: Atlas, 1998.

OLIVEIRA, Marco Antonio G. *Análise transacional na empresa.* 2. ed. São Paulo: Atlas, 1990.

PARKER PUBLISHING COMPANY. *A secretária de sucesso.* São Paulo: Summus Editorial, 1980.

PEDROSO, Edilberto Tadeu; TEIXEIRA, Evanildo Raimundo; GASPAR, Luiz Roberto Soares. *Elaboração, análise e racionalização de formulários.* São Paulo: Atlas, 1983.

PEREIRA, Antônio Olavo. *Marcoré*. 5. ed. Rio de Janeiro: José Olympio, 1971.

PRADO, Heloisa de Almeida. *A técnica de arquivar.* São Paulo: Polígono, 1970.

_____. *Organização e administração de bibliotecas*. Rio de Janeiro: Livros Técnicos e Científicos, 1981.

QUEIROZ, Hermínio Áureo de. *Teoria e prática da redação*. 2. ed. Petrópolis: Vozes, 1980.

RABAÇA, Carlos Alberto; BARBOSA, Gustavo. *Dicionário de comunicação*. Rio de Janeiro: Codecri, 1978.

RIFFATERRE, Michael. *Estilística estrutural.* São Paulo: Cultrix, 1973.

SANTOS, Gélson Clemente dos. *Comunicação e expressão:* introdução ao curso de redação. 2. ed. Rio de Janeiro: Forense, 1983.

SHIMIZU, Tamio. *Microcomputador e informática.* São Paulo: Atlas, 1985.

_____. *Processamento de dados:* conceitos básicos. 2. ed. São Paulo: Atlas, 1985.

SHULLER, Maria (Coord.). *Comunicação estratégica*. São Paulo: Atlas, 2004.

SILVA, Maurício. *O novo acordo ortográfico da língua portuguesa*. São Paulo: Contexto, 2008.

SILVA, Rebecca Peixoto et al. *Redação técnica*. 2. ed. Porto Alegre: Formação, s.d.

SIMÕES, Eloy; SIMÕES, Roberto (Coord.). *Comunicação publicitária*. 2. ed. São Paulo: Atlas, 1978.

SOARES, Angelo dos Santos. Novas tecnologias e a questão do gênero: a automação e as secretárias. *Revista de Administração de Empresas*, São Paulo, FGV, v. 30, nº 3, p. 69-78, jul./set. 1990.

SOARES, Magda Becker; CAMPOS, Edson do Nascimento. *Técnica de redação:* as articulações linguísticas como técnicas de pensamento. Rio de Janeiro: Ao Livro Técnico, 1979.

SODRÉ, Muniz; FERRARI, Maria Helena. *Técnica de redação:* o texto nos meios de informação. 2. ed. Rio de Janeiro: Francisco Alves, 1978.

SOUZA, Cauby de. *Normas sobre correspondência, comunicação e atos oficiais*. Brasília: MEC, 1972.

THAYER, Lee. *Comunicação:* fundamentos e sistemas. São Paulo: Atlas, 1979.

VIANA, Mário Gonçalves. *A arte de redigir.* Porto: Figueirinhas, 1945.

WEBSTER'S SECRETARIAL HANDBOOK. 2. ed. Massachusetts: Merrian-Webster, 1983.

WILLIAMS, Michael R. *Relações humanas*. São Paulo: Atlas, 1972.

Índice Remissivo

À atenção de, 92, 103
Acento agudo, 117
Acento circunflexo, 167, 176
Acento diferencial, 167, 176
Acentuação gráfica, 159
Acesso: arquivo, 229
Acessórios de arquivos, 242
Acordo (novo), 176
Administração do tempo, 286
Agenda-calendário, 292
Agente de viagens, 309
Algarismos cardinais, 118
Algarismos romanos, 106
Ambiente de trabalho, 289
Anexo, 106
A nível de, 95
Ansiedade, 9
Antes de ingressar na empresa, 322
Antes e depois do Novo Acordo, 181
Aos cuidados de, 103
Aposto, 107
Apóstrofo, 158
Apresentação pessoal, 332
Arquivamento: métodos, 249
Arquivamento: sistemas e métodos, 247
Arquivo, 226
Arquivo ativo, 233
Arquivo: atualização, 234
Arquivo e documentação, 203
Arquivo frontal, 239
Arquivo horizontal, 238
Arquivo: importância, 227

Arquivo inativo, 233
Arquivo lateral, 240
Arquivo morto, 233
Arquivo: regras práticas, 244
Arquivo rotativo, 241
Arquivo vertical, 239
Arquivos correntes, 227
Arquivos de prosseguimento, 229
Arquivos: equipamentos, 238
Arquivos permanentes, 227
Arquivos privados, 227
Arquivos públicos, 226
Arquivos temporários, 227
Aspas, 106, 158
Assessora, 346, 348
Assinatura, 108
Assunto em ordem alfabética, 221
Assunto em ordem de codificação, 221
Assunto ou referência, 108
Ata
    fechos, 306
    formulário, 305
    modelo, 304
    redação, 303
Atenção seletiva, 73
Atender: regência verbal, 147
Atendimento eficiente, 295
Atendimento telefônico, 139
Atitude, 7
Atividades da secretária, 285
Atribuições diárias da secretária, 284
Atributos da secretária, 331

Ausência de originalidade, 321
Autoridade, 283
Avaliação da comunicação, 35

Barreiras à comunicação, 55
Base para a prática do secretariado, 330
Bloqueios e distorções de comunicação, 57

Cabeçalho, 108
Caixa postal, 108
Canal, 33
Características da documentação, 217
Cargos ou funções, 109
Carta comercial, 76, 190
    espécies e formato, 78
    estética, 100
        estilos e técnicas, 98
    fechos de cortesia, 80
    introduções comuns, 80
    linguagem, 81
Carta para acompanhar o currículo, 326
Cartão de crédito, 309
Cartão-resposta comercial, 190
Carteiro, 289
Centralização ou descentralização de documentos, 235
Chamadas particulares, 147
Chamadas telefônicas para o executivo, 143
Chefe, 223
Chefe: relacionamento, 309
Ciência aplicada, 213
Ciência: isolamento, 214
Ciência pura, 207
Ciência recente, 212
Cinzeiros, 303
Clareza, 84, 99
Classificação Brasileira de Ocupações, 348
Classificação da documentação, 220
Classificação e controle da correspondência comercial, 77
Clichês, 92
Clientes: relacionamento, 329
Clipping, 318
Código de endereçamento postal, 110
Código de Ética profissional, 345, 355
Coerência, 99

Colchetes, 158
Colegas da empresa, 305
Colegas: relacionamento, 14
Como alcançar objetivos, 322
Como escrever, 83
Como registrar entrevistas, 296
Compilação bibliográfica, 200
Comportamento defensivo, 7
Comunicação, 19
    barreiras, 55
    competência estratégica e tática, 71
    de ordens, 14
    eficácia, 60
    interna: memorando, 69
    princípios, 68
    tendenciosidade, 59
    teorias da comunicação, 19
Comunicações
    ascendentes, 72
    descendentes, 73
    horizontais, 73
    internas e externas, 68
Comunicações administrativas: eficácia, 50
Comunicações organizacionais, 39
    metáforas utilizadas nas organizações, 41
Concisão, 99
Concordância
    de *vós* com o adjetivo, 91
    do pronome com o verbo, 91
    nominal, 147
Condições para que uma mensagem se torne informativa, 196
Conferência, 307
Conflito, 8
Conhecimento
    aplicado, 213
    científico, 212
    puro, 213
Conservação e proteção de documentos, 234
Conta do homem, 194
Contexto, 53
Continuação do texto de uma carta, 112
Conversão, 11
Conversas prolongadas, 145
Convites: expedição, 298
Convocação de reuniões, 300

Índice Remissivo 373

Correção de erros, 113
Correspondência comercial
    classificação e controle, 77
    conceito e importância, 76
    introduções comuns, 80
    procedimentos adequados, 289
Cortesia ao pedir algo, 12
Crase, 168
Cuidados com o aparelho telefônico, 146
Currículo, 323
    carta para acompanhá-lo, 326
    eletrônico, 325
    escaneável, 325

Data, 113
Defesa: mecanismos, 10
Deslocamento, 12
Despedidas telefônicas, 146
Destinatário, 114
Desvantagens da centralização de documentos, 236
Deveres da secretária, 356
Direitos da secretária, 355
Discrição, 319
Ditado, 286
Ditongos, 167
Divisão silábica (translineação), 114
Documentação, 216
    fases do processo, 220
Documentação e arquivo, 203
Documento
    conservação e proteção, 234
    natureza, 222
    permanentes, 234
    permanentes-vitais, 234
    primário, 206
    secundário, 206
    temporários, 235
    terciário, 206
Documentos
    desvantagens da centralização de documentos, 236
    transferência, 232
    vantagens da centralização, 235
Dois-pontos, 157

Edital
    de casamento, 300
    de citação, 300
    de convocação de reunião, 300, 302
    de praça, 300
    oficial: modelo, 301
Eficácia
    condições, 60
    nas comunicações administrativas, 50
    profissional, 286
Elaboração do texto, 98
E-mail, 131
Emitente, 122
Em mãos, 103
Emoções: coleção, 16
Endereçamento, 115
Endereços eletrônicos, 326
Entregadores da EBCT, 289
Entrevista, 286, 325
    como registrar, 329
Envelope: verso, 112
Equipamentos de arquivamento, 238
Era da informação, 218
Escrituração do livro caixa, 312
Estereótipos, 8
Estilo bloco, 102
    compacto ou cheio, 102
    diversidade, 86
    endentado ou semibloco, 100
    e técnicas de elaboração de cartas comerciais, 98
Estrangeirismos, 86
Estratégia de comunicação, 34 ss
Estrutura do currículo, 324
Ética profissional, 353
Exatidão, 99
Expedição de convites, 298
Expressões vazias: prolixidade, 85

Falar em público, 314
Fantasia, 12
Fecho de carta, 119
Fechos de ata, 306
Feedback, 54
Ficha
    de assunto, 210

de autor, 209
de título de obra, 209
Fichamento bibliográfico, 206
Fichários, 241
Figurinhas pretas, 16
Finalidade da documentação, 217
Flexibilidade: arquivo, 229
Flip-charts, 303
Fofoca, 319
Follow up (controle), 288
Formação educacional, 345
Formação e ética, 337
Formação geral, 345
Formas combinadas, simples e complexas, 120
Formas de tratamento, 124
Formulário, 196, 197
Fracasso, 9
Frases feitas, 322
Frustração, 7, 10
Função ou cargos, 109
Funções de linguagem, 28 ss
  conativa, 30
  emotiva ou expressiva, 29
  fática, 31
  metalinguística, 32
  poética, 32
  referencial, 29

Generalização, 12
Gíria ao telefone, 146
Gíria: laconismo, 85
Gramática: particularidades no uso de pronomes de tratamento, 90
Gramático: dispensável ou indispensável?, 127
Grampeamento, 120
Guias de arquivo, 243

Hiatos, 166
Hífen, 177
  quadro prático do uso do, 180
Hóspede feminino, 193

Idealização, 11
Identidade e variedade cultural, 339
  etnologia, 341

modelos teóricos de diversidade, 342
pesquisa sobre etnia e gênero, 341
teoria da demografia organizacional, 341
teoria das relações intergrupais, 340
Identificação, 206
  bibliográfica, 206
  do local, 140
Ideologia, 23
Importância da documentação, 216
Importância das relações humanas, 6
Importâncias, 121
Impressos, 192
Indicações e iniciais, 121
Índice (número de ordem), 122
Informação, 196
  a serviço da empresa, 219
  era, 218
Iniciais do datilógrafo, 121
Iniciais do redator, 121
Iniciante: recomendações,
Instrução mínima, 348
Interjeições ao telefone, 146
Isolamento da ciência, 214
Itálico, 123
Itemizações, 122

Laconismo: gíria, 85
Lazer, 276
Lei nº 7.377/85, 349
Lei nº 9.261/96, 350
Leitura, 342
  da documentação, 220
Ligações
  internacionais, 149
  nacionais, 148
Linguagem
  ao telefone, 146
Livro caixa, 313
Localização bibliográfica, 206
Lugares-comuns, 322

Maiúsculas, 123
Mando: relações rotineiras da secretária, 12
Mecanismos de defesa, 10
Medo, 9

Memorando: comunicação interna, 68
Mensagem, 52
Mensagem eletrônica, 130
Mesa-redonda, 307
Metáforas da comunicação, 43
Método
   alfabético, 230
   alfabético de arquivamento, 249
   alfanumérico de arquivamento, 249, 264
   automático de arquivamento, 268
   automático moderno de arquivamento, 269
   cronológico, 230
   de arquivamento, 248
   decimal de arquivamento, 266
   específico ou por assunto de arquivamento, 253
   geográfico de arquivamento, 256
   mnemônico de arquivamento, 258
   moderno, 230
   numérico de arquivamento, 249, 261
   numérico dúplex de arquivamento, 263
   numérico simples de arquivamento, 261
   variadex de arquivamento, 260
Microfilmagem, 236
Monossílabos tônicos, 166
Motivação, 7
Muito obrigado: concordância, 147

Natureza
   da documentação, 217
   da função de secretária e importância, 319
   do documento, 217
NBR 6023:2002, 318
NBR 9578:1986, 270
NBR 10519:1988, 274
Normalização das informações, 218
Notações de arquivo, 238
Novo Acordo Ortográfico, 176

Office-boy, 290, 308
Ordens: comunicação, 14
Organização
   de arquivo, 228
   do trabalho da secretária, 283
   e utilização do material de escritório, 292

Oxítonas, 160

Painel, 307
Papers, 219
Parênteses, 158
Paroxítonas, 163
Passaporte, 309
Pastas, 243
   do tipo sanfona, 229
Perfil do trabalhador do futuro, 244
Pesquisa, 205
Pesquisa bibliográfica: etapas, 206
Pesquisa em biblioteca, 207
Pessoas jurídicas ou físicas, 287
Planejamento de recepções, 294
Plano de trabalho, 288
Plural de modéstia, 92
Ponto de interrogação e de exclamação, 158
Ponto e vírgula, 156
Ponto final, 156
Pontuação, 124, 153
Portadores particulares, 289
Portaria nº 7.285/94, 3448 (nota)
Precisão, 84
Precisão: arquivo, 229
Prefixos, 167
Preparação de viagens, 308
Princípios fundamentais do secretariado, 355
Problemas de relacionamento, 312
Processo de comunicação: elementos básicos, 20
Produção científica, 212
Profissões em extinção, 217
Proibições de despachos, 192
Projeção, 12
Projeções de arquivo, 243
Prolixidade: expressões vazias, 85
Pronomes demonstrativos, 90
Pronomes de tratamento, 87
Pronomes possessivos, 91
Proparoxítonas, 165

Quadro comparativo: antes e depois do Novo Acordo, 181
Quadro prático do uso do hífen, 180
Questões práticas sobre currículo, 323

Recalque, 11
Recepcionista, 294
Recepções, 294
Recolhimento da documentação, 220
Recomendações a uma iniciante, 354
Recompensas, 286
Redação: como escrever, 83
Redundância, 54
Referência ou assunto, 124
Referências cruzadas, 231
Regência verbal, 147
Regras práticas
    para manter o arquivo atualizado, 244
    para organizar o trabalho, 285
Regressão, 11
Regulamentação da profissão, 345, 348
Relacionamento
    com chefe, clientes, visitantes e colegas de trabalho, 309
    com colegas, 14
    problemas de –, 312
Relações
    com a empresa, 356
    com entidades da categoria, 357
    de trabalho: problemas, 8
    humanas, 5
    profissionais das secretárias, 356
    públicas, 15
    rotineiras de mando da secretária, 12
Relatório
    administrativo, 70
    como escrever, 68
    técnica de elaboração, 70
Repertório, 54
Repressão ou recalque, 11
Retenção seletiva, 74
Reticências, 158
Reunião
    providências, 303
    tipos, 306
Rotina de trabalho, 284
R.S.V.P., 300
Ruído, 52

Satisfação de necessidade, 7
Secretária
    auxiliar, 351
    como recepcionista, 294
    executiva, 351
    geral, 351
    moderna, 316
    novo perfil, 359
    organização do trabalho, 283
    tradicional, 313
Segurança, 229
Seleção de telefonemas, 142
Seminário, 307
Serviços da Empresa Brasileira de Correios e Telégrafos, 189
    cartão-resposta comercial, 190
    carta-resposta comercial, 190
    devolução garantida, 190
    Diretório Nacional de Endereços, 190
    e-Sedex, 190
    franqueamento autorizado de cartas, 190
    impresso especial, 190
    mala direta postal, 190
    mala direta postal domiciliária, 190
    mala serca convencional, 190
    PAC, 191
    proposta de serviços e venda de produtos a órgão público, 191
    reembolso postal, 191
    Sedex compact, 191
    Sedex convencional, 191
    Sedex livro, 191
    Sedex 3 direções, 191
    Sedex vídeo, 191
    Serviço especial de entrega de documentos, 191
Sigilo profissional, 352
Signatário, 89 (nota)
Simplicidade: arquivo, 229
Simplificação: técnicas, 99
Simpósio, 307
Sinais de pontuação, 120
Sistema
    alfabético, 221
    alfanumérico, 221
    corrente de arquivamento, 248

cronológico, 222
de arquivamento em órgãos públicos, 248
de classificação de informação, 221
direto de arquivamento, 247
e métodos de arquivamento, 247
em ordem alfabética, 221
geográfico, 222
indireto de arquivamento, 247
numérico, 221
permanente de arquivamento, 248
semi-indireto de arquivamento, 247
temporário de arquivamento, 248
Sobrecarga de trabalho, 200
Status, 10
Sublimação, 11
Sublinha, 123
Subordinação, 283
Substituição, 12

Técnicas de simplificação, 99
Telefone
    cuidados com o aparelho telefônico, 146
    mais de um telefone sobre a mesa, 144
    mau uso, 150
    número telefônico, 125
Telefonemas
    realização, 144
    seleção, 318
Tempo: administração, 286
Tendenciosidade na comunicação, 59
Teorias da comunicação, 19
    modelo antropológico de comunicação, 23
    modelo circular de comunicação, 21
    modelo mecanicista, 20
    modelo psicológico, 22
    modelo sistêmico, 23
    modelo sociológico, 22
    semiótica, 23
Timidez, 12, 60
Tipos de arquivo, 233

Tipos de reunião, 306
Tiras de inserção de arquivo, 244
Tonalidade da voz, 140
Trabalhador do futuro: perfil, 244
Transferência
    de documentos, 232
    de ligações, 144
    diárias de documentos, 234
    periódicas de documentos, 234
    permanentes de documentos, 234
Translineação, 114
Transportadores, 192
Tratamento: formas, 125
Travessão, 158
Trema, 176

Uso
    da biblioteca, 208
    de interjeições e de gíria ao telefone, 146
    de *prezados senhores*, 92
    de *vós*, 90
    de *Vossa Excelência*, 90
    de *Vossa Senhoria*, 90
    do hífen, 177

Vantagens da centralização de documentos, 235
Viagens
    agente, 309
    domésticas, 308
    internacionais, 308
    preparação, 308
Vírgula, 154
Visitantes
    desconhecidos, 296
    frequentes, 296
    relacionamento, 309
Vocativo, 123
Vossa, vós e senhor, 90

Formato	17 x 24 cm
Tipografia	Charter 10,5/12,5
Papel	Alta Alvura 75 g/m² (miolo)
	Supremo 250 g/m² (capa)
Número de páginas	392
Impressão	Lis Gráfica